Die betriebliche Mitbestimmung in Luftfahrtunternehmen gem. § 117 BetrVG

Europäische Hochschulschriften Recht

European University Studies in Law

Publications Universitaires Européennes de Droit

Band/ Volume **6290**

Marcel Drissen

Die betriebliche Mitbestimmung in Luftfahrtunternehmen gem. § 117 BetrVG

PETER LANG

Bibliografische Information der Deutschen Nationalbibliothek
Die Deutsche Nationalbibliothek verzeichnet diese Publikation in der Deutschen Nationalbibliografie; detaillierte bibliografische Daten sind im Internet über http://dnb.d-nb.de abrufbar.

Zugl.: Bonn, Univ., Diss., 2021

Gedruckt auf alterungsbeständigem, säurefreiem Papier.

D 5
ISSN 0531-7312
ISBN 978-3-631-86433-3 (Print)
E-ISBN 978-3-631-87517-9 (E-PDF)
E-ISBN 978-3-631-87518-6 (EPUB)
DOI 10.3726/b19552

Peter Lang – Berlin · Bern · Bruxelles · New York · Oxford · Warszawa · Wien

Diese Publikation wurde begutachtet.

www.peterlang.com

Vorwort

Die vorliegende Dissertation wurde von der Rechts- und Staatswissenschaftlichen Fakultät der Rheinischen Friedrich-Wilhelms-Universität Bonn im Sommersemester 2021 als Dissertation angenommen; die Disputation fand am 15. Juni 2021 statt. Literatur und Rechtsprechung wurden bis Ende Juni 2021 berücksichtigt.

Mein besonderer Dank gilt meinem Doktorvater, Herrn Prof. Dr. Raimund Waltermann. Herr Prof. Dr. Waltermann hat mein Interesse an der wissenschaftlichen Auseinandersetzung geweckt und mich vom Arbeitsrecht begeistert. Für seine Denkanstöße bei der Erstellung der Arbeit danke ich vielmals.

Für die Übernahme und die zügige Erstellung des Zweitgutachtens danke ich Herrn Prof. Dr. Gregor Thüsing LL.M. (Harvard).

Nicht unerwähnt bleiben darf Herr Rechtsanwalt Dr. Tobias Nießen, der mir im Rahmen einer insgesamt dreijährigen wissenschaftlichen Mitarbeit in seinem Team Einblicke in die Bearbeitung arbeits- und sozialrechtlicher Fragestellungen in der Luftfahrt ermöglichte.

Ich möchte mich auch bei meiner Familie, meinen Freunden und meiner Freundin für die große persönliche Unterstützung während der Promotionszeit bedanken.

Bonn, im August 2021

Marcel Drissen

Inhaltsübersicht

Inhaltsverzeichnis

§ 1 Einleitung

A. Einführung in die Untersuchung

Die Luftfahrt ist eine der wenigen Branchen, für die das Betriebsverfassungsgesetz (BetrVG) eine Sonderregelung vorsieht. Die Wahl eines Betriebsrates setzte nach bisheriger Rechtslage voraus, dass ein Tarifvertrag die Grundlagen der betrieblichen Mitbestimmung regelt. Einen Anspruch auf einen solchen Tarifvertrag sah aber weder das BetrVG noch das Tarifvertragsgesetz (TVG) vor. Das Gesetz vertraute auf die Durchsetzungsstärke der Gewerkschaften. Zuletzt erschütterten die Arbeitgeber in der Luftfahrt diese Annahme. Manche maßen den Vorteilen eines betriebsratslosen Betriebes so viel Gewicht bei, dass sie sich auch nicht durch umfangreiche Streiks zum Abschluss eines Tarifvertrages bewegen ließen.[1] Ihr Motiv waren wohl Wettbewerbsvorteile gegenüber tarifgebundenen Unternehmen.[2] Ohne einen Tarifvertrag gem. § 117 BetrVG und damit auch ohne Betriebsräte im Unternehmen, mussten soziale, personelle oder wirtschaftliche Mitbestimmungsrechte nicht eingehalten werden, die Personalplanung wurde nicht durch Betriebsratssitzungen oder Betriebsversammlungen gestört[3] und Ausgaben für Arbeitsmittel und Schulungen für Betriebsratsmitglieder fielen nicht an. Erhebliche Vorteile begründete insbesondere die fehlende betriebliche Mitbestimmung bei Versetzungen, da schneller als in anderen Unternehmen auf Veränderungen im Marktgeschehen reagiert werden konnte.[4]

Rechtlich war die Thematik um die betriebliche Mitbestimmung in der Luftfahrt weitgehend geklärt.[5] Eine Betriebsratswahl ohne geltenden Tarifvertrag war nichtig.[6] Soweit Tarifverhandlungen geführt wurden, mussten selbst die Grundlagen einer betrieblichen Vertretung verhandelt werden, da den Tarifvertragsparteien wegen der Herausnahme aus dem Anwendungsbereich des

---

1 *AFP*, Heil will Betriebsrat bei Ryanair möglich machen.

2 *Bergmann*, Änderung der Mitbestimmung: Die Geister, die Ryanair rief.

3 *Bergmann*, Fliegen – ein (Alb-) Traum?, S. 293.

4 *Bergmann*, Fliegen – ein (Alb-) Traum?, S. 469.

5 Siehe *Darányi*, Die Bordbetriebsverfassung nach § 117 Abs. 2 S. 1 BetrVG.

6 LAG Sachsen Beschl. v. 8.11.2016 – 3 TaBV 16/16, BeckRS 2016, 111846; LAG Berlin-Brandenburg Beschl. v. 30.10.2009 – 6 TaBVGa 2284/09, BeckRS 2009, 74383; *Franzen*, in: Oetker, GK-BetrVG, § 117 Rn. 13.

BetrVG eine unbeschränkte Regelungsbefugnis zustand.[7] Endete oder wurde ein bestehender Tarifvertrag beendet, wirkte er gemäß § 4 Abs. 5 TVG nach.[8] Wollte ein Luftfahrtunternehmen die Nachwirkung beenden, war es auf die Mitwirkung der Gewerkschaft angewiesen. Kam es zu keiner Einigung, konnte die Nachwirkung zum Regelfall werden. In einem solchen Fall dauerte die Nachwirkung bei der Deutschen Lufthansa 30 Jahre an.[9]

Einen Arbeitskampf bei der Fluggesellschaft Ryanair, der das Unternehmen zum Abschluss eines Tarifvertrages bewegen sollte, nahm Arbeitsminister Hubertus Heil im Oktober 2018 zum Anlass, eine Änderung des § 117 BetrVG auszuarbeiten. Die Novellierung des Gesetzes führt nunmehr dazu, dass das BetrVG mittels einer Auffangregelung erstmals auf die Luftfahrt Anwendung findet. Bislang ist offen, wie weitgehend die Folgen der Neuerung sind. Im Gesetzgebungsverfahren wurde von einer genauen Analyse zugunsten einer zeitnahen Umsetzung abgesehen.[10]

Eine Untersuchung ist aufgrund der seit dem 1.5.2019 geltenden Novellierung des Gesetzes und der damit verbundenen Umsetzung dringend. Dies zeigt sich sowohl in den Fällen, in denen erstmals ein Tarifvertrag verhandelt wird als auch in den Fällen, in denen erstmals die Regelungen des BetrVG angewendet werden. Nicht zuletzt kommt auch der gesetzlichen Anordnung der Nachwirkung eine erhebliche Bedeutung zu. Aufgrund einer möglicherweise drohenden unendlichen Nachwirkung von Tarifverträgen gem. § 117 BetrVG, sind bei Tarifvertragsverhandlungen auch aktuell entfernt liegende Eventualitäten zu berücksichtigen. Gerichtsentscheidungen, die in der Frage der Nachwirkung zu mehr Klarheit verhelfen werden, sind wegen der zunächst erforderlichen Beendigung des Tarifvertrages auf längere Zeit nicht zu erwarten. Weiter stellt sich für den Praxisanwender bereits die Frage, wie ein Tarifvertrag auf anderen Wegen

---

7 BAG Beschl. v. 17.3.2015 – 1 ABR 59/13, AP BetrVG 1972 § 117 Nr. 9, Rn. 32; a.A.: *Weber*, Hartmut, Sonderdruck aus: Glaubrecht/Halberstadt/Zander, Betriebsverfassung in Recht und Praxis, S. 18.

8 BAG Beschl. v. 26.4.1990 – 1 ABR 84/87, AP GG Art. 9 Nr. 57.

9 *Darányi*, Die Bordbetriebsverfassung nach § 117 Abs. 2 S. 1 BetrVG, S. 22 f.

10 Die Änderung des § 117 BetrVG wurde in das Gesetz zur Stärkung der Chancen für Qualifizierung und für mehr Schutz in der Arbeitslosenversicherung (Qualifizierungschancengesetz) kurzfristig vor der zweiten Beratung im Bundestag eingearbeitet. Siehe dazu die Kritik der Opposition im Rahmen der Beratung des Gesetzgebungsvorschlages im Bundestag, 19. Wahlperiode, 69 Sitzung, Berlin, Freitag den 30.11.2018, S. 8001, 8003, 8005.

seine Wirkung verlieren kann und ob im Vertrag gegebenenfalls Weichen hierfür gestellt werden können.

Durch das Tagesgeschehen gewinnt die Untersuchung weiter an Aktualität. Die Bedeutung der betrieblichen Vertretung als einheitlicher Ansprechpartner zur Abfederung von wirtschaftlichen Einbußen, beispielsweise durch die Vereinbarung von Kurzarbeit, ist durch die Covid-19-Pandemie hervorgehoben worden. Bei anstehenden Umstrukturierungen und im Falle eines Arbeitsplatzabbaus ist eine betriebliche Vertretung auch zu einem gewissen Grad Vermittler zwischen dem Arbeitgeber und den Arbeitnehmern. Das Interesse an einer betrieblichen Mitbestimmung dürfte damit auch auf Arbeitgeberseite gestiegen sein.[11]

In betriebsverfassungsrechtlicher Hinsicht steht § 117 BetrVG weitgehend ohne Vorbild dar. Als weitere Regelung im BetrVG lässt allein § 3 BetrVG mehr als nur marginale Abweichungen im Betriebsverfassungsgesetz zugunsten einer tariflichen Regelung zu. Beiden Regelungen ist das Spannungsfeld zwischen Betriebsverfassungsrecht, Tarifrecht und höherrangigem Recht gemein. Im Unterschied zu § 3 BetrVG ermöglicht § 117 BetrVG weiterreichende Regelungsbefugnisse, sodass sich Einschränkungen bei der Übertragbarkeit der Ansichten, die zu § 3 BetrVG entwickelt worden sind, ergeben. Auf Vorarbeiten in der Literatur zu § 117 BetrVG kann nicht ohne Weiteres zurückgegriffen werden, da sich die systematische Stellung der Regelung im Gesamtsystem durch die Einordnung in das Betriebsverfassungsrecht verändert hat. Ein Rückgriff auf andere Untersuchungen kann auch deshalb nicht erfolgen, weil das Spannungsfeld zwischen einem gesetzlichen und einem tariflichen Betriebsrat in § 117 BetrVG erst mit der Novellierung eröffnet wurde. Weitere Berücksichtigung muss die weitgehende Internationalität der Luftfahrt finden. Diese Besonderheit wurde im Gesetzgebungsverfahren lediglich mit der Hoffnung angesprochen, dass sich die Regelung auch auf diese Sachverhalte erstrecken solle.[12]

Die Arbeit verfolgt vier Ziele. Sie soll Ersatz für die im Gesetzgebungsverfahren unterbliebene Untersuchung der Novellierung hinsichtlich ihrer Vereinbarkeit mit höherrangigem Recht bieten. Zweitens werden die Rechtsfolgen im kollektiven Arbeitsrecht aufgezeigt. Dem Rechtsanwender soll die praktische Handhabung der Novellierung erleichtert werden. Hierzu werden einige

11 Dazu allgemein *Bergmann*, Fliegen – ein (Alb-) Traum?, S. 290.

12 Frage von *Susanne Ferschl* (Die LINKE) im Rahmen der Beratung des Gesetzgebungsvorschlages im Bundestag, 19. Wahlperiode, 69 Sitzung, Berlin, Freitag den 30.11.2018, S. 8014.

regelmäßig bei der Tarifverhandlung aufkommende Fragen exemplarisch unter Berücksichtigung der gefundenen Ergebnisse untersucht. Drittens sollen die Möglichkeiten der nachwirkungslosen Beendigung eines Tarifvertrages gem. § 117 Abs. 2 S. 1 BetrVG erörtert und viertens Lücken aufgezeigt werden, die der Gesetzgeber in Zukunft schließen sollte.

B. Gang der Untersuchung

Die Untersuchung der Neuregelung erfordert eine Einordnung in das Gefüge des Arbeitsrechts. Sie führt nach einer Darstellung der zu berücksichtigenden Besonderheiten in der Luftfahrt vom Allgemeinen zum Speziellen. Es werden zunächst grundsätzliche Fragen aufgeworfen, um die Verknüpfungen der Regelung im Arbeitsrecht offen zu legen.

Der erste Teil der Arbeit (§ 2) führt in die Ausgangslage vor der Novellierung des Gesetzes ein. Der Fokus der Untersuchung liegt auf der Darstellung, welche Umstände in der Luftfahrt bestehen, die die betriebliche Mitbestimmung erschweren. Dazu wird die Gesetzgebungsgeschichte beleuchtet sowie weitere, nicht im Gesetzgebungsverfahren angesprochene Besonderheiten der Luftfahrt erörtert. Überblicksartig wird danach auf die Gestaltung der bisherigen Tarifverträge eingegangen. Abgeschlossen wird der erste Teil der Arbeit mit der Untersuchung der Frage, ob das Betriebsverfassungsgesetz ohne eine Sonderregelung keine ausreichenden Anpassungsmöglichkeiten bereithält und ob ein mögliches Defizit durch einen europäischen Betriebsrat behoben werden kann.

Der zweite Teil der Arbeit (§ 3) stellt den Ersten von zwei Schwerpunkten dar. Es werden die Hintergründe der Neuregelung des § 117 Abs. 1 S. 2 BetrVG betrachtet und die Auswirkungen der neuen Auffangregelung untersucht. Wegen des Zusammenhangs mit der tariflichen Regelungsbefugnis aus § 117 Abs. 2 S. 1 BetrVG stellt sich hier die Frage, welche Auswirkungen die Novellierung für das Verständnis dieser Regelung hat. Dazu sind einleitend zunächst die Erwartungen an das Gesetz, alternative Regelungsvorschläge und die Wahl des tarifdispositiven Rechts zu betrachten. Es folgt die Einordnung der Novellierung in das bestehende Rechtssystem. Die Norm wird auf ihre Vereinbarkeit mit Europa- und Verfassungsrecht untersucht, wobei die europa- und verfassungsrechtlichen Fragen bezüglich Außenseitern wegen ihrer Bedeutung separat betrachtet werden. Die allgemeine Einordnung und Untersuchung des höherrangigen Rechts schließt mit der Fragestellung, ob es für die betriebseinheitliche Geltung der Tarifregelungen neben der Tarifbindung des Arbeitgebers weiterer Voraussetzungen bedarf und ob in dem Regelungszusammenhang von einer Richtigkeitsgewähr gesprochen werden kann. Als vierten Untersuchungsblock in § 3 widmet sich die Arbeit den Tatbestandsmerkmalen der Regelung und stellt ihre Bedeutung dar. Es wird präzisiert, für wen die Regelung Anwendung findet. Aufgrund des Sachzusammenhangs mit dem Tatbestandsmerkmal der „Beschäftigung im Betrieb“, wird dort der wichtige Exkurs zum Betriebsbegriff, dem Anknüpfungspunkt der betrieblichen Mitbestimmung, dargestellt. Als nächster Hauptaspekt werden die Grenzen, innerhalb der die Tarifvertragsparteien gem. § 117 Abs. 2 S. 1 BetrVG handeln können, untersucht. Die allgemeinen Voraussetzungen eines Tarifvertrages gem. § 117 Abs. 2 S. 1 BetrVG werden dargelegt. Kleinere Schwerpunkte liegen hier auf den Fragen der Tarifzuständigkeit, der Tarifkonkurrenz und wegen der Internationalität der Luftfahrt, der internationalen Anwendbarkeit deutscher Tarifverträge. Danach folgt als weiterer Schwerpunkt die Betrachtung der Gestaltungsbefugnisse der Tarifvertragsparteien. Diese werden umfassend anhand des Europa- und Verfassungsrechts mit Blick auf die nun veränderte Lage im System des BetrVG untersucht. Um die Ergebnisse zu veranschaulichen, werden diese auf bei den Verhandlungen eines Tarifvertrages typischerweise aufkommende Fragestellungen angewandt. Das Kapitel schließt mit Fragestellungen, die Sachverhalte im Zusammenhang mit dem Tarifvertrag betreffen sowie einem Exkurs zu Kooperationsverträgen gem. § 117 Abs. 2 S. 2 BetrVG. Zu den Sachverhalten im Zusammenhang mit dem Tarifvertrag zählt zuvorderst die Ausgestaltung des Verhältnisses zwischen dem gesetzlichen und einem tariflichen Betriebsrat. Im Detail sind hier die Fragen zu untersuchen, wann welche Zuständigkeit begründet ist, wie mit zeitgleichen Wahlverfahren umzugehen ist, ob die Wahl des tariflichen Betriebsrates an die im BetrVG vorgesehenen regelmäßigen Wahlzeitpunkte gebunden ist und welche Rechtswirkungen der Wegfall des Tarifvertrages hat. Es wird untersucht, wie das Wahlverfahren bei einer tariflichen Personalvertretung eingeleitet wird. Zwei verfassungsrechtliche Fragestellungen ergeben sich im Zusammenhang mit Tarifverträgen nach § 117 BetrVG. Die erste betrifft die Zulässigkeit von Arbeitskämpfen. Die subsidiäre Geltung des BetrVG könnte einem Arbeitskampf entgegenstehen oder ihn unangemessen erscheinen lassen. Die Untersuchung geht Ansätzen aus der Literatur nach, untersucht den Zweck der Tariföffnung und erörtert, ob ausgehend von den Zwischenergebnissen und der Rechtsprechung zu Art. 9 Abs. 3 GG regelmäßig ein Arbeitskampf unverhältnismäßig ist. Die zweite verfassungsrechtliche Fragestellung betrifft das Verhältnis zwischen bereits bestehenden Tarifverträgen und der Novellierung des Gesetzes. Drei Möglichkeiten bestehen an dieser Stelle. Ein Tarifvertrag kann vollständig entfallen, die einzelnen Regelungen können an der neuen Rechtslage zu messen sein, oder der Tarifvertrag behält ggf. zeitlich beschränkt seine Wirkung. Zur Beantwortung dieser Fragestellung ist die bisherige Rechtsprechung in anderen

Fällen heranzuziehen und sodann die Neuregelung unter Berücksichtigung ihrer Besonderheiten einzuordnen. Schließlich folgt ein Exkurs zu Kooperationstarifverträgen gem. § 117 Abs. 2 S. 2 BetrVG und ein Zwischenfazit.

Der dritte Teil der Arbeit (§ 4) bildet den zweiten Schwerpunkt der Arbeit. In § 117 Abs. 2 S. 3 BetrVG wird auf die Geltung der Nachwirkung gem. § 4 Abs. 5 TVG verwiesen. Hier erfolgt anhand der Grundlagen der Nachwirkung eine Einordnung, ob betriebsverfassungsrechtliche Tarifnormen ohne einen solchen Verweis nachwirken. Daran anschließend wird die Frage betrachtet, wie eine Ablösung der Nachwirkung betriebsverfassungsrechtlicher Normen möglich ist und ob die Nachwirkung bereits im Tarifvertrag ausgeschlossen werden kann. Schließlich wird sich zwei regelmäßig auftretenden Problemen zugewandt, dem personellen Umfang sowie der zeitlichen Dauer der Nachwirkung.

Im vierten Teil der Arbeit (§ 5) werden Möglichkeiten der nachwirkungslosen Beendigung eines Tarifvertrages gem. § 117 Abs. 2 S. 1 BetrVG untersucht. In Betracht kommt ein Betriebsübergang, eine Umwandlung nach dem Umwandlungsgesetz (UmwG) sowie Gestaltungsmöglichkeiten in Individualverträgen zur Vermeidung der Anwendbarkeit des § 117 BetrVG.

Die Arbeit endet mit einer Gesamtbewertung (§ 6) und einer Zusammenfassung der wichtigsten Ergebnisse (§ 7).

§ 2 Die Ausgangslage

Eine Untersuchung des § 117 BetrVG erfordert ein Verständnis der Historie der Regelung, der Branche selbst sowie der Notwendigkeiten, die eine Sonderregelung im BetrVG erforderlich machen. Erst danach ist eine Beurteilung der Vereinbarkeit mit höherrangigem Recht, die im Kapitel 3 erfolgt, möglich.

A. Historischer Gesetzgeber

Die Gesetzesbegründung zum bisherigen § 117 BetrVG begründete die Herausnahme aus dem Anwendungsbereich des Gesetzes mit der besonderen, nicht ortsgebundenen Art der Tätigkeit der im Flugbetrieb beschäftigten Arbeitnehmer.[13] Eine Begründung zur Differenzierung zu Arbeitnehmern wie beispielsweise Monteuren, die typischerweise ebenso ortsungebunden tätig sind, wird nicht angeführt.[14] Auch ein Blick in die Vorgängerregelungen ist nicht erhellend. § 88 Abs. 3 BetrVG 1952 schloss die in der Luftfahrt beschäftigten Arbeitnehmer vom Anwendungsbereich des BetrVG aus und verwies auf ein gesondertes Gesetz. Bis ein solches Gesetz erlassen werde, sollte das BetrVG fortgelten. Zu dem angekündigten Gesetz kam es nie. Die Praxis begann daher trotz bestehender Rechtsunsicherheit über die Zulässigkeit Tarifverträge auszuhandeln, um ein praxistaugliches Modell der betrieblichen Mitbestimmung zu installieren.[15] Da der Gesetzgeber diese bereits bestehenden Tarifverträge nicht torpedieren wollte, erklärte er die tarifliche Regelungsmöglichkeit im BetrVG 1972 für zulässig.[16] Gleichzeitig nahm der Gesetzgeber endgültig Abschied von der Idee eines eigenen Gesetzes. Zwei Gründe wurden für die fortwährende Herausnahme aus dem Anwendungsbereich angeführt: Wären die in der Luftfahrt beschäftigten Arbeitnehmer in den Betriebsrat des Bodenpersonals einbezogen worden, hätten sie nur eine Minderheit dargestellt. Aufgrund dieses Kräfteverhältnisses

---

13 BT-Drs. VI/1786, S. 58 – damals noch § 118 BetrVG.

14 *Schmid/Roßmann*, Das Arbeitsverhältnis der Besatzungsmitglieder in Luftfahrtunternehmen, Rn. 511.

15 *Weber*, Hartmut, Sonderdruck aus: Glaubrecht/Halberstadt/Zander, Betriebsverfassung in Recht und Praxis, S. 10 f.; *Darányi*, Die Bordbetriebsverfassung nach § 117 Abs. 2 S. 1 BetrVG, S. 43.

16 *Weber*, Hartmut, Sonderdruck aus: Glaubrecht/Halberstadt/Zander, Betriebsverfassung in Recht und Praxis, S. 11; *Darányi*, Die Bordbetriebsverfassung nach § 117 Abs. 2 S. 1 BetrVG, S. 44.

seien Sicherheitsgefahren im Luftverkehr möglich. Zweitens wurde die Befürchtung geäußert, dass die Einbeziehung des Luftfahrtpersonals zu einer Lähmung des Bodenbetriebes führen könnte.[17] Das Kräfteverhältnis, wie es 1972 zugunsten des Bodenpersonals bestand, besteht heutzutage nicht mehr. Durch den technischen Fortschritt sowie Rationalisierungen fielen Arbeitsplätze im Bodenbetrieb weg oder wurden zum Teil durch Automatisierungsprozesse ersetzt.[18] Bei manchen Luftfahrtunternehmen machen das Kabinen- und Cockpitpersonal aktuell bis zu 86% aller Arbeitnehmer eines Unternehmens aus,[19] sodass diese die Mehrheit der Arbeitnehmer im Unternehmen bilden. Auch fehlt die Konkretisierung, durch welche besonderen Umstände die Lähmung des Betriebes eintreten soll.

B. Besonderheiten in der Luftfahrt

Die Historie kann damit keine Antwort auf die Frage geben, wodurch sich die Arbeitnehmer im Luftbetrieb von Arbeitnehmern in anderen Branchen unterscheiden. Ohne bereits auf die Verfassungskonformität der Regelung einzugehen,[20] sind deshalb mögliche weitere Besonderheiten herauszuarbeiten. Darányi fasste in seiner Untersuchung die Besonderheiten in der Luftfahrt damit zusammen, dass diese in einer hohen Regulierungsdichte begründet seien, die auf dem Streben nach hohen Sicherheitsstandards beruhe.[21] Das BAG stellte mit Bezug auf Darányi fest, dass die tätigkeitsspezifischen Umstände des fliegenden Personals für die gesetzliche Regelung des § 117 Abs. 2 S. 1 BetrVG a.F. maßgeblich waren.[22] Hierzu im Einzelnen:

---

17 *Weber,* Hartmut, Sonderdruck aus: Glaubrecht/Halberstadt/Zander, Betriebsverfassung in Recht und Praxis, S. 12; *Darányi,* Die Bordbetriebsverfassung nach § 117 Abs. 2 S. 1 BetrVG, S. 45.

18 *Conrady/Fichert/Sterzenbach,* Luftverkehr, 5. Aufl., S. 151, verweisen auf CheckIn Automaten, das Self-Boarding und belegen die Auswirkungen anhand von Daten zur Belegschaft von Air Berlin aus dem Jahr 2011: Von insgesamt 9100 Arbeitnehmern waren ca. 56% im Flugzeug und 43% am Boden beschäftigt; Aus dem Geschäftsbericht 2016 von Air Berlin, S. 30 ergibt sich, dass ca. 59% im Flugzeug und 41% am Boden beschäftigt worden sind.

19 Bei Ryanair waren gem. dem Annual Report 2019 am 31.3.2019 von insgesamt 16.840 Beschäftigten ca. 86% im Flugzeug und 14% am Boden beschäftigt.

20 Siehe Seite 52 ff.

21 *Darányi,* Die Bordbetriebsverfassung nach § 117 Abs. 2 S. 1 BetrVG, S. 117.

22 BAG Urt. v. 21.1.2020 – 1 AZR 227/19, BeckRS 2020, 2871, Rn. 36.

I. Keine synchronen Arbeits- und Ruhezeiten

Eine stetige Betriebsratsarbeit steht im Konflikt mit der Einsatzplanung der im Luftbetrieb tätigen Arbeitnehmer. Eine Synchronisation der Arbeitszeiten dergestalt, dass die Betriebsratsmitglieder regelmäßig zu Sitzungen zusammenkommen können, ist in den meisten Betrieben schwer umsetzbar.[23] Darányi hat wegen der längeren Abwesenheit von der Heimatbasis bei entsprechenden Umlaufplänen im Unternehmen selbst Betriebsratssitzungen an einem festen Wochentag als nicht umsetzbar angesehen.[24] Jedenfalls stößt die Betriebsratsarbeit an Grenzen, wo kurzfristig Betriebsratssitzungen durchgeführt werden müssen.[25] Hier besteht das Problem, dass sich Betriebsratsmitglieder bedingt durch ihre Tätigkeit an unterschiedlichen Orten aufhalten werden. Digitale Beschlüsse sind, wie die bis zum 30.06.2021 befristete Ausnahmeregelung in § 129 BetrVG zeigt,[26] grundsätzlich auch wohl in Zukunft nicht vorgesehen.

Die Schwierigkeiten der Synchronisation der Arbeitszeiten ergeben sich aus den Arbeits- und Ruhezeiten[27] und werden durch eine begrenzte Austauschbarkeit der Arbeitnehmer untereinander[28] und durch Altersregelungen zusätzlich erschwert. Arbeitgeber sind in der Luftfahrt durch europäische Verordnungen zur Einhaltung von Arbeits- und Ruhezeiten der in der Luftfahrt tätigen Personen verpflichtet.[29] Auch eine Betriebsratstätigkeit kann dazu führen, dass ein Arbeitnehmer seine Ruhezeiten nicht einhält. Denn als Ruhezeit gilt

---

23 *Schmid/Roßmann,* Das Arbeitsverhältnis der Besatzungsmitglieder in Luftfahrtunternehmen, Rn. 518; *Darányi,* Die Bordbetriebsverfassung nach § 117 Abs. 2 S. 1 BetrVG, S. 117.

24 *Darányi,* Die Bordbetriebsverfassung nach § 117 Abs. 2 S. 1 BetrVG, S. 117.

25 *Schmid/Roßmann,* Das Arbeitsverhältnis der Besatzungsmitglieder in Luftfahrtunternehmen, Rn. 518; *Darányi,* Die Bordbetriebsverfassung nach § 117 Abs. 2 S. 1 BetrVG, S. 117.

26 Siehe dazu Art. 6 und 19 Abs. 7 des Gesetzes zur Förderung der beruflichen Weiterbildung im Strukturwandel und zur Weiterentwicklung der Ausbildungsförderung, v. 20.5.2020, BGBl. I S. 1044 in der aufgrund Art. 4 des Gesetzes zur Beschäftigungssicherung infolge der COVID-19-Pandemie, v. 3.12.2020, BGBl. I S. 2691 geltenden Fassung.

27 *Schmid/Roßmann,* Das Arbeitsverhältnis der Besatzungsmitglieder in Luftfahrtunternehmen, Rn. 517 f.; *Darányi,* Die Bordbetriebsverfassung nach § 117 Abs. 2 S. 1 BetrVG, S. 117.

28 *Schmid/Roßmann,* Das Arbeitsverhältnis der Besatzungsmitglieder in Luftfahrtunternehmen, Rn. 514 f.

29 Siehe VO (EU) Nr. 965/2012.

ein fortlaufender, ununterbrochener und festgelegter Zeitraum im Anschluss an den Dienst oder vor dem Dienst, in dem das Besatzungsmitglied frei von Dienst, Bereitschaft und Reserve ist.[30] Der Begriff des Dienstes ist so weit gefasst, dass darunter alle Aufgaben fallen, die ein Besatzungsmitglied für den Betreiber wahrzunehmen hat, darunter der Flugdienst, administrative Aufgaben, die Erteilung von oder die Teilnahme an Schulungen und Überprüfungen, die Positionierung und bestimmte Elemente von Bereitschaftsdiensten.[31] Kann ein Pilot wegen der Ruhezeit seine Tätigkeit nicht wie geplant aufnehmen, hat dies erhebliche Folgewirkungen für den Betriebsablauf. Ein Flugzeug, das nicht abheben kann, kann die im Tagesverlauf vorgesehenen weiteren Flüge an anderen Flughäfen nicht einhalten. Insbesondere bei einem Umlauf, d. h. einer mehrtägigen Abwesenheit von der Heimatbasis,[32] kann es zu erheblichen Dienstplanproblemen kommen. Zudem ist es kaum möglich, dass ein Betriebsratsmitglied kurzfristig durch einen anderen Arbeitnehmer ersetzt werden kann.[33] Ein einspringender Arbeitnehmer muss vergleichbar qualifiziert sein. Zwar kann ein Kopilot einspringen, wenn der Kapitän während des Fluges ausfällt.[34] Vor Abflug ist dieser Einsatz aber nicht möglich. Als Kommandant darf zudem nur ernannt werden, wer entsprechende Kenntnisse über die Flugstrecke nachweisen kann.[35] Diese Kenntnisse sind dadurch aufrechtzuerhalten, dass der Pilot innerhalb von 12 Monaten mindestens einmal die geplante Strecke geflogen ist.[36] Alle im Flugzeug tätigen Arbeitnehmer müssen zudem für das betreffende Flugzeugmuster qualifiziert sein. Bei Flugbegleitern sind die Einsatzmöglichkeiten auf drei Luftfahrzeugmuster beschränkt, über eine Genehmigung der zuständigen Stelle ist eine Erweiterung auf maximal vier Luftfahrzeugmuster möglich.[37] Selbst wenn

---

30 VO (EU) Nr. 965/2012, ORO.FTL.105 Nr. 21.

31 VO (EU) Nr. 965/2012, ORO.FTL.105 Nr. 10.

32 Zum Begriff der Heimatbasis: VO (EU) Nr. 965/2012, ORO.FTL.105 Nr. 14: „Der vom Betreiber gegenüber dem Besatzungsmitglied genannte Ort, wo das Besatzungsmitglied normalerweise eine Dienstzeit oder eine Abfolge von Dienstzeiten beginnt und beendet und wo der Betreiber normalerweise nicht für die Unterbringung des betreffenden Besatzungsmitglieds verantwortlich ist."

33 So auch *Darányi*, Die Bordbetriebsverfassung nach § 117 Abs. 2 S. 1 BetrVG, S. 117, der die Einrichtung eines festen Wochentags als Sitzungstermin als kaum möglich ansieht.

34 VO (EU) Nr. 965/2012, ORO.FC.A.201 lit. a.

35 VO (EU) Nr. 965/2012, ORO.FTL.105 lit. b. Nr. 2.

36 VO (EU) Nr. 965/2012, ORO.FTL.105 lit. c., S. 2.

37 VO (EU) Nr. 965/2012, ORO.CC.250 lit. a.

es einen Arbeitnehmer mit entsprechenden Fähigkeiten und Lizenzen gibt, müsste er darüber hinaus am betreffenden Flughafen ortsanwesend sein.

Die Dienstpläne müssen nicht nur diese Arbeits- und Ruhezeiten sowie Reserven für kurzfristige Ausfälle berücksichtigen, sondern auch Wünsche der Arbeitnehmer sowie Urlaub. Damit die Besatzungsmitglieder selbst die Möglichkeit haben, angemessene Ruhezeiten einzuplanen, sind sie frühzeitig bekannt zu geben.[38] Nach der Empfehlung der EASA sollten die Dienstpläne 14 Tage im Voraus veröffentlicht werden.[39] Bei der Einsatzplanung ist zu berücksichtigen, dass für Piloten 60 Stunden innerhalb von 7 Tagen sowie 110 Stunden innerhalb von 14 Tagen zulässig sind. Innerhalb von 28 Tagen sind hingegen 190 Stunden zulässig.[40] Die täglich maximale Flugdienstzeit kann nur durch den sogenannten Kommandantenentscheid, der nur in Sonderkonstellationen durch den Kommandanten ausgesprochen werden soll, um bis zu 2 Stunden verlängert werden.[41] Diese Verlängerungsoption kann nicht von vornherein durch den Arbeitgeber eingeplant werden. Eine weitere Besonderheit, die die Personaldecke der als Ersatz zur Verfügung stehenden Arbeitnehmern schmälert, sind Altersregelungen.[42] Innerhalb der Altersgruppe von 60 bis 64 Jahren darf ein Pilot im gewerblichen Luftverkehr nur als Mitglied einer Besatzung mit mehreren Piloten tätig sein.[43] Ab 65 Jahren ist die Tätigkeit im gewerblichen Luftverkehr ganz ausgeschlossen.[44] Wegen dieser Schwierigkeiten bei der Planung der Dienstpläne wird zur Erleichterung insbesondere in größeren Unternehmen üblicherweise Software eingesetzt.[45]

Den Berufsbeschränkungen ab einem Lebensalter von 60 Jahren kommt jedoch nur eine geringe Bedeutung zu. Sie stellen nur im Zusammenhang mit der Verringerung der Arbeitnehmer, die kurzfristig ersatzweise einspringen

---

38 VO (EU) Nr. 965/2012, ORO.FTL.110 lit. a.

39 AMC1 ORO.FTL.110(a) – Die AMC haben keine Bindungswirkung für Unternehmen, sondern stellen in erster Linie Empfehlungen dar. Sie stellen eine Erleichterung für den Nachweis der Einhaltung der EU-Vorschriften dar.

40 VO (EU) Nr. 965/2012, Anhang II ORO.FTL.210.

41 VO (EU) Nr. 965/2012 ORO.FTL.205 lit. f.

42 Zur Vereinbarkeit mit EU-Recht EuGH Urt. v. 15.7.2017 – C-190/16, ECLI:EU:C:2017:513 – *Fries*.

43 VO (EU) Nr. 1178/2011, FCL.065 lit. a. Eine weitere Verkürzung durch individualvertragliche Regelung ist unzulässig, BAG Urt. v. 18.1.2012 – 7 AZR 112/08, AP TzBfG § 14 Nr. 91.

44 VO (EU) Nr. 1178/2011, FCL.065, lit. b.

45 *Bergmann*, Fliegen – ein (Alb-) Traum?, S. 276.

können, eine Erschwernis der Betriebsratsarbeit dar. Dieser Aspekt kann wegen der Vorhersehbarkeit des Erreichens der Altersgrenze bereits bei der grundsätzlichen Personalplanung berücksichtigt werden.

Im Vergleich zu anderen Arbeitnehmern stellen auch die Ruhezeiten auf den ersten Blick keine Besonderheit dar. So bestehen bei Lkw-Fahrern Lenk- und Ruhezeiten.[46] Die Besonderheit in der Luftfahrt folgt im Vergleich zu anderen Arbeitnehmergruppen aus dem Zusammenspiel der fehlenden Synchronisationsmöglichkeit der Arbeitszeiten mit der nächsten Besonderheit in der Luftfahrt, der zur Erhaltung der Lizenz notwendig fortlaufenden Flugerfahrung.

II. Notwendige fortlaufende Flugerfahrung

Eine dauerhafte Freistellung zum Ausgleich der Synchronisierungsprobleme bezüglich der Arbeits- und Ruhezeiten kommt nicht in Betracht.[47] Die Sicherheitsvorschriften der EU machen bei der Bestimmung einzuhaltender Arbeits- und Ruhezeiten nicht Halt. Ein Pilot darf ein Flugzeug nur dann betreiben, wenn er in den letzten 90 Tagen als Kommandant oder Kopilot mindestens 3 Starts und Landungen in einem Luftfahrzeug desselben Musters oder derselben Klasse oder in einem Flugsimulator absolviert hat, der dieses Muster oder diese Klasse abbildet.[48] Der Flugbetrieb mit nur einem Piloten, soweit zulässig, erfordert den Nachweis von Flügen innerhalb der letzten 90 Tage.[49] Dies gilt insbesondere für Instrumentenflüge[50], Nachtflüge[51] sowie für Hubschrauberflüge.[52] Aufgrund der

---

46 Siehe § 2 Fahrpersonalgesetz i.V.m. § 1 Fahrpersonalverordnung (FPersV) mit Verweis auf die Verordnung (EG) Nr. 561/2006 des Europäischen Parlaments und des Rates vom 15. März 2006 zur Harmonisierung bestimmter Sozialvorschriften im Straßenverkehr und zur Änderung der Verordnungen (EWG) Nr. 3821/85 und (EG) Nr. 2135/98 des Rates sowie zur Aufhebung der Verordnung (EWG) Nr. 3820/85 des Rates EU-RL 2002/15/EG.

47 *Mußgnug*, in: Pawlowski/Wiese, Festschrift für Konrad Duden zum 70. Geburtstag, S. 335, 343; *Schmid/Roßmann*, Das Arbeitsverhältnis der Besatzungsmitglieder in Luftfahrtunternehmen, Rn. 516; *Darányi*, Die Bordbetriebsverfassung nach § 117 Abs. 2 S. 1 BetrVG, S. 115 f.

48 VO (EU) Nr. 1178/2011, FCL.060; siehe auch die Regelungen zur fortlaufenden Flugerfahrung für Kopiloten in FCL.060.

49 VO (EU) Nr. 965/2012, ORO.FC.A.250; bei Hubschraubern VO (EU) Nr. 965/2012, ORO.FC.H.250.

50 VO (EU) Nr. 965/2012, ORO.FC.102 lit. c. Nr. 2.

51 VO (EU) Nr. 965/2012, ORO.FC.102 lit. d. Nr. 2.

52 VO (EU) Nr. 965/2012, ORO.FC.102 lit. e. Nr. 3.

stets auszuübenden Tätigkeit und dem konstanten Druck, die Lizenz aufrechtzuerhalten, ist eine dauerhafte Tätigkeit im Betriebsrat oder auch zusammen mit dem Bodenbetriebsrat nicht möglich.[53] Arbeitnehmer, die sich dauerhaft freistellen lassen, würden zumindest vorübergehend ihre Arbeitserlaubnis einbüßen.[54] Eine Arbeit im Betriebsrat würde für den Einzelnen damit neben der eigentlichen Tätigkeit eine zusätzliche Last bedeuten. Daneben ist aus Arbeitnehmersicht der Betriebsrat schlechter als in anderen Branchen erreichbar. Die fortlaufende Flugtätigkeit mit der damit einhergehenden Ortsabwesenheit der Betriebsratsmitglieder mindert die Möglichkeiten zur Kontaktaufnahme. Auch wenn digitale Möglichkeiten, wie per Mail, zur Verfügung stehen, hat ein Arbeitnehmer Schwierigkeiten durch die Einsatzplanung Zeit für ein persönliches Gespräch zu finden in dem er sich dem Betriebsratsmitglied anvertrauen kann.

III. Weitere Branchenbesonderheiten

Der Wettbewerb in der Luftfahrtbranche wird zunehmend aggressiver. Die Auswirkungen zeigen sich in den Insolvenzen verschiedener Luftfahrtunternehmen sowie der Erwartung in der Branche, dass noch weitere Insolvenzen folgen werden.[55] Der Betrieb der Flugzeuge ist bei diesem Wettbewerb regelmäßig nur dann wirtschaftlich, wenn kein Flugzeug unnötig am Boden verbleibt. Gleichzeitig muss eine Gesellschaft flexibel genug bleiben, um in jeder Saison auf neue Kundenwünsche reagieren zu können. Bei neuen Flugzielen bedarf es regelmäßig auch einer Umstationierung von Flugzeugen und Crews.[56] Doch begründet eine wirtschaftliche Notwendigkeit aufgrund mancher Unternehmenskonzepte keine Sonderstellung der Arbeitnehmer in der betrieblichen Mitbestimmung. Auch in vielen anderen Branchen herrscht ein erhöhter Preiskampf. Gerade die Notwendigkeit von Versetzungen macht die Bedeutung des Betriebsrates deutlich, der hier über § 99 BetrVG ein Zustimmungsverweigerungsrecht ausüben kann.

---

53 *Schmid/Roßmann,* Das Arbeitsverhältnis der Besatzungsmitglieder in Luftfahrtunternehmen, Rn. 516; *Darányi,* Die Bordbetriebsverfassung nach § 117 Abs. 2 S. 1 BetrVG, S. 117.

54 *Mußgnug,* in: Pawlowski/Wiese, Festschrift für Konrad Duden zum 70. Geburtstag, S. 335, 343; *Schmid/Roßmann,* Das Arbeitsverhältnis der Besatzungsmitglieder in Luftfahrtunternehmen, Rn. 516; *Darányi,* Die Bordbetriebsverfassung nach § 117 Abs. 2 S. 1 BetrVG, S. 117; *Bergmann,* Fliegen – ein (Alb-) Traum?, S. 293 hält fest, dass sich „offensichtlich kein Pilot ständig freistellen lassen will".

55 *Immel,* Krise in der Luftfahrt: Darum verschwinden so viele Airlines.

56 *Bergmann,* Fliegen – ein (Alb-) Traum?, S. 248.

Weitere Besonderheiten bestehen in der Luftfahrt durch hohe Anforderungen an die Aktualität der Technik, die Ausbildung des Personals und die Automatisierung. Anders als in vielen Branchen bestehen Regelungen zur Abwehr von terroristischen Gefahren[57] sowie internationale Vorgaben für die Luftsicherheit[58]. Diese zum Teil als Eigenart der Tätigkeit in der Luftfahrt umschriebenen Aspekte[59] führen in dieser Generalität aber zu keiner zwingenden Modifikation des BetrVG. Das Zusammentreffen von hohen rechtlichen, personellen und technischen Anforderungen an die Tätigkeit hebt die betriebliche Mitbestimmung der in der Luftfahrt beschäftigten Arbeitnehmer nicht von anderen Branchen ab. Denn die Tätigkeit an sich hindert nicht die Ausübung der Mitbestimmung gegenüber dem Arbeitgeber, noch begründen die hohen Anforderungen allein eine Modifikation des BetrVG. Es ist ein Teilaspekt aus diesen Vorgaben, der die Mitbestimmung erschwert. Die hohen Anforderungen an die Qualifikation der Arbeitnehmer erfordern die bereits angesprochene stetige Ausübung der Tätigkeit. Es sollte deshalb vermieden werden, pauschal von der besonderen Eigenart der Tätigkeit zu sprechen. Insbesondere die Vorschriften für die Sicherheit und die Abwehr von terroristischen Gefahren machen eine besondere Ausgestaltung der betrieblichen Mitbestimmung nicht erforderlich.

IV. Zwischenergebnis

Die Gründe für eine Sonderstellung der Luftfahrt sind in der Mobilität der Arbeitnehmer, den bestehenden Lizenzanforderungen und den auf die Arbeitstätigkeit einwirkende Sicherheitsvorschriften im europäischen Recht begründet.[60] Die Lizenzanforderungen zwingen zur stetigen Berufsausübung, führen zur stetigen Mobilität der Betriebsratsmitglieder und verhindern zugleich dauerhafte Freistellungen, die die Problematik der Mobilität in anderen Branchen ausgleichen kann. Die Berufsausübung steht durch die Mobilität der Betriebsratsarbeit entgegen, da digitale Beschlussfassungen grundsätzlich unzulässig

57 Vgl. das Luftsicherheitsgesetz (LuftSiG).

58 Vgl. die Durchführungsverordnung (EU) 2015/1998 v. 5.11.2015 zur Festlegung detaillierter Maßnahmen für die Durchführung der gemeinsamen Grundstandards für die Luftsicherheit gestützt auf die Verordnung (EG) Nr. 300/2008.

59 *Forst,* in: Richardi, § 117 Rn. 3; *Müller/Becker*, BB 2019, 884.

60 So im Wesentlichen auch *Mußgnug*, in: Pawlowski/Wiese, Festschrift für Konrad Duden zum 70. Geburtstag, S. 335, 343; *Schmid/Roßmann,* Das Arbeitsverhältnis der Besatzungsmitglieder in Luftfahrtunternehmen, Rn. 516; *Darányi*, Die Bordbetriebsverfassung nach § 117 Abs. 2 S. 1 BetrVG, S. 117.

sind. Zu weitgehend ist es allgemein auf die Sicherheitsvorschriften in der Luftfahrt zu verweisen. Anforderungen, die allein an die Unternehmen gestellt werden, beeinflussen die Betriebsratsarbeit nicht. Unternehmenskonzepte, die die Kostenvermeidung als Grundsatz ihrer Tätigkeit betrachten, begründen keine besonderen Regelungen in der Luftfahrt.

C. Bisherige Tarifpraxis im Überblick

In der Luftfahrt haben die Tarifvertragsparteien die Regelung des § 117 Abs. 2 S. 1 BetrVG genutzt und individuelle Regelungen zur betrieblichen Vertretung etabliert. Im Folgenden werden die Besonderheiten dieser tariflichen Vertretungen zusammengefasst herausgestellt.[61]

I. Einheitlicher Betrieb

Häufig sehen die Tarifverträge die Bildung eines einheitlichen deutschlandweiten Betriebes vor.[62] Dies entspricht der Einsatzplanung der Arbeitnehmer ausgehend von einer Zentrale, die den Flugbetrieb überörtlich organisiert. Die Durchführung ist durch häufige und schnelle Ortswechsel der Arbeitnehmer als auch der Flugzeuge geprägt.[63] So werden, um Ausfälle zu kompensieren, Arbeitnehmer kurzfristig von anderen Heimatbasen eingeflogen und eingesetzt.[64] Neben der Abbildung der Einsatzplanung im Unternehmen spricht für einen betriebseinheitlichen Betriebsrat, dass insgesamt weniger Arbeitnehmer durch die Betriebsratsarbeit von ihrer Tätigkeit im Flugbetrieb abgehalten werden. Um eine Verbindung zu den Arbeitnehmern zu garantieren, sehen manche Tarifverträge für die Zahl der Arbeitnehmervertreter eine Modifikation vor. So werden teilweise erst Regionalkreise gebildet, um eine gleichmäßige Vertretung der Basen im überörtlichen Betriebsrat zu garantieren.[65]

---

61 Es handelt sich um Regelungen, die vor Geltung § 117 BetrVG n. F. abgeschlossen worden sind.

62 *Darányi*, Die Bordbetriebsverfassung nach § 117 Abs. 2 S. 1 BetrVG, S. 22, der Tarifverträge der DLH, Air Berlin, Contact Air und Eurowings darstellt.

63 *Bergmann*, Fliegen – ein (Alb-) Traum?, S. 248 f.

64 *Bergmann*, Fliegen – ein (Alb-) Traum?, S. 248 f.

65 § 34 Abs. 1 TV PV Air-Berlin, dazu: *Darányi*, Die Bordbetriebsverfassung nach § 117 Abs. 2 S. 1 BetrVG, S. 32.

Obwohl ein einheitlicher Betrieb vorgesehen ist, differenzieren die Tarifverträge zwischen Arbeitnehmern im Cockpit und in der Kabine.[66] Dies entspricht der Zuständigkeit der Gewerkschaften in der Luftfahrt. Zwei Modelle bieten sich für eine Trennung zwischen Cockpit und Kabine bei gleichzeitiger Wahrung der Zusammenarbeit dieser Gruppen an: Entweder werden zwei verschiedene Vertretungen, denen eine gemeinsame Vertretung übergeordnet ist, gebildet oder jede Basis wird durch je einen Arbeitnehmer des Cockpits und der Kabine in der Personalvertretung abgebildet. Im zweiten Fall wäre eine Trennung damit nur durch den Wahlvorgang gewährleistet. Die Tarifverträge gehen teilweise aber einen anderen Weg. Sie werden zum Teil nur für eine Gruppe abgeschlossen, wie der Tarifvertrag für das Cockpitpersonal der Air Berlin zeigt.[67]

II. Mitbestimmung in sozialen Angelegenheiten

Die Tarifverträge garantieren regelmäßig keine mit dem Gesetz identische Mitbestimmung in sozialen Angelegenheiten. Da die Einsatzplanung kompliziert ist, sprechen die Tarifverträge der Personalvertretung eine Mitbestimmung bei der konkreten Verteilung der Arbeitnehmer auf die Umlaufpläne nicht zu. Ein solches Recht bestünde hingegen bei Anwendung des § 87 Abs. 1 Nr. 2 BetrVG.[68] Stattdessen wird der Personalvertretung ein Mitbestimmungsrecht für die Feststellung der Umlaufpläne zugesprochen.[69] Die Mitbestimmung wird auch teilweise modifiziert. Insbesondere die jährliche Anpassung der Schichtpläne zum Ausgleich von auftretenden Abweichungen (sog. Roster imbalances) soll weiterhin mitbestimmungsfrei sein.[70] Entsprechend dem wirtschaftlichen Druck in der Luftfahrt sahen die Tarifverträge zum Teil auch keine Mitbestimmung hinsichtlich der Lohngestaltung vor. Weder § 87 Abs. 1 Nr. 10 noch Nr. 11 BetrVG fanden im Tarifvertrag der DLH Anwendung.[71]

---

66 *Darányi*, Die Bordbetriebsverfassung nach § 117 Abs. 2 S. 1 BetrVG, S. 40 mit Nachweisen auf den vorherigen Seiten aus verschiedenen Tarifverträgen.

67 *Darányi*, Die Bordbetriebsverfassung nach § 117 Abs. 2 S. 1 BetrVG, S. 31.

68 BAG Beschl. v. 14.1.2014 – 1 ABR 66/12, AP BetrVG 1972 § 87 Arbeitszeit Nr. 134, Rn. 45 ff.

69 BAG Beschl. v. 17.9.2013 – 1 ABR 37/12, AP TVG § 1 Tarifverträge: Lufthansa Nr. 55, Rn. 22.

70 § 42 Abs. 3 TV-PV-EasyJet.

71 *Darányi*, Die Bordbetriebsverfassung nach § 117 Abs. 2 S. 1 BetrVG, S. 30; Tarifvertrag abgedruckt bei *Weber*, Hartmut, Sonderdruck aus: Glaubrecht/Halberstadt/Zander, Betriebsverfassung in Recht und Praxis, S. 70 ff.

III. Die Erledigung der laufenden Geschäfte

Um zu vermeiden, dass Freistellungen bestehende Lizenzen durch fehlende Flugpraxis der Arbeitnehmer gefährden, sieht ein Modell die Anstellung eines Geschäftsführers zur Erledigung der laufenden Geschäfte der Personalvertretung vor.[72] Die Bestellung erfordert ein Einvernehmen der Personalvertretung mit dem Arbeitgeber. Personell war nicht vorausgesetzt, dass er aus dem Kreis der Arbeitnehmer stammt. Um weitere Freistellungen zu vermeiden, übernimmt der Geschäftsführer auch die Wahrnehmung der Sprechstunden. Sachverhalte, die über die laufenden Geschäfte hinausgehen, lagen außerhalb des Tätigkeitsbereichs des Geschäftsführers. In Eilfällen konnte der Betriebsrat einen Dringlichkeitsausschuss zusammenrufen, der Entscheidungen treffen konnte. Andere Tarifverträge reduzieren die Betriebsratstätigkeit durch die Wahl eines Betriebsausschusses, der die laufenden Geschäfte wahrnehmen soll.[73]

IV. Verfahrenserleichterungen

Um die häufige Ortsabwesenheit der Betriebsratsmitglieder zu kompensieren, sehen die Tarifverträge zum Teil Regelungen zur Vereinfachung der Beschlussfassung und der Stimmabgabe vor. Dabei werden elektronische Stimmabgaben per Telefax genutzt oder ein Umlaufverfahren entsprechend § 108 AktG.[74] Sitzungen können per Telefonkonferenz abgehalten werden, sofern dies notwendig ist.[75] Zudem sehen die Tarifverträge umfassende Vertretungsregelungen vor, soweit eine Erklärung gegenüber dem Betriebsrat zu erklären ist.[76] Teilweise ist vorgesehen, dass im Verhinderungsfall des Vorsitzenden die Erklärungen gegenüber dem Stellvertreter zulässig sind, ist auch dieser verhindert, sind sie gegenüber jedem Betriebsratsmitglied möglich.[77]

V. Versetzungen

Die häufigen Ortswechsel, insbesondere bei einer Weisung, für eine bestimmte Zeit die Tätigkeit von einem anderen Abflughafen zu beginnen, können eine

72 § 61 TV-PV-DLH in der Fassung 15.11.1972.

73 § 18 Abs. 2 TV-PV-EasyJet.

74 § 22 Abs. 2 TV-PV-EasyJet.

75 § 20 TV-PV-EasyJet.

76 *Bergmann*, Fliegen – ein (Alb-) Traum?, S. 293 hält es für richtig, dass mindestens eine Person als ständiger Ansprechpartner vorhanden ist.

77 § 20 TV-PV-EasyJet.

Versetzung im Sinne des § 95 Abs. 3 BetrVG darstellen. Das BAG entschied 2009, dass eine Versetzung bei in der Luftfahrt beschäftigten Arbeitnehmern vorliegt, wenn der Arbeitgeber einseitig den Einsatzort verändert, welcher den Beginn der für die Arbeitszeit maßgeblichen „Arbeitstätigkeit" bestimmt.[78] Die Versetzung setzt nicht notwendig eine Zuordnung zu einem anderen Betrieb voraus.[79] Um den flexiblen Einsatz der Arbeitnehmer zu sichern, sehen die bisherigen Tarifverträge vor, dass die Zuordnung zu anderen Heimatbasen keine Versetzung darstellt. Nicht als Versetzungen sollen gelten: die Änderung in der Dienstplangruppe, individuelle Ad-hoc-Änderungen in Schichtplänen, die Zuweisung anderer Flugrouten sowie kurzfristige Einsätze auf anderen Basen innerhalb des Flugnetzwerkes. Ein kurzfristiger Einsatz soll eine Tätigkeit mit einer Dauer von maximal 3 aufeinanderfolgenden Wochen sein.[80]

VI. Wirtschaftliche Mitbestimmung

Der technische Fortschritt, stetiger Wettbewerbsdruck sowie die hohen Sicherheitsanforderungen zwingen Fluggesellschaften dazu, ihre Flugzeugflotte auf einem aktuellen Stand zu halten. Um Kosten zu sparen, haben insbesondere die sogenannten „Low-Cost-Carrier" regelmäßig auf ein Flugzeugmodell gesetzt. Bei einem Wechsel auf ein neues Modell kommt die Frage auf, ob dies bereits eine Betriebsänderung darstellt. Die Tarifverträge schließen diese Situation vorsorglich als Betriebsänderung aus.[81] Der Schnelllebigkeit des Luftfahrtgeschäfts wird durch Zeitvorgaben für Verhandlungen und Beratungen mit dem Ziel eines Interessenausgleichs und eines Sozialplanes entsprochen.[82]

VII. Zwischenergebnis

Die bisherigen Tarifverträge aus der Praxis gehen über die Besonderheiten, die eine Herausnahme aus dem Anwendungsbereich des BetrVG rechtfertigen, hinaus. Anpassungen der wirtschaftlichen Mitbestimmung sind nicht mit der stetigen Erfahrungssammlung, der Ortsabwesenheit sowie der kaum möglichen kurzfristigen Ersetzbarkeit zu rechtfertigen. Auch Regelungen zur Versetzung finden keine Grundlage in der Begründung der Ausnahmeregelung. Das heißt

78 BAG Urt. v. 21.7.2009 – 9 AZR 404/08, NZA 2009, 1369, Rn. 20.
79 BAG Urt. v. 21.7.2009 – 9 AZR 404/08, NZA 2009, 1369, Rn. 20.
80 § 50 Abs. 3 TV-PV-EasyJet.
81 § 62 a.E. TV-PV-EasyJet.
82 § 63 Abs. 3 und 4 TV-PV-EasyJet.

allerdings nicht, dass die Regelungen in den Tarifverträgen nicht gleichwohl zulässig waren.[83] Die Tarifvertragsparteien haben für die Luftfahrt passende Regelungen für die effektive Betriebsratstätigkeit vorgesehen. Verfahrenserleichterungen durch elektronische Hilfsmittel, die Einsetzung eines Geschäftsführers zur Entlastung von den laufenden Geschäften sowie die Etablierung eines einheitlichen Betriebsrates für den gesamten Flugbetrieb stehen mit der Begründung der Ausnahme im Einklang.

D. Erforderlichkeit einer Sonderregelung

Eine Ausnahmeregelung regt stets zu der Frage an, ob die grundsätzliche Regelung nicht ausreichend Gestaltungsmöglichkeiten vorsieht. Der Deutsche Gewerkschaftsbund (DGB) hat in seiner Stellungnahme zur Änderung des § 117 BetrVG Zweifel an der Notwendigkeit einer Sonderregelung vorgebracht. Er vertrat, dass eine vollständige Streichung des § 117 BetrVG möglich sei, da die Anwendung des § 3 BetrVG ausreiche.[84] Wäre dies der Fall, würde aus der Verfassungsperspektive die Erforderlichkeit der Regelung des § 117 Abs. 2 S. 1 BetrVG fehlen. Es ist daher zu untersuchen, ob das BetrVG Möglichkeiten bereithält, um die besonderen Anforderungen in der Luftfahrt zu berücksichtigen.

I. Vereinbarung einer anderen Arbeitnehmerstruktur, § 3 Abs. 1 Nr. 3 BetrVG

Andere Arbeitnehmerstrukturen können durch Tarifvertrag gem. § 3 Abs. 1 Nr. 3 BetrVG bestimmt werden, wenn dies einer wirksamen und zweckmäßigen Interessenvertretung der Arbeitnehmer dient. Der Vorteil einer Regelung über § 3 BetrVG liegt in § 3 Abs. 5 BetrVG. Dort ist geregelt, dass die tariflich gebildeten Betriebe auch als Betriebe im Sinne des BetrVG gelten. Die Regelung des § 3 BetrVG erschöpft sich allerdings in der abweichenden Bestimmung des Anknüpfungspunktes eines Betriebsrates. Sie ermöglicht keine abweichende Regelung hinsichtlich der Zahl der Betriebsratsmitglieder, der Amtszeit, der Wahl oder der Zusammensetzung der Vertretung sowie der materiellen Beteiligungsrechte.[85]

---

83 BAG Beschl. v. 17.3.2015 – 1 ABR 59/13, AP BetrVG 1972 § 117 Nr. 9; siehe Seite 52 ff.

84 Ausschussdrucksache zu 19(11)218: Ergänzende Schriftliche Stellungnahme des Deutschen Gewerkschaftsbundes, S. 2 unter II.

85 Aufzählung nach *Fitting*, Betriebsverfassungsgesetz, § 3 Rn. 51, wonach es jedenfalls sehr zweifelhaft sei, ob abweichende Regelungen getroffen werden können; eine Regelungsmöglichkeit verneinend *Koch*, in: Müller-Glöge/Preis/Schmidt, Erfurter

Damit kann die Regelung nicht die innere Organisation des Betriebsrates neu regeln und deshalb nicht den besonderen Erfordernissen in der Luftfahrt gerecht werden.[86] Darüber hinaus setzt § 3 Abs. 1 Nr. 3 BetrVG die objektive Prüfung voraus, dass sich die Organisation nach dem BetrVG nicht als ausreichende Organisationsform herausgestellt hat.[87] Selbst die Unterstützung durch den Betriebsrat genügt für das Vorliegen dieses Merkmals nicht.[88] Die Regelung des § 3 Abs. 1 Nr. 3 BetrVG hat damit mehr Voraussetzung als § 117 Abs. 2 S. 1 BetrVG, ist in den Rechtsfolgen aber eingeschränkter. § 3 Abs. 1 Nr. 3 BetrVG wird den Anforderungen in der Luftfahrt damit nicht gerecht.

II. Abweichungen durch Tarifverträge und Betriebsvereinbarungen

Neben der Möglichkeit, gem. § 3 Abs. 1 Nr. 3 BetrVG eine andere Arbeitnehmervertretungsstruktur zu errichten, bestehen über das BetrVG weitere Möglichkeiten der Anpassung an den jeweiligen Betrieb.

Gem. § 3 Abs. 1 Nr. 1 lit. a) BetrVG ist die Bildung eines unternehmenseinheitlichen Betriebsrates durch Tarifvertrag möglich. Ein solcher unternehmenseinheitlicher Betriebsrat kann ohne Tarifvertrag durch eine Betriebsvereinbarung und bei fehlender Existenz eines Betriebsrates durch Beschluss der Mehrheit der Arbeitnehmer etabliert werden, § 3 Abs. 2 und 3 BetrVG. Nach der Literatur ist die Bildung eines unternehmenseinheitlichen Betriebsrates unzulässig, wenn bereits die Zusammenfassung von Betrieben nach § 3 Abs. 1 Nr. 1 lit b) BetrVG „ausreichend" ist.[89] Für die Luftfahrt ist diese Einschränkung regelmäßig nicht relevant. Der Gesetzgeber hat als Beispiel für die Anwendbarkeit der lit. a) einen zentral organisierten Betrieb angeführt,[90] welcher bei Luftfahrtunternehmen regelmäßig vorliegt. Die Rechtsfolgen eines solchen einheitlichen Betriebsrates würden aber, wie bei Nr. 3, nicht weit genug reichen. Bei § 3 Abs. 1 Nr. 1 lit a) BetrVG käme hinzu, dass ohne Sonderregelung im BetrVG ein einheitlicher

---

Kommentar zum Arbeitsrecht, § 3 BetrVG Rn. 6; a.A. hinsichtlich der Regelungen bezüglich der Rahmenbedingungen der Gremien *Kania/Klemm*, RdA 2006, 22.

86 Siehe zu den Besonderheiten in der Luftfahrt Seite 26.

87 *Koch*, in: Müller-Glöge/Preis/Schmidt, Erfurter Kommentar zum Arbeitsrecht, § 3 BetrVG Rn. 6.

88 BAG Beschl. v. 29.4.2015 – 7 ABR 102/12, AP BetrVG 1972 § 3 Nr. 14.

89 *Koch*, in: Müller-Glöge/Preis/Schmidt, Erfurter Kommentar zum Arbeitsrecht, § 3 BetrVG Rn. 3.

90 BT-Drs. 14/5741, S. 34.

Betriebsrat hieße, dass der Luftbetrieb mit dem Bodenbetrieb betrieblich verbunden wäre. Einen solchen Betrieb hat der historische Gesetzgeber bei der Begründung der Ausnahme aus Sicherheitsaspekten gefürchtet.[91]

Ggf. könnte ein solcher Betriebsrat durch eine flankierende zusätzliche betriebsverfassungsrechtliche Vertretung gem. § 3 Abs. 1 Nr. 5 BetrVG funktionsfähig werden. Nach der Gesetzesbegründung sollen zusätzliche betriebsverfassungsrechtliche Vertretungen der Arbeitnehmer insbesondere dort in Betracht kommen, wo ein unternehmenseinheitlicher Betriebsrat besteht.[92] Diese zusätzlichen Vertretungen müssen organschaftlich strukturiert sein.[93] Da der Zweck der zusätzlichen betriebsverfassungsrechtlichen Vertretungen in der Erleichterung der Zusammenarbeit zwischen Betriebsrat und Arbeitnehmer liegt, nehmen sie keine Zuständigkeiten des Betriebsrates wahr und sind nicht gegenüber dem Arbeitgeber vertretungsbefugt.[94] Diese Struktur kann deshalb nicht die weitgehende Eigenständigkeit von Flug- und Bodenbetrieb sowie von Cockpitpersonal und Kabinenpersonal ermöglichen.

Soweit ein Weg über Spartenbetriebsräte gem. § 3 Abs. 1 Nr. 2 BetrVG gesucht wird, gilt auch dort, dass mehr Voraussetzungen erfüllt werden müssten, aber keine Regelungsmöglichkeiten für die innere Organisation der betrieblichen Vertretung bestehen.

Teilweise sieht das BetrVG selbst Anpassungsmöglichkeiten für die innere Organisation vor. Gem. § 38 Abs. 1 S. 5 BetrVG besteht die Möglichkeit, durch Tarifvertrag oder Betriebsvereinbarung Freistellungen abweichend vom Gesetz zu vereinbaren. Die Öffnungsklausel bezieht sich auf die Höhe der freizustellenden Betriebsratsmitglieder sowie auf die Möglichkeit von Teilfreistellungen. Wie der Wortlaut mit „über die Freistellung" deutlich macht, besteht keine Befugnis, durch Tarifvertrag oder Betriebsvereinbarung über das „Ob" der Freistellungen zu entscheiden.[95] Gem. § 76 Abs. 1 S. 2, Abs. 4 und 6 BetrVG eröffnet das Gesetz die Möglichkeit, durch Tarifvertrag bzw. Betriebsvereinbarung Regelungen zum Einigungsstellenverfahren sowie gem. § 86 BetrVG zu Einzelheiten des Beschwerdeverfahrens zu treffen. Wie die Regelungen zum Gesamtbetriebs- und

91 Siehe Seite 25 ff.

92 BT-Drs. 14/5741, S. 34; so auch: *Richardi*, in: Richardi, § 3 BetrVG Rn. 53.

93 BAG Beschl. v. 29.4.2015 – 7 ABR 102/12, AP BetrVG 1972 § 3 Nr. 14, Rn. 29 ff.; *Richardi*, in: Richardi, § 3 BetrVG Rn. 55.

94 *Koch*, in: Müller-Glöge/Preis/Schmidt, Erfurter Kommentar zum Arbeitsrecht, § 3 BetrVG Rn. 8.

95 *Koch*, in: Müller-Glöge/Preis/Schmidt, Erfurter Kommentar zum Arbeitsrecht, § 38 BetrVG Rn. 5.

Konzernbetriebsrat in § 47 Abs. 4 und § 55 Abs. 4 BetrVG verdeutlichen, besteht keine Option, abweichend vom Gesetz die Mitgliederzahl des Betriebsrates zu regeln.

Das Gesetz ermöglicht aber keine digitalen Betriebsratssitzungen[96] oder eine Übertragung der laufenden Geschäfte an einen angestellten Geschäftsführer. Damit reichen die Anpassungsmöglichkeiten im Gesetz nicht aus.

Werden die Anpassungsmöglichkeiten des BetrVG zusammenfassend betrachtet, können sie nicht die Erfordernisse der Luftfahrt befriedigen. Weder ist eine Möglichkeit vorgesehen, die Arbeitnehmer durch eine zusätzliche Beschäftigung einer Person bei den laufenden Geschäften zu unterstützen, noch bestehen umfassende Vertretungsmöglichkeiten oder die Option, digitale Sitzungen durchzuführen. Hauptschwachpunkt des BetrVG ist die fehlende Flexibilität.

III. Betriebsvereinbarung und Verzicht

Die Betriebsvereinbarung ist das Mittel, das die größte Flexibilität innerhalb des Anwendungsbereichs des BetrVG ermöglicht. Da betriebliche und betriebsverfassungsrechtliche Normen keine Arbeitsentgelte oder sonstige Arbeitsbedingungen darstellen und deshalb nicht vom Tarifvorrang gem. § 77 Abs. 3 BetrVG erfasst werden, besteht keine grundsätzliche Beschränkung der Regelungsbefugnis.[97] Es ist deshalb zu untersuchen, ob der Betriebsrat mittels einer Betriebsvereinbarung die besonderen Anforderungen der Luftfahrt angemessen handhaben kann. Zuvor ist allerdings auf die Frage einzugehen, ob der Betriebsrat überhaupt handeln muss. Möglicherweise könnte er auch in den Fällen untätig bleiben, in denen eine Beschlussfassung aufgrund Ortsabwesenheit und fehlender Vertretungsmöglichkeit erschwert oder praktisch unmöglich ist.

1. Verzicht auf Mitbestimmungsrechte oder bloße Untätigkeit

Entsprechend der tarifvertraglichen Regelungen könnte erwogen werden, ob der Betriebsrat die Möglichkeit haben könnte, auf Mitbestimmungsrechte zu verzichten, um beispielsweise nur die dringendsten Fälle zu bearbeiten. Nach dem BetrVG sind die Mitglieder des Betriebsrates zur Wahrnehmung der Mitbestimmungsrechte verpflichtet.[98] Pflichtgebundene Rechte sind

---

96 *Schwarze*, RdA 2019, 115, 118 schlägt dies als Reform vor, siehe noch näher S. 99 ff.

97 *Seitz*, in: Oberthür/Seitz, Betriebsvereinbarungen, XIII. Tarifvorbehalt Rn. 5.

98 BAG Beschl. v. 14.2.1967 – 1 ABR 6/66, NJW 1967, 1246; BAG Beschl. v. 23.6.1992 – 1 ABR 53/91, AP BetrVG 1972 § 87 Arbeitszeit Nr. 51; BAG Urt. v. 26.5.1998 – 1 AZR

unverzichtbar.[99] Dies gilt selbst in Eilfällen.[100] Ein Beschluss zum Verzicht auf Mitbestimmungsrechte ist deshalb rechtswidrig. Ein Verzicht liegt auch vor, wenn der Betriebsrat dem Arbeitgeber die Ausübung der Mitbestimmungsrechte durch eine Betriebsvereinbarung freihändig überlässt.[101]

Aber auch die bloße Nichttätigkeit ist unzulässig.[102] In einer solchen Nichttätigkeit liegt aufgrund des Fehlens eines Beschlusses kein Verzicht auf die Ausübung der Mitbestimmungsrechte.[103] Die bewusste Untätigkeit eines Betriebsrates bei der verpflichtenden Mitbestimmung gem. § 87 BetrVG stellt aber einen Verstoß gegen die ordnungsgemäße Amtsführung dar.[104] So begründet die bewusste Untätigkeit eines Betriebsratsvorsitzenden, insbesondere bei fehlender Durchführung von Betriebsversammlungen, eine grobe Pflichtverletzung gem. § 23 BetrVG.[105] Aber auch dem Arbeitgeber ist bei einer reinen Untätigkeit des Betriebsrates auf dem Boden des BetrVG nicht geholfen, da mitbestimmungspflichtige Entscheidungen nach der Theorie der Wirksamkeitsvoraussetzung[106] ohne die Mitbestimmung des Betriebsrates unwirksam sind. Selbst bei jahrelanger Untätigkeit des Betriebsrates muss ein Arbeitgeber noch damit rechnen, dass der Betriebsrat doch noch Mitbestimmungsrechte geltend macht.[107] Um Rechtssicherheit zu erlangen, müsste ein Arbeitgeber in jedem Einzelfall den Weg über ein Einigungsstellenverfahren suchen, um die Untätigkeit des Betriebsrates durch einen Spruch der Einigungsstelle zu ersetzen. Als letzte Möglichkeit bliebe ihm der Antrag beim Arbeitsgericht auf Auflösung des

---

704/97, AP BetrVG 1972 § 87 Lohngestaltung Nr. 98; BAG Urt. v. 26.4.2005 – 1 AZR 76/04, AP BetrVG 1972 § 87 Nr. 12; BAG Urt. v. 5.5.2015 – 1 AZR 435/13, AP BetrVG 1972 § 87 Lohngestaltung Nr. 147.

99 *Joussen*, RdA 2005, 31, 35; *Kania/Schulte-Wissermann*, NZA 2019, 78, 80; *Franzen*, NZA 2008, 250.

100 *Kania*, in: *Müller-Glöge/Preis/Schmidt*, Ingrid, Erfurter Kommentar zum Arbeitsrecht, § 87 BetrVG Rn. 7.

101 BAG Urt. v. 26.4.2005 – 1 AZR 76/04, AP BetrVG 1972 § 87 Nr. 12; LAG Köln Urt. v. 8.9.2017 – 10 Sa 925/16, BeckRS 2017, 142422, Rn. 35; *Joussen*, RdA 2005, 31, 34 f.

102 *Joussen*, RdA 2005, 31.

103 BAG Beschl. v. 18.3.2014 – 1 ABR 75/12, NZA 2014, 984.

104 *Richardi*, in: Richardi, Einleitung Rn. 109.

105 Arbeitsgericht Wetzlar Beschl. v. 22.9.1992 – 1 Bv 10/92, BeckRS 1992, 30742459; Arbeitsgericht Hamburg Beschl. v. 27.6.2012 – 27 BV 8/12, BeckRS 2013, 67818; *Thüsing*, in: Richardi, § 23 BetrVG Rn. 16.

106 St. Rspr., vgl. nur: BAG Urt. v. 25.2.2015 – 1 AZR 642/13, AP BetrVG 1972 § 87 Arbeitszeit Nr. 137.

107 LAG Schleswig-Holstein Beschl. v. 4.3.2008 – 2 TaBV 42/07, NZA-RR 2008, 414.

Betriebsrates gem. § 23 Abs. 1 BetrVG. Der Verzicht oder die bewusste Untätigkeit stellen damit keine Handlungsoptionen dar.

2. *Indirekter Verzicht*

Von einem Verzicht ist ein sogenannter indirekter Verzicht abzugrenzen. Dabei handelt es sich um Regelungen zwischen dem Betriebsrat und dem Arbeitgeber, durch die der Betriebsrat die Mitbestimmungsrechte konkretisiert und generalisierend wahrnimmt.[108] Diese Fallgestaltung wird häufig durch Rahmenbetriebsvereinbarungen abgebildet.[109] Die Grenze zum direkten Verzicht wird dort überschritten, wo die Substanz der dem Betriebsrat obliegenden Mitbestimmung betroffen ist, so z. B., wenn der Betriebsrat dem Arbeitgeber die alleinige und freie Gestaltungsmöglichkeit einräumt.[110] Eine Regelung ist hingegen nach dem BAG noch zulässig, wenn sie dem Arbeitgeber eine solche Freiheit einräumt, die einem mitbestimmungsfreien Zustand nahekommt.[111] 1989 urteilte das BAG, dass es noch zulässig ist, dem Arbeitgeber eine Gestaltungsmöglichkeit einzuräumen, die an billiges Ermessen gebunden ist.[112] 2003 entschied es, dass es zulässig sei, dem Arbeitgeber eine Befugnis einzuräumen, mit der er ohne inhaltliche Voraussetzungen, aber mit detaillierten Regelungen zum Umfang und der Verteilung, Überstunden anordnen kann, wie er es für erforderlich hält.[113] Diesen restriktiveren Weg hat das BAG 2015 fortgeführt, als es bezüglich der Einführung von Kurzarbeit urteilte, dass auch hier der Betriebsrat bei einer Ausübung seiner Mitbestimmungsrechte durch eine Betriebsvereinbarung einen näher bestimmten Rahmen vorgeben müsse. Konkret sei erforderlich, dass die Arbeitnehmer aus der Betriebsvereinbarung zuverlässig erkennen können, welche Rechte und Pflichten bestehen. Mindestens seien eine Regelung des Beginns und der Dauer der Kurzarbeit, eine Regelung der Lage und Verteilung der Arbeitszeit sowie die Auswahl der betroffenen Arbeitnehmer erforderlich.[114]

---

108 *Kania*, in: Müller-Glöge/Preis/Schmidt, Erfurter Kommentar zum Arbeitsrecht, § 77 BetrVG Rn. 42; *Joussen*, RdA 2005, 31, 38 f.

109 *Kania*, in: Müller-Glöge/Preis/Schmidt, Erfurter Kommentar zum Arbeitsrecht, § 77 BetrVG Rn. 42.

110 Siehe zum Verzicht Seite 40 f.

111 BAG Beschl. v. 28.10.1986 – 1 ABR 11/85, NZA 1987, 248.

112 BAG Urt. v. 28.11.1989 – 3 AZR 118/88, AP BetrVG 1972 § 88 Nr. 6; *Kania*, in: Müller-Glöge/Preis/Schmidt, Erfurter Kommentar zum Arbeitsrecht, § 77 BetrVG Rn. 42.

113 BAG Urt. v. 3.6.2003 – 1 AZR 349/02, NZA 2003, 1155.

114 BAG Urt. v. 18.11.2015 – 5 AZR 491/14, AP BGB § 615 Nr. 142, Rn. 15.

Daraus wird geschlossen, dass das BAG eine Mitgestaltung durch den Betriebsrat bei den wesentlichen Punkten wie Grundsätzen oder Kriterien fordere.[115]

Anders als die ergebnisorientierte Betrachtung der Rechtsprechung, die fragt, ob das Resultat der Rahmenbetriebsvereinbarung einen Eingriff in die Substanz der Betriebsratstätigkeit darstellt, betonen Stimmen in der Literatur das Verfahren als Unterscheidung zum unzulässigen Verzicht.[116] Der maßgebliche Umstand beim indirekten Verzicht sei, dass der Betriebsrat die Mitbestimmung durch die Rahmenvereinbarung ausübe und gerade nicht darauf verzichte. Deshalb wird sogar zum Teil angenommen, dass die Einräumung eines Letztentscheidungsrechts des Arbeitgebers durch die Einräumung von Mitbestimmungsrechten an anderen, sonst mitbestimmungsfreien Entscheidungen kompensiert werden könne.[117] Diese Literaturansicht würde Umgehungen der betrieblichen Mitbestimmung erleichtern und steht im Widerspruch zur Pflicht des Betriebsrats seine Rechte und Pflichten wahrzunehmen. Der bloße Umstand, dass die Rechte und Pflichten als Ergebnis eines Verfahren nicht wahrgenommen werden, ändert nichts daran, dass ein Verstoß vorliegt. Zudem müsste das Gericht bei der Kompensation von Mitbestimmungsrechten durch andere Mitbestimmungsrechte beurteilen, ob ein Ausgleich stattgefunden hat. Dies führt zu erheblicher Rechtsunsicherheit.

Deshalb ist davon auszugehen, dass ein Betriebsrat in einer Rahmenbetriebsvereinbarung die abstrakten Grundsätze festlegen muss, die der Arbeitgeber im Rahmen einer billigen Entscheidung berücksichtigen muss. Ein gesetzlicher Betriebsrat in der Luftfahrt könnte so in einer Betriebsvereinbarung einen Rahmen für die Zuordnung der Arbeitnehmer zu Umlaufplänen geben, den der

---

115 *Kania*, in: Müller-Glöge/Preis/Schmidt, Erfurter Kommentar zum Arbeitsrecht, § 77 BetrVG Rn. 42; *Boemke*, in: Kiel/Lunk/Oetker, Münchener Handbuch zum Arbeitsrecht Kollektives Arbeitsrecht, § 283 Einführung Rn. 20; *Franzen*, NZA 2008, 250, 253.

116 *Joussen*, RdA 2005, 31, 35; *Säcker/Oetker*, RdA 1992, 16, 23 f. unterscheiden zwischen dem Alleinentscheidungsrecht des Arbeitgebers im primären Regelungsbereich und dem sekundären Regelungsbereich. Der primäre Regelungsbereich betrifft abstrakte Fragestellungen, der sekundäre solche die allein im Einzelfall beantwortet werden können. Im sekundären Bereich rechtfertige die gemeinsame Ausgestaltung, dass keine Mitbestimmung wahrgenommen werde; *Blomeyer*, Anmerkung zu BAG Beschl. v. 28.10.1986 – 1 ABR 11/85, SEA 1987, 279 f.

117 *Franzen*, NZA 2008, 250, 253; ggf. auch *Blomeyer*, Anmerkung zu BAG Beschl. v. 28.10.1986 – 1 ABR 11/85, SEA 1987, 279, 280 mit dem Vorschlag eines „beweglichen Systems."

Arbeitgeber auch in zeitkritischen Momenten ohne Verzögerung durch Arbeitsabläufe des Betriebsrates heranziehen kann.

Das BetrVG sieht damit auch ohne eine Sonderregelung eine Möglichkeit zum Umgang mit den Mitbestimmungsrechten des Betriebsrates vor.

IV. Die Problematik des Betriebsbegriffs nach dem BetrVG

Gilt das BetrVG ohne Sonderregelung, würde der allgemeine Betriebsbegriff Anwendung finden. Probleme bereitet ein solcher Betriebsbegriff durch die Einheitlichkeit der Vertretung. Eine Unterscheidung zwischen Arbeitnehmern in der Luftfahrt und solchen im Bodenbetrieb bestünde nicht. Damit würde die Befürchtung bestehen, dass die Luftsicherheit durch die fehlende Berücksichtigung der Interessen der Arbeitnehmer im Flugzeug nicht berücksichtigt wird. Dies wollte der Gesetzgeber gerade verhindern.[118]

V. Keine Lückenfüllung durch einen Europäischen Betriebsrat

Flugunternehmen sind im Regelfall international tätig. Unterhalten sie in verschiedenen Ländern der EU Betriebe, kommt die Gründung eines europäischen Betriebsrates in Betracht.[119] Dafür müsste das Flugunternehmen ein gemeinschaftsweites Unternehmen im Sinne des Europäischen Betriebsräte-Gesetzes (EBRG) sein. Gem. § 3 EBRG ist ein Unternehmen gemeinschaftsweit tätig, wenn es mindestens 1.000 Arbeitnehmer in den Mitgliedstaaten und davon jeweils mindestens 150 Arbeitnehmer in mindestens zwei Mitgliedstaaten beschäftigt. Diese Marke wird von den größeren Flugunternehmen ohne Probleme übertroffen.[120] Probleme bereitete bislang aber die Wahl eines Europäischen Betriebsrats (EBR). Gem. § 11 und § 23 EBRG werden die Mitglieder des Europäischen Betriebsrates durch den Gesamtbetriebsrat gem. § 47 BetrVG bestellt. Der Gesamtbetriebsrat wird aber durch eine Entsendung der Betriebsräte gebildet, § 47 Abs. 1 BetrVG. Ohne konkrete tarifvertragliche Regelung gem. § 117 Abs. 2 S. 2 BetrVG zur Beteiligung an einem Gesamtbetriebsrat waren die in der Luftfahrt beschäftigten

118 Siehe Seite 25 ff.

119 Europäische Betrietsräte-Gesetze (EBRG).

120 Vgl. überblickweise: Ryanair: 14.583 Beschäftigte laut Annual Report 2018, S. 118; Lufthansa Gruppe: 129.424 Beschäftigte laut Annual Results 2017; EasyJet: Über 14.000 Beschäftigte laut Annual Report 2018; Thomas Cook Group vor der Insolvenz 7.547 Arbeitnehmer im Bereich Airlines, insgesamt 21.263 Arbeitnehmer laut Annual Report 2018, S. 136.

Arbeitnehmer von der Wahl ausgeschlossen.[121] Hier führte die Sonderregelung somit zu Nachteilen.

Aber auch wenn ein EBR gewählt wird, kompensiert dieser nicht die Besonderheiten der betrieblichen Mitbestimmung in der Luftfahrt. Das Gesetz sieht nur Unterrichtungs- und Beratungsrechte vor und soll verhindern, dass eine nationale Mitbestimmung bei internationalen Vorgängen leerläuft.[122] Damit kann das EBRG nicht die Mitbestimmung gewähren, die eine betriebliche Vertretung nach dem BetrVG gewähren kann. Insbesondere fehlt die Erzwingbarkeit von Regelungen.

E. Zusammenfassung

Die Besonderheiten einer Arbeitnehmervertretung in der Luftfahrt sind nicht allein in dem Umstand der Lizenzerhaltung durch erforderliche Flugstunden begründet. Die Flugsicherheitsvorschriften führen zu einem notwendigen, aber umfangreichen Management der Dienstpläne. Die Arbeit eines Betriebsrates ist zudem durch die häufige Ortsabwesenheit der Piloten erschwert. Maßgeblich sind daneben fehlende Anpassungsmöglichkeiten des BetrVG:

Dieses sieht für eine örtliche Flexibilität der Betriebsratsmitglieder nicht ausreichend Vertretungsmöglichkeiten vor. Digitale Sitzungen und Beschlussfassungen sind bislang nicht zulässig. Historisch bedingt und durch die Gewerkschaften stets weiter gestärkt ist eine Trennung von Cockpit und Kabine innerhalb der Arbeitnehmerschaft erwünscht. Das BetrVG kann diesen Wunsch nicht als eigenständige betriebliche Vertretung umsetzen. Die betriebliche Mitbestimmung nach dem Gesetz steht hingegen auch ohne Sonderregelung der Ausübung der Mitbestimmungstatbestände in Luftfahrtunternehmen nicht entgegen. Durch Rahmenbetriebsvereinbarungen kann selbst bei zeitkritischen Entscheidungen eine rechtssichere Lösung herbeigeführt werden.

Die Notwendigkeit einer Sonderregelung liegt damit in der fehlenden Flexibilität des Gesetzes zur Anpassung der inneren Organisation des Betriebsrates, der mangelnden Anpassung des Gesetzes an die Digitalisierung sowie der historisch gewachsenen Spaltung zwischen Boden- und Luftfahrtbetrieben sowie zwischen Cockpit und Kabine begründet.

---

121 *Bergmann*, Fliegen – ein (Alb-) Traum?, S. 296.

122 *Schmidt*, in: Küttner Personalbuch, Europäischer Betriebsrat Rn. 1; *Breitfeld*, in: Boecken/Düwell/Diller u. a., Gesamtes Arbeitsrecht, § 1 EBRG Rn. 2.

§ 3 Auswirkungen des § 117 Abs. 1 S. 2 BetrVG

A. Die Neuregelung im Überblick

Der Bundestag hat am 30.11.2018 die Änderung des § 117 BetrVG mit Wirkung zum 1. Mai 2019[123] in einem Omnibusgesetz beschlossen.[124] Unverändert besteht die Möglichkeit, eine Personalvertretung durch einen Tarifvertrag zu errichten. Die erste Neuerung besteht darin, dass nunmehr das Betriebsverfassungsgesetz Anwendung findet, wenn kein Tarifvertrag gem. § 117 Abs. 2 S. 1 BetrVG besteht. Als zweite Änderung wurde in § 117 Abs. 2 S. 3 BetrVG die Nachwirkung eines Tarifvertrages gem. § 117 Abs. 2 S. 1 BetrVG geregelt. Als Anlass zur Neuregelung diente eine unternehmerische Entscheidung des Unternehmens *Ryanair*, wonach eine Heimatbasis in Bremen geschlossen und eine Heimatbasis in Weeze verkleinert werden sollte.[125] Da es an einem Tarifvertrag gem. § 117 Abs. 2 S. 1 BetrVG fehlte, kam ein Interessenausgleich sowie ein Sozialplan gem. § 111 ff. BetrVG von vornherein nicht in Betracht.

I. Die Erwartungen an das Gesetz

Mit der Neuregelung soll die betriebliche Mitbestimmung für in der Luftfahrt beschäftigte Arbeitnehmer garantiert werden.[126] Im Gesetzgebungsverfahren wurden bereits Probleme und Befürchtungen geäußert.[127] Unklarheiten zeigten sich bei der Frage, was der Bezugspunkt des Betriebsbegriffs bei in der Luftfahrt beschäftigten Arbeitnehmern eines Luftfahrtunternehmens ist und welche Auswirkungen die internationalen Verflechtungen der Unternehmen haben.[128] Es bestand die Befürchtung, dass Unklarheiten des Gesetzes zur Anfechtung

---

123 Art. 6 Abs. 4 Qualifizierungschancengesetz; siehe auch die Beratung im Bundestag, 19. Wahlperiode, 69 Sitzung, Berlin, Freitag den 30.11.2018, S. 8013.

124 BGBI. I, S. 2651.

125 *Remmert,* Irische Billigairline: Heil plant Lex Ryanair.

126 BT-Drs. 19/6146, S. 30 f.

127 Frage von *Susanne Ferschl* (Die LINKE) im Rahmen der Beratung des Gesetzgebungsvorschlages im Bundestag, 19. Wahlperiode, 69 Sitzung, Berlin, Freitag den 30.11.2018, S. 8014.

128 Siehe dazu auch: Stellungnahme der Bundesvereinigung der Deutschen Arbeitgeberverbände vom 21.11.2018, Ausschussdrs. 19(11)207, S. 21.

von Betriebsratswahlen führen könnten.[129] Erwartet wurde eine klare Regelung der Nachwirkung.[130] Ob die Nachwirkung zeitlich beschränkt oder unendlich besteht, lässt der Wortlaut des § 117 Abs. 2 S. 3 BetrVG allerdings offen.

Die Neuregelung entspricht weitgehend einem früheren Vorschlag der Literatur.[131] Keine Auswirkungen hat das Gesetz hingegen auf die in der Praxis betriebenen Verhinderungsstrategien bezüglich Betriebsratswahlen.[132] Inwieweit sich die Unternehmen der Bildung von Betriebsräten entgegenstellen werden, kann erst in Zukunft beurteilt werden.

II. Verworfene Regelungsvorschläge

Bevor der Bundestag sich für die subsidiäre Geltung des BetrVG aussprach, gab es andere Vorschläge zur Neuregelung des § 117 BetrVG. Der Bundesrat hatte bereits einen Gesetzesantrag der Länder Berlin, Brandenburg, Bremen und Thüringen[133] federführend dem Ausschuss für Arbeit, Integration und Sozialpolitik sowie mitberatend dem Wirtschaftsausschuss zugewiesen.[134] Dieser Gesetzesentwurf sah bei Weigerung des Unternehmens zur Aufnahme von Tarifverhandlungen sowie bei Nichtabschluss eines Tarifvertrages nach Aufnahme der Verhandlungen die Geltung des Betriebsverfassungsgesetzes vor. Für den ersten Fall sollte eine Frist zur Aufnahme von Verhandlungen innerhalb von drei Monaten nach Übermittlung der Tarifforderung durch die Gewerkschaft, im zweiten Fall eine Frist von sechs Monaten gelten. Letztere Frist sollte einvernehmlich durch die Tarifvertragsparteien verlängert werden können. Damit nahm der Gesetzesvorschlag eine „Anleihe" an § 21 EBRG[135] sowie an §§ 22,

---

129 Frage von *Susanne Ferschl* (Die LINKE) im Rahmen der Beratung des Gesetzgebungsvorschlages im Bundestag, 19. Wahlperiode, 69 Sitzung, Berlin, Freitag den 30.11.2018, S. 8014.

130 Stellungnahme der Bundesvereinigung der Deutschen Arbeitgeberverbände vom 21.11.2018, Ausschussdrs. 19(11)207, S. 22; Ergänzende Schriftliche Stellungnahme Deutscher Gewerkschaftsbund vom 26.11.2018, Ausschussdrs. Zu 19(11)218, S. 4.

131 *Bonin*, AuR 2004, 321, 322.

132 Siehe dazu *Rügemer/Wigand*, Union-Busting in Deutschland – Eine Studie der Otto Brenner Stiftung.

133 BR-Drs. 576/18.

134 Bundesrat – 972. Sitzung – 23. November 2018, S. 429.

135 § 21 EBRG lautet: „(1) Verweigert die zentrale Leitung die Aufnahme von Verhandlungen innerhalb von sechs Monaten nach Antragstellung (§ 9), ist ein Europäischer Betriebsrat gemäß den §§ 22 und 23 zu errichten. Das Gleiche gilt, wenn innerhalb von drei Jahren nach Antragstellung keine Vereinbarung nach § 18 oder § 19 zustande kommt oder die zentrale Leitung und das besondere Verhandlungsgremium das

20 SE-Beteiligungsgesetz (SEBG)[136,137]. Dieser Gesetzesvorschlag beachtet allerdings die Eigenheiten des Tarifvertragswesens nicht. Ein Anspruch auf Tarifverhandlungen ist dem Tarifrecht fremd, vorausgesetzt, die Parteien haben sich nicht selbst auf einen solchen Anspruch verständigt.[138] Zur Konfliktbewältigung steht den Parteien das Arbeitskampfrecht zur Verfügung. Eine Regelung entsprechend dem EBRG sowie dem SEBG war deshalb keine zu befürwortende Lösung.

Einen anderen Weg wollte die Fraktion „Die Linke" wählen. Diese brachte einen Gesetzesvorschlag ein, der vorsah, die Regelung des § 117 BetrVG vollständig abzuschaffen.[139] Dadurch hätte das Betriebsverfassungsgesetz ohne Ausnahme auf die in der Luftfahrt beschäftigten Arbeitnehmer Anwendung gefunden. Die bisherigen Tarifverträge, die die Besonderheiten in der Luftfahrt berücksichtigen und zu einer wirkungsvollen betrieblichen Mitbestimmung führen, würden wegfallen. Da dies die betriebliche Mitbestimmung erschwert hätte, fand der Vorschlag keine Mehrheit.[140]

---

vorzeitige Scheitern der Verhandlungen erklären. Die Sätze 1 und 2 gelten entsprechend, wenn die Bildung des besonderen Verhandlungsgremiums auf Initiative der zentralen Leitung erfolgt. (2) Ein Europäischer Betriebsrat ist nicht zu errichten, wenn das besondere Verhandlungsgremium vor Ablauf der in Absatz 1 genannten Fristen einen Beschluss nach § 15 Absatz 1 fasst."

136 § 22 SEBG lautet: „(1) Die Regelungen der §§ 23 bis 33 über den SE-Betriebsrat kraft Gesetzes finden ab dem Zeitpunkt der Eintragung der SE Anwendung, wenn 1. die Parteien dies vereinbaren oder 2. bis zum Ende des in § 20 angegebenen Zeitraums keine Vereinbarung zustande gekommen ist und das besondere Verhandlungsgremium keinen Beschluss nach § 16 gefasst hat. (2) Absatz 1 gilt entsprechend im Fall des § 18 Abs. 3." § 20 SEBG lautet: „(1) Die Verhandlungen beginnen mit der Einsetzung des besonderen Verhandlungsgremiums und können bis zu sechs Monate dauern. Einsetzung bezeichnet den Tag, zu dem die Leitungen zur konstituierenden Sitzung des besonderen Verhandlungsgremiums eingeladen haben. (2) Die Parteien können einvernehmlich beschließen, die Verhandlungen über den in Absatz 1 genannten Zeitraum hinaus bis zu insgesamt einem Jahr ab der Einsetzung des besonderen Verhandlungsgremiums fortzusetzen."

137 BR-Drs. 576/18, S. 3.

138 *Krämer*, Die Richtigkeitsgewähr des Tarifvertrags, S. 80.

139 BT-Drs. 19/5055.

140 Beschlussempfehlung und Bericht des Ausschusses für Arbeit und Soziales zu BT-Drs. 19/5055, BT-Drs. 19/6134; Die Lösung der Fraktion Die LINKE wurde aber nicht von allen Seiten abgelehnt, siehe: Ergänzende Schriftliche Stellungnahme Deutscher Gewerkschaftsbund vom 26.11.2018, Ausschussdrs. Zu 19(11)218, S. 2.

Historisch findet sich eine weitere Idee in den Vorschlägen der Deutschen Angestellten Gewerkschaft (DAG), eine Vorgängergewerkschaft von ver.di, zum BetrVG 1972. Damals wurde vorgeschlagen, § 117 BetrVG wie folgt zu fassen: *„Für die Arbeitnehmer/innen von Luftfahrtunternehmen ist jeweils für den Land- und Flugbetrieb ein Betriebsrat zu wählen. Für die Zusammenarbeit dieser Betriebsräte können tarifvertragliche Vereinbarungen getroffen werden."*[141] Der Versuch der Vereinigung Cockpit, entsprechend diesem Entwurf das BetrVG bei seiner letzten umfassenden Änderung 2002 abzuändern, schlug fehl.[142] Diese Regelung hätte, wie die aktuelle, offengelassen, welcher Betriebsbegriff dem § 117 BetrVG zugrunde liegt. Der Wortlaut legt nahe, dass für den Land- und Flugbetrieb unternehmensweit lediglich je ein Land- und ein Flugbetriebsrat gewählt werden könnten. Zwingend ist dies aber nicht. Eine Unterteilung des Flugbetriebes in Cockpit- und Kabinenmitarbeiter wäre nicht möglich. Damit hätte die Regelung mit den gewachsenen Strukturen in der Luftfahrt gebrochen. Eine vom BetrVG abweichende Organisation des Betriebsrates selbst ist vom Wortlaut nicht umfasst. Es bestünde zudem die Auslegungsfrage, wie weit die Regelungsbefugnis der Tarifvertragsparteien für die Zusammenarbeit der Betriebsräte reicht. Aufgrund dieser Umstände war es sachgerecht, auch diesen Regelungsvorschlag nicht erneut aufzugreifen.[143]

III. Gewählte Regelungsart: Tarifdispositives Gesetzesrecht

Die alte Fassung des § 117 BetrVG hat die in der Luftfahrt beschäftigten Arbeitnehmer vollständig aus dem Anwendungsbereich des BetrVG herausgenommen, sodass es sich bei der Regelung des § 117 Abs. 2 S. 1 BetrVG nur um eine deklaratorische Regelung handelte.[144] Anstatt wie zuvor die in der Luftfahrt

141 DAG Vorschlag aus dem Jahr 1972 zur Änderung des BetrVG, abrufbar unter: https://web.archive.org/web/20070719104701/http://www.uni-regensburg.de/Fakultaeten/Jura/richardi/Forschung/BetrVG-Reform/DAG-Vorschlag_Betrvg.pdf (zuletzt abgerufen am 11.3.2019).

142 *Bergmann*, Fliegen – ein (Alb-) Traum?, S. 286.

143 Der Vorschlag wurde im Gesetzgebungsverfahren soweit ersichtlich nicht mehr angesprochen; ebenso wurde soweit ersichtlich keine Rechtsverordnung in Betracht gezogen: Eine solche erwägend zur neuen Fassung, im Ergebnis aber die Neufassung befürwortend *Jacobs/Frieling*, in: Gräfl/Lunk/Oetker/Trebinger, 100 Jahre Betriebsverfassungsrecht, S. 252, 258 mit Verweis auf den Vorschlag von *Darányi*, Die Bordbetriebsverfassung nach § 117 Abs. 2 S. 1 BetrVG, S. 208 ff.

144 *Krause*, in: Bauer, Festschrift für Herbert Buchner zum 70. Geburtstag, S. 493, 499; vergleichbar dazu die tarifliche Regelung einer Personalvertretung für leitende Angestellte

beschäftigten Arbeitnehmer aus dem Anwendungsbereich des BetrVG herauszunehmen, hat der Gesetzgeber mit der Neuregelung eine Integration in das Gesetz bewirkt. Die Tarifvertragsparteien können nunmehr durch Tarifvertrag vom Gesetz abweichende Regelungen vereinbaren. Damit handelt es sich um tarifdispositives Recht. Es verwundert, dass die Gesetzesbegründung auf diesen Wandel nicht näher eingeht. In der Literatur werden regelmäßig drei Argumente ausgemacht, die die Einführung von tarifdispositivem Gesetzesrecht begleiten: erstens die größere Sachnähe der Tarifvertragsparteien verbunden mit der Achtung der Tarifautonomie, zweitens die Möglichkeit, branchenspezifische Regelungen zu vereinbaren, und drittens der Gedanke, dass die Tarifvertragsparteien die Interessen der Arbeitnehmer wahren werden.[145] Auch wenn die Gesetzesbegründung zu den Gründen schweigt, liegen alle drei Argumente bei § 117 BetrVG vor. Die Öffnung des Gesetzes wahrt die Möglichkeit, branchenspezifische Regelungen zu vereinbaren, und vertraut in Fortführung der Rechtslage seit dem BetrVG 1972 auf die größere Sachnähe der Tarifvertragsparteien. Die Wahrung der Interessen der Arbeitnehmer ist dabei vorausgesetzt. Eine Besonderheit besteht bei der Interessenlage, da für beide Seiten typischerweise ein Interesse an einer Regelung besteht. Während Arbeitgeber ein Interesse an einer effektiven und effizienten Lösung angepasst an ihr Unternehmen suchen, um die Flugzeiten des Personals maximal auszulasten und um schnelle Entscheidungswege zu ermöglichen, sind die Arbeitnehmer und die diese vertretenden Gewerkschaften ebenso an einer Regelung interessiert, die eine effektive Vertretung ermöglicht, da so die betriebliche Mitbestimmung besser wahrgenommen werden kann. Dies ist bei anderen tarifdispositiven Regelungen wie bei §§ 7, 12 ArbZG oder besonders deutlich bei § 12 Abs. 6 S. 1 TzBfG[146] nicht typischerweise der Fall. Damit besteht wenig Gefahr für eine dysfunktionale Instrumentalisierung der tarifdispositiven Regelung.[147]

---

vor Verabschiedung des Sprecherausschussgesetzes: BAG Beschl. v. 19.2.1975 – 1 ABR 55/73, AP BetrVG 1972 § 5 Nr. 9.

145 *Ulber*, Daniel, Tarifdispositives Gesetzesrecht im Spannungsfeld von Tarifautonomie und grundrechtlichen Schutzpflichten, S. 51, herausgearbeitet am Beispiel des § 6 BeschFG 1985; *Bock*, Tarifdispositives Arbeitnehmerschutzrecht und Tarifautonomie, S. 157.

146 § 12 Abs. 6 S. 1 TzBfG lautet: „Durch Tarifvertrag kann von den Absätzen 1 und 3 auch zuungunsten des Arbeitnehmers abgewichen werden, wenn der Tarifvertrag Regelungen über die tägliche und wöchentliche Arbeitszeit und die Vorankündigungsfrist vorsieht."

147 Zu dieser Gefahr *Greiner*, ZTR 2018, 628, 631.

B. Vereinbarkeit des § 117 Abs. 2 S. 1 BetrVG mit höherrangigem Recht

Die bisherige Fassung des § 117 BetrVG war Gegenstand stetiger Diskussionen um die Verfassungs- und Europarechtskonformität der Norm. Europarechtlich wurde eine Vereinbarkeit mit der RL 2002/14/EG diskutiert. Auf nationaler Ebene wurde die Herausnahme des Flugpersonals aus dem Anwendungsbereich auf Grundlage des Art. 3 GG kritisiert.[148] Die Gesetzesänderung soll die Bedenken an der Vereinbarkeit mit höherrangigem Recht auflösen.[149] Ob dies gelungen ist, ist im Folgenden zu untersuchen.

I. Europarecht

1. Richtlinie 2002/14/EG

Im Fokus[150] der europarechtlichen Diskussion stand die Vereinbarkeit des § 117 Abs. 2 S. 1 BetrVG mit den Mindeststandards einer betrieblichen Vertretung gem. der Richtlinie 2002/14/EG zur Festlegung eines allgemeinen Rahmens für die Unterrichtung und Anhörung der Arbeitnehmer in der Europäischen Gemeinschaft vom 11.3.2002.[151] Aus der Richtlinie wurde teilweise abgeleitet, dass die Einrichtung einer betrieblichen Vertretung nicht vollständig den Sozialpartnern gem. Art. 5 der RL überlassen werden könne.[152] Der Streit wurde

148 Vgl. in der Rechtsprechung: BAG Beschl. v. 17.3.2015 – 1 ABR 59/13, AP BetrVG 1972 § 117 Nr. 9, Rn. 32 offenlassend für Mindeststandards aufgrund verfassungs- sowie europarechtskonformer Auslegung.

149 BT-Drs. 19/6146, S. 31; Siehe zur bisherigen Diskussion statt aller: *Darányi*, Die Bordbetriebsverfassung nach § 117 Abs. 2 S. 1 BetrVG, S. 98 ff. m.w.N.

150 Weder aus der Massenentlassungsrichtlinie, RL 98/59/EG vom 20.7.1998, noch aus der Betriebsübergangsrichtlinie, RL 2001/23/EG vom 12.3.2001, folgt eine Vorgabe für die Frage, ob eine betriebliche Vertretung im nationalen Recht zwingend einzurichten ist.

151 Für die Vereinbarkeit mit der Richtlinie: Hessisches LAG Beschl. v. 3.9.2018 – 16 TaBVGa 86/18, Juris; LAG Berlin-Brandenburg Beschl. v. 30.10.2009 – 6 TaBVGa 2284/09, BeckRS 2009, 74383 unter 2.4.2.1.2.1.; offen gelassen dagegen: LAG Sachsen Beschl. v. 8.11.2016 – 3 TaBV 16/16, BeckRS 2016, 111846, Rn. 27 ff.; *Bauckhage-Hoffer/Umnuß*, EWS 2010, 269, 272; *Franzen*, in: Oetker, GK-BetrVG, § 117 Rn. 11; *Forst*, in: Richardi, § 117 Rn. 2; *Forst*, ZESAR 2012, 164 ff.

152 Für einen Verstoß gegen die Richtlinie: *Darányi*, Die Bordbetriebsverfassung nach § 117 Abs. 2 S. 1 BetrVG, S. 98 ff.; *Weber, Christoph/Gräf*, ZESAR 2011, 355 ff.; *Bayreuther*, NZA 2010, 262, 263; *Bonin*, AuR 2004, 321, 323; *Reichold*, NZA 2003, 289, 292; *Fischer*, TranspR 2005, 103 ff.

bislang nicht durch den EuGH entschieden.[153] Das BAG hat bislang, allerdings zuletzt mit Zweifeln, entschieden, dass auch die Regelung einer betrieblichen Vertretung vollständig den Gewerkschaften übertragen werden könne.[154] Durch die Anwendbarkeit des BetrVG wollte der Gesetzgeber den Bedenken in der Literatur gegen die bisherige Rechtsprechung die Grundlage nehmen.[155] Das ist dem Gesetzgeber auch gelungen,[156] da die Regelung den Forderungen in der Literatur entspricht.[157] Bedeutung hat die bisherige Diskussion aber weiterhin bei der Frage, ob Tarifvertragsparteien das Nichtbestehen einer betrieblichen Vertretung vereinbaren können.[158]

2. *Art. 27 GRCh*

Art. 27 GRCh garantiert ein Recht auf Unterrichtung und Anhörung der Arbeitnehmervertreter, vorausgesetzt, die Mitgliedsstaaten führen gem. Art. 51 Abs. 1 GRCh Recht der Union durch. Das Grundrecht macht aber keine inhaltlichen Vorgaben, sondern erfordert eine Konkretisierung durch europäische

---

153 Dieser entschied 2010 in der Rechtssache C-405/08, Urt. v. 11.2.2010 – C-405/08, ECLI:EU:C:2010:69 Rn. 40 – *Ingeniørforeningen i Danmark*, dass die Möglichkeit die Modalitäten durch Sozialpartner festlegen zu lassen die Mitgliedstaaten nicht von der Verpflichtung befreie, durch geeignete Rechts- und Verwaltungsvorschriften sicherzustellen, dass alle Arbeitnehmer in vollem Umfang den Schutz in Anspruch nehmen können, den ihnen die Richtlinie 2002/14 gewährt. Die staatliche Garantie müsse in allen Fällen gelten, in denen Schutz nicht auf andere Weise gewährleistet sei. Damit fehlt es aber weiterhin an einer Aussage dazu, ob eine betriebliche Vertretung aufgrund der Vorschriften der Richtlinie errichtet werden muss oder ob dies den Sozialpartnern vollständig überlassen werden kann.

154 Zuletzt hat das BAG aber offen gelassen, ob aus europa- oder verfassungsrechtlichen Gründen Mindeststandards erforderlich seien: BAG Beschl. v. 17.3.2015 – 1 ABR 59/13, AP BetrVG 1972 § 117 Nr. 9, Rn. 32; zuvor ohne Bedenken gegen die Verfassungsmäßigkeit, bezüglich des Unionsrechts mit einem bloßen Verweis auf die Literatur: BAG Urt. v. 24.6.2008 – 9 AZR 313/07, AP BetrVG 1972 § 117 Nr. 8, Rn. 38.

155 BT-Drs. 6146, S. 31.

156 *Weber, Christoph*, in: Franzen/Gallner/Oetker, Kommentar zum europäischen Arbeitsrecht, RL 2002/14/EG Art. 5 Unterrichtung und Anhörung auf der Grundlage einer Vereinbarung Rn. 7.

157 *Fitting*, Betriebsverfassungsgesetz, § 117 BetrVG Rn. 6d: „Vielmehr ist den Erfordernissen der Richtlinie genügt, wenn sichergestellt ist, dass entweder eine gesetzliche oder eine tarifvertragliche Arbeitnehmervertretung errichtet werden kann."

158 Siehe Seite 123 f.

oder nationale Rechtsvorschriften.[159] Nach dem EuGH ist Art. 27 GRCh aber auch in Verbindung mit der Richtlinie 2002/14/EG nicht genug bestimmt, um ein subjektives Recht auf Unterrichtung und Anhörung der Arbeitnehmer zu begründen.[160]

Ein Generalanwalt am EuGH, *Pedro Cruz Villalón*, hat herausgearbeitet, dass Art. 27 GRCh einen Auftrag an die Mitgliedsstaaten beinhalte, die Unterrichtung und Anhörung zu gewährleisten.[161] Aufgrund der Zuständigkeit der EU gem. Art. 153 AEUV, die nur die Regelung von Mindestvorschriften erlaubt, ist dieser Ansicht folgend nur die Einhaltung von Mindestanforderungen erforderlich.[162] Die Neuregelung des § 117 BetrVG geht mit der subsidiären Anwendung des BetrVG und den damit bestehenden Mitbestimmungsrechten über die Unterrichtung und Anhörung hinaus. Ein Verstoß gegen Art. 27 GRCh liegt damit auch dieser Ansicht folgend nicht vor.

II. Verfassungsrecht

1. Die Diskussion um § 117 Abs. 2 S. 1 BetrVG a. F.

Während das BAG die alte Fassung des § 117 BetrVG wiederholt für verfassungsmäßig erklärt hat,[163] ließ das BVerfG die Frage zuletzt offen.[164] Auch die Literatur kam zu keinem einheitlichen oder jedenfalls überwiegenden

---

159 *Schubert, Claudia*, in: Franzen/Gallner/Oetker, Kommentar zum europäischen Arbeitsrecht, GRCh Art. 27 Recht auf Unterrichtung und Anhörung der Arbeitnehmerinnen und Arbeitnehmer im Unternehmen Rn. 11 m.w.N.

160 EuGH Urt. v. 15.1.2014 – C-176/12, ECLI:EU:C:2014:2 Rn. 49 – *Association de médiation sociale.*

161 EuGH, Schlussanträge des Generalanwalts Pedro Cruz Villalón v. 18.7.2013 – C-176/12, ECLI:EU:C:2013:491 Rn. 54 – *Association de médiation sociale.*

162 *Schubert, Claudia*, in: Franzen/Gallner/Oetker, Kommentar zum europäischen Arbeitsrecht, GRCh Art. 27 Recht auf Unterrichtung und Anhörung der Arbeitnehmerinnen und Arbeitnehmer im Unternehmen Rn. 11 m.w.N; *Schubert, Claudia*, in: Franzen/Gallner/Oetker, Kommentar zum europäischen Arbeitsrecht, GRCh Art. 51 Anwendungsbereich Rn. 26.

163 Zuletzt hat das BAG aber offen gelassen, ob aus europa- oder verfassungsrechtlichen Gründen Mindeststandards erforderlich seien: BAG Beschl. v. 17.3.2015 – 1 ABR 59/13, AP BetrVG 1972 § 117 Nr. 9, Rn. 32; zuvor: BAG Urt. v. 24.6.2008 – 9 AZR 313/07, AP BetrVG 1972 § 117 Nr. 8, Rn. 38; BAG Beschl. v. 20.2.2001 – 1 ABR 27/00, AP BetrVG 1972 § 117 Nr. 6, B. II. 1; BAG Beschl. v. 5.11.1985 – 1 ABR 56/83, AP BetrVG 1972 § 117 Nr. 4, B. II. 2.

164 BVerfG Beschl. v. 12.2.2014 – 1 BvL 7/11, NZA 2014, 981, Rn. 10.

Meinungsbild.[165] Hauptstreitpunkt der Diskussion war die Frage, ob ein sachlicher Grund zur Differenzierung zwischen Arbeitnehmern im Flugbetrieb und sonstigen Arbeitnehmern besteht. Auch Monteure, Handelsreisende, Mitarbeiter in Werbekolonnen, Fernfahrer und Binnenschiffer[166] sind häufig nicht im Betrieb anwesend, gleichwohl findet das BetrVG auf diese Arbeitnehmergruppen Anwendung.[167] Auch die Folgen einer Regelung wurden unterschiedlich beurteilt: Eine Regelung, bei der die Gewerkschaft erst die Rechte erkämpfen muss, die dem Betriebsrat per Gesetz zustehen, wird zum Teil als Last empfunden,[168] andererseits wird diese Freiheit in der Gestaltung von anderen Stimmen auch als Vorteil hervorgehoben.[169]

2. *Literatur zur Neuregelung*

Gegen eine Vereinbarkeit mit dem Grundgesetz wird nunmehr vorgebracht, dass der Gesetzgeber die Argumente für einen Verstoß gegen Art. 3 Abs. 1 GG

---

165 Für einen Verfassungsverstoß: *Darányi*, Die Bordbetriebsverfassung nach § 117 Abs. 2 S. 1 BetrVG, S. 109 ff.; zweifelnd aufgrund § 3 Abs. 2 TVG: *Spinner*, Die vereinbarte Betriebsverfassung, S. 150 f.; *Däubler*, in: Däubler/Kittner/Klebe/Wedde, BetrVG, 16 Aufl., § 117 Rn. 4 ff.; *Grabherr*, NZA 1988, 532 ff.; *Mußgnug*, in: Pawlowski/Wiese, Festschrift für Konrad Duden zum 70. Geburtstag, S. 335, 342, der nur bei einer verfassungskonformen Auslegung mit dem Ergebnis einer zeitlichen Frist zur Regelung einer Personalvertretung sowie einer inhaltlichen Orientierung an den Regelungen des BetrVG die Regelung für verfassungskonform hält; zweifelnd: *Schmid/Sarbinowski*, NZA-RR 2003, 113, 121; gegen einen Verfassungsverstoß: *Franzen*, in: Oetker, GK-BetrVG, § 117 Rn. 10; *Hess*, in: Hess/Worzalla/Glock u. a., BetrVG, § 117 Rn. 8; *Schmid/Roßmann*, Das Arbeitsverhältnis der Besatzungsmitglieder in Luftfahrtunternehmen, Rn. 509 ff.; *Krause*, in: Bauer, Festschrift für Herbert Buchner zum 70. Geburtstag, S. 493, Fn. 1; *Forst*, in: Richardi, § 117 Rn. 3; *Kania*, in: Müller-Glöge/Preis/Schmidt, Erfurter Kommentar zum Arbeitsrecht, § 117 BetrVG Rn. 1; *Koch*, in: Ahrendt/Koch/Linck u.a., Schaub, Arbeitsrechts-Handbuch, § 211 Rn. 24; differenzierend: *Fitting*, Betriebsverfassungsgesetz, § 117 Rn. 5.

166 Die Aufzählung stammt von: *Schmid/Roßmann*, Das Arbeitsverhältnis der Besatzungsmitglieder in Luftfahrtunternehmen, Rn. 511.

167 *Fischer*, Anmerkung zu LArbG Frankfurt, jurisPR-ArbR 49/2018 Anm. 5, unter D. hält fest, dass Berufskraftfahrer länger von ihrem Betrieb entfernt seien als Flugpersonal von ihrer Heimatbasis.

168 *Schmid/Roßmann*, Das Arbeitsverhältnis der Besatzungsmitglieder in Luftfahrtunternehmen, Rn. 509; deshalb die Verfassungswidrigkeit zur alten Fassung bejahend: *Däubler*, in: Däubler/Kittner/Klebe/Wedde, BetrVG, 16 Aufl., § 117 Rn. 4 f.

169 *Vielmeier*, NZA 2018, 1530, 1531.

selbst stärke. Indem er die subsidiäre Geltung des BetrVG angeordnet hat, habe er ausgedrückt, dass keine gravierenden Gründe gegen die Geltung des Betriebsverfassungsrechtes für in der Luftfahrt beschäftigte Arbeitnehmer sprechen. Damit habe der Gesetzgeber seine eigene Einschätzung ad absurdum geführt.[170]

Aus logischer Perspektive ist ein argumentum ad absurdum nur dann überzeugend, wenn kein anderes Verständnis der Regelung denkbar ist und nicht bereits das eigene Verständnis der Auslegung zugrunde gelegt wird.[171] Andernfalls wird der Schluss allein aus einer Unterstellung gezogen.[172] Der Gesetzgeber hat bei der Neuregelung nicht ausgedrückt, dass er das Betriebsverfassungsgesetz als ausreichend passende Regelung für die Luftfahrt ansieht. Im Gegenteil soll die Geltung des Betriebsverfassungsgesetzes die Ausnahme darstellen.[173] Um die tarifliche Geltung zu fördern, wurde der Anwendungszeitpunkt der Regelung vom 1.1.2019 auf dem 1.5.2019 verschoben, sodass Zeit für Verhandlungen bestand.[174] Zudem spricht gegen einen solchen Schluss, dass der Gesetzgeber im Arbeitsrecht weitgehende Gestaltungsfreiheiten bezüglich der Verwirklichung verschiedenster Interessen und der Differenzierung zwischen diesen hat.[175] Wenn der Gesetzgeber eine tarifliche Regelung für die Verwirklichung einer betrieblichen Mitbestimmung für geeigneter hält, aber gleichwohl Mindestbedingungen für den Fall aufstellt, dass die Tarifautonomie nicht die erwarteten Ergebnisse hervorbringt, übt der Gesetzgeber schlicht seinen Einschätzungsspielraum aus.[176] Eine Stärkung der Argumente für eine Verfassungswidrigkeit liegt durch die Neuregelung damit nicht vor.

---

170 *Vielmeier*, NZA 2018, 1530, 1532; offenlassend: *Tiedemann*, ArbRB 2019, 157, 159.

171 *Puppe*, Kleine Schule des juristischen Denkens, S. 218 ff., 224.

172 *Puppe*, Kleine Schule des juristischen Denkens, S. 222.

173 Deutscher Bundestag – 19 Wahlperiode – 69. Sitzung, Berlin, Freitag den 30. November 2018, S. 7999, 8013.

174 Deutscher Bundestag – 19 Wahlperiode – 69. Sitzung, Berlin, Freitag den 30. November 2018, S. 7999, 8013.

175 *Schmidt, Ingrid*, in: Müller-Glöge/Preis/Schmidt, Erfurter Kommentar zum Arbeitsrecht, Art. 3 GG Rn. 36.

176 Zu § 117 BetrVG a. F. noch kürzlich: Hessisches LAG Beschl. v. 3.9.2018 – 16 TaBVGa 86/18, Juris, Rn. 41; siehe auch bei einer ähnlichen Fallgestaltung, der Herausnahme aus dem Anwendungsbereich des Mindestlohnes: BAG Urt. v. 16.4.2014 – 4 AZR 802/11, AP TVG § 1 Tarifverträge: Entsorgungswirtschaft Nr. 8, Rn. 20 ff.; zur neuen Fassung des § 117 BetrVG: *Däubler*, in: Däubler/Klebe/Wedde, BetrVG, § 117 Rn. 9.

3. *Der sachliche Grund in Art. 3 GG*

Im Mittelpunkt der Diskussion um die Verfassungsmäßigkeit steht bei der tarifdispositiven Regelung wie auch bei der alten Rechtslage die Frage, ob ein sachlicher Grund für die von anderen Arbeitnehmern abweichende Gestaltung besteht.[177] Hieran wurden bereits zur vorherigen Regelung erhebliche Zweifel vorgebracht. So seien heutzutage Berufskraftfahrer länger von ihrem Betrieb abwesend als das Flugpersonal von ihrer Heimatbasis.[178]

Diese Kritik verfängt, wenn mit der Gesetzesbegründung zu § 117 BetrVG 1972[179] sowie mit der Rechtsprechung[180] angenommen wird, dass der sachliche Grund allein in der nicht ortsgebundenen Tätigkeit und den dadurch bedingten Schwierigkeiten, eine Betriebsvertretung zu organisieren und in dieser tätig zu werden, liegt. Bemerkenswert ist, dass sich der Gesetzgeber trotz der massiven Kritik bezüglich eines fehlenden sachlichen Grundes[181] nicht bezüglich der Sachgründe für die abweichende Gestaltung für das Flugpersonal bei der Neuregelung des § 117 BetrVG geäußert hat.[182] Allerdings beschränkt sich die verfassungsrechtliche Prüfung nicht auf die rein subjektive Einschätzung des Gesetzgebers, sondern umfasst alle objektiven Gründe.[183] Entgegen der ursprünglichen Entscheidung des BAG zur Verfassungsmäßigkeit des § 117

177 Wie *Grabherr*, NZA 1988, 532, 533 herausarbeitet, kommt es bei der Prüfung des Art. 3 GG auf die abweichende Gestaltung im Vergleich zu anderen Arbeitnehmern an. Die Rechtsprechung des Bundesverfassungsgerichts, BVerfG Beschl. v. 6.11.1979 – 1 BvR 81/76, AP BetrVG 1972 § 118 Nr. 14, nach der das Sozialstaatsprinzip oder andere Grundrechte keine Mindeststandards in der betrieblichen Mitbestimmung erfordern, ist an dieser Stelle nicht relevant. Zustimmend: *Darányi*, Die Bordbetriebsverfassung nach § 117 Abs. 2 S. 1 BetrVG, S. 109 f.

178 *Fischer*, Anmerkung zu LArbG Frankfurt, jurisPR-ArbR 49/2018 Anm. 5, unter D.; noch weitgehender *Bergmann*, Fliegen – ein (Alb-) Traum?, S. 287: „Alle Überlegungen, auch die der o.g. BAG-Begründungen, die bislang zur Ausnahme für das Bordpersonal / die Flugbetriebe von Luftverkehrsgesellschaften auf Basis von § 117(2) BetrVG führten, wurden und werden täglich ad absurdum geführt".

179 BT-Drs. VI/1786, S. 58.

180 BAG Beschl. v. 14.10.1986 – 1 ABR 13/85, AP BetrVG 1972 § 117 Nr. 5; B. II. 4; BAG Beschl. v. 5.11.1985 – 1 ABR 56/83, AP BetrVG 1972 § 117 Nr. 4, B. II. 2; BAG Beschl. v. 13.10.1981 – 1 ABR 35/79, AP BetrVG 1972 § 117 Nr. 1, B. II. 1.

181 Siehe dazu die kritischen Literaturstellen oben Fn. 165.

182 Siehe BT-Drs. 19/6146, S. 30 f.

183 BVerfG Beschl. v. 26.4.1978 – 1 BvL 29/76, BVerfGE 48, 227, Rn. 44.

BetrVG[184] sind die besonderen Arbeitsbedingungen des Flugpersonals maßgeblich zu berücksichtigen. Denn anders als bei anderen Arbeitnehmergruppen, insbesondere solchen, die auch häufig nicht ortsgebundene Tätigkeiten ausüben, folgen die Besonderheiten aus den europäischen Regelungen zur Flugsicherheit. Diese machen es den Arbeitnehmern erheblich schwerer, eine eigene betriebliche Vertretung zu organisieren, und erfordern neben einer anderen Anknüpfung des Betriebsbegriffs, die anderen Arbeitnehmer über den Weg des § 3 BetrVG ebenso offen stehen, auch Anpassungen der Organisation des Betriebsrates selbst. Hierfür sieht das BetrVG keine ausreichenden Anpassungsmöglichkeiten vor.[185] Die Rechtfertigungsintention des Gesetzgebers allein würde keine Differenzierung tragen können, erst die objektiven Gründe sind hierzu fähig.

4. *Verhältnismäßigkeit*

Das BAG ging in seiner Entscheidung, in der es die Verfassungsmäßigkeit feststellte, von der Willkürformel aus, sodass ein sachlicher Grund zur Rechtfertigung der Ungleichbehandlung ausreichte.[186] In der Literatur wiesen bereits mehrere Stimmen richtigerweise darauf hin, dass das Gesetz an eine Personengruppe anknüpft, weshalb die neue Formel heranzuziehen und eine Verhältnismäßigkeitsprüfung durchzuführen ist.[187] Es muss ein angemessenes Verhältnis zwischen dem Grad der Ungleichbehandlung und dem Rechtfertigungsgrund vorliegen.

Die neue Fassung des § 117 BetrVG ist verhältnismäßig. Ein Rechtfertigungsgrund ist mit dem oben dargestellten sachlichen Grund vorhanden. Die Regelung ist mit der tarifdispositiven Gestaltung geeignet, eine betriebliche Vertretung zu

---

184 BAG Beschl. v. 14.10.1986 – 1 ABR 13/85, AP BetrVG 1972 § 117 Nr. 5, B. II. 4, „Es sind aber in erster Linie nicht diese Besonderheiten des Arbeitsverhältnisses der im Flugbetrieb beschäftigten Arbeitnehmer [gemeint sind die strenge Reglementierung des Luftverkehrs und die hohen Sicherheitsanforderungen], die zu einer Herausnahme dieser Personen aus dem Geltungsbereich des BetrVG geführt haben, als vielmehr die durch die nicht ortsgebundene Tätigkeit bedingten Schwierigkeiten, eine Betriebsvertretung zu organisieren und in dieser tätig zu werden." Und weiter: „Besondere Arbeitsbedingungen und besondere Interessen können Gruppen von Arbeitnehmern auch in anderen Betrieben und Unternehmen haben, ohne dass ihnen deswegen die Möglichkeit gegeben worden ist, besondere Betriebsvertretungen zu bilden."

185 Siehe Seite 26 ff.

186 BAG Beschl. v. 5.11.1985 – 1 ABR 56/83, AP BetrVG 1972 § 117 Nr. 4, B. II. 2.

187 *Darányi*, Die Bordbetriebsverfassung nach § 117 Abs. 2 S. 1 BetrVG, S. 113 ff.; *Klein*, Jens, Die Stellung der Minderheitsgewerkschaften in der Betriebsverfassung, S. 474.

erleichtern. Dem steht die Auffangregelung in § 117 Abs. 1 S. 2 BetrVG nicht entgegen, da diese die betriebliche Mitbestimmung bei Fehlen eines Tarifvertrages bloß absichert. Die Regelung ist auch erforderlich. Durch die Auffangregelung ist die Regelung im Vergleich zur vorherigen Rechtslage sogar näher am BetrVG, sodass der Grad der Ungleichbehandlung nunmehr geringer ist. Die fehlende betriebliche Mitbestimmung bei Luftfahrtunternehmen wie *Ryanair* sowie Verhinderungsstrategien mancher Unternehmen, die mit sich selbst sogenannte „Rahmenverträge Bordpersonal" abgeschlossen haben, um den Arbeitnehmern eine betriebliche Mitbestimmung vorzuspielen,[188] zeigen, dass ein alleiniges Vertrauen auf die Regelung eines Tarifvertrages enttäuscht wurde. Sofern mit einer Auffassung eine Pflicht zur tarifdispositiven Gestaltung befürwortet wird,[189] wird diese erfüllt. Die Regelung ist verhältnismäßig im engeren Sinne. Die tarifdispositive Gesetzeslage führt dazu, dass keine Schlechterstellung[190] des Luftpersonals im Vergleich zu anderen Arbeitnehmern besteht. Bietet der Arbeitgeber lediglich eine tarifliche Regelung an, die unterhalb des Niveaus des BetrVG liegt,[191] und bestehen keine ausgleichenden Besserstellungen der Arbeitnehmer aus dem Blickwinkel der verhandelnden Gewerkschaft, besteht jederzeit die Möglichkeit, vom Abschluss eines Tarifvertrages abzusehen und so die gesetzliche Regelung Anwendung finden zu lassen.[192] Die Regelung stellt auch keine ungerechtfertigte Besserstellung[193] dar. Zunächst besteht das Korrektiv in dem für den Tarifvertrag notwendigen übereinstimmenden Willen. Der Arbeitgeber hat jederzeit die Möglichkeit, von Verhandlungen abzusehen oder bestehende Verhandlungen abzubrechen. Will die Gewerkschaft Anpassungen durchsetzen, muss sie den Arbeitskampf nutzen.[194] Ein Verstoß gegen Art. 3 Abs. 1 GG liegt damit nicht vor.[195]

---

188 *Bergmann*, Fliegen – ein (Alb-) Traum?, S. 308 f.

189 Siehe Seite 60 ff.

190 So zur vorherigen Regelung: *Mußgnug*, in: Pawlowski/Wiese, Festschrift für Konrad Duden zum 70. Geburtstag, S. 335, 338; zustimmend: *Däubler*, in: Däubler/Kittner/Klebe/Wedde, BetrVG, 16 Aufl., § 117 Rn. 5.

191 Sofern dies rechtlich zulässig ist, siehe hierzu S. 122 ff.

192 *M. Schmidt*, AE 2/19, 57, 58.

193 *Jacobs/Frieling*, in: Gräfl/Lunk/Oetker/Trebinger, 100 Jahre Betriebsverfassungsrecht, S. 252 f.; a. A.: *Vielmeier*, NZA 2018, 1530, 1531.

194 Zur Zulässigkeit des Streiks siehe Seite 166 ff.

195 Zur Erforderlichkeit der Regelung siehe Seite 37 ff.

5. Gebot oder Verbot tarifdispositiver Gesetzesregelung

Die Regelung des § 117 Abs. 2 S. 1 BetrVG könnte einem möglichen Gebot zur tarifdispositiven Gesetzesgestaltung entsprechen. Ob ein solches Gebot besteht, hängt vom Verhältnis zwischen der Tarifautonomie und der Gesetzgebungskompetenz ab, das bislang im Detail nicht abschließend geklärt ist.[196] Während auf der einen Seite für ein Gebot der tarifdispositiven Gesetzgebung mit Blick auf eine größere Flexibilität und mit dem Vorverständnis einer weiten Tarifautonomie argumentiert wird,[197] wird dem auf der anderen Seite entgegengehalten, dass ein grundsätzliches Vorrangverhältnis der Tarifautonomie nicht begründbar sei.[198] Teilweise wird angenommen, dass kein verfassungsrechtliches Problem besteht, wenn zwingendes staatliches Recht dem Ausgleich struktureller Unterlegenheit diene, da in diesen Fällen kein Eingriff in die Tarifautonomie bestehe.[199] Dies könnte auf den Grund der Neuregelung des § 117 Abs. 2 S. 1 BetrVG bezogen werden. Allerdings stellt sich die Frage, wann eine strukturelle Unterlegenheit festgestellt werden kann. Dies setzt voraus, dass eine Gewerkschaft trotz Aufbringung aller Kräfte im Rahmen eines Streiks keinen Tarifvertragsabschluss herbeiführen kann. Da es soweit bislang nicht kam, kann von einer strukturellen Unterlegenheit nicht ausgegangen werden.

Wiedemann nähert sich der Frage, ob die Tarifautonomie tarifdispositive Gesetze erfordert, durch die Untersuchung, ob es einen gegenständlichen Kernbereich der tariflichen Regelung gibt, verneint dies aber im Ergebnis.[200] Bepler differenziert: Beidseitig zwingendes Gesetzesrecht sei nur dort zulässig, wo die Tarifautonomie aus systematischen oder tatsächlichen Gründen zu keinem

---

196 *Ulber*, Daniel, Tarifdispositives Gesetzesrecht im Spannungsfeld von Tarifautonomie und grundrechtlichen Schutzpflichten, S. 320 ff.; *Bock*, Tarifdispositives Arbeitnehmerschutzrecht und Tarifautonomie, S. 301 ff.; *Corzelius*, Grundlagen, Wirkungen und Grenzen des tarifdispositiven Rechts in der Arbeitnehmerüberlassung, S. 53 ff.; *Jacobs*, in: Wiedemann, Tarifvertragsgesetz, Einl. Rn. 611.

197 *Badura*, RdA 1974, 129, 135; *Bock*, Tarifdispositives Arbeitnehmerschutzrecht und Tarifautonomie, S. 301 ff.; einschränkend *Biedenkopf*, Grenzen der Tarifautonomie, S. 154, 210 f.

198 *Jacobs*, in: Wiedemann, Tarifvertragsgesetz, Einl. Rn. 611 f.

199 *Ulber*, Daniel, Tarifdispositives Gesetzesrecht im Spannungsfeld von Tarifautonomie und grundrechtlichen Schutzpflichten, S. 320 ff.

200 Der im Ergebnis von keinem geschützten gegenständlichen Kernbereich ausgeht: *Wiedemann*, in: Wiedemann, Tarifvertragsgesetz, Einl., Auflage 7, Rn. 387; *Bock*, Tarifdispositives Arbeitnehmerschutzrecht und Tarifautonomie, S. 301 ff., 322 ff.; *Löwisch/Rieble*, Grundlagen Rn. 209 ff.

sachgerechten Ergebnis führt.[201] Dieser Ansicht folgend musste der Gesetzgeber tarifdispositives Recht wählen, da es in der Praxis für die betriebliche Mitbestimmung geeignete Tarifverträge gem. § 117 BetrVG a. F. gab. Zweifel an diesem Ansatz sind aber deshalb begründet, da der Gesetzgeber selbst die Tarifautonomie zunächst ausgestaltet.[202] Hierfür steht ihm ein weiter Gestaltungs- und Differenzierungsspielraum zur Verfügung.[203] Der Gesetzgeber überschreitet erst dann seine Ausgestaltungsbefugnis, wenn die Tarifautonomie nicht im Prinzip erhalten und funktionsfähig bleibt.[204] Mit anderen Worten darf die Tarifautonomie nicht vollständig ausgehöhlt bzw. „ausgetrocknet" werden.[205] Gewerkschaften müssen weiterhin solche Vorteile aushandeln können, dass ein die Tarifautonomie bewahrender Anreiz zum Gewerkschaftsbeitritt bestehen kann. Auch in Bereichen, in denen gemeinhin ein Tarifvertragsschluss von den Mitgliedern der Gewerkschaft als Anreiz der Mitgliedschaft erwartet wird, wie der Verhandlung von Entgelten, ist eine zwingende Regelung zulässig, wenn ein Ziel mit Verfassungsrang verfolgt wird. So kann sich der Gesetzgeber beim Mindestlohn verfassungsrechtlich auf das Sozialstaatsprinzip berufen. Deshalb wurde der Mindestlohn in der Literatur im Rahmen der Angemessenheit im engeren Sinne für zulässig gehalten, vorausgesetzt, es besteht oberhalb des Mindestlohnes weiterhin ein Verhandlungsspielraum.[206] Bei der betrieblichen Mitbestimmung kann nicht argumentiert werden, dass es sich um einen Gegenstandsbereich

---

201 *Bepler*, in: Schubert, Festschrift für Otto Ernst Kempen, 109, 120, „[...] möchte man sich wünschen, dass der Gesetzgeber des Arbeitsrechts nur dort zwingende Mindestarbeitsbedingungen schafft, wo es hierfür mangels ausreichender Prägekraft der Tarifvertragsparteien als durch Mitgliedschaft legitimierte Normgeber oder wegen fehlender Eignung für die als erforderlich angesehen Regelungen eine gesellschaftliche und soziale Notwendigkeit gibt"; zustimmend: *Corzelius*, Grundlagen, Wirkungen und Grenzen des tarifdispositiven Rechts in der Arbeitnehmerüberlassung, S. 59 f.

202 BVerfG Urt. v. 1.3.1979 – 1 BvR 532, 533/77, 419/78, 1 BvL 21/78, AP MitbestG § 1 Nr. 1 unter C. IV. 2. b) cc).

203 *Schmidt, Ingrid*, in: Müller-Glöge/Preis/Schmidt, Erfurter Kommentar zum Arbeitsrecht, Art. 3 GG Rn. 36.

204 BVerfG Urt. v. 1.3.1979 – 1 BvR 532, 533/77, 419/78, 1 BvL 21/78, AP MitbestG § 1 Nr. 1 unter C. IV. 2. b) cc).

205 Bereits zum MiArbG 1952 *Fitting*, RdA 1952, 5,6; in neuerer Zeit: *Henssler*, ZfA 1998, 1, 18; *Ulber*, Daniel, Tarifdispositives Gesetzesrecht im Spannungsfeld von Tarifautonomie und grundrechtlichen Schutzpflichten, S. 294 f.; *Bock*, Tarifdispositives Arbeitnehmerschutzrecht und Tarifautonomie, 323 ff.; *Löwisch/Rieble*, Grundlagen Rn. 209.

206 *Hanau*, Peter, in: Schubert, Anforderungen an ein modernes kollektives Arbeitsrecht, 235, 249 f.; *Picker, Christian*, RdA 2014, 25, 34.

handelt, ohne den es kaum einen Anreiz zum Gewerkschaftsbeitritt gäbe, sodass bereits aus diesem Umstand heraus viel gegen eine zwingende tarifdispositive Gestaltung spricht. Darüber hinaus wird ein verfassungsrechtliches Ziel verfolgt: Hinter der betrieblichen Mitbestimmung steht das Sozialstaatsprinzip. Dieses trägt auch die Rechtfertigung für die teilweise beidseitig zwingende Ausgestaltung des BetrVG.[207] Das BetrVG erfordert es nicht, dass es insgesamt tarifdispositiv ausgestaltet wird.[208] Der Gesetzgeber könnte sich auch dafür entscheiden, dass er die sachlichen Gründe, die für die tarifdispositive Gestaltung sprechen, selbst durch ein Gesetz mit beidseitig zwingender Wirkung umsetzt. Das Sozialstaatsprinzip würde eine solche Regelung gegenüber der Tarifautonomie tragen.[209] Ein Gebot zur tarifdispositiven Gesetzesregelung folgt hier allein aus dem vom Gesetzgeber formuliertes Ziel der Regelung.[210] Der Gesetzgeber sah es aufgrund der in der Praxis teilweise fehlenden Durchsetzungsfähigkeit der Gewerkschaften zur Regelung eines Tarifvertrages gem. § 117 Abs. 2 S. 1 BetrVG als notwendig an, eine Auffangregelung zu etablieren. Der tariflichen Regelung soll nach dem Willen des Gesetzgebers weiterhin der Vorzug zu gewähren sein.[211] Damit musste eine tarifdispositive Gestaltung gegenüber einer zwingenden Gesetzesregelung das Mittel der Wahl sein.

6. *Einzelfallgesetz*

Als Anlass der Neuregelung diente die Schließung einer Heimatbasis in Bremen durch das Luftfahrtunternehmen *Ryanair*.[212] Bedingt durch die Rechtslage bis zum 30.4.2019 und der Weigerung *Ryanairs,* einen Tarifvertrag abzuschließen, gab es keine betriebliche Vertretung der in der Luftfahrt beschäftigten Arbeitnehmer, sodass weder ein Interessenausgleich noch ein Sozialplan verhandelt wurde. Entsprechend wurde das Gesetz „*lex ryanair*“ genannt.[213] Diese Formulierung

207 BVerfG Beschl. v. 30.4.2015 – 1 BvR 2274/12, NZA 2015, 820.

208 A.A. *Biedenkopf,* Grenzen der Tarifautonomie, S. 188.

209 *Henssler*, RdA 2015, 43, 45.

210 Deshalb war auch bei MiLoG eine tarifdispositive Regelung zur Abweichung nach unten abzulehnen, vgl. dazu die Ziele des MiloG: BT-Drs. 18/1558, 27 f.; ablehnend bezüglich einer tarifdispositiven Gestaltung des Mindestlohnes: *Waltermann*, RdA 2014, 86, 89 f.; a.A.: *Henssler*, RdA 2015, 43, 46.

211 Siehe Seite 47 ff.

212 Zum Begriff „lex Ryanair“ siehe BT-Drs. 19/6134, S. 3; zum Anlass siehe Sitzungsprotokoll – 19. Wahlperiode – 69. Sitzung, S. 7999, 8000 f.

213 Zum Begriff „lex Ryanair“ siehe BT-Drs. 19/6134, S. 3.

darf aber nicht dahin gehend missverstanden werden, dass ein Einzelfallgesetz vorliegen würde. Allgemein im Sinne des Art. 19 Abs. 1 GG ist ein Gesetz, wenn sich wegen der abstrakten Fassung der gesetzlichen Tatbestände nicht absehen lässt, auf wie viele und welche Fälle das Gesetz Anwendung findet, und damit nicht nur ein einmaliger Eintritt der vorgesehenen Rechtsfolgen möglich ist.[214] Die Regelung findet auf alle Luftfahrtunternehmen Anwendung. Betroffen sind damit auch beispielhaft *SunExpress Deutschland GmbH* und *Aerologic GmbH,* bei denen ebenso bislang kein Betriebsrat bestand.[215] Der Gesetzgeber hat damit nur einen Anlass genutzt, um eine allgemeingültige Regelung zu treffen.

7. Anwendbarkeit der Grundrechte auf die Regelung in Tarifverträgen

Der Geltungsgrund normativer Wirkungen eines Tarifvertrages hat für die rechtsstaatlichen Anforderungen, insbesondere für die Geltung der Grundrechte sowie die Bestimmtheit einer tarifdispositiven Regelung mit Wirkung gegenüber Außenseitern, Bedeutung. Die Ansichten zum Geltungsgrund der Tarifnormen lassen sich in drei Hauptströmungen unterteilen: Die Regelungsbefugnis wird den Tarifvertragsparteien durch staatlichen Akt delegiert[216] oder wird nach einer zweiten Ansicht den Tarifvertragsparteien durch mitgliedschaftliche Legitimation verliehen[217] oder beruht nach einer dritten Ansicht auf einem Geltungsbefehl des Gesetzgebers verbunden mit Art. 9 Abs. 3 GG[218]. Es ist kein Anliegen dieser Arbeit, weitere Aspekte zu dieser umstrittenen Fragestellung

---

214 BVerfG Urt. v. 2.3.1999 – 1 BvL 2/91, BVerfGE 99, 367, 400.

215 Siehe dazu auch BT-Drs. 19/6208. Das galt auch für das Flugunternehmen „Germania", das jedoch zwischenzeitlich insolvent wurde.

216 BVerfG Beschl. v. 24.5.1977 – 2 BvL 11/74, AP TVG § 5 Nr. 15 – von der Rechtsprechung allerdings später aufgegeben, siehe sogleich.

217 BAG Urt. v. 25.2.1998 – 7 AZR 641/96, AP TVG § 1 Tarifverträge: Luftfahrt Nr. 11, 3. a); BAG Urt. v. 7.6.2006 – 4 AZR 316/05, AP BGB § 611 Hausmeister Nr. 15, Rn. 30; *Rieble*, Arbeitsmarkt und Wettbewerb Rn. 1102 ff.; *Dieterich*, in: Schlachter/Ascheid/Friedrich, Festschrift für Günter Schaub zum 65. Geburtstag, S. 117 ff.; *Giesen*, Tarifvertragliche Rechtsgestaltung für den Betrieb, S. 143 ff.; *Picker, Eduard*, NZA 2002, 761, 768; *Bayreuther*, Tarifautonomie als kollektiv ausgeübte Privatautonomie, S. 57 ff.; *Hartmann*, Felix, Negative Tarifvertragsfreiheit im deutschen und europäischen Arbeitsrecht, S. 101 ff.; *Fischinger*, in: Kiel/Lunk/Oetker, Münchener Handbuch zum Arbeitsrecht Kollektives Arbeitsrecht, § 215 Rn. 4.

218 *Kirchhof*, Ferdinand, Private Rechtsetzung, S. 133ff, 181 ff.; *Waltermann*, RdA 2014, 86, 88; *Waltermann*, in: Köbler, Festschrift für Alfred Söllner zum 70. Geburtstag, 1251, 1264 ff.

hinzuzufügen, da die Frage keine Auswirkungen auf die Untersuchungen hat. Die Rechtsprechung hat sich zwar nach der Aufgabe der Delegationstheorie[219] mit der kollektiv ausgeübten Privatautonomie[220] der zweiten Ansicht angeschlossen,[221] wonach die Grundrechte im Ergebnis allein mittelbar Anwendung finden.[222] Für die hier relevante Untersuchung tariflicher Regelungen, die die Tarifvertragsparteien gem. § 117 Abs. 2 S. 1 BetrVG treffen können, bleibt es aber auch nach der Rechtsprechung aufgrund der Erstreckung des Tarifvertrages gem. § 3 Abs. 2 TVG auf Außenseiter nicht bei einer mittelbaren Grundrechtsbindung. Diese hat im Fall einer solchen Erstreckung im Zusammenhang mit betrieblichen Normen eine Bindung an den Verhältnismäßigkeitsgrundsatz und damit die unmittelbare Bindung an die Grundrechte bejaht.[223] Die Ansicht, die einen Geltungsbefehl des Gesetzgebers bejaht, kommt ohnehin zu einer „quasi" unmittelbaren Grundrechtsbindung.[224] Damit sind die Regelungen im Tarifvertrag unmittelbar an den Grundrechten zu messen. Auf die mit der gesetzlichen Erstreckung auf Außenseiter zusammenhängenden Probleme ist noch genauer einzugehen.[225]

219 BAG Urt. v. 25.2.1998 – 7 AZR 641/96, AP TVG § 1 Tarifverträge: Luftfahrt Nr. 11, 3. a); BAG Urt. v. 7.6.2006 – 4 AZR 316/05, AP BGB § 611 Hausmeister Nr. 15, Rn. 30; siehe auch: *Waltermann*, RdA 2014, 86, 88.

220 Zur Kritik am Begriff der „kollektiv ausgeübten Privatautonomie": *Waltermann*, RdA 2014, 86, 88.

221 In diese Richtung weist auch das BVerfG Urt. v. 11.7.2017 – 1 BvR 1571/15, AP GG Art. 9 Nr. 151, Rn. 147.

222 BAG Urt. v. 27.5.2004 – 6 AZR 129/03, AP TVG § 1 Gleichbehandlung Nr. 5, B. II. 1. ff.; BAG Urt. v. 26.4.2017 – 10 AZR 856/15, AP TVG § 1 Tarifverträge: Bewachungsgewerbe Nr. 29, Rn. 28 f.; für eine unmittelbare Grundrechtsbindung: *Franzen*, in: Müller-Glöge/Preis/Schmidt, Erfurter Kommentar zum Arbeitsrecht, § 1 TVG Rn. 11 aber differenzierend nach den einzelnen Arten der Tarifnormen, bejahend für Betriebsnormen, mit Verweis auf BAG Beschl. v. 8.12.2010 – 7 ABR 98/09, AP BetrVG 1972 § 99 Einstellung Nr. 62, Rn. 45.

223 BAG Beschl. v. 8.12.2010 – 7 ABR 98/09, AP BetrVG 1972 § 99 Einstellung Nr. 62, Rn. 45.

224 *Söllner*, NZA 1996, 897, 901 ff.; *Löwisch/Rieble*, § 1 Rn. 664 m.w.N.

225 Siehe Seite 71 ff.

C. Vereinbarkeit der Einbeziehung von Außenseitern mit höherrangigem Recht

Ein Tarifvertrag gem. § 117 Abs. 2 S. 1 BetrVG gilt über § 3 Abs. 2 TVG betriebseinheitlich und erfasst dadurch auch Arbeitnehmer, die nicht an diesen Tarifvertrag oder an einen anderen gebunden sind. Für die Geltung des Tarifvertrages ist allein die Tarifbindung des Arbeitgebers entscheidend. Aus historischer Sicht wurde dieses System sowohl von den Arbeitgebern als auch von den Gewerkschaften befürwortet.[226] Ohne § 3 Abs. 2 TVG wäre eine Regelung betrieblicher und betriebsverfassungsrechtlicher Fragen durch einen Tarifvertrag praktisch ausgeschlossen, da nur in seltenen Ausnahmefällen für alle Arbeitnehmer derselbe Tarifvertrag gilt.[227] Zugleich bewahrt die Regelung durch die Erstreckung auf alle Arbeitnehmer im Betrieb die Attraktivität des Gewerkschaftsbeitritts. Ohne die Regelung wären Gewerkschaftsmitglieder mehr Rechten und Pflichten unterworfen als Außenseiter.[228] Die Norm bedeutet für Außenseiter aber einen Eingriff in ihre Autonomie.[229] Ihre Bindung an den Tarifvertrag beruht auf dem Gesetz, der Inhalt der Bindung wird durch eine Gewerkschaft verhandelt, der kein mitgliedschaftliches Mandat durch einen Gewerkschaftsbeitritt erteilt wurde. Ob diese Fremdbestimmung mit dem Europarecht und der Verfassung vereinbar ist, ist im Folgenden zu untersuchen.

I. Europarecht

Es könnte ein europarechtlicher Eingriff in die negative Tarifvertragsfreiheit vorliegen. Europarechtlich wurde die Tarifautonomie mit den Entscheidungen Viking Line[230] und Laval[231] anerkannt. Eine Entscheidung, die die negative Tarifvertragsfreiheit auf europäischer Ebene ausdrücklich anerkennt, ist bislang nicht ergangen.[232] Auch in der Literatur ist es umstritten, ob eine

226 *Herschel*, ZfA 1973, 183, 191 f.
227 Dies andeutend *Herschel*, ZfA 1973, 183, 191 f.
228 *Herschel*, ZfA 1973, 183, 191 f.
229 Zu § 3 BetrVG: BAG Urt. v. 7.11.1995 – 3 AZR 676/94, AP TVG § 3 Betriebsnormen Nr. 1.
230 EuGH Urt. v. 11.12.2007 – C-438/05, ECLI:EU:C:2007:772 = NZA 2008, 124 – *Viking Line*.
231 EuGH Urt. v. 18.12.2007 – C-341/05, ECLI:EU:C:2007:809 = NZA 2008, 159 – *Laval*.
232 *Schubert, Claudia*, in: Franzen/Gallner/Oetker, Kommentar zum europäischen Arbeitsrecht, GRCh Art. 28 Recht auf Kollektivverhandlungen und Kollektivmaßnahmen Rn. 35 m.w.N.

solche negative Tarifvertragsfreiheit überhaupt besteht.[233] Unabhängig von der Frage, ob eine negative Tarifvertragsfreiheit aus der Charta der Europäischen Union ableitbar ist, ist der Anwendungsbereich der europäischen Grundrechte gem. Art. 51 Abs. 1 GRCh auf die Durchführung von Unionsrecht beschränkt. Bei der Geltungserstreckung des § 3 Abs. 2 TVG wird kein Unionsrechtsakt durchgeführt. Der Anwendungsbereich ist deshalb nicht eröffnet.

Auch Art. 11 EMRK führt nicht weiter. Der EGMR hat zwar die negative Koalitionsfreiheit anerkannt,[234] nicht jedoch die negative Tarifvertragsfreiheit.[235] Für einen Eingriff in die negative Koalitionsfreiheit setzt der EGMR voraus, dass kein Zwang oder Druck auf Außenseiter zum Beitritt einer Organisation ausgeübt wird.[236] Dies entspricht der Rechtsprechung des Bundesverfassungsgerichts zu Art. 9 Abs. 3 GG, weshalb auf die dortigen Ausführungen zu verweisen ist.[237]

II. Verfassungsrecht

Das praktische Bedürfnis zur einheitlichen Geltung der Tarifverträge steht im Konflikt mit den Grundrechten der Betroffenen. Es ist zu untersuchen, ob einer solchen Regelung die negative Tarifvertragsfreiheit, die allgemeine Handlungsfreiheit, die Berufsfreiheit und ggf. zudem über Art. 2 Abs. 1 GG die Grundsätze des Demokratie- und Rechtsstaatsprinzips wegen nicht ausreichender Bestimmtheit entgegenstehen.

---

233 *Jarass*, Charta der Grundrechte der Europäischen Union, Art. 28 Rn. 8; *Schubert, Claudia*, in: Franzen/Gallner/Oetker, Kommentar zum europäischen Arbeitsrecht, GRCh Art. 28 Recht auf Kollektivverhandlungen und Kollektivmaßnahmen Rn. 35 m.w.N.

234 EGMR Urt. v. 13.8.1981, Serie A/44 = NJW 1982, 2717 – Young, James, Webster/Großbritannien; EGMR Urt. v. 20.4.1993, Serie A/258-A – *Sibson/Großbritannien*; EGMR Urt. v. 25.4.1996, Reports of Judgements and Decisions 1996-II, 637 = AuR 1997, 408 – *Gustafsson/Schweden*.

235 *Walser*, NZA 2016, 1510, 1513; *Schubert, Claudia*, in: Franzen/Gallner/Oetker, Kommentar zum europäischen Arbeitsrecht, EMRK Art. 11 Versammlungs- und Vereinigungsfreiheit Rn. 17 m.w.N.

236 EGMR Urt. v. 13.8.1981, Serie A/44 = NJW 1982, 2717 – *Young, James, Webster/Großbritannien*; EGMR Urt. v. 11.1.2006 – 52562/99, BeckRS 2006, 16657 – *Sørensen and Rasmussen/Dänemark* Rn. 54; *Walser*, NZA 2016, 1510, 1513; *Schubert, Claudia*, in: Franzen/Gallner/Oetker, Kommentar zum europäischen Arbeitsrecht, EMRK Art. 11 Versammlungs- und Vereinigungsfreiheit Rn. 17.

237 Siehe Seite 74 ff.

1. *Stand der Rechtsprechung*

Ein Verstoß gegen das Demokratie- und Rechtsstaatsprinzip wurde hinsichtlich § 117 Abs. 2 S. 1 BetrVG i. V. m. § 3 Abs. 2 TVG BetrVG durch die Rechtsprechung bislang nicht angesprochen.[238] Es sind aber Entscheidungen des BAG zu § 3 Abs. 2 TVG im Kontext zu § 3 Abs. 1 Nr. 1 bis 3 BetrVG ergangen: 1995 hat das BAG ohne viele Worte einen Verstoß des § 3 Abs. 2 TVG gegen Verfassungsrecht abgelehnt.[239] Die Erstreckung auf Tariffreie rechtfertige sich durch die aus tatsächlichen oder rechtlichen Gründen nur einheitliche Geltungsmöglichkeit betrieblicher Normen. Erst 2009 finden sich in einem Beschluss des BAG Ausführungen zur Vereinbarkeit mit dem Demokratie- und Rechtsstaatsprinzip. Bedenken riefen zwei Entscheidungen des Bundesverfassungsgerichts (BVerfG) hervor: Dieses hatte im sog. Bergmannsversorgungsschein-Beschluss[240], in Fortführung der Heimarbeiterausschussentscheidung[241], festgestellt, dass die Übertragung einer Normsetzungsbefugnis auf Tarifvertragsparteien nicht in beliebigem Umfang erfolgen darf. Das Demokratieprinzip schütze davor, schrankenlos einer normsetzenden Gewalt nichtstaatlicher Einrichtungen ausgeliefert zu werden, die den Betroffenen gegenüber weder staatlich-demokratisch noch mitgliedschaftlich legitimiert ist.[242] Zulässig sei eine Verweisung eines Gesetzes auf einen Tarifvertrag, wenn der Inhalt der tarifvertraglichen Regelungen bereits im Wesentlichen feststehe.[243]

Das BAG betonte, dass sich die Entscheidung des BVerfG auf Inhaltsnormen bezogen hat, und warf die Frage auf, ob bei betrieblichen und betriebsverfassungsrechtlichen Normen geringere Anforderungen an das Demokratie- und Rechtsstaatsprinzip wegen einer möglicherweise nur mittelbaren Beeinträchtigung bestehen.[244] Dabei nahm es Bezug auf die Ansicht von Friese, die zwar eine

---

238 *Utermark,* Die Organisation der Betriebsverfassung als Verhandlungsgegenstand, S. 82 f.

239 BAG Urt. v. 7.11.1995 - 3 AZR 676/94, AP TVG § 3 Betriebsnormen Nr. 1.

240 BVerfG Beschl. v. 14.6.1983 – 2 BvR 488/80, BVerfGE 64, 208 ff. = AP BergmVersSchG NRW § 9 Nr. 21.

241 BVerfG Beschl. v. 24.5.1977 – 2 BvL 11/74, AP TVG § 5 Nr. 15.

242 BVerfG Beschl. v. 9.5.1972 - 1 BvR 518/62 u. 308/64, BVerfGE 33, 125, 158.

243 BVerfG Beschl. v. 15.7.1969 – 2 BvF 1/64, BVerfGE 26, 338 = VerwRspr 1970, 142 unter B. I. 3; BVerfG Beschl. v. 14.6.1983 - 2 BvR 488/80, BVerfGE 64, 208 ff. = AP BergmVersSchG NRW § 9 Nr. 21; BAG Beschl. v. 29.7.2009 – 7 ABR 27/08, AP BetrVG 1972 § 3 Nr. 7, Rn. 20.

244 BAG Beschl. v. 29.7.2009 – 7 ABR 27/08, AP BetrVG 1972 § 3 Nr. 7.

rechtliche Betroffenheit der Außenseiter bei Tarifverträgen gem. § 3 BetrVG bejaht, eine Fremdbestimmung aber verneint, da die Änderung der Organisation des Betriebsrates nichts an der Aufgabenwahrnehmung und Normsetzung durch die Betriebsräte ändere.[245]

In einer Entscheidung im Jahr 2010 ließ das BAG im Zusammenhang mit betrieblichen Regelungen die Frage einer bestehenden „Regelungsmacht" der Tarifvertragsparteien bezüglich Außenseiter offen.[246] Mit Bezug auf *Dieterich*[247] hielt es fest, dass die Frage der Einbeziehung von Außenseitern eine Frage der Legitimationsgrundlage sei.[248] Nicht legitimierte Eingriffe würden sich relativieren, wenn eine konsequente Prüfung der tariflichen Regelungen anhand des Verhältnismäßigkeitsgrundsatzes, und an Art. 3 Abs. 1 GG erfolge.[249]

2. *Kritik in der Literatur*

Die durch das BAG 2009 aufgeworfene Idee eines geringeren Rechtfertigungsbedürfnisses bei betrieblichen und betriebsverfassungsrechtlichen Normen wird in der Literatur nicht nur von Friese befürwortet.[250] Zum Teil wird eine solche Einschränkung aber auch abgelehnt. Das Rechtsstaats- und Demokratieprinzip erfordere, dass jede Ordnung eines Lebensbereichs durch Sätze objektiven Rechts auf eine Willensentschließung der gewählten Gesetzgebungsorgane zurückführbar sei. Abstufungen in der Prüfung des Rechtsstaats- und Demokratieprinzips bestünden nicht.[251] Werden dieser Ansicht folgend die Maßstäbe des BVerfG angelegt, ergibt sich ein differenziertes Meinungsbild: Ein Teil der Literatur hat die Vereinbarkeit des § 3 Abs. 2 TVG i. V. m. § 117 Abs. 2 S. 1 BetrVG

245 *Friese*, ZfA 2003, 237, 248 ff.

246 BAG Beschl. v. 8.12.2010 – 7 ABR 98/09, AP BetrVG 1972 § 99 Einstellung Nr. 62.

247 *Dieterich*, in: Klebe, Recht und soziale Arbeitswelt, Festschrift für Wolfgang Däubler zum 60. Geburtstag, S. 451, 456 ff.

248 BAG Beschl. v. 8.12.2010 – 7 ABR 98/09, AP BetrVG 1972 § 99 Einstellung Nr. 62, Rn. 44 f.

249 BAG Beschl. v. 8.12.2010 – 7 ABR 98/09, AP BetrVG 1972 § 99 Einstellung Nr. 62, Rn. 45.

250 *Friese*, ZfA 2003, 237, 248 ff.; *Krause*, in: Bauer, Festschrift für Herbert Buchner zum 70. Geburtstag, S. 493, 500; *Thüsing*, in: Thüsing, Tarifautonomie im Wandel, 285, 289 f.; *Thüsing*, ZIP 2003, 693, 695.

251 *Giesen*, Tarifvertragliche Rechtsgestaltung für den Betrieb, S. 207 ff., 310, 306 f.; *Darányi*, Die Bordbetriebsverfassung nach § 117 Abs. 2 S. 1 BetrVG, S. 84 f.

a. F. mit dem Demokratie- und Rechtsstaatsprinzip verneint,[252] wobei teilweise die Möglichkeit einer verfassungskonformen Auslegung bejaht wird.[253] Andere verfolgen zur Vermeidung eines Verstoßes gegen die Verfassung einen gänzlich anderen Ansatz des § 3 Abs. 2 TVG:

Zum Teil wird vertreten, dass § 3 Abs. 2 TVG privatautonom zu interpretieren sei. Demnach bewirke § 3 Abs. 2 TVG eine Einbeziehung über einen Vertrag zugunsten Dritter.[254] Dies hätte zur Konsequenz, dass Tariffreien ein Zurückverweisungsrecht gem. § 333 BGB zustünde.[255] Soweit Regelungen Arbeitnehmer hingegen belasten, sei die Regelung des § 3 Abs. 2 TVG verfassungswidrig.[256] Belastende Regelungen erforderten einen eigenständigen Unterwerfungsakt der Außenseiter.[257] Nur dort, wo der Arbeitgeber bereits aufgrund des Direktionsrechts Regelungen treffen könne[258] oder wo die Freiheit der Nichtorganisierten bereits ohnehin eingeschränkt sei, könnten Außenseiter an belastende Regelungen gebunden sein.[259] Gegen die privatautonome Auslegung spricht aber, dass im Falle des Widerspruchs durch auch nur einen Arbeitnehmer keine einheitliche Geltung im Betrieb besteht, obwohl diese aus tatsächlichen Gründen notwendig ist.[260] Entscheidend ist, dass betriebsverfassungsrechtliche Regelungen nicht Gegenstand privatrechtlicher Vereinbarungen sein können.[261] Nicht zuletzt widerspricht die Auffassung auch dem überwiegenden Normverständnis,

---

252 *Giesen*, Tarifvertragliche Rechtsgestaltung für den Betrieb, S. 325 ff.; *Teusch*, Die Organisation der Betriebsverfassung durch Tarifvertrag, S. 97 ff.

253 *Darányi*, Die Bordbetriebsverfassung nach § 117 Abs. 2 S. 1 BetrVG, S. 86, 128 ff.

254 *Zöllner*, RdA 1962, 453, 459; *Hartmann*, Felix, Negative Tarifvertragsfreiheit im deutschen und europäischen Arbeitsrecht, S. 181 ff beschränkt die Geltung des § 3 Abs. 2 TVG auf die Belegschaft begünstigtende Regelungen; *Höpfner*, Die Tarifgeltung im Arbeitsverhältnis, S. 456 f. bezogen auf arbeitnehmerbegünstigende Regelungen.

255 *Hartmann*, Felix, Negative Tarifvertragsfreiheit im deutschen und europäischen Arbeitsrecht, S. 185; *Rieble*, EuZA 2017, 228, 235 f.

256 *Höpfner*, Die Tarifgeltung im Arbeitsverhältnis, S. 468.

257 *Rieble*, Arbeitsmarkt und Wettbewerb Rn. 1509 ff.; *Löwisch/Rieble*, § 3 TVG Rn. 222, die im Ergebnis aber auf die Delegationstheorie abstellen.

258 *Zöllner/Loritz/Hergenröder*, Arbeitsrecht, S. 530.

259 *Rieble*, Arbeitsmarkt und Wettbewerb Rn. 1509 ff.; *Löwisch/Rieble*, § 3 TVG Rn. 222, die im Ergebnis aber auf die Delegationstheorie abstellen.

260 *Rieble*, EuZA 2017, 228, 235 f.

261 *Hueck/Nipperdey*, Lehrbuch des Arbeitsrechts, S. 482 Fn. 20a.

wonach § 3 Abs. 2 TVG kraft Gesetzes die Regelungen des Tarifvertrages auf Außenseiter erstreckt.[262]

Ein anderer Ansatz zu betrieblichen Normen sucht eine Lösung durch die Auslegung des § 3 Abs. 2 TVG. So könne eine einschränkende Auslegung des Begriffs „betriebliche Norm" erfolgen.[263] Gleiches könnte entsprechend für die „betriebsverfassungsrechtlichen Regelungen" gelten. Die Regelung einer Personalvertretung bildet aber geradezu den Kern betriebsverfassungsrechtlicher Regelungen. Sie auszuschließen hieße, überhaupt keine betriebsverfassungsrechtlichen Regelungen mehr anzuerkennen.

Nicht zuletzt wird überlegt, dass die Belegschaft und nicht die Arbeitnehmer durch § 3 Abs. 2 TVG gebunden sein könnten.[264] Dies setzt voraus, dass ein Betriebsverhältnis rechtlich anerkannt wird. Zwar spricht der Wortlaut der §§ 3 Abs. 2, 4 Abs. 1 S. 2 TVG durch die entsprechende Geltung des § 4 Abs. 1 S. 2 TVG nicht eindeutig allein für das individuelle Arbeitsverhältnis als Bezugspunkt der Wirkung.[265] Allerdings spricht gegen diese Ansicht, dass das Betriebsverhältnis aufgrund der fehlenden Rechtssubjektqualität des Betriebes sowie die Systematik des Betriebsverfassungsgesetzes nicht anerkannt ist.[266] Die Versuche in der Literatur, das Problem durch dogmatische Überlegungen zu umgehen, sind damit nicht überzeugend.

Eine verfassungskonforme Regelung erfordert nach einer Ansicht in der Literatur, dass ein staatlicher Anerkennungsakt entsprechend § 3 BetrVG a. F. oder der Allgemeinverbindlicherklärung gem. § 5 TVG die Regelung auf Außenseiter

---

262 BAG Urt. v. 7.11.1995 – 3 AZR 676/94, AP TVG § 3 Betriebsnormen Nr. 1, aus den Gründen, II. 2. a; BAG Beschl. v. 8.12.2010 – 7 ABR 98/09, AP BetrVG 1972 § 99 Einstellung Nr. 62; *Kempen*, in: Brecht-Heitzmann/Kempen, Tarifvertragsgesetz, § 3 Rn. 24; *Ulber, Daniel*, in: Däubler, Tarifvertragsgesetz, Einl. Rn. 312.

263 *Dieterich*, in: Klebe, Recht und soziale Arbeitswelt, Festschrift für Wolfgang Däubler zum 60. Geburtstag, S. 451, 458 ff.; *Jacobs*, in: Wiedemann, Tarifvertragsgesetz, Einl. Rn. 377 ff.

264 *Kreiling*, Die Erstreckung betrieblicher und betriebsverfassungsrechtlicher Tarifnormen auf Außenseiter, S. 137 ff.

265 *Darányi*, Die Bordbetriebsverfassung nach § 117 Abs. 2 S. 1 BetrVG, S. 83 hält den Wortlaut hingegen für eindeutig auf das Einzelarbeitsverhältnis und nicht auf die Belegschaft bezogen.

266 So bereits: *Hanau, Hans*, RdA 1996, 158, 164; *Darányi*, Die Bordbetriebsverfassung nach § 117 Abs. 2 S. 1 BetrVG, S. 82 f.; siehe auch *Hartmann*, Felix, Negative Tarifvertragsfreiheit im deutschen und europäischen Arbeitsrecht, S. 181 ff.; *Kreiling*, Die Erstreckung betrieblicher und betriebsverfassungsrechtlicher Tarifnormen auf Außenseiter, S. 140.

erstrecke.[267] De lege lata ist eine Analogie ausgeschlossen. Die Allgemeinverbindlicherklärung kann aufgrund der unterschiedlichen Zwecke und der damit fehlenden Vergleichbarkeit nicht analog herangezogen werden.[268] Durch den Wegfall des Zustimmungserfordernisses in § 3 BetrVG a. F. kommt die Regelung auch nicht mehr zur Schließung einer Lücke in Betracht.[269] Diese Überlegungen zur verfassungskonformen Gestaltung sind deshalb allenfalls de lege ferenda von Bedeutung.

3. *Untersuchung*

Nach Rechtsprechung und Literatur ist weiterhin offen, ob die Regelung des § 3 Abs. 2 TVG den Anforderungen des Bundesverfassungsgerichts an das Rechtsstaats- und Demokratieprinzip gerecht wird. Zudem ist zu untersuchen, ob die Regelung mit den Grundrechten der Betroffenen vereinbar ist.

a) Demokratie- und Rechtsstaatsprinzip

Soweit das BAG im Rahmen des § 3 BetrVG auf die Ansicht von Friese[270] verwiesen hat, wonach im Rahmen des § 3 BetrVG keine Fremdbestimmung vorliege und daher geringere Anforderungen an das Rechtsstaats- und Demokratieprinzip zu stellen wären, kann dies im Zusammenhang mit § 117 BetrVG nicht überzeugen.[271] Friese hat maßgeblich darauf abgestellt, dass im Rahmen des § 3 BetrVG allein die Organisation der betrieblichen Vertretung verändert werden kann. Wird mit der bisherigen Rechtsprechung zur Rechtslage vor dem 1.5.2019 eine unbeschränkte Regelungsbefugnis der Tarifvertragsparteien weiterhin angenommen,[272] ist die Argumentation zu § 3 BetrVG nicht auf § 117 BetrVG

---

267 *Giesen*, Tarifvertragliche Rechtsgestaltung für den Betrieb, S. 327 f.; *Rieble*, RdA 1993, 140, 142; *Spinner*, Die vereinbarte Betriebsverfassung, S. 150 f.

268 *Höpfner*, Die Tarifgeltung im Arbeitsverhältnis, S. 462 f., der die Vereinbarkeit mit dem Demokratie- und Rechtsstaatsprinzip für äußerst zweifelhaft hält; *Kempen*, in: Brecht-Heitzmann/Kempen, Tarifvertragsgesetz, § 3 Rn. 24 bezeichnet § 3 Abs. 2 TVG als „generelle Allgemeinverbindlicherklärung".

269 Zur Kritik bezüglich des Wegfalls des Genehmigungserfordernisses in § 3 BetrVG vgl: *Picker, Eduard*, RdA 2001, 259, 282 ff.

270 *Friese*, ZfA 2003, 237, 248 ff.

271 Zu § 117 BetrVG a. F.: *Darányi*, Die Bordbetriebsverfassung nach § 117 Abs. 2 S. 1 BetrVG, S. 83 f.

272 BAG Beschl. v. 17.3.2015 – 1 ABR 59/13, AP BetrVG 1972 § 117 Nr. 9, Rn. 32; so auch für die Neuregelung *Kania*, in: Müller-Glöge/Preis/Schmidt, Erfurter Kommentar

übertragbar.[273] Denn bei § 3 BetrVG werden die Befugnisse der Betriebsräte sowie ihre Aufgaben durch den Tarifvertrag nicht berührt. Da das System der betrieblichen Vertretung selbst betroffen ist, bestehen erhebliche Auswirkungen auf die Bildung sowie die Tätigkeit der betrieblichen Vertretung.[274] Aufgrund der Qualität der Regelungsbefugnisse ist eine Absenkung der Voraussetzungen nicht überzeugend. Eine Absenkung der Anforderungen kann auch nicht durch die Wahl des Betriebsrates gerechtfertigt werden.[275] Die Betriebsratswahl ist der Bildung des Betriebes durch § 3 Abs. 1 Nr. 1 bis 3 sowie § 117 Abs. 2 S. 1 BetrVG nachgelagert. Die Wahl als Legitimation anzuerkennen hieße, die Grundlage mit ihrer Folge zu erklären. Die Wahl führt allein zu einer Legitimation der Mandatsträger.[276]

Die Frage, ob geringere Anforderungen bei betrieblichen und betriebsverfassungsrechtlichen Regelungen gestellt werden können, kann dahinstehen, wenn mittels der einfachgesetzlichen Auslegung eine Beschränkung der Regelungsbefugnis bejaht wird.[277] Auch unter Berücksichtigung der Rechtsprechung des BVerfG liegt dann eine zulässige gesetzliche Öffnung für tarifliche Regelungen vor. Die Verweisung des Gesetzes auf einen Tarifvertrag ist nach dieser Rechtsprechung zulässig, wenn der Inhalt der tarifvertraglichen Regelungen bereits im Wesentlichen feststeht.[278] Dies ist, wie es das BAG bereits bei § 3 Abs. 1 Nr. 1 bis 3 BetrVG angenommen hat,[279] auch bei § 117 Abs. 2 S. 1 BetrVG aufgrund der Voraussetzungen und Rechtsfolgenanordnung der Norm gegeben. Durch die noch anzusprechende einfachgesetzliche Auslegung[280] sind die Regelungsbefugnisse der Tarifvertragsparteien einschränkend auszulegen.

---

zum Arbeitsrecht, § 117 BetrVG Rn. 3; a.A.: *Weber*, Hartmut, Sonderdruck aus: Glaubrecht/Halberstadt/Zander, Betriebsverfassung in Recht und Praxis, S. 18.

273 Zu § 117 BetrVG a. F.: *Darányi*, Die Bordbetriebsverfassung nach § 117 Abs. 2 S. 1 BetrVG, S. 83 f.

274 *Utermark*, Die Organisation der Betriebsverfassung als Verhandlungsgegenstand, S. 82.

275 So aber *Friese*, ZfA 2003, 237, 248 f.

276 *Rolf*, Unternehmensübergreifende Betriebsratsstruktur nach § 3 BetrVG, S. 195; *Darányi*, Die Bordbetriebsverfassung nach § 117 Abs. 2 S. 1 BetrVG, S. 84.

277 Siehe Seite 128 f.

278 BVerfG Beschl. v. 15.7.1969 – 2 BvF 1/64, BVerfGE 26, 338 = VerwRspr 1970, 142 unter B. I. 3; BVerfG Beschl. v. 14.6.1983 – 2 BvR 488/80, BVerfGE 64, 208 ff. = AP BergmVersSchG NRW § 9 Nr. 21; BAG Beschl. v. 29.7.2009 – 7 ABR 27/08, AP BetrVG 1972 § 3 Nr. 7 Rn. 20.

279 BAG Beschl. v. 29.7.2009 – 7 ABR 27/08, AP BetrVG 1972 § 3 Nr. 7 Rn. 19 ff.

280 Siehe Seite 128 f.

Der Begriff „Vertretung“ muss inhaltlich ausgefüllt werden, wodurch der Inhalt des Tarifvertrages präzisiert wird. Die Verwendung unbestimmter Rechtsbegriffe steht diesen Anforderungen nicht entgegen.[281]

Wen die einfachgesetzliche Auslegung nicht überzeugt, muss die aufgeworfene Frage beantworten, ob eine Absenkung der Anforderungen an das Demokratieprinzip zulässig ist und kommt mit der hier vertretenen Auffassung zur Verneinung. Dies führt aber nicht zur Verfassungswidrigkeit der Regelung. Der Begriff „Vertretung“ als unbestimmter Rechtsbegriff kann nicht nur mittels der einfachgesetzlichen Auslegung, sondern auch im Wege einer verfassungskonformen Auslegung inhaltlich präzisiert werden. Daraus folgen die Beschränkungen der Tarifvertragsparteien, durch die kein Verstoß gegen das Demokratieprinzip mehr besteht. Für die Konkretisierung der Voraussetzungen[282] und der Regelungsbefugnisse ist auf die Untersuchung unten zu verweisen.[283] Fragen wirft aber die Art der Untersuchung der Rechtsprechung auf. Die Vereinbarkeit mit dem Rechtsstaats- und Demokratieprinzip wird unmittelbar bei § 3 Abs. 1 Nr. 1 bis 3 BetrVG ohne ausdrückliche Nennung der entscheidenden Norm, § 3 Abs. 2 TVG, untersucht. Die Literatur geht ähnlich vor: Hanau[284] schlägt die rechtliche Bewertung des § 3 Abs. 2 TVG im Zusammenhang mit weiteren Regelungen allgemein vor, Annuß geht entsprechend zu § 3 BetrVG vor[285] und auch Darányi untersucht § 3 Abs. 2 TVG im Zusammenhang mit § 117 BetrVG a. F.[286] Die ausdrückliche Begründung für diese Vorgehensweise fehlt an diesen Stellen. Sie liegt darin, dass der Begriff der betriebsverfassungsrechtlichen Regelung einen unbestimmten Rechtsbegriff darstellt, der durch die Regelungen im BetrVG konkretisiert wird.[287] Eine gegenständliche Konkretisierung ist in § 3 Abs. 2 TVG aufgrund der Vielzahl der im BetrVG geregelten Fallgestaltungen nicht möglich, wie die Versuche der Literatur bei der Definition betriebsverfassungsrechtlicher Regelungen zeigen. Da systematisch den Tarifvertragsparteien

---

281 BAG Beschl. v. 29.7.2009 – 7 ABR 27/08, AP BetrVG 1972 § 3 Nr. 7 Rn. 22, bei § 3 BetrVG ging es um die Begriffe: „Erleichterten Bildung von Betriebsräten“, „Zweckmäßigkeit“ und „Sachgerechtigkeit“.

282 Siehe Seite 88 ff.

283 Zu den Regelungsbefugnissen siehe Seite 128 ff.

284 *Hanau, Hans*, RdA 1996, 158, 172 ff. schlägt vor, die Regelung des § 3 Abs. 2 TVG im Zusammenhang mit weiteren gesetzlichen Regelungen zu sehen.

285 *Annuß*, NZA 2002, 290, 291 f.

286 *Darányi*, Die Bordbetriebsverfassung nach § 117 Abs. 2 S. 1 BetrVG, S. 86.

287 *Giesen*, Tarifvertragliche Rechtsgestaltung für den Betrieb, S. 360, m.w.N. auf S. 340 in Fn. 227.

eine Regelungsbefugnis betriebsverfassungsrechtlicher Fragen erst wieder durch tarifdispositives Gesetzesrecht ermöglicht wird, stellen § 3 Abs. 1 BetrVG als auch § 117 Abs. 2 S. 1 BetrVG eine Konkretisierung der betriebsverfassungsrechtlichen Fragen des § 3 Abs. 2 TVG dar. Dieser Zusammenhang darf bei einer rechtlichen Bewertung nicht außer Acht gelassen werden. Ist eine weitere Konkretisierung eines Begriffs aufgrund einer Vielzahl von erfassten Sachverhalten nicht möglich, steht dies der Bestimmtheit nicht entgegen.[288]

Bei Anwendung dieser Grundsätze folgt bei § 117 Abs. 2 S. 1 BetrVG aus den vorhandenen Tatbestandsvoraussetzungen eine ausreichende Beschränkung des Regelungsbereichs sowie der Rechtsfolgen. Wie noch zu zeigen sein wird, steht den Tarifvertragsparteien nur eine beschränkte Regelungsbefugnis zu, die sich am System des BetrVG orientieren muss.[289] Deshalb verstößt § 3 Abs. 2 TVG im Zusammenhang mit § 117 Abs. 2 S. 1 BetrVG nicht gegen das Demokratie- und Rechtsstaatsprinzip. Das heißt aber nicht, dass keine rechtlichen Schranken bestehen. Da es sich um eine staatliche Regelung handelt, müssen die Tarifvertragsparteien die Grundrechte der Betroffenen achten.[290]

b) Die negative Tarifvertragsfreiheit

Die Geltung eines Tarifvertrages für Außenseiter wirft die Frage auf, ob ein Recht von Tarifverträgen unberührt zu bleiben, existiert und ob ein ggf. vorliegender Eingriff gerechtfertigt ist. Ob ein solches Grundrecht besteht[291] und in welchem Artikel im Grundgesetz es ggf. gewährleistet wird,[292] ist umstritten. Das BVerfG geht in ständiger Rechtsprechung davon aus, dass zwar eine negative Koalitionsfreiheit in Art. 9 Abs. 3 GG begründet sei, diese aber nicht als negative

---

288 Zu Generalklauseln und unbestimmten Rechtsbegriffen: BVerfG Urt. v. 12.12.2000 – 1 BvR 1762/95; 1787/95, NJW 2001, 591 unter I. 3. b).

289 Siehe zu den Regelungsbefugnissen Seite 122 ff.

290 In diese Richtung weisend BAG Beschl. v. 8.12.2010 – 7 ABR 98/09, AP BetrVG 1972 § 99 Einstellung Nr. 62, Rn. 45; vgl. statt aller aus der Literatur: *Kempen*, in: Brecht-Heitzmann/Kempen, Tarifvertragsgesetz, § 3 Rn. 28.

291 *Hartmann*, Felix, Negative Tarifvertragsfreiheit im deutschen und europäischen Arbeitsrecht, S. 47 ff. mit einem Überblick über den Stand der Diskussion; *Höpfner*, Die Tarifgeltung im Arbeitsverhältnis, S. 341 ff.; *Bayreuther*, Tarifautonomie als kollektiv ausgeübte Privatautonomie, S. 127; für die Anerkennung der negativen Tarifvertragsfreiheit: *Hanau*, Peter, in: Pitschas/Uhle/Aulehner, Festschrift für Rupert Scholz zum 70. Geburtstag, S. 1035, 1045; *Schlüter*, in: Leßmann, Festschrift für Rudolf Lukes zum 65. Geburtstag, S. 561, 570.

292 Zum Gewährleistungsort in der Verfassung: *Deinert*, RdA 2014, 129, 132.

Tarifvertragsfreiheit verstanden werden kann.[293] Ein Schutz vor Fremdbestimmung erfolge über Art. 3 Abs. 1 GG, Art. 12 GG, ggf. Art. 14 Abs. 1 GG sowie über Art 2 Abs. 1 GG, nicht aber über Art. 9 Abs. 3 GG.

Gegen die Anerkennung eines solchen Grundrechts spricht die historische Auslegung. Der historische Gesetzgeber hat nicht im Entferntesten an die Breite der negativen Tarifvertragsfreiheit, wie sie heute diskutiert wird, gedacht.[294] Die Anerkennung würde zudem dazu führen, dass stets das Konkurrenzverhältnis zwischen positiver und negativer Tarifvertragsfreiheit aufzulösen wäre.

Dagegen werden regelmäßig zwei Argumente für das Bestehen der negativen Tarifvertragsfreiheit angeführt. Aus dem Blickwinkel der Nichtorganisierten besteht die hauptsächliche Belastung der Erstreckung darin, dass sie den Regelungen der Tarifvertragsparteien unterworfen werden, und nicht darin, durch einen Beitrittsdruck einen Mitgliedsbeitrag letztlich zahlen zu müssen.[295] Zweitens müsse aus dem Spiegelbildgedanken ein solches Recht folgen. Wenn die positive Koalitionsfreiheit das Recht zur Selbstbestimmung umfasse, bestehe spiegelbildlich ein Recht auf Freiheit von Fremdbestimmung.[296] Dies kann nicht überzeugen. So ist das Gegenteil der Betätigungsfreiheit die Freiheit, sich nicht zu betätigen, und nicht die Freiheit vor Fremdbestimmung durch Regelungen des Tarifvertrages.[297] Zudem bedarf es der Anerkennung eines solchen Grundrechts nicht. Denn inhaltlich besteht bereits ein ausreichender Schutz vor Fremdbestimmung durch das Demokratie- und Rechtsstaatsprinzip als auch durch Art. 3 Abs. 1 GG, Art. 12 Abs. 1 GG sowie subsidiär aus Art. 2 Abs. 1 GG.[298]

---

293 BVerfG Beschl. v. 11.7.2006 – 1 BvL 4/00, AP GG Art. 9 Nr. 129 unter C. II. 1.; BVerfG Beschl. v. 14.11.2018 – 1 BvR 1278/16, AP GG Art. 9 Nr. 153; BVerfG Beschl. v. 18.7.2000 – 1 BvR 948/00, AP AEntG § 1 Nr. 4; Siehe zur negativen Koalitionsfreiheit auch: BAG Urt. v. 18.3.2009 – 4 AZR 64/08, AP TVG § 3 Nr. 41, Rn. 35; BAG Urt. v. 7.11.1995 – 3 AZR 676/94, AP TVG § 3 Betriebsnormen Nr. 1; BAG Urt. v. 21.1.1987 – 4 AZR 486/86, AP GG Art. 9 Nr. 46; BAG Urt. v. 21.1.1987 – 4 AZR 547/86, AP GG Art. 9 Nr. 47.

294 *Gamillscheg,* Die Differenzierung nach der Gewerkschaftszugehörigkeit, S. 58; *Gamillscheg,* Kollektives Arbeitsrecht Band I, S. 383; *Höpfner,* Die Tarifgeltung im Arbeitsverhältnis, S. 352.

295 *Hanau,* Peter, in: Pitschas/Uhle/Aulehner, Festschrift für Rupert Scholz zum 70. Geburtstag, S. 1035, 1045.

296 *Hartmann,* Felix, Negative Tarifvertragsfreiheit im deutschen und europäischen Arbeitsrecht, S. 47 ff.; S. 169 ff.

297 *Deinert,* RdA 2014, 129, 133 ff.; *Gamillscheg,* Kollektives Arbeitsrecht Band I, S. 376.

298 BVerfG Beschl. v. 11.7.2006 – 1 BvL 4/00, AP GG Art. 9 Nr. 129 unter C. II. 1 a) bb); *Bayreuther,* Tarifautonomie als kollektiv ausgeübte Privatautonomie, S. 127 behandelt

Wird demzufolge eine negative Tarifvertragsfreiheit abgelehnt, kommt noch ein Verstoß gegen die negative Koalitionsfreiheit in Betracht. Vergleichbar mit Allgemeinverbindlicherklärungen gem. § 5 TVG sowie mit Rechtsverordnungen gem. §§ 7, 7a AEntG[299] liegt durch § 3 Abs. 2 TVG i. V. m. § 117 Abs. 2 S. 1 BetrVG aber kein Druck und Zwang zum Beitritt einer Gewerkschaft[300] vor. Die Wirkung der betriebsverfassungsrechtlichen Normen hängt nämlich gem. § 3 Abs. 2 TVG allein von der Tarifbindung des Arbeitgebers ab. Der Bei- oder Austritt eines Arbeitnehmers hat auf die Wirkung des Tarifvertrags keine Auswirkungen.

c) Die positive Koalitionsfreiheit

Über § 3 Abs. 2 TVG werden nicht nur Arbeitnehmer erfasst, die an keinen Tarifvertrag gebunden sind, sondern auch Arbeitnehmer, die an andere Tarifverträge gebunden sind, sodass in ihr Grundrecht aus Art. 9 Abs. 3 GG eingegriffen wird. § 3 Abs. 2 TVG begründet allerdings keinen Vorrang eines Tarifvertrages. Sind zwei Tarifverträge anwendbar, ist für die betriebseinheitliche Geltung der Tarifvorrang gem. § 4a TVG maßgeblich. Ob die Tarifkollisionsregelung verfassungskonform ist, ist eine Frage, die Gegenstand eigener Untersuchungen sein muss und hier nicht weiter zu vertiefen ist.[301]

Ein Eingriff in die Koalitionsfreiheit derjenigen Gewerkschaften, die bislang keinen Tarifvertrag abgeschlossen haben und denen dies durch die betriebseinheitliche Geltung eines anderen Tarifvertrages faktisch erschwert wird, liegt nicht vor. Denn ein rechtliches Hindernis zum Abschluss eines Tarifvertrages besteht nicht.[302] Die Gewerkschaft hat zudem die Möglichkeit, durch Werbung von Mitgliedern im Rahmen der Tarifkonkurrenz die Mehrheit der Arbeitnehmer im Betrieb zu repräsentieren, sodass der von ihr abgeschlossene Tarifvertrag einen

---

aufgrund der Berührung dieser Grundrechte die Frage, ob eine negative Koalitionsfreiheit existiert nicht weiter.

299 BVerfG Beschl. v. 24.5.1977 – 2 BvL 11/74, AP TVG § 5 Nr. 15; BVerfG Beschl. v. 18.7.2000 – 1 BvR 948/00, AP AEntG § 1 Nr. 4.

300 Zu den Anforderungen an die Einhaltung der negativen Koalitionsfreiheit siehe zuletzt: BVerfG Beschl. v. 14.11.2018 – 1 BvR 1278/16, AP GG Art. 9 Nr. 153.

301 Die dbb Beamtenbund und Tarifunion hat Mitte Juni 2019 erneut Verfassungsbeschwerde gegen das Tarifeinheitsgesetz eingelegt: *dbb*, Tarifeinheitsgesetz: dbb legt erneut Verfassungsbeschwerde ein.

302 Ähnlich zur Verfassungskonformität des § 5 TVG: BVerfG Beschl. v. 24.5.1977 – 2 BvL 11/74, AP TVG § 5 Nr. 15, B. II. 2. e).

anderen Tarifvertrag im Betrieb ablösen würde. Eine faktische Unmöglichkeit der Geltung des Tarifvertrages liegt damit ebenso nicht vor.[303]

d) Berufsfreiheit der Arbeitnehmer

§ 3 Abs. 2 TVG bezieht sich allein auf die Tarifbindung des Arbeitgebers und greift im Zusammenhang mit § 117 Abs. 2 S. 1 BetrVG in den Autonomiebereich der Arbeitnehmer ein, die an keinen Tarifvertrag oder an einen anderen gebunden sind.[304] Die berufsregelnde Tendenz ergibt sich aus dem Umstand, dass die Betriebsverfassung die Effektivität der Betriebsratsarbeit bestimmt und damit eine erhebliche mittelbare Wirkung auf die Arbeitnehmer hat.[305] Ein Eingriff in Art. 12 Abs. 1 GG liegt vor. Es stellt sich damit die Frage, worin die Rechtfertigung dieses Eingriffs liegt. Das BAG nimmt an, dass viel dafür spreche, dass Gründe des Gemeinwohls den Eingriff rechtfertigen müssten, berücksichtigt im Einzelfall aber auch die Intensität des Eingriffs.[306] Entsprechend der Rechtsprechung des BVerfG könnte bei einem Eingriff in die Berufsausübungsfreiheit eine Rechtfertigung vorliegen, wenn vernünftige Erwägungen des Allgemeinwohls die Regelungen zweckmäßig erscheinen lassen.[307] Solche Gründe des Allgemeinwohls, ohne dies abstrakt weiter konkretisieren zu müssen, liegen im Zusammenhang mit § 117 Abs. 2 S. 1 BetrVG jedenfalls vor: Aufgrund des Bezugs zu betriebsverfassungsrechtlichen Fragen liegt eine Rechtfertigung der Geltung eines Tarifvertrages gem. § 117 Abs. 2 S. 1 BetrVG im Sozialstaatsprinzip, das dem gesamten BetrVG zugrunde liegt.[308] Diese Gründe liegen nicht allein im Interesse der Mitglieder oder der Gewerkschaft, sondern im Interesse aller Arbeitnehmer des Betriebes.

Das Sozialstaatsprinzip bietet aber keine Erklärung dafür, wieso Tarifvertragsparteien Regelungen mit Wirkung für Außenseiter treffen können. Diese Frage ist erheblich umstritten und wird regelmäßig im Zusammenhang mit dem Geltungsgrund des normativen Teils der Tarifverträge diskutiert. Nach der Ansicht, die die Wirkung des Tarifvertrages mit dem Beitritt der Mitglieder als

---

303 Ähnlich zur Verfassungskonformität des § 5 TVG: BVerfG Beschl. v. 24.5.1977 – 2 BvL 11/74, AP TVG § 5 Nr. 15, B. II. 2. e).

304 BAG Beschl. v. 8.12.2010 – 7 ABR 98/09, AP BetrVG 1972 § 99 Einstellung Nr. 62, Rn. 47.

305 *Utermark*, Die Organisation der Betriebsverfassung als Verhandlungsgegenstand, S. 67.

306 BAG Beschl. v. 8.12.2010 – 7 ABR 98/09, AP BetrVG 1972 § 99 Einstellung Nr. 62, Rn. 53.

307 BVerfG Urt. v. 11.6.1958 – 1 BvR 596/56, BVerfGE 7, 377 = NJW 1958, 1035.

308 BVerfG Beschl. v. 30.4.2015 – 1 BvR 2274/12, NZA 2015, 820.

Unterwerfungsakt begründet, folgt aus der Koalitionsfreiheit nicht das Recht zur Vereinbarung von Regelungen mit Wirkung auf Nichtmitglieder.[309] Demzufolge ist eine Regelung, die dies anordnet, ein Eingriff in die Berufsausübungsfreiheit gem. Art. 12 Abs. 1 GG der Außenseiter. Das ist eingängig und wird innerhalb dieser Ansicht nicht bestritten, soweit es um Fragen geht, die individuell getroffen werden können, d. h., bei denen eine Differenzierung nach der einzelnen Person erfolgen kann. Bei betrieblichen und betriebsverfassungsrechtlichen Fragen wird die Sache differenzierter betrachtet: *Oetker* merkt im Ergebnis treffend an, dass den Tarifvertragsparteien die Befugnis zur Regelung von betriebsverfassungsrechtlichen Regelungen generell abgesprochen werde, wenn sie Außenseiter nicht mit in die Normwirkung einbeziehen könnten.[310] Denn diese Fragen können nur einheitlich für den Betrieb getroffen werden. Aber auch diese Notwendigkeit allein kann die Erstreckung auf Außenseiter nicht rechtfertigen, wenn die normative Wirkung stets die Mitgliedschaft voraussetzt. Dann müsste auch ohne eine § 4 Abs. 1 TVG erweiternde gesetzliche Regelung die Erstreckung auf Außenseiter als Fremdbestimmung möglich sein. Ohne Mitgliedschaft liegt aber gerade keine kollektiv ausgeübte Privatautonomie vor.[311] Damit steht dem der Gesetzesvorbehalt entgegen. Eine verfassungsrechtliche Begründung auf dem Boden der notwendigen Mitgliedschaft lässt sich auch nicht damit finden, dass Gewerkschaften die Stellung als Repräsentant aller Arbeitnehmer zugesprochen wird[312] oder die Ordnungsfunktion des Tarifvertrages bemüht wird, um die Erstreckung auf Außenseiter zu begründen.[313] Selbst bei Anerkennung einer Zuständigkeit der Tarifvertragsparteien aufgrund dieser Aspekte ergibt sich daraus nicht zwingend die Befugnis, diese Zuständigkeit auch wahrzunehmen.[314] Zudem spricht gegen das Recht zur Wahrnehmung mit Wirkung für Außenseiter die Existenz der Allgemeinverbindlicherklärung

309 BAG Beschl. v. 8.12.2010 – 7 ABR 98/09, AP BetrVG 1972 § 99 Einstellung Nr. 62, Rn. 37 ff.; aus der Literatur statt aller: *Utermark*, Die Organisation der Betriebsverfassung als Verhandlungsgegenstand, S. 50 f. m.w.N.

310 *Oetker*, in: Wiedemann, Tarifvertragsgesetz, § 3 Rn. 192.

311 *Schmidt, Ingrid*, in: Müller-Glöge/Preis/Schmidt, Erfurter Kommentar zum Arbeitsrecht, Art. 12 GG Rn. 25.

312 *Leventis*, Tarifliche Differenzierungsklauseln nach dem Grundgesetz und dem Tarifvertragsgesetz, S. 76 ff.; *Hanau, Hans*, RdA 1996, 158, 172 f. der aber die Erstreckung letztlich über die gesetzliche Anordnung in § 3 Abs. 2 TVG begründet.

313 Dazu *Utermark*, Die Organisation der Betriebsverfassung als Verhandlungsgegenstand, S. 53 f. m.w.N.

314 *Hanau, Hans*, RdA 1996, 158, 166 f.; *Picker, Eduard*, NZA 2002, 761, 769.

gem. § 5 TVG.[315] Damit ist § 3 Abs. 2 TVG ein Fremdkörper innerhalb des Systems,[316] kann sich aber je nach Begründung auf eine Zuständigkeit berufen. Die Begründung der Regelung liegt dann allein in der gesetzlichen Regelung.[317] Aber auch ohne verfassungsrechtlichen Unterbau ist die Regelung zulässig. So hat die Rechtsprechung festgehalten, dass es dem Gesetzgeber freisteht, Regelungen zu schaffen, die die Ordnungsfunktion der Tarifverträge nutzen und verstärken.[318] Eine Beschränkung erfährt die Regelungsmöglichkeit durch die Anforderungen des Rechtsstaats- und Demokratieprinzips. Deshalb hat das BAG auf dem Boden dieser Ansicht vertreten, dass es sich im Kern um die Frage der rechtsstaatlichen Legitimation der Rechtsgrundlage handelt.[319]

Zu keinem anderen Ergebnis kommen Stimmen in der Literatur, die auf den Geltungsbefehl für die normative Wirkung der Tarifverträge abstellen.[320] Danach besteht kein Konflikt mit der Feststellung, dass auch betriebliche und betriebsverfassungsrechtliche Regelungen inhaltlich zur Koalitionsfreiheit zählen.[321] § 3 Abs. 2 TVG ist folglich eine die Tarifautonomie ausgestaltende Regelung,[322] deren Verfassungskonformität aber ebenso maßgeblich von der Vereinbarkeit mit dem Demokratie- und Rechtsstaatsprinzip abhängt. Die Norm ist dieser Ansicht folgend, die zur Begründung auch Art. 9 Abs. 3 GG anführen kann, erst recht verfassungskonform.

e) Berufsfreiheit des Arbeitgebers

Die Regelung einer betrieblichen Mitbestimmung für alle Arbeitnehmer des Betriebes über § 3 Abs. 2 TVG i. V. m. § 117 Abs. 2 S. 1 BetrVG könnte auch in die Berufsfreiheit des Arbeitgebers eingreifen, da sich eine Bindung dessen nicht nur auf die Gewerkschaftsmitglieder, sondern automatisch auf alle

---

315 *Utermark*, Die Organisation der Betriebsverfassung als Verhandlungsgegenstand, S. 53, 55.

316 So Zehntes Hauptgutachten der Monopolkommission 1992/1993, BT-Drs. 12/8323, S. 64, 380.

317 So bereits *Gamillscheg*, Kollektives Arbeitsrecht Band I, S. 719 f.

318 BVerfG Beschl. v. 20.3.2007 – 1 BvR 1047/05, NZA, 609.

319 BAG Beschl. v. 8.12.2010 – 7 ABR 98/09, AP BetrVG 1972 § 99 Einstellung Nr. 62, Rn. 44.

320 *Söllner*, NZA-Beil. 2000, 33, 40 m.w.N.

321 BAG Beschl. v. 29.7.2009 – 7 ABR 27/08, AP BetrVG 1972 § 3 Nr. 7, Rn. 40, wonach auch betriebsverfassungsrechtliche Normen zu den Arbeits- und Wirtschaftsbedingungen gem. Art. 9 Abs. 3 GG zählen.

322 *Gamillscheg*, Kollektives Arbeitsrecht Band I, S. 720.

Arbeitnehmer im Betrieb auswirkt. Da dieser aber nicht zum Abschluss eines Tarifvertrages gezwungen wird, übt er seine Privatautonomie aus.[323] Soweit die durch § 3 Abs. 2 TVG eintretende Wirkung auf Außenseiter als unfreiwillige Bindung des Arbeitgebers gegenüber Nichtmitgliedern verstanden wird, findet sich die Rechtfertigung eines Eingriffs im sozialen Bezug des Unternehmerberufs, da das Unternehmen nur mithilfe anderer Personen ausgeübt werden kann.[324] Ein Eingriff in die unternehmerische Entscheidungsfreiheit liegt nicht vor, da die Geltung einer abweichenden Betriebsverfassung keinen schwerwiegenderen Eingriff in die Unternehmerfreiheit darstellt, als die Geltung des Betriebsverfassungsgesetzes selbst bedeutet.

f) Art. 3 Abs. 1 GG

Daneben besteht eine Bindung an den Gleichheitssatz.[325] Grundsätzlich dient § 3 Abs. 2 TVG der Gleichbehandlung aller Arbeitnehmer im Betrieb. Eine Ungleichbehandlung könnte entstehen, wenn die verhandelnde Tarifvertragspartei bei der Verhandlung nicht an die Arbeitnehmer gedacht hat, für die der Tarifvertrag später über § 3 Abs. 2 TVG Geltung erlangt. Die Tarifzuständigkeit stellt aber genau dies sicher. Entsprechend verlangt das BAG das Vorliegen dieser für alle Arbeitnehmer, die von dem Tarifvertrag auch über § 3 Abs. 2 TVG betroffen werden.[326]

g) Zwischenergebnis

§ 3 Abs. 2 TVG ist verfassungskonform. Die Grundlage der Regelung liegt in der Tarifautonomie, die sich auch auf betriebsverfassungsrechtliche Regelungen erstreckt. Da eine Regelung bei betriebsverfassungsrechtlichen Regelungen nur durch die Einbeziehung der Außenseiter möglich ist, besteht ein Konflikt mit dem Demokratie- und Rechtsstaatsprinzip. Die Anforderung der Rechtsprechung,

---

323 *Schmidt, Ingrid*, in: Müller-Glöge/Preis/Schmidt, Erfurter Kommentar zum Arbeitsrecht, Art. 12 GG Rn. 25.

324 BVerfG Urt. v. 1.3.1979 – 1 BvR 532, 533/77, 419/78, 1 BvL 21/78, AP MitbestG § 1 Nr. 1, Rn. 72 ff, zit. nach Juris.

325 BAG Beschl. v. 8.12.2010 – 7 ABR 98/09, AP BetrVG 1972 § 99 Einstellung Nr. 62, Rn. 47; zur ähnlichen Prüfung des Verhältnismäßigkeitsgrundsatzes bei Betriebsvereinbarungen, die die allgemeine Handlungsfreiheit beschränken: BAG Urt. v. 12.12.2006 – 1 AZR 96/06, BAGE 120, 308 = AP BetrVG 1972 § 77 Nr. 94, Rn. 24.

326 BAG Beschl. v. 14.1.2014 – 1 ABR 66/12, AP BetrVG 1972 § 87 Arbeitszeit Nr. 134; BAG Beschl. v. 29.7.2009 – 7 ABR 27/08, AP BetrVG 1972 § 3 Nr. 7.

dass im Wesentlichen feststehen muss, welche Regelungsbefugnisse bestehen, wird durch die Tatbestandsvoraussetzungen des § 117 Abs. 2 BetrVG und die Möglichkeit der Auslegung hinsichtlich der Reichweite der Regelungsbefugnisse eingehalten. Die Regelungsmöglichkeit stellt keinen ungerechtfertigten Eingriff in Art. 2 Abs. 1, Art. 12 GG oder Art. 9 Abs. 3 GG dar. Die von den Parteien konkret getroffene Regelung steht einer Prüfung durch diese Grundrechte offen.

III. Voraussetzung der Vertretung der Gewerkschaft im Betrieb

Eine Einschränkung erfährt § 3 Abs. 2 TVG durch die ungeschriebene Voraussetzung, dass mindestens ein tarifgebundener Arbeitnehmer im Betrieb beschäftigt werden muss.[327] Zwar stellt der Wortlaut des § 3 Abs. 2 TVG nur auf die Tarifgebundenheit des Arbeitgebers ab, die somit auch durch die Mitgliedschaft in einem tarifgebundenen Arbeitgeberverband bestehen kann.[328] Dadurch würden allerdings in dem Fall, in dem kein Arbeitnehmer der Gewerkschaft im Betrieb beschäftigt wird, allein Außenseiter an den Tarifvertrag gebunden werden.[329] Das wäre mit der Begründung des § 3 Abs. 2 TVG nicht vereinbar: Die Grundlage des § 3 Abs. 2 TVG liegt in der Tarifautonomie der Tarifvertragsparteien begründet, deren Geltung im Betrieb bei betriebsverfassungsrechtlichen Regelungen notwendig eine Erstreckung auf alle Arbeitnehmer im Betrieb erfordert.[330] Eine Notwendigkeit der Erstreckung besteht aber nicht, wenn kein Arbeitnehmer der Gewerkschaft im Betrieb beschäftigt wird.[331] Die Einschränkung ist auch mit der Systematik des BetrVG begründbar. Gewerkschaftsrechte im Betrieb setzen gem. § 2 Abs. 1 BetrVG stets voraus, dass die Gewerkschaft auch im Betrieb vorhanden ist.[332] Zudem folgt eine solche Einschränkung durch den Umstand, dass betriebsverfassungsrechtliche Regelungen durch § 117 Abs. 2 S. 1 BetrVG geregelt werden sollen, die auf die Besonderheiten in der Luftfahrt eingehen.

---

327 Vgl. zu § 3 BetrVG: BAG Beschl. v. 29.7.2009 – 7 ABR 27/08, AP BetrVG 1972 § 3 Nr. 7, Rn. 26 ff.

328 So die Rspr: BAG Urt. v. 20.3.1991 – 4 AZR 455/90, AP TVG § 4 Tarifkonkurrenz Nr. 20; BAG Urt. v. 5.9.1990 – 4 AZR 59/90, AP TVG § 4 Tarifkonkurrenz Nr. 19.

329 *Klumpp*, in: Kiel/Lunk/Oetker, Münchener Handbuch zum Arbeitsrecht Kollektives Arbeitsrecht, § 245 Rn. 39.

330 Siehe Seite 77 ff.

331 *Klumpp*, in: Kiel/Lunk/Oetker, Münchener Handbuch zum Arbeitsrecht Kollektives Arbeitsrecht, § 245 Rn. 39; *Franzen*, in: Müller-Glöge/Preis/Schmidt, Erfurter Kommentar zum Arbeitsrecht, § 3TVG Rn. 17.

332 BAG Beschl. v. 29.7.2009 – 7 ABR 27/08, AP BetrVG 1972 § 3 Nr. 7, Rn. 27.

Dafür ist aber erforderlich, dass die Gewerkschaft Zugang zu den Arbeitnehmern in den Betrieben hat, um zu erfahren, welche besonderen Interessenlagen bestehen.[333] Ohne auch nur ein Mitglied im Betrieb besteht ein Zugangsrecht gem. § 2 Abs. 2 BetrVG aber nicht.

Das Vorhandensein eines einzelnen Mitglieds im Betrieb ist zwar notwendig, aber auch ausreichend.[334] Eine höhere Anzahl an Mitgliedern ist im Rahmen des § 3 Abs. 2 TVG nicht, auch nicht über den Verhältnismäßigkeitsgrundsatz begründbar. Die Tarifautonomie, die hinter § 3 Abs. 2 TVG steht, stellt keine Anforderungen an die Arbeitnehmerzahl im Betrieb. Deshalb ist auch im Rahmen des § 3 Abs. 2 TVG i.V.m. § 117 Abs. 2 S. 1 BetrVG erforderlich, aber auch ausreichend, dass mindestens ein Mitglied der Gewerkschaft im Betrieb vorhanden ist.[335] Zur Feststellung im Prozess, ob ein Gewerkschaftsmitglied im Betrieb vorhanden ist, kann auf die Grundsätze zur Feststellung des Vorhandenseins einer Gewerkschaft im Betrieb nach dem BetrVG zurückgegriffen werden. Zum Nachweis genügt ein mittelbarer Beweis, wie eine notarielle Erklärung.[336]

IV. Richtigkeitsgewähr eines Tarifvertrages gem. § 117 BetrVG

Einem Tarifvertrag wird gemeinhin eine Richtigkeitsgewähr zugesprochen.[337] Ausgangspunkt dieser Idee ist, dass die Verhandlung zwischen den Tarifvertragsparteien zu dem für sie richtigen Ergebnis führen wird.[338] Eine solche Richtigkeitsgewähr wird auch bei tarifdispositivem Recht selbst vom Gesetzgeber akzeptiert.[339] Die Tarifvertragsparteien balancieren auch hier in den Verhandlungen die Vor- und Nachteile einer Regelung. Diese verhandlungsbezogene Richtigkeit setzt voraus, dass keine der Parteien erheblich stärker ist als

---

333 BAG Beschl. v. 29.7.2009 – 7 ABR 27/08, AP BetrVG 1972 § 3 Nr. 7, Rn. 27 mit ähnlicher Argumentation bezüglich § 3 Abs. 1 Nr. 1 bis 3 BetrVG.

334 BAG Beschl. v. 25.3.1992 – 7 ABR 65/90, BAGE 70, 85 = AP BetrVG 1972 § 2 Nr. 4.

335 *Franzen*, in: Müller-Glöge/Preis/Schmidt, Erfurter Kommentar zum Arbeitsrecht, § 3 TVG Rn. 17; *Rieble/Klumpp*, in: Richardi, Münchener Handbuch zum Arbeitsrecht, § 177 Rn. 38.

336 BAG Beschl. v. 25.3.1992 – 7 ABR 65/90, BAGE 70, 85 = AP BetrVG 1972 § 2 Nr. 4.

337 Zum Begriff der Richtigkeitsgewähr und den Entsprechungen „Richtigkeitsvermutung“ und „Vermutung der Angemessenheit“ in Rechtsprechung und Gesetzgebung: *Wiedemann*, NZA 2018, 1587.

338 *Krämer*, Die Richtigkeitsgewähr des Tarifvertrags, S. 203 ff.

339 *Thüsing*, in: Thüsing/Braun, Tarifrecht, 1. Kapitel Rn. 57 mit Nachweisen aus der Gesetzgebung.

die andere.[340] Ob dieses Kräftegleichgewicht bei § 117 BetrVG besteht, könnte angesichts der bisherigen erfolgreichen Blockade mancher Arbeitgeber trotz Streiks der Arbeitnehmer bezweifelt werden und bedarf damit einer Untersuchung. Damit verbunden ist die Frage, ob eine materielle Richtigkeitsgewähr vor dem Hintergrund der Erstreckung über § 3 Abs. 2 TVG auf Außenseiter bestehen kann.

1. *Zur Parität der Tarifvertragsparteien*

Ein Kräfteungleichgewicht besteht jedenfalls dann, wenn einer Partei im Ergebnis nur ein „kollektives Betteln“[341] zur Erwirkung eines Tarifvertragsabschlusses verbleibt. Insbesondere in den Fällen, in denen eine Partei von vornherein trotz Drohung und Ausübung von Arbeitskampfmaßnahmen kein Gleichgewicht herstellen kann, fehlt es an der Parität.[342] Zweifel an der Parität konnten zur alten Rechtslage bestehen, da die Tarifvertragsparteien weder durch die Androhung von Streiks noch durch die Durchführung die Aufnahme von Tarifverhandlungen in Einzelfällen erreichen konnten. Bei genauerer Betrachtung zeigt sich, dass auch zur alten Rechtslage noch von keiner fehlenden Durchsetzungsmöglichkeit gesprochen werden konnte. Denn das Problem der Durchsetzbarkeit liegt im Gegenstand des Ziels begründet und der damit verbundenen geringen Streikmotivation der Arbeitnehmer. Es ist bislang nicht erwiesen, dass auch umfassende Streiks mit längerer Dauer nicht zum Abschluss bzw. Aufnahme von Tarifverhandlungen mit dem Ziel der Errichtung einer Personalvertretung führen können. Das geringe Interesse der Arbeitnehmer zur Etablierung einer Personalvertretung resultiert aus dem Umstand, dass eine betriebliche Vertretung regelmäßig erst dann in den Fokus der Arbeitnehmer rückt, wenn Kündigungen, Versetzungen und Umstrukturierungen drohen bzw. zeitnah erfolgen sollen.[343] In Abwesenheit dieser Szenarien besteht aus Arbeitnehmersicht kaum

---

340 BAG Beschl. v. 5.10.2010 – 1 ABR 88/09, AP TVG § 2 Tariffähigkeit Nr. 7, Rn. 33 ff.; *Krämer*, Die Richtigkeitsgewähr des Tarifvertrags, S. 76, der das Gleichgewicht als einzig eindeutige Voraussetzung in der Rechtsprechung für die Richtigkeitsgewähr sieht; *Gamillscheg*, Kollektives Arbeitsrecht Band I, S. 286.

341 Zum Begriff: BAG Urt. v. 12.9.1984 – 1 AZR 342/83, AP GG Art. 9 Arbeitskampf Nr. 81, unter Gründe II. 2. a); BAG Urt. v. 10.6.1980 – 1 AZR 822/79, AP GG Art. 9 Arbeitskampf Nr. 64 – unter Gründe: A. I. 2. a), aber beide bezüglich der Zulässigkeit von Streiks.

342 *Krämer*, Die Richtigkeitsgewähr des Tarifvertrags, S. 104.

343 In diesem Zusammenhang standen auch die Streiks bei Ryanair: *Peter/RND*, Heil fordert „Betriebsratsgarantie“.

ein Anreiz für einen Streik mit dem Ziel eines Tarifvertrages für die betriebliche Mitbestimmung.[344]

Zweifel an der Richtigkeitsgewähr können zur neuen Rechtslage auch nicht durch die gesetzliche Ausgangslage begründet werden. Durch die subsidiäre Geltung des BetrVG gem. § 117 Abs. 1 S. 2 BetrVG steht einer Gewerkschaft mit dem Abbruch der Verhandlungen ein wirksames Drohmittel zur Verfügung. Wirkt sich die fehlende Anpassung an die Besonderheiten in der Luftfahrt auch wirtschaftlich auf das Unternehmen aus, zwingt der Wettbewerb in der Luftfahrt zu einer Rückkehr an den Verhandlungstisch. Auf der anderen Seite bewirkt ein Abbruch der Verhandlungen durch den Arbeitgeber, dass die betriebliche Vertretung nach dem BetrVG kaum effektiv arbeiten kann. Nur ein Tarifvertrag kann Abhilfe schaffen. Es besteht damit ein beiderseitiges Interesse am Tarifvertragsabschluss.

Aber auch in einer Situation mit beiderseitigem Interesse können Zweifel an der Richtigkeitsvermutung bestehen. Bezogen auf Tarifvertragsabschlüsse im Bereich der tarifdispositiven Regelung des § 8 Abs. 2 AÜG wurde von einer „stark wirkende[n] Zwangssteuerung in Richtung Tarifregelung“[345] gesprochen. Eine Zwangswirkung sollte für Gewerkschaften dadurch bestehen, dass sie durch den Tarifvertragsabschluss ihre Tariffähigkeit begründen könnten.[346] Kleinere Gewerkschaften waren deshalb nachteiligen Tarifvertragsabschlüssen nicht abgeneigt. Eine solche Möglichkeit, die eigene Tariffähigkeit zu begründen, hat das BAG mittlerweile verneint.[347] Unabhängig davon besteht in der Luftfahrt eine Gefahr durch schwache bzw. kleine Gewerkschaften nicht. Die Gewerkschaften in der Luftfahrtbranche, Vereinigung Cockpit e.V. (VC), ver.di sowie UFO[348], zeichnen sich durch eine lange Historie und eine große Mitgliedschaft aus.

Damit besteht grundsätzlich ein Kräftegleichgewicht zwischen den Tarifvertragsparteien. Das heißt aber noch nicht zwingend, dass hieraus materielle Rechtsfolgen erwachsen.

---

344 *Bergmann,* Fliegen – ein (Alb-) Traum?, S. 288.

345 *Schüren*, in: Schüren, Arbeitnehmerüberlassungsgesetz, § 9 Rn. 136; *Kocher*, DB 2010, 900, 901.

346 *Kocher*, DB 2010, 900, 901 f.

347 BAG Beschl. v. 5.10.2010 – 1 ABR 88/09, AP TVG § 2 Tariffähigkeit Nr. 7, Rn. 43.

348 Bei UFO wurde die Tariffähigkeit aufgrund einer internen Krise in Zweifel gezogen, *Frese,* Flugbegleiter bei der Lufthansa: „Verfall von Sitte und Anstand“.

2. *Materielle Richtigkeitsgewähr*

Das BAG hat als Folge des Machtausgleichs der Parteien eine materielle Richtigkeitsgewähr anerkannt.[349] Diese führt dazu, dass das BAG bei Vorliegen eines wirksamen Tarifvertrages die Angemessenheit der tariflichen Regelungen nicht prüft,[350] sodass mit dieser Vermutung der Autonomiebereich der Koalitionsfreiheit gewahrt wird.[351] Die gleiche Wirkung spricht das BAG unter den Bezeichnungen Ausgewogenheitsgewähr[352], Richtigkeitsvertrauen[353], Vermutung der Angemessenheit[354] und zuletzt Vermutung der Richtigkeit[355] an.

Die Richtigkeitsgewähr wird zum Teil auch auf Außenseiter angewandt: Bei einer Erstreckung des Tarifvertrages mittels Bezugnahmeklauseln in Arbeitsverträgen von nicht tarifgebundenen Arbeitnehmern bleibt die Richtigkeitsgewähr bestehen. Hiervon geht auch das Gesetz in § 310 Abs. 4 BGB aus.[356] Werden dagegen einzelne Ausschnitte eines Tarifvertrages in Arbeitsverträgen in Bezug genommen, greift die diesen Gedanken enthaltene Regelung des § 310 Abs. 4 S. 3 BGB nicht ein und es findet eine übliche AGB-Prüfung statt, da nicht die Richtigkeit der einzelnen Regelung eines Tarifvertrages vermutet wird.[357]

Eine Angemessenheitsprüfung soll nach einer Literaturansicht auch bei Tarifregelungen stattfinden, die tarifdispositives Gesetzesrecht nutzen, zur Absenkung des gesetzlichen Schutzniveaus führen und darüber hinaus keine weiteren Regelungen enthalten.[358] In solchen Fällen könne wie bei der Bezugnahme einzelner Klauseln keine Balance zwischen den Vor- und Nachteilen stattgefunden haben. § 117 Abs. 2 S. 1 BetrVG bezweckt aber nicht die Absenkung des Schutzniveaus, sondern eine zweckdienliche Lösung der betrieblichen Vertretung. Die Ansicht in der Literatur kann zudem auch grundsätzlich nicht überzeugen. Es

---

349 BAG Urt. v. 3.10.1969 – 3 AZR 400/68, BAGE 22, 144, 151 f.

350 Vgl. die oben genannte Rechtsprechung; siehe auch: *Krämer*, Die Richtigkeitsgewähr des Tarifvertrags, S. 74 ff.

351 *Waltermann*, Arbeitsrecht Rn. 646a.

352 BAG Urt. v. 7.6.2006 – 4 AZR 316/05, AP BGB § 611 Hausmeister Nr. 15, Rn. 30.

353 BAG Beschl. v. 5.10.2010 – 1 ABR 88/09, AP TVG § 2 Tariffähigkeit Nr. 7, Rn. 37.

354 BAG Urt. v. 21.5.2014 – 4 AZR 50/13, AP BGB § 242 Gleichbehandlung Nr. 220.

355 BAG Beschl. v. 26.6.2018 – 1 ABR 37/16, AP TVG § 2 Tariffähigkeit Nr. 10, Rn. 62.

356 BAG Urt. v. 28.6.2007 – 6 AZR 750/06, AP BGB § 307 Nr. 27, Rn. 22; BAG Urt. v. 18.9.2012 – 9 AZR 1/11, AP BUrlG § 7 Abgeltung Nr. 96, Rn. 24.

357 BAG Urt. v. 6.5.2009 – 10 AZR 390/08, AP BGB § 307 Nr. 44, Rn. 29; BAG Urt. v. 27.6.2018 – 10 AZR 290/17, AP BGB § 611 Gratifikation Nr. 310, Rn. 30.

358 *Ulber, Jürgen*, NZA 2009, 232, 238.

bleibt unberücksichtigt, dass eine Gewerkschaft mehrere verschiedene Tarifverträge zeitgleich verhandeln und Nachteile an einer Stelle mit Vorteilen an einer anderen Stelle ausgleichen kann. Es wäre zu pauschal, auf das Ergebnis eines einzelnen Tarifvertrages abzustellen, um einen Rückschluss auf ein fehlendes Machtgleichgewicht zu ziehen. Eine andere Frage ist es, ob es rechtspolitisch begrüßenswert ist, dass die Tarifvertragsparteien so vorgehen können.[359]

Zweifel an der materiellen Richtigkeitsgewähr bestehen aufgrund der Wirkung gegenüber Außenseitern. Wird die materielle Richtigkeitsgewähr als Respekt vor der Tarifautonomie verstanden, kann sie nicht gleichsam für die Erstreckung über § 3 Abs. 2 TVG auf anders bzw. nicht organisierte Arbeitnehmer herangezogen werden. Denn die Erstreckung bedarf einer Rechtfertigung,[360] die nach dem Obigen in der Ausgestaltung des Art. 9 Abs. 3 GG liegt oder schlicht in der gesetzlichen Regelung liegt. Selbst bei Anerkennung dieser Rechtfertigung besteht ein Eingriff in die Grundrechte durch eine staatliche Regelung. Das BAG urteilte zu betrieblichen Normen, dass Gerichte eine Prüfung anhand des Verhältnismäßigkeitsgrundsatzes vornehmen müssen.[361] Werden die Regelungen damit überprüft, kann von einer Richtigkeitsvermutung nicht mehr gesprochen werden. Die Richtigkeit dieses Prüfungsumfangs wird in der Literatur zum Teil angezweifelt.[362] So verweist Bepler darauf, dass das Gericht im konkreten Fall schlicht die schwierige Frage, ob etwas eine Betriebsnorm im Sinne des § 3 Abs. 2 TVG sei, im Ergebnis auf die Inhaltskontrolle der tariflichen Norm verlagert habe.[363] Im Zusammenhang mit tarifdispositiven Normen, die betriebsverfassungsrechtliche Regelungsbefugnisse eröffnen, ist eine solche Verlagerung nicht notwendig, wenn die tarifdispositive Gesetzesregelung eng ausgelegt und selbst am Verhältnismäßigkeitsgrundsatz gemessen wird. Man könnte auf folgenden Gedankengang kommen: Wenn Art. 9 Abs. 3 GG die Rechtfertigung für die Erstreckung eines Tarifvertrages gem. § 117 Abs. 2 S. 1 TVG darstellt, zudem § 3 Abs. 2 TVG bezüglich der Frage, was eine betriebsverfassungsrechtliche Regelung ist, eng ausgelegt wird und dies Auswirkungen auf die Auslegung des § 117 Abs. 2 S. 1 BetrVG hat, könnte es der Respekt vor der Tarifautonomie

---

359 *Greiner*, ZTR 2018, 628, 631 spricht von der Gefahr einer dysfunktionalen Instrumentalisierung.

360 *Waas*, in: Rolfs/Giesen/Kreikebohm/Udsching, BeckOK Arbeitsrecht, § 1 TVG Rn. 13; siehe auch Seite 77 ff.

361 BAG Beschl. v. 8.12.2010 – 7 ABR 98/09, AP BetrVG 1972 § 99 Einstellung Nr. 62, Rn. 45.

362 *Engels*, in: Henssler/Moll/Bepler, Der Tarifvertrag, Teil 1 Rn. 48.

363 *Bepler*, in: Henssler/Moll/Bepler, Der Tarifvertrag, Teil 3 Rn. 182 in Fn. 3.

gebieten, die Richtigkeitsgewähr zu bejahen. Hierfür spricht, dass die größere Sachnähe der Tarifvertragsparteien auch den Außenseitern zugutekommt und die Tarifvertragsparteien aufgrund ihrer Tarifzuständigkeit die für die Arbeitnehmer geltenden betrieblichen Rahmenbedingungen bei der Verhandlung des Tarifvertrages berücksichtigt haben. Wie bei einer Bezugnahmeklausel würde bei Zulässigkeit der überleitenden Regelung keine Überprüfung des Inhalts des Tarifvertrages erfolgen und damit eine mittelbare Tarifzensur vermieden. Flankiert wird diese Überlegung dadurch, dass den Tarifvertragsparteien nicht die Regelungsbefugnis zur eigenständigen Definition des Begriffs der „betriebsverfassungsrechtliche[n] Fragen" und damit eine Anwendung des § 3 Abs. 2 TVG ohne gerichtliche Prüfung zusteht.[364]

Dennoch kann dies nicht darüber hinwegführen, dass die gesetzliche Regelung eine Fremdbestimmung für Außenseiter darstellt. Selbst bei einer engen Auslegung des Begriffs betriebsverfassungsrechtlich oder der Norm § 117 Abs. 2 S. 1 BetrVG als konkretisierende Regelung ist nicht sichergestellt, dass nicht mit dem Ergebnis unverhältnismäßig in die Rechte und Pflichten der Außenseiter eingegriffen wird. Insbesondere fehlt es an jeder Zustimmung der Außenseiter: einerseits zu den konkreten Regelungen, andererseits zur Regelungsbefugnis der Tarifvertragsparteien. Zweifel an der Richtigkeitsgewähr bestehen auch unter dem Gesichtspunkt, dass sich die Richtigkeitsgewähr erst aus dem Geflecht aller zwischen den Tarifvertragsparteien geschlossenen Tarifverträge ergeben könnte. Auf Außenseiter finden allein die betriebsverfassungsrechtlichen Regelungen Anwendung, sodass ein möglicher Ausgleich von Nachteilen dort in anderen Tarifverträgen keine Berücksichtigung findet.[365] Gleichwohl wird dies auch bei Bezugnahmeklauseln bislang nicht berücksichtigt. Nicht zuletzt ist darauf zu verweisen, dass materielle Folgen in der Literatur auch generell bezweifelt werden.[366] Eine nähere Behandlung dieser Ansicht ist hier aufgrund der Auswirkungen auf Außenseiter nicht erforderlich.

Die Richtigkeitsgewähr findet damit bei § 117 Abs. 2 S. 1 BetrVG keine Anwendung. Die konkreten tariflichen Bestimmungen sind trotz einer engen Auslegung der Normen gerichtlich daraufhin überprüfbar, ob im Einzelfall der Verhältnismäßigkeitsgrundsatz überschritten wird.

---

364 BAG Beschl. v. 17.6.1997 – 1 ABR 3/97, AP TVG § 3 Betriebsnormen Nr. 2 unter B. 1. a).

365 *Utermark*, Die Organisation der Betriebsverfassung als Verhandlungsgegenstand, S. 56.

366 *Waltermann*, RdA 2014, 86, 89 f.; *Waltermann*, NZA 2010, 482, 486 f.

D. Tatbestandsvoraussetzungen

§ 117 Abs. 2 S. 1 BetrVG ist eine Ausnahme im BetrVG. Die Regelungsmöglichkeit durch einen Tarifvertrag besteht nach dem Gesetzeswortlaut für Arbeitnehmer, die im Flugbetrieb eines Luftfahrtunternehmens beschäftigt werden.

I. Luftfahrtunternehmen

Ursprünglich stellte die Rechtsprechung auf den Begriff des Luftfahrtunternehmens in § 20 Abs. 1 Luftverkehrsgesetz (LuftVG) ab.[367] Danach waren Flugunternehmen Unternehmen, die Personen oder Sachen durch Luftfahrzeuge gewerbsmäßig befördern.[368] Ein Abstellen auf das LuftVG konnte die Rechtsprechung systematisch aber nicht überzeugen, da das LuftVG Sicherheitsmaßnahmen, die für die luftverkehrsrechtliche Betriebsgenehmigung von Bedeutung sind, regelt, aber keine Aussagen zur betrieblichen Mitbestimmung trifft und ein Zusammenhang beider Gegenstände auch nicht besteht.[369] Die Literatur zog in der Folge statt der Definition in § 20 Abs. 1 LuftVG die Aussage des BAG[370] heran, dass für die Anwendung des § 117 Abs. 2 S. 1 BetrVG entscheidend sei, ob der Unternehmenszweck einen darauf gerichteten Flugbetrieb erfordere und ob die arbeitstechnische Organisation des Flugbetriebes den Ausschluss aus dem Anwendungsbereich des BetrVG rechtfertige.[371] Die Aussage des BAG bezog sich aber auf eine Gesamtbetrachtung der Norm und ihrer Tatbestandsmerkmale, insbesondere des Luftfahrtunternehmens und der Beschäftigung im Flugbetrieb.[372] Deutlich wird das Missverständnis bei Darányi,[373] der den Zweck der Regelung sowohl bei der Bestimmung des Flugunternehmens als auch bei der Definition des Flugbetriebes heranzieht. Andere unterschlagen durch die

367 BAG Beschl. v. 14.10.1986 – 1 ABR 13/85, AP BetrVG 1972 § 117 Nr. 5, B. II. 3. a).

368 BAG Beschl. v. 14.10.1986 – 1 ABR 13/85, AP BetrVG 1972 § 117 Nr. 5.

369 BAG Beschl. v. 20.2.2001 – 1 ABR 27/00, AP BetrVG 1972 § 117 Nr. 6; so auch weiterhin bezüglich § 20 LuftVG in der aktuellen Fassung durch Gesetz vom 28.6.2016, BGBl. I, S. 1548, *Franzen*, in: Oetker, GK-BetrVG, § 117 Rn. 3.

370 BAG Beschl. v. 20.2.2001 – 1 ABR 27/00, AP BetrVG 1972 § 117 Nr. 6.

371 *Darányi*, Die Bordbetriebsverfassung nach § 117 Abs. 2 S. 1 BetrVG, S. 48 ff.; *Franzen*, in: Oetker, GK-BetrVG, § 117 Rn. 4; *Fitting*, Betriebsverfassungsgesetz, § 117 Rn. 2.

372 BAG Beschl. v. 20.2.2001 – 1 ABR 27/00, AP BetrVG 1972 § 117 Nr. 6: Dass es sich hier um eine Gesamtbetrachtung handelt, wird unter II. 1. deutlich. Das BAG betrachtet den Begriff des Luftfahrtunternehmens und die Auswirkungen auf den Flugbetrieb. Anstelle beider Begriffe setzt es sodann auf die zweckorientierte Auslegung.

373 *Darányi*, Die Bordbetriebsverfassung nach § 117 Abs. 2 S. 1 BetrVG, S. 47 ff.

zweckorientierte Auslegung des Begriffs Luftfahrtunternehmen eine Definition des Begriffs Flugbetrieb.[374] Allen Ansichten ist die enge Auslegung der Norm anhand des Zwecks gemeinsam. Dies ist aufgrund des Ausnahmecharakters der Norm auch richtig, kann aber nicht dazu führen, dass für zwei verschiedene Tatbestandsmerkmale im Wesentlichen die gleiche Definition herangezogen wird oder ein Tatbestandsmerkmal gar ganz im anderen aufgeht. Eine Trennung der Begriffe kann durch das in der Norm angelegte Prüfungsprogramm erfolgen. Die erste Eingangsvoraussetzung ist das Vorliegen eines Luftfahrtunternehmens. Von allen Luftfahrtunternehmen sollen schließlich nur die erfasst werden, die auch einen Flugbetrieb durchführen. Ist das zweite Tatbestandsmerkmal bereits enger, besteht kein Bedarf, bereits den Begriff des Luftfahrtunternehmens einschränkend auszulegen. Es kann deshalb auf den objektiv zutage getretenen Unternehmenszweck abgestellt werden. Ist aus den objektiven Umständen zu folgern, dass ein Unternehmen den ernstlichen Willen getroffen hat, Luftfahrzeuge einzusetzen, liegt ein Luftfahrtunternehmen vor. Der Begriff des Luftfahrzeuges ist hier weitgehend zu verstehen. Hilfestellung bietet § 1 Abs. 2 LuftVG, auch wenn zu berücksichtigen ist, dass der Begriff des Luftfahrtunternehmens allein dem BetrVG entspringt.[375] Luftfahrzeuge gem. § 1 Abs. 2 LuftVG sind: Flugzeuge, Drehflügler, Luftschiffe, Segelflugzeuge, Motorsegler, Frei- und Fesselballone, Drachen, Fallschirme, Flugmodelle und sonstige für die Benutzung des Luftraums bestimmte Geräte, insbesondere Raumfahrzeuge, Raketen und ähnliche Flugkörper. Eine weitere Orientierung bieten die EU-Vorschriften. In der VO (EU) 965/2012 ist ein Luftfahrzeug definiert als *„eine Maschine, die sich durch Reaktionen der Luft in der Atmosphäre halten kann, die keine Reaktionen der Luft gegenüber der Erdoberfläche sind“*.[376] Der Begriff Luftfahrzeug im BetrVG ist offen für neue technische Entwicklungen, sodass in Zukunft auch Flugtaxis erfasst werden können. Ob eine tarifliche Regelung für die dortigen Beschäftigten möglich ist, hängt aber von den weiteren Tatbestandsmerkmalen ab.

II. Beschäftigung im Flugbetrieb

Der Begriff des Flugbetriebes hat zwei Bedeutungen innerhalb der Neuregelung. Einerseits handelt es sich um das maßgebliche Tatbestandsmerkmal für die Anwendung der Ausnahmeregelung. Zugleich könnte mit dem Flugbetrieb

---

374 *Fitting*, Betriebsverfassungsgesetz, § 117 Rn. 2 ff.

375 *Darányi*, Die Bordbetriebsverfassung nach § 117 Abs. 2 S. 1 BetrVG, S. 49; *Franzen*, in: Oetker, GK-BetrVG, § 117 Rn. 5.

376 In Anhang I Nr. 8 der VO (EU) 965/2012.

der Bezugspunkt der betrieblichen Mitbestimmung festgelegt werden. Bislang war es für § 117 Abs. 2 BetrVG nicht relevant, ob und wie der Betriebsbegriff des BetrVG Anwendung finden kann.[377] Da das BetrVG nicht galt, legten die Tarifvertragsparteien den Bezugspunkt der betrieblichen Mitbestimmung selbst fest. Der Gesetzgeber hat es bei der Änderung des § 117 BetrVG unterlassen, entsprechend der Regelung für Seebetriebe in § 114 Abs. 3 BetrVG einen Betrieb als Gesamtheit aller Flugzeuge zu fingieren. Damit stellt sich die Frage, welcher Betriebsbegriff dem § 117 BetrVG zugrunde liegt.[378]

1. Der Flugbetrieb als Tatbestandsmerkmal

Nach der Rechtsprechung zu § 117 Abs. 2 BetrVG a. F. ist ein Flugbetrieb derjenige Teil des Unternehmens, dessen arbeitstechnischer Zweck unmittelbar darauf gerichtet ist, die Beförderung von Personen oder Gütern durch Luftfahrzeuge tatsächlich auszuführen.[379] Die Tatbestandsvoraussetzung „Flugbetrieb" ist nicht gleichzusetzen mit dem Betriebsbegriff des BetrVG. Hinter dem Tatbestandsmerkmal steht der Gedanke, dass die Durchführung von Flügen im Mittelpunkt der Tätigkeit stehen muss, um unter § 117 BetrVG zu fallen.[380] Daran ist auch nach der Änderung des § 117 BetrVG festzuhalten.[381] Die Abgrenzung zum Landbetrieb erfolgt weiterhin anhand der Frage, ob eine Tätigkeit unmittelbar oder nur mittelbar der Beförderungstätigkeit dient.[382] Weiterhin gilt auch, dass es nicht auf den zeitlichen Umfang der Tätigkeit in der Luft oder am Boden ankommt. Andernfalls könnten Arbeitnehmer wie Piloten, die unter anderem

---

377 Deshalb ließ die Rechtsprechung offen, ob der Flugbetrieb einen eigenständigen Betrieb neben dem Landbetrieb bildet oder insgesamt ein einheitlicher Betrieb besteht: BAG Beschl. v. 22.11.2005 – 1 ABR 49/04, AP BetrVG 1972 § 117 Nr. 7, unter B. II. 2. a).

378 Für insgesamt „einen" Flugbetrieb: *Vielmeier*, NZA 2018, 1530, 1532 f.; *Kania*, in: Müller-Glöge/Preis/Schmidt, Erfurter Kommentar zum Arbeitsrecht, § 117 BetrVG Rn. 5.

379 BAG Beschl. v. 14.10.1986 – 1 ABR 13/85, AP BetrVG 1972 § 117 Nr. 5, B. II. 3. a).

380 Ähnlich ist der Begriff Flugbetrieb in Art. 5 Abs. 1 der VO 965/2012 bestimmt: „Betreiber betreiben ein Luftfahrzeug [...]".

381 So nunmehr ausdrücklich in BAG Urt. v. 21.1.2020 – 1 AZR 227/19, BeckRS 2020, 2871, Rn. 36.

382 BAG Beschl. v. 14.10.1986 – 1 ABR 13/85, AP BetrVG 1972 § 117 Nr. 5, nicht zum Flugbetrieb werden solche Tätigkeiten gezählt, die mittelbar der Beförderungstätigkeit dienen, sie technisch, organisatorisch und kaufmännisch möglich machen und verwalten, B. II. 3. a).

den Kern der Regelung ausmachen, wegen zeitintensiven Tätigkeiten administrativer oder sicherheitsrelevanter Art von der Regelung ausgeschlossen sein.[383] Es kommt auch nicht darauf an, ob bereits ein erster Flug tatsächlich durchgeführt worden ist. Andernfalls wäre es den Tarifvertragsparteien nämlich versperrt, einen Tarifvertrag vor dem ersten Flug zu verhandeln.

Sachlich begründet ist die Ausnahme des § 117 Abs. 2 S. 1 BetrVG aber nur, wenn besondere Erschwernisse für die Bildung und Ausübung einer betrieblichen Vertretung in der Luftfahrt bestehen. Das Telos des § 117 Abs. 2 S. 1 BetrVG beschränkt daher den Begriff des Flugbetriebes. So ist das BAG zu verstehen, wenn es davon spricht, dass nur solche Flugbetriebe erfasst sind, deren arbeitstechnische Organisation den Ausschluss des Betriebsverfassungsgesetzes rechtfertigt.[384] Für die Subsumtion bedeutet dies, dass im gesamten Unternehmen jedenfalls eine Tätigkeit vorhanden sein muss, bei der die Erschwernisse zur Bildung und Ausübung der betrieblichen Vertretung vorliegen. Welche konkreten Arbeitnehmer von der Ausnahme des § 117 Abs. 2 S. 1 BetrVG erfasst sind, wird durch die Beschäftigung im Flugbetrieb konkretisiert.

2. Die Beschäftigung im Flugbetrieb

Die Beschäftigung im Flugbetrieb schlägt die Brücke zwischen dem Flugbetrieb und den konkreten Arbeitnehmern. Dabei kann weiterhin maßgeblich auf die bisherige Rechtsprechung abgestellt werden. Nach dem BAG sind „im Flugbetrieb beschäftigt" solche Arbeitnehmer, die unmittelbar Beförderungstätigkeiten ausführen.[385] Dies umfasse diejenigen, die das Fahrzeug führen, dabei mitwirken, die Personen oder Güter während der Beförderung betreuen und die Dienstleistungen während der Beförderung erbringen.[386] Dagegen seien Mitarbeiter des technischen Wartungsdienstes, auch wenn sie für Kontroll- und Prüfzwecke mitfliegen, nicht im Flugbetrieb beschäftigt, da sie nicht an der Beförderungsleistung mitwirken.[387] Auf den zeitlichen Umfang der Tätigkeit komme es hingegen nicht an.[388] Verrichtet ein Arbeitnehmer eine Tätigkeit, die unmittelbar der Beförderung dient, daneben aber auch an den Boden gebundene Verwaltungs-, Leitungs- oder Organisationsaufgaben, die nicht als

383 BAG Beschl. v. 14.10.1986 – 1 ABR 13/85, AP BetrVG 1972 § 117 Nr. 5, B. II. 3. a).
384 BAG Beschl. v. 20.2.2001 – 1 ABR 27/00, AP BetrVG 1972 § 117 Nr. 6, B. II. 2.
385 BAG Beschl. v. 14.10.1986 – 1 ABR 13/85, AP BetrVG 1972 § 117 Nr. 5, B. II. 3. a).
386 BAG Beschl. v. 14.10.1986 – 1 ABR 13/85, AP BetrVG 1972 § 117 Nr. 5, B. II. 3. a).
387 BAG Beschl. v. 14.10.1986 – 1 ABR 13/85, AP BetrVG 1972 § 117 Nr. 5, B. II. 3. a).
388 BAG Beschl. v. 14.10.1986 – 1 ABR 13/85, AP BetrVG 1972 § 117 Nr. 5, B. II. 3. a).

Beschäftigung im Flugbetrieb zu qualifizieren sind, kommt es auf die Tätigkeit an, die der Gesamttätigkeit das Gepräge gibt.[389] Hierfür kommt es auf alle Umstände des Einzelfalles an.

3. Der Betrieb als Bezugspunkt der Mitbestimmung

Der Begriff des Flugbetriebes hat durch die Neuregelung eine andere Kontur gewonnen. Es ist ungeklärt, ob ein Flugbetrieb ein eigenständiger Betrieb im Sinne des BetrVG darstellt oder ob der Betriebsbegriff des BetrVG Anwendung findet. Die bisherige Rechtsprechung zu § 117 Abs. 2 S. 1 BetrVG a. F. hat die Frage offen gelassen.[390] Im Gesetzgebungsverfahren wurde diese Frage bereits als problematisch erkannt[391] und als Lösung die Ansicht vertreten, dass der Betriebsbegriff des BetrVG Anwendung finde, was dazu führen sollte, dass die Betriebe bei jeder Heimatbasis eines Luftfahrtunternehmens bestünden.[392] Ob dies tatsächlich zutrifft, ist im Folgenden zu untersuchen.

a) Betriebsbegriff des BetrVG

Zu der neu aufgeworfenen Frage finden sich bislang nur wenige Literaturstimmen. Vielmeier favorisiert einen einheitlichen Flugbetrieb ohne Berücksichtigung des allgemeinen Betriebsbegriffes des BetrVG.[393] Hierzu bezieht er sich auf die bisherigen Tarifverträge in der Praxis und zieht aus der stationsübergreifenden Planung sowie Organisation der Arbeitgeber in der Luftfahrtbranche den Schluss, dass eine betriebliche Mitbestimmung ebenso überbetrieblich organisiert sein müsse, um eine betriebliche Mitbestimmung zu garantieren. Als weitere Begründung führt er § 24 Abs. 2 KSchG an, wonach als ein Betrieb im Sinne des KSchG jeweils die Gesamtheit der Seeschiffe oder der Binnenschiffe eines Schifffahrtsbetriebs oder der Luftfahrzeuge eines Luftverkehrsbetriebs gilt.[394]

---

389 BAG Beschl. v. 13.10.1981 – 1 ABR 35/79, AP BetrVG 1972 § 117 Nr. 1, B. II. 2. d); BAG Beschl. v. 14.10.1986 – 1 ABR 13/85, AP BetrVG 1972 § 117 Nr. 5, B. II. 3. c).

390 BAG Beschl. v. 22.11.2005 – 1 ABR 49/04, AP BetrVG 1972 § 117 Nr. 7, unter B. II. 2. a.

391 Frage von *Susanne Ferschl* (Die LINKE) im Rahmen der Beratung des Gesetzgebungsvorschlages im Bundestag, 19. Wahlperiode, 69 Sitzung, Berlin, Freitag den 30.11.2018, S. 8014.

392 Antwort von *Bernd Rützel* (SPD) zur Frage von *Susanne Ferschl* (Die LINKE) im Rahmen der Beratung des Gesetzgebungsvorschlages im Bundestag, 19. Wahlperiode, 69 Sitzung, Berlin, Freitag den 30.11.2018, S. 8014.

393 *Vielmeier*, NZA 2018, 1530, 1532 f.

394 *Vielmeier*, NZA 2018, 1530, 1533; ebenso *Kania*, in: Müller-Glöge/Preis/Schmidt, Erfurter Kommentar zum Arbeitsrecht, § 117 BetrVG Rn. 5.

Entsprechend dem Gedanken zu § 24 Abs. 2 KSchG könnte darüber hinaus auch auf Regelungen im BetrVG abgestellt werden. Einem Luftbetrieb könnte der „Seebetrieb", geregelt in § 116 BetrVG, entsprechen. Bei der Seeschifffahrt unterscheidet das Gesetz zwischen der Vertretung auf dem einzelnen Schiff gem. § 115 Abs. 1 BetrVG und dem Seebetriebsrat gem. § 116 BetrVG für den gesamten Seebetrieb. Durch § 114 Abs. 3 BetrVG stellt das Gesetz klar, dass als Betrieb nur die Gesamtheit der Schiffe gilt. Damit wird ein Betrieb abweichend vom allgemeinen Betriebsbegriff des BetrVG fingiert.[395] Stellt der Gesetzgeber in § 117 BetrVG auf den Flugbetrieb ab, könnte ebenso eine Fiktion bestehen.[396]

Jedoch spricht gegen die Überlegung eines einheitlichen Betriebs wie bei § 114 Abs. 3, 116 BetrVG sowie bei § 24 Abs. 2 KSchG, dass der Gesetzgeber dies gerade nicht ausdrücklich geregelt hat.[397] Bei dem Seebetrieb handelt es sich um eine Fiktion, die nicht auf den einzelnen Betrieb abstellt. Ohne eine ausdrückliche Verweisung kann die Ausnahme damit nicht zum Grundsatz in der Luftfahrt gemacht werden. Die Fiktion des Betriebsrates im Kündigungsschutzgesetz ist ebenso allein auf das Kündigungsschutzgesetz bezogen.[398] Eine Übertragung auf andere Regelungsbereiche ist aufgrund des Ausnahmecharakters nicht möglich.[399]

Auch die Tarifpraxis kann auf den Betriebsbegriff keinen Einfluss haben.[400] Die Gestaltung des Betriebsbegriffs liegt gerade in der Tarifautonomie der Vertragsparteien begründet. Es ist zu differenzieren zwischen den Fragen, welcher Betriebsbegriff der Regelung des § 117 Abs. 2 S. 1 BetrVG ohne tariflich abweichende Regelung zugrunde liegt und welchen Betrieb die Tarifvertragsparteien vereinbaren.

---

395 *Forst*, in: Richardi, § 114 BetrVG Rn. 26.

396 In Betracht ziehend bei der Tarifkollision gem. § 4a TVG aufgrund einer funktionalen Parallele: *Löwisch/Rieble*, § 4a Rn. 87.

397 Diesen Kritikpunkt sieht auch *Vielmeier*, NZA 2018, 1530, 1533 ohne aber näher darauf einzugehen; *Müller/Becker*, BB 2019, 884, 885.

398 Siehe BAG Beschl. v. 14.10.1986 – 1 ABR 13/85, AP BetrVG 1972 § 117 Nr. 5, B. II. 3. a).

399 Siehe dazu zur alten Fassung des § 117 BetrVG: BAG Beschl. v. 14.10.1986 – 1 ABR 13/85, AP BetrVG 1972 § 117 Nr. 5, B. II. 3. a); die Anwendung von § 24 Abs. 2 KSchG ebenso ablehnend aufgrund des unterschiedlichen Schutzzweckes des § 24 Abs. 2 KSchG im Vergleich zu § 117 Abs. 1 S. 2 BetrVG *Jacobs/Frieling*, in: Gräfl/Lunk/Oetker/Trebinger, 100 Jahre Betriebsverfassungsrecht, S. 253; *Tiedemann*, ArbRB 2019, 157, 159 sieht keine „Kongruenz" zu § 24 Abs. 2 KSchG.

400 A. A.: *Vielmeier*, NZA 2018, 1530, 1532 f.

Die Überlegung, dass die betriebliche Mitbestimmung ebenso wie die Einsatzplanung des Arbeitgebers überörtlich organisiert sein müsse,[401] überzeugt ebenso nicht. Denn für Belange, die verschiedene Betriebe betreffen, sieht das Betriebsverfassungsgesetz eine Lösung über Gesamtbetriebsräte oder § 3 BetrVG vor.[402] Beides stellen Sonderregelungen im BetrVG dar. Ein anderer Betriebsbegriff ohne das Eingreifen einer Sonderregelung, die in § 117 Abs. 2 S. 1 BetrVG existiert und einen geltenden Tarifvertrag voraussetzt, ist systemwidrig.

Die Auffanglösung in § 117 Abs. 1 S. 2 BetrVG spricht maßgeblich dafür, dass der Betriebsbegriff des BetrVG Anwendung finden soll, wenn keine tarifliche Regelung besteht.[403] Nach der ständigen Rechtsprechung des BAG ist ein Betrieb *„die organisatorische Einheit, innerhalb derer der Unternehmer allein oder zusammen mit seinen Mitarbeitern mit Hilfe sächlicher und immaterieller Mittel bestimmte arbeitstechnische Zwecke fortgesetzt verfolgt.*[404] Demgegenüber findet sich kein Anhaltspunkt dafür, dass der Betrieb im Sinne des § 117 BetrVG entsprechend einer Heimatbasis zu verstehen ist.[405] Der Begriff der Heimatbasis wird in europäischen Verordnungen[406] genutzt und verlangt eine Zuordnung der Arbeitnehmer zu verschiedenen Basen.[407] Eine Anknüpfung an diesen Begriff fehlt im BetrVG. Aber auch der Zweck des Begriffs der Heimatbasis ist ein gänzlich anderer. Die Heimatbasis dient der Berechnung der Flugdienstzeiten und damit der Flugsicherheit und wird zur Bestimmung des anwendbaren Sozialversicherungsrechts sowie nach der Rechtsprechung des BFH für die erste Tätigkeitsstätte[408] herangezogen. Vollkommen unerheblich ist in diesen Fällen, ob ein betrieblicher Gegenspieler am Ort der Heimatbasis vorhanden ist. Darauf

---

401 *Vielmeier*, NZA 2018, 1530, 1532 f.

402 Siehe zu diesen Überlegungen auch BAG Beschl. v. 14.10.1986 – 1 ABR 13/85, AP BetrVG 1972 § 117 Nr. 5, B. II. 4.

403 *Ludwig*, BB 2019, 180, 181 f.; *Müller/Becker*, BB 2019, 884, 885; *Gaul*, in: Gräfl/Lunk/Oetker/Trebinger, 100 Jahre Betriebsverfassungsrecht, S. 145 ff.; *Jacobs/Frieling*, in: Gräfl/Lunk/Oetker/Trebinger, 100 Jahre Betriebsverfassungsrecht, S. 253 f.

404 St. Rspr, vgl. nur BAG Urt. v. 13.12.2012 – 6 AZR 348/11, AP BetrVG 1972 § 102 Nr. 166, Rn. 84; BAG Urt. v. 15.12.2011 – 8 AZR 692/10, AP BGB § 613a Nr. 424, Rn. 36; BAG Beschl. v. 9.12.2009 – 7 ABR 38/08, AP BetrVG 1972 § 4 Nr. 19, Rn. 22.

405 A.A. bei der Diskussion im Bundestag *Bernd Rützel*: Deutscher Bundestag – 19. Wahlperiode – 69. Sitzung, Berlin, Freitag den 30. November 2018, S. 7999, 8014.

406 VO Nr. 965/2012, ORO.FTL.105 Nr. 14; Art. 11 der VO (EG) Nr. 883/2004 zuletzt geändert durch VO (EU) 2017/492 iVm. Anhang III der VO Nr. 3922/91.

407 VO Nr. 965/2012, ORO.FTL.200.

408 BFH Urt. v. 10.4.2019 – VI R 17/17, BeckRS 2019, 14691.

kommt es beim Betriebsbegriff aber maßgeblich an. Die genannte Rechtsprechung ist deshalb im BetrVG nicht einschlägig.

Wird im Tarifvertrag gem. § 117 Abs. 2 S. 1 BetrVG ein Betriebsbegriff definiert,[409] stellt sich die Frage, ob dieser als „Betrieb“ im Sinne des BetrVG anzuerkennen ist. Eine ausdrückliche Anordnung dieser Rechtsfolge findet sich für gewillkürte Betriebsräte gem. § 3 Abs. 1 Nr. 1 bis 3 BetrVG in § 3 Abs. 5 BetrVG. Dies könnte gegen die Annahme sprechen, dass Personalvertretungen gem. § 117 Abs. 2 S. 1 BetrVG dies ebenso zugesprochen wird. Das entscheidende Argument für die Annahme eines Betriebes im Sinne des BetrVG ist, dass das BetrVG nunmehr selbst anordnet, dass die tarifliche Vertretung ein vollwertiger Ersatz des gesetzlichen Betriebsrates darstellt.[410] Es handelt sich nicht um ein Gremium, das Teil des gesetzlichen Betriebsrates ist oder das bloß eine andere Zuständigkeit innerhalb dieser Betriebsvertretung darstellt.

b) Bedeutung für Luftfahrtunternehmen

Das BetrVG unterscheidet zwischen Hauptbetrieben, selbstständigen Nebenbetrieben und unselbstständigen Kleinstbetrieben, wobei Letztere den Hauptbetrieben zugeordnet werden. Ein Hauptbetrieb setzt voraus, dass die Voraussetzungen des § 1 BetrVG vorliegen und die Leitungsmacht dort ausgeübt wird. Bei einem selbstständigen Nebenbetrieb müssen ebenso die Voraussetzungen des § 1 BetrVG vorliegen, im Unterschied zum Hauptbetrieb genügt allerdings nach § 4 Abs. 1 BetrVG auch ein geringes Maß an Leitungsmacht, sofern die Interessenwahrnehmung durch den Hauptbetrieb aufgrund räumlicher weiter Entfernung oder eine Eigenständigkeit des Teilbetriebes in Aufgaben und Organisation nicht zweckmäßig ist. Die Leitungsmacht wird nach der ständigen Rechtsprechung dadurch bestimmt, dass *„der Kern der Arbeitgeberfunktionen in personellen und sozialen Angelegenheiten von derselben institutionalisierten Leitung im Wesentlichen selbstständig ausgeübt wird. Entscheidend ist, wo schwerpunktmäßig über Arbeitsbedingungen und Organisationsfragen entschieden wird und in welcher Weise Einstellungen, Entlassungen und Versetzungen vorgenommen werden“*.[411] Ausgehend von dieser Definition ist zu untersuchen, wo im Flugbetrieb ein Betrieb bestehen könnte.

409 Zur Regelungsbefugnis der Tarifvertragsparteien hinsichtlich des Betriebsbegriffs siehe S. 141 f.

410 A. A.: *Däubler*, in: Däubler/Klebe/Wedde, BetrVG, § 117 Rn. 6.

411 Siehe zuletzt: BAG Urt. v. 8.5.2018 – 9 AZR 586/17, Juris.

aa) Das Flugzeug als Betrieb

Der kleinste mögliche Betrieb könnte das jeweilige Flugzeug darstellen. Der Flugkapitän hat die Bordgewalt inne und kann Weisungen erteilen.[412] In diese Richtung weist eine Entscheidung des Arbeitsgerichts Berlin bezüglich der funktionellen Autonomie eines Teilbetriebes in der Luftfahrt bei der Prüfung des § 613a BGB.[413] Andere Gerichte folgten dieser Einschätzung bezüglich der Autonomie aber bereits nicht.[414] Auch im BetrVG kann das Flugzeug nicht als Betrieb überzeugen. Denn zwischen Cockpit und Kabine wird nicht über personelle und soziale Fragen entschieden.[415] Das Flugzeug kann daher keinen Betrieb im Sinne des § 1 BetrVG darstellen.

bb) Heimatbasen als Betrieb

Zwar ist die Heimatbasis nicht mit dem Betriebsbegriff gleichzusetzen, jedoch könnte sie regelmäßig mit dem allgemeinen Betriebsbegriff nach dem BetrVG zusammenfallen. Dagegen spricht aber, dass eine Heimatbasis nur der vom Betreiber gegenüber dem Besatzungsmitglied benannte Ort ist, wo das Besatzungsmitglied normalerweise eine Dienstzeit oder eine Abfolge von Dienstzeiten beginnt und beendet und wo der Betreiber normalerweise nicht für die Unterbringung des betreffenden Besatzungsmitglieds verantwortlich ist.[416] Es ist nicht erforderlich, dass an einem solchen Ort auch Leitungsfunktionen ausgeübt werden. Gleichzeitig wird bei einer umso größeren Organisation eines Luftfahrtunternehmens an einem Ort, der als Basis den Arbeitnehmern zugeordnet wird, umso eher ein Betrieb vorliegen. Hierfür ist aber stets eine Einzelfallbetrachtung notwendig.[417] Der Begriff der Heimatbasis kann deshalb auch nicht als Vermutung für das Vorliegen eines Betriebes im Sinne des BetrVG herangezogen werden.

---

412 VO (EG) Nr. 965/2012, CAT.GEN.MPA.105.

413 Arbeitsgericht Berlin Urt. v. 7.2.2019 – 41 Ca 4536/18, Juris Rn. 52 f.

414 LAG Berlin-Brandenburg Urt. v. 1.4.2019 – 2 Sa 2387/18, Juris Rn. 63 ff.

415 *Ludwig*, BB 2019, 180, 181 f.; *Gaul*, in: Gräfl/Lunk/Oetker/Trebinger, 100 Jahre Betriebsverfassungsrecht, S. 147 f., der auch darauf abstellt, dass es an der Dauerhaftigkeit des Betriebes fehlt.

416 VO (EG) Nr. 965/2012, ORO.FTL.105 Nr. 14.

417 Siehe hierzu *Gaul*, in: Gräfl/Lunk/Oetker/Trebinger, 100 Jahre Betriebsverfassungsrecht, S. 150 f.

cc) Bedeutung der Arbeitsorganisation durch den Arbeitgeber

Bildet damit nicht stets das jeweilige Flugzeug oder die Heimatbasen nach europäischem Recht einen Betrieb nach dem BetrVG, steht die Organisation des Luftbetriebes durch das Unternehmen im Mittelpunkt, sodass hier Spielräume eröffnet sind.[418] Wird an Basen die Leitungsfunktion ausgeübt, kann im Einzelfall an diesen Orten ein Betrieb bestehen. Der Arbeitgeber hat es damit in der Hand, den Ort der betrieblichen Mitbestimmung zu formen.[419]

Ein Unternehmen kann deshalb auch die Ausübung der Leitungsmacht von zwei verschiedenen Orten, von einem für das Cockpit- und vom anderen für das Kabinenpersonal einrichten.[420] Dadurch würden zwei verschiedene Betriebe bestehen. Dies wäre zwar vor dem Hintergrund der Einsatzplanung schwierig, würde aber der historischen Aufteilung der Arbeitnehmer in Cockpit- und Kabinenpersonal entsprechen. Noch bedeutsamer für Luftfahrtunternehmen ist die Möglichkeit der Verlagerung der Leitungsmacht vollständig in das Ausland.[421] Denn ein ausländischer Betrieb fällt nicht in den Geltungsbereich des BetrVG, sodass eine zulässige Umgehung der betrieblichen Mitbestimmung durch internationale Strukturierungen möglich sein könnte.[422]

Beiden Erwägungen könnte im Einzelfall der selbstständige Teilbetrieb gem. § 4 Abs. 1 S. 1 Nr. 1 BetrVG im Weg stehen. Die Voraussetzung der räumlich weiten Entfernung ist durch die geografische Lage der Flughäfen in der Regel erfüllt.[423] Kania wendet dagegen zwar ein, dass die Entfernung durch Flugverbindungen überbrückbar ist,[424] und tatsächlich ist es anerkannt, dass es für die räumlich weite Entfernung nicht allein auf die Entfernungskilometer ankommt, sondern auf eine Gesamtwürdigung der gegenseitigen Erreichbarkeit zwischen Arbeitnehmer und Betriebsratsmitglieder.[425] Eine Kontaktaufnahme

---

418 *Ludwig*, BB 2019, 180, 181 f.; *Gaul*, in: Gräfl/Lunk/Oetker/Trebinger, 100 Jahre Betriebsverfassungsrecht, S. 147 ff.

419 *Gaul*, in: Gräfl/Lunk/Oetker/Trebinger, 100 Jahre Betriebsverfassungsrecht, S. 147 ff.

420 *Gaul*, in: Gräfl/Lunk/Oetker/Trebinger, 100 Jahre Betriebsverfassungsrecht, S. 149 f; skeptisch bezüglich der tatsächlichen Möglichkeit: *Ludwig*, BB 2019, 180, 181 f.

421 Dies sieht auch *Pietzcker*, BB 2020, 1273, 1275, der aber ohne weitere Untersuchung von der Unanwendbarkeit des BetrVG in diesen Fällen ausgeht.

422 *Vielmeier*, NZA 2018, 1530, 1533.

423 Zu den Kriterien für eine räumlich weite Entfernung: BAG Beschl. v. 17.5.2017 – 7 ABR 21/15, AP BetrVG 1972 § 4 Nr. 21.

424 *Kania*, in: Müller-Glöge/Preis/Schmidt, Erfurter Kommentar zum Arbeitsrecht, § 117 BetrVG Rn. 5.

425 BAG Beschl. v. 17.5.2017 – 7 ABR 21/15, AP BetrVG 1972 § 4 Nr. 21.

durch Post, Telefon oder digitale Kommunikationsmittel ist irrelevant, da dies den persönlichen Kontakt nicht ersetzen kann.[426] Jedoch wurde bereits bei einer Wegezeit von insgesamt 50 Minuten bei einer einfachen Strecke von 11 km, die Wegezeit hin und zurück zusammengerechnet, eine räumlich weite Entfernung angenommen, da den Arbeitnehmern während ihrer Arbeitszeit nur 30 Minuten Pausenzeit zustand und sie den Betriebsrat während dieser Zeit nicht erreichen konnten.[427] Selbst das Abhalten von Sprechstunden in der zu beurteilenden Organisation oder ortsansässige Betriebsratsmitglieder sprechen nicht für eine einfache Erreichbarkeit, da ein Arbeitnehmer die Möglichkeit haben muss, jedes gewählte Betriebsratsmitglied aufzusuchen.[428] Damit wird es auch den in der Luftfahrt Beschäftigten aufgrund der aufzubringenden Zeit zur Überbrückung der Distanzen nicht möglich sein, persönlich die Betriebsratsmitglieder zu erreichen. Die Gesamtabwägung spricht im Regelfall für eine räumlich weite Entfernung.

Als weitere Voraussetzungen müssen die Anforderungen gem. § 1 BetrVG erfüllt sein sowie nach der Rechtsprechung ein Mindestmaß an vor Ort ausgeübter Leitungsmacht bestehen.[429] Ein Mindestmaß an Leitungsmacht besteht nach der Rechtsprechung bereits dann, wenn im Betriebsteil wenigstens eine Person Weisungsrechte des Arbeitgebers ausübt.[430] Eine Leitungsmacht, die vollumfänglich den sozialen oder personellen Bereich erfasst, ist in Abgrenzung zum Hauptbetrieb gerade nicht erforderlich.[431] An einem solchen Weisungsverhältnis fehlt es z. B., wenn in einem Standort kein Hierarchieverhältnis etabliert ist oder die Arbeitnehmer verschiedenen Weisungslinien zugeordnet sind.[432]

Für einen Teilbetrieb genügt damit eine Weisungskette bis in die jeweilige Basis hinein. Das Managementsystem, das gem. VO 965/2012, ORO.GEN.200

---

426 BAG Beschl. v. 7.5.2008 – 7 ABR 15/07, AP BetrVG 1972 § 1 Nr. 19, Rn. 29; BAG Beschl. v. 17.5.2017 – 7 ABR 21/15, AP BetrVG 1972 § 4 Nr. 21, Rn. 31.

427 BAG Beschl. v. 17.5.2017 – 7 ABR 21/15, AP BetrVG 1972 § 4 Nr. 21.

428 BAG Beschl. v. 30.6.1993 – 7 ABR 64/92, BeckRS 1993, 30745588 unter B. III. 2. e). bb); BAG Beschl. v. 17.5.2017 – 7 ABR 21/15, AP BetrVG 1972 § 4 Nr. 21, Rn. 31.

429 BAG Beschl. v. 17.5.2017 – 7 ABR 21/15, AP BetrVG 1972 § 4 Nr. 21, Rn. 17; BAG Beschl. v. 19.2.2002 – 1 ABR 26/01, AP BetrVG 1972 § 4 Nr. 13, unter II. 1. a).

430 BAG Beschl. v. 17.5.2017 – 7 ABR 21/15, AP BetrVG 1972 § 4 Nr. 21, Rn. 17; BAG Beschl. v. 19.2.2002 – 1 ABR 26/01, AP BetrVG 1972 § 4 Nr. 13, unter II. 1. a).

431 BAG Beschl. v. 17.5.2017 – 7 ABR 21/15, AP BetrVG 1972 § 4 Nr. 21, Rn. 17; BAG Beschl. v. 19.2.2002 – 1 ABR 26/01, AP BetrVG 1972 § 4 Nr. 13, unter II. 1. a).

432 *Witschen*, RdA 2016, 38, 42 f. der daher für die Aufgabe der Voraussetzung eines Mindestmaßes an Leitungsfunktion im Betriebsteil plädiert.

zu erstellen, einzuführen und zu pflegen ist, und das klar definierte Linien der Verantwortlichkeit beim gesamten Betreiber vorsieht, kann für die Frage, ob Weisungsbefugnisse bestehen, als Indiz herangezogen werden.

Das Mindestmaß an organisatorischer Selbstständigkeit könnte auch bereits durch den Einsatz von sog. „Base Captains", die weitere, insbesondere administrative Aufgaben übernehmen, vorliegen. Das Tätigkeitsfeld eines Base Captain wurde von einem Low-Cost-Carrier in einer Klage damit beschrieben, dass dieser lediglich die Aufgabe habe, die Informationsweitergabe der Geschäftsführer an die Piloten sicherzustellen.[433] Damit wäre der „Base Captain" als Bote tätig und würde keine selbstständige Leitungsmacht ausüben. Die bloße Weitergabe von Informationen sowie die Funktion als Anlaufstelle zur Vereinfachung der Kommunikation hat betriebsverfassungsrechtlich keine Relevanz.[434] Ein Betriebsteil läge nicht vor. Übt der Base Captain hingegen selbstständig Personalführungsaufgaben aus, wird dies für eine organisatorische Selbstständigkeit des Teilbetriebes genügen.

Möglich scheint damit eine Organisation des Flugbetriebes aus dem Ausland heraus, indem Weisungen bloß übermittelt werden. Dies könnte per App, Mail oder menschlichen Boten geschehen. Ob eine solche Gestaltung mit den Luftsicherheitsvorschriften vereinbar ist, kann vor der Umsetzung im Unternehmen durch die gem. ORO.GEN.130 lit. a Nr. 2 i. V. m. ORO.GEN.200 lit. a Nr. 1 zwingend erforderliche Einholung der Genehmigung zur Änderung des Luftverkehrsbetreiberzeugnisses (AOC) bei der zuständigen Behörde abgesichert werden.[435]

Es kommt damit auf die genaue Ausgestaltung des Luftfahrtbetriebes an. Tendenziell werden durch die sehr weite Auslegung der Rechtsprechung Teilbetriebe in den Unternehmen vorzufinden sein.

---

433 LAG Berlin-Brandenburg Urt. v. 11.1.2017 – 4 Sa 900/16, NZA-RR 2017, 297; LAG Bremen Urt. v. 30.10.2018 – 1 Sa 157/17, Juris Rn. 36.

434 BAG Beschl. v. 10.3.2004 – 7 ABR 36/03, BeckRS 2004, 30801570.

435 Einer solchen Organisation steht nicht die Mitbestimmungsrichtlinie oder das Gebot der praktischen Wirksamkeit entgegen, da die Grenze der Mitbestimmung durch das Territorialitätsprinzip national festgelegt ist, so auch *Jacobs/Frieling,* in: Gräfl/Lunk/Oetker/Trebinger, 100 Jahre Betriebsverfassungsrecht, S. 254 f.; a.A.: ArbG Berlin Urt. v. 7.2.2019 – 41 Ca 4536/18 Rn. 52; bestätigend *Bauer,* in: Rolfs/Giesen/Kreikebohm/Udsching, BeckOK Arbeitsrecht, § 117 Rn. 4; *Zerbe,* in: Tschöpe, Arbeitsrecht Handbuch, Grundlagen Rn. 34.

dd) Ausschluss durch internationale Organisation des Unternehmens?

Es fragt sich aber, ob ein Teilbetrieb in Deutschland nach dem BetrVG bestehen kann, wenn kein Hauptbetrieb im Inland existiert.

Das LAG Hessen hat in einem solchen Fall zum Betriebsbegriff des § 23 KSchG entschieden, dass das Fehlen eines Hauptbetriebes in Deutschland einem Teilbetrieb nicht entgegenstehe. Ein Betrieb liege in Deutschland auch dann vor, wenn keine einheitliche Leitung in Deutschland existiere, aber ein Mindestmaß an Organisation in Deutschland vorhanden sei.[436] Diese zu § 23 KSchG ergangene Rechtsprechung kann allerdings nicht auf das BetrVG übertragen werden. Während die weite Auslegung des Betriebes in § 23 KSchG die Arbeitnehmer schützt, ist der Betrieb und nicht die Arbeitnehmer der Bezugspunkt der betrieblichen Mitbestimmung.[437] Auch wenn das BetrVG unter anderem auch arbeitnehmerschützende Wirkung entfaltet, ist es nicht der Hauptzweck der Mitbestimmung.[438]

Das Arbeitsgericht Frankfurt umging die Frage, ob ein Hauptbetrieb im Inland vorliegen muss, indem es hilfsweise auf den Sitz der Geschäftsführung abstellte.[439] Es war zwar unstreitig, dass sich die Geschäftsführung hauptsächlich außerhalb Deutschlands aufhielt und dort die wesentlichen Entscheidungen in personellen Angelegenheiten traf, jedoch komme es nicht darauf an, wo sich die Geschäftsführer tatsächlich aufhalten. Da der Sitz der Geschäftsführung in Deutschland lag, seien die Anforderungen an einen Hauptbetrieb gem. § 1 Abs. 1 BetrVG in Deutschland zu bejahen. Was aber gilt, wenn der Sitz nicht in Deutschland liegt, ließ das Gericht offen. Offen ist danach auch, ob ein Flugbetriebsleiter im Inland[440] entsprechend beurteilt werden kann.

In der Literatur wird das Problem des fehlenden Hauptbetriebes im Zusammenhang mit Matrixstrukturen eines ausländischen Unternehmens diskutiert. In den Fällen, in denen zwar die Voraussetzungen des § 1 BetrVG nicht, aber die des § 4 Abs. 1 S. 1 BetrVG erfüllt sind, soll § 4 Abs. 1 S. 1 BetrVG unmittelbar, jedenfalls entsprechend anwenden.[441]

---

436 Hessisches LAG Urt. v. 13.4.2011 – 8 Sa 922/10, BeckRS 2011, 75839.

437 *Witschen*, RdA 2016, 38, 43 f.

438 *Richardi*, in: Richardi, Einleitung Rn. 138.

439 Arbeitsgericht Frankfurt a.M. Beschl. v. 21.7.2009 – 12 BV 184/09, BeckRS 2013, 72862.

440 VO 965/2012, ORO.GEN.210 lit. a).

441 *Fitting*, Betriebsverfassungsgesetz, § 1 Rn. 13; *Schubert*, Claudia, Betriebliche Mitbestimmung in Unternehmen und Konzernen mit Matrixorganisation, S. 47.

Gegen die Notwendigkeit eines Hauptbetriebes im Inland spricht die Systematik des § 4 Abs. 1 Nr. 1 BetrVG. Der Betrieb ist durch die Fiktion gem. § 4 Abs. 1 S. 1 Nr. 1 BetrVG eigenständig, auch dann, wenn er noch keinen Betriebsrat gewählt hat.[442] Als Anhaltspunkt für eine andere Ansicht kann allein das Tatbestandsmerkmal der „räumlich weiten Entfernung vom Hauptbetrieb" herangezogen werden. Es könnte argumentiert werden, dass ohne Hauptbetrieb keine weite Entfernung von einem solchen bestehen könne. Entscheidend ist aber der Zweck des § 4 BetrVG, der in der effektiven Vertretung der Arbeitnehmer durch einen eigenen Betriebsrat liegt, wenn wegen der räumlichen Trennung die Interessen der Arbeitnehmer nicht wahrgenommen werden können.[443] Liegt ein Hauptbetrieb im Ausland, würde ohne die Anerkennung eines Teilbetriebes nach dem BetrVG keine betriebliche Mitbestimmung bestehen. Da dies gegen den Zweck der Regelung verstößt, kann ein Hauptbetrieb im Inland keine Voraussetzung eines Teilbetriebes sein.

Fraglich ist aber, ob die Arbeitnehmer des Teilbetriebes durch Beschluss gem. § 4 Abs. 1 S. 2 BetrVG dem Hauptbetrieb im Ausland zugeordnet werden können, um so eine betriebliche Vertretung nach dem BetrVG zu verhindern. Denn durch den Beschluss entfällt die Fiktionswirkung des § 4 BetrVG.[444] Die Ausnahme von der Fiktionswirkung kann aber teleologisch dann nicht greifen, wenn sie zu einem Entfall der betrieblichen Mitbestimmung führt.[445] Das BetrVG hat den Zweck, die betriebliche Vertretung zu ermöglichen, nicht dagegen Möglichkeiten zu eröffnen, um einer Vertretung zu entgehen. Ein Beschluss gem. § 4 Abs. 1 S. 2 BetrVG ist damit in einem solchen Fall nichtig.

ee) Zwischenergebnis

Unternehmen, insbesondere internationale Luftfahrtunternehmen, haben die Möglichkeit, durch geschickte Organisation des Betriebes auf das Vorhandensein von Betrieben bzw. selbstständigen Betriebsteilen Einfluss zu nehmen. Dabei ist deutlich geworden, dass der Spielraum durch die weite Rechtsprechung zu Teilbetrieben deutlich verengt ist. Regelmäßig wird mindestens eine Person Weisungsbefugnisse ausüben, sodass jedenfalls ein Teilbetrieb vorliegen wird. Nur in dem Fall, in dem in der Organisationseinheit allein und ausschließlich

---

442 BAG Beschl. v. 17.9.2013 – 1 ABR 21/12, AP BetrVG 1972 § 4 Nr. 20, Rn. 20.
443 BAG Beschl. v. 17.5.2017 – 7 ABR 21/15, AP BetrVG 1972 § 4 Nr. 21, Rn. 20.
444 BAG Beschl. v. 17.9.2013 – 1 ABR 21/12, AP BetrVG 1972 § 4 Nr. 20, Rn. 20.
445 *Schubert*, Claudia, Betriebliche Mitbestimmung in Unternehmen und Konzernen mit Matrixorganisation, S. 48.

Weisungen aus dem Ausland übermittelt werden, z. B. per App oder Mail, wäre der Ausschluss der betrieblichen Mitbestimmung denkbar. Ob eine solche Gestaltung mit den Luftsicherheitsvorschriften vereinbar ist, ist durch Einholung einer Genehmigung bei der zuständigen Behörde zwecks Änderung des Luftverkehrsbetreiberzeugnisses abzusichern. Soweit hier Schutzlücken bestehen, sind dies die Auswirkungen des auf das Territorialitätsprinzip beschränkten BetrVG.[446]

c) Verhältnis zum Landbetrieb

Der Landbetrieb hatte als Gegenstück zum Flugbetrieb bislang keine besondere Bedeutung. Er besteht aus allen Arbeitnehmern, die nicht durch die Ausnahmeregelung aus dem Anwendungsbereich des Betriebsverfassungsgesetzes herausgenommen sind.[447] Anders als der Begriff vermuten lässt, sind daher nicht allein reine Landtätigkeiten im Landbetrieb erfasst. Offen ist, ob bei fehlender tariflicher Regelung ein einheitlicher Betrieb mit dem Landbetrieb vorliegen kann.[448] Dies hätte zur Folge, dass die Arbeitnehmer des Landbetriebes im Einzelfall die Mehrheit stellen könnten, auch wenn sich das Kräfteverhältnis heutzutage im Regelfall genau umgekehrt darstellt.[449] Ob ein selbstständiger Flugbetrieb vorliegt oder das fliegende Personal als Arbeitnehmergruppe bloß aus der Anwendbarkeit des BetrVG herausgenommen wurde, hat das BAG zur früheren Rechtslage offengelassen.[450] Für einen getrennten Betrieb könnte der Wortlaut

---

446 *Jacobs/Frieling*, in: Gräfl/Lunk/Oetker/Trebinger, 100 Jahre Betriebsverfassungsrecht, S. 254 f.; a.A.: ArbG Berlin Urt. v. 7.2.2019 – 41 Ca 4536/18 Rn. 52; bestätigend *Bauer*, in: Rolfs/Giesen/Kreikebohm/Udsching, BeckOK Arbeitsrecht, § 117 Rn. 4; *Zerbe*, in: Tschöpe, Arbeitsrecht Handbuch, Grundlagen Rn. 34.

447 *Franzen*, in: Oetker, GK-BetrVG, § 117 Rn. 6; *Hess*, in: Hess/Worzalla/Glock u.a., BetrVG, § 117 Rn. 7.

448 Die Frage aufwerfend: *Vielmeier*, NZA 2018, 1530, 1532 f.; für einen einheitlichen Betriebsrat: *Tiedemann*, ArbRB 2019, 157, 159; *Gaul*, in: Gräfl/Lunk/Oetker/Trebinger, 100 Jahre Betriebsverfassungsrecht, S. 147; *Jacobs/Frieling*, in: Gräfl/Lunk/Oetker/Trebinger, 100 Jahre Betriebsverfassungsrecht, S. 254; gegen einen solchen: *Kania*, in: Müller-Glöge/Preis/Schmidt, Erfurter Kommentar zum Arbeitsrecht, § 117 BetrVG Rn. 5.

449 Siehe Seite 25 und dort die Anmerkungen zum technischen Fortschritt und Rationalisierungen im Bodenbetrieb.

450 BAG Beschl. v. 22.11.2005 – 1 ABR 49/04, AP BetrVG 1972 § 117 Nr. 7, unter B. II. 2. a).

sprechen, der zwischen dem Landbetrieb und dem Flugbetrieb unterscheidet.[451] Ein solches Verständnis ist aber nicht zwingend, denn die sprachliche Unterscheidung drückt zunächst nur aus, dass für die in der Luftfahrt beschäftigten Arbeitnehmer durch einen Tarifvertrag Sonderregelungen etabliert werden können.[452] Eine Aussage zur betrieblichen Vertretung ohne tarifliche Regelungen beinhaltet dies nicht.

Für einen einheitlichen Betrieb spricht, dass der Gesetzgeber gerade keine Fiktion eines umfassenden Betriebes geregelt hat. Auch trotz einer solchen Regelung in § 24 Abs. 2 KSchG für die Luftfahrt, die sich allein auf das Kündigungsschutzgesetz erstreckt,[453] hat der Gesetzgeber eine solche Regelung nicht getroffen.[454] Insoweit kann nicht von einer planwidrigen Regelungslücke gesprochen werden. Für das Verständnis als einheitlicher Betrieb spricht auch, dass es sich bei § 117 Abs. 2 S. 1 BetrVG um eine Ausnahmeregelung für bestimmte Arbeitnehmer handelt. Ohne einen Tarifvertrag ist gem. § 117 Abs. 1 S. 2 BetrVG das Betriebsverfassungsgesetz anzuwenden. Eine eigenständige Personalvertretung ist im Betriebsverfassungsgesetz im Übrigen aber nicht weiter vorgesehen. Durch ein solches Verständnis ist es gewährleistet, dass Betriebsratsmitglieder – auch durch das Luftfahrtpersonal – gewählt werden können, die nicht den Problemen der in der Luftfahrt beschäftigten Arbeitnehmer unterliegen. Dass damit die Machtverhältnisse aufgrund faktischer Gegebenheiten zulasten der im Flugbetrieb beschäftigten Arbeitnehmer kippen können, ist, wie bei allen anderen Betrieben mit unterschiedlichen Tätigkeiten, innerhalb eines Betriebes hinzunehmen.[455] Dem steht auch nicht entgegen, dass ein solches Kippen der Mehrheit historisch vermieden werden sollte.[456] Denn Hintergrund dieser Absicht waren Sicherheitsbedenken. Die bestehenden Regelungen für die Luftfahrt waren 1972 noch nicht so detailliert, wie sie heute bestehen. Eine gefürchtete Absenkung der Sicherheitsvorkehrungen durch eine Veränderung der Mehrheitsverhältnisse im

---

451 *Kania*, in: Müller-Glöge/Preis/Schmidt, Erfurter Kommentar zum Arbeitsrecht, § 117 BetrVG Rn. 5.

452 *Gaul,* in: Gräfl/Lunk/Oetker/Trebinger, 100 Jahre Betriebsverfassungsrecht, S. 147, wonach mit der Unterscheidung zwischen Land- und Flugbetrieb keine Organisationsentscheidung getroffen wurde. Zum gemeinsamen Betrieb siehe *Gaul,* in: Gräfl/Lunk/Oetker/Trebinger, 100 Jahre Betriebsverfassungsrecht, S. 151 f.

453 BAG Beschl. v. 14.10.1986 – 1 ABR 13/85, AP BetrVG 1972 § 117 Nr. 5, B. II. 3. a).

454 *Müller/Becker*, BB 2019, 884, 885.

455 So auch *Jacobs/Frieling,* in: Gräfl/Lunk/Oetker/Trebinger, 100 Jahre Betriebsverfassungsrecht, S. 254, wonach dies von Gesetzes wegen hinzunehmen sei.

456 Siehe Seite 25 f.

Betriebsrat wird durch gesetzliche Vorschriften, z. B. die zu Beginn genannten europäischen Verordnungen, verhindert. Bei Geltung des BetrVG besteht daher auch kein Grund zur Differenzierung zu dem Bodenbetrieb. Dies spricht für einen einheitlichen Betrieb.

Nicht zuletzt sprechen auch die Rechtsfolgen einer Trennung zwischen Land- und Flugbetrieb im Falle eines Tarifvertrages mit eingeschränktem Anwendungsbereich gegen die Annahme zweier Betriebe am gleichen Ort. Denn bezieht sich ein Tarifvertrag nur auf einzelne Arbeitnehmer, z. B. wenn ein Tarifvertrag allein für die im Cockpit tätigen Arbeitnehmer gilt, würde eine Personalvertretung für diese Arbeitnehmergruppe in der Luftfahrt bestehen, eine für das Bodenpersonal und zusätzlich müsste eine dritte betriebliche Vertretung für die von dem Landbetrieb getrennten Arbeitnehmer gebildet werden. Neben der Kostenbelastung des Arbeitgebers für drei betriebliche Vertretungen an einem Ort wird der Gesetzgeber eine solche Ausdifferenzierung der betrieblichen Vertretung durch die Ausnahmeregelung auch nicht intendiert haben. Gewollt war lediglich, dass eine Möglichkeit für die in der Luftfahrt beschäftigten Arbeitnehmer besteht, um die Besonderheiten berücksichtigen zu können. Es besteht somit ein einheitlicher Betriebsrat. Erst ein Tarifvertrag führt zu einer Spaltung.

Bei Anwendung des Betriebsverfassungsgesetzes erfolgt keine Trennung zwischen Cockpit- und Kabinenpersonal. Ohne eine Sonderregelung besteht ein einheitlicher Betriebsrat.[457] Der Betriebsrat kann allerdings entsprechende Ausschüsse oder Arbeitsgruppen gem. §§ 28, 28a BetrVG bilden, sofern die Voraussetzungen im Einzelfall erfüllt sind.

d) Zuordnung der Arbeitnehmer zum Betrieb

Neben der Frage, ob ein inländischer Betrieb vorliegt, ist auch die Frage relevant, welche Arbeitnehmer welchem Betrieb zugeordnet werden können. Noch dringlicher ist diese Frage in Fällen mit Auslandsbezug.

Für die betriebsverfassungsrechtliche Zuordnung können die Grundsätze des BAG zu Außendienstmitarbeiter herangezogen werden. Danach ist für die Zuordnung zu einem Betrieb nicht die Tätigkeit auf dem Betriebsgelände vorausgesetzt, da der Betriebsbegriff nicht räumlich zu verstehen ist.[458] Für die Zuordnung ist entscheidend, ob mithilfe der Arbeitnehmer der arbeitstechnische

---

457 *Löwisch/Rieble*, § 4a Rn. 87 argumentiert, dass für eine Einheit dieser Arbeitnehmer die einheitliche Flugzeit spreche.

458 BAG Beschl. v. 10.3.2004 – 7 ABR 36/03, BeckRS 2004, 30801570.

Zweck des Betriebs verfolgt wird.[459] Liegen mehrere Betriebe vor, ist die Eingliederung des Arbeitnehmers für die betriebsverfassungsrechtliche Zuordnung maßgeblich.[460] Bei Außendienstmitarbeitern hat das BAG darauf abgestellt, von welchem Betrieb die Entscheidungen über den Einsatz der Außendienstmitarbeiter ausgehen und in welchem Betrieb die Leitungsmacht des Arbeitgebers ausgeübt wird.[461] Denkbar ist auch die Eingliederung in mehrere Betriebe desselben Arbeitgebers.[462] Damit ist im Einzelfall zu betrachten, ob der Arbeitnehmer am jeweiligen Teilbetrieb Weisungen erhält oder nicht. Auf eine Fachaufsicht oder auf Anlaufstellen zur Vereinfachung der Kommunikation kommt es bei dieser Frage nicht an.[463]

Bei internationalen Berührungspunkten wird die Zuordnung der Arbeitnehmer unter den Stichworten der Ein- und Ausstrahlung diskutiert. Um den räumlichen Anwendungsbereich des BetrVG geht es bei dieser Frage nicht.[464] Sowohl im Fall einer Entsendung eines ausländischen Arbeitnehmers in einen Betrieb in Deutschland[465] als auch bei Entsendung eines Arbeitnehmers aus Deutschland ins Ausland[466] kann der Arbeitnehmer weiterhin zum inländischen Betrieb gezählt werden. Maßgeblich ist nach der partiellen Aufgabe der Zweikomponenten-Lehre[467] allein die Eingliederung in den Betrieb.[468] Für eine Modifikation dieser Grundsätze bei Arbeitnehmern, die im Flugbetrieb beschäftigt werden, bestehen keine Gründe.

Im Ergebnis lässt sich durch die Berücksichtigung der bisherigen Rechtsprechung zu anderen Fallgestaltungen eine praktikable Zuordnung der Arbeitnehmer zu Betrieben im Flugbetrieb herleiten. Erhalten Arbeitnehmer an einem

---

459 BAG Beschl. v. 10.3.2004 – 7 ABR 36/03, BeckRS 2004, 30801570.

460 BAG Beschl. v. 22.3.2000 – 7 ABR 34/98, AP AÜG § 14 Nr. 8, aus den Gründen B II 2 a bb.

461 BAG Beschl. v. 10.3.2004 – 7 ABR 36/03, BeckRS 2004, 30801570.

462 *Thüsing*, in: Richardi, § 7 BetrVG Rn. 34; *Bachner*, NZA 2019, 134, 137; BAG Urt. v. 7.12.1989 – 2 AZR 228/89, AP Internat. Privatrecht, Arbeitsrecht Nr. 27, unter I. 4.

463 BAG Beschl. v. 10.3.2004 – 7 ABR 36/03, BeckRS 2004, 30801570.

464 BAG Urt. v. 7.12.1989 – 2 AZR 228/89, AP Internat. Privatrecht, Arbeitsrecht Nr. 27, unter I. 2.

465 Sog. „Einstrahlung", siehe: *Deinert*, DB 2016, 349, 350; *Deinert*, Internationales Arbeitsrecht, § 17 Rn. 35 f.

466 Sog. „Ausstrahlung", siehe: LAG Niedersachsen Urt. v. 9.11.2017 – 5 Sa 176/17, NZA-RR 2018, 187; *Herfs-Röttgen*, NZA 2018, 150, 151; *Richardi*, in: Richardi, § 5 Rn. 66.

467 BAG Beschl. v. 5.12.2012 – 7 ABR 48/11, AP BetrVG 1972 § 5 Nr. 81.

468 *Deinert*, DB 2016, 349, 350.

Standort regelmäßig Weisungen, besteht ein starkes Indiz für die Eingliederung in den dortigen Betrieb. Erhalten sie an mehreren Orten Weisungen, können sie auch in mehrere Betriebe eingegliedert sein und an den Betriebswahlen teilnehmen.

III. Arbeitnehmer

1. Arbeitnehmerbegriff

Der Arbeitnehmerbegriff, der § 117 BetrVG zugrunde liegt, findet sich in § 5 BetrVG, sodass auch die Ausnahmen in § 5 Abs. 2 bis 4 BetrVG Anwendung finden. Eine Erweiterung des Arbeitnehmerbegriffs über § 5 BetrVG ist den Tarifvertragsparteien nicht möglich, eine Beschränkung hingegen zulässig.[469]

2. Leitende Angestellte § 5 Abs. 3 BetrVG

Leitende Angestellte sind gem. § 5 Abs. 3 S. 1 BetrVG keine Arbeitnehmer im Sinne des § 117 BetrVG. Aufgrund des SprAuG können leitende Angestellte auch nicht in den Tarifvertrag einbezogen werden.[470] Das SprAuG sieht für leitende Angestellte keine Ausnahmeregelungsmöglichkeit durch Tarifvertrag entsprechend § 117 Abs. 2 S. 1 BetrVG vor. Auch eine Analogie zu Ausnahmen für die Seeschifffahrt, die sich in § 33 SprAuG finden, ist aufgrund des Ausnahmecharakters der Regelung unzulässig. Nach der Rechtsprechung zählen zu den leitenden Angestellten im Flugbetrieb Chefpiloten, die Fach- und Führungsaufgaben in der Organisation des Flugbetriebes übernehmen.[471] Die Stellung als Vorgesetzter allein genügt für die Begründung einer Einordnung als leitender Angestellter nicht.[472] So sind Flugkapitäne, in deren Verantwortung[473] der jeweilige

---

469 Siehe Seite 122 ff.; siehe auch sogleich zu den leitenden Angestellten.

470 *Däubler*, in: Däubler/Klebe/Wedde, BetrVG, § 117 Rn. 14.

471 BAG Beschl. v. 25.10.1989 – 7 ABR 60/88, AP BetrVG 1972 § 5 Nr. 42, konkret war der Chefpilot einer von weltweit fünf regionalen Chefpiloten und in dieser Funktion für die sichere und effektive Durchführung des Flugbetriebes in Deutschland sowie für den arbeitstechnischen Ablauf zuständig. Er war für etwa 255 Piloten, Kopiloten und Bordingenieure zuständig, deren Leistungsfähigkeit er überwachte, anleitete und gegebenenfalls Disziplinarmaßnahmen, Kündigungen eingeschlossen, ergriff.; zustimmend zur Einordnung als leitender Angestellter im konkreten Fall: *Darányi*, Die Bordbetriebsverfassung nach § 117 Abs. 2 S. 1 BetrVG, S. 52.

472 BAG Beschl. v. 25.10.1989 – 7 ABR 60/88, AP BetrVG 1972 § 5 Nr. 42.

473 Siehe zur Flugsicherheit: VO 965/2012, CAT.GEN.MPA.105 lit. a.

Flug liegt und die mittels des Kommandantenentscheids[474] bei unvorhergesehenen Umständen über die Verlängerung der Arbeitszeit entscheiden können, nicht bereits automatisch leitende Angestellte. Gleiches gilt für verantwortliche Flugbegleiter, d. h. solche Flugbegleiter die gegenüber dem Piloten verantwortlich sind.[475] Erst recht gilt dies für Kopiloten, denen solche Befugnisse nicht zustehen.

Eine Ausweitung des Anwendungsbereichs entsprechend § 114 Abs. 6 S. 2 BetrVG, wonach leitende Angestellte im Sinne des § 5 Abs. 3 BetrVG die Kapitäne sind, ist im Rahmen des § 117 BetrVG nicht zulässig. Dem Gesetzgeber war die Regelung für die Seeschifffahrt bekannt, eine planwidrige Regelungslücke kann daher nicht vorliegen. Darüber hinaus bestehen erhebliche Unterschiede zwischen dem Aufgabenbereich eines Piloten und dem eines Schiffkapitäns. Letzterer ist gem. § 479 Abs. 1 S. 1 HGB[476] der Vertreter des Reeders auf dem Schiff und nimmt hinsichtlich der Bordvertretung gem. § 115 BetrVG die Stelle des Arbeitgebers ein.[477] Die Vergleichbarkeit zu § 114 Abs. 6 S. 2 BetrVG fehlt.[478]

Auch ein leitender Flugbegleiter ist nicht automatisch leitender Angestellter, auch wenn die Begrifflichkeit eine solche Annahme nahelegen könnte. Ein leitender Flugbegleiter ist aufgrund der Luftfahrtsicherheitsvorschriften zu bestimmen, wenn mehrere Flugbegleiter zur Ausführung des Fluges erforderlich sind.[479] Er trägt die Verantwortung gegenüber dem Piloten für die Durchführung und Koordinierung der im Betriebshandbuch[480] festgelegten normalen Verfahren und Notverfahren, einschließlich der Unterbrechung nicht sicherheitsbezogener Aufgaben aus Sicherheitsgründen.[481] Der so bestehende Entscheidungsspielraum des leitenden Flugbegleiters wird durch das Betriebshandbuch konkretisiert. Er steht damit dem Arbeitgeber nicht näher als andere Arbeitnehmer, die Weisungen durch ihren Arbeitgeber in schriftlicher Form erhalten. Auch

---

474 VO 965/2012, ORO.FTL.205 lit. f.; Zu den praktischen Fragen bei Anwendung des Kommandantenentscheids: *Bergmann*, Fliegen – ein (Alb-) Traum?, S. 224.

475 Siehe VO 965/2012, ORO.CC.100 lit. c.

476 § 479 Abs. 1 S. 1 HGB lautet: „Der Kapitän ist befugt, für den Reeder alle Geschäfte und Rechtshandlungen vorzunehmen, die der Betrieb des Schiffes gewöhnlich mit sich bringt.“

477 *Forst*, in: Richardi, § 114 BetrVG Rn. 56.

478 So bereits zur alten Fassung des § 117 BetrVG: *Darányi*, Die Bordbetriebsverfassung nach § 117 Abs. 2 S. 1 BetrVG, S. 51.

479 VO 965/2012, ORO.CC.200 lit. a.

480 Siehe zum Betriebshandbuch VO 965/2012, ORO.MLR.100.

481 VO 965/2012, ORO.CC.200 lit. d.

Flugingenieure, sofern sie noch zum Einsatz kommen,[482] sind keine leitenden Angestellten. Sie sind Teil der Cockpitbesatzung wie die Piloten und haben keine herausgehobene Arbeitnehmerstellung gegenüber anderen Arbeitnehmern.

3. Arbeitnehmerähnliche Personen § 12a TVG

Aufgrund der größeren Flexibilität setzten Airlines in der Vergangenheit vermehrt auf das Modell des selbstständigen Piloten.[483] Tarifvertragliche Regelungen gelten für diesen Personenkreis über § 12a TVG, vorausgesetzt, es handelt sich um arbeitnehmerähnliche Personen. Fraglich ist allerdings, ob dies auch bei einer betriebsverfassungsrechtlichen Tarifregelung, wie sie § 117 Abs. 2 S. 1 BetrVG erfordert, gilt. Arbeitnehmerähnliche Personen sind nach der Legaldefinition des § 12a TVG Personen, die einem Arbeitnehmer vergleichbar wirtschaftlich abhängig und sozial schutzbedürftig sind. Gegen eine Einbeziehung arbeitnehmerähnlicher Personen spricht der Wortlaut des § 117 Abs. 2 S. 1 BetrVG, wonach die Regelungsmöglichkeit der Tarifvertragsparteien nur für Arbeitnehmer besteht.[484] Es wäre zudem systemwidrig, würden arbeitnehmerähnliche Personen, die nicht in den Betrieb eingegliedert sind, und denen damit die für das Betriebsverfassungsgesetz maßgebliche Voraussetzung fehlt, in die Personalvertretung einbezogen werden.[485] Hierfür spricht auch die historische Auslegung.[486] Nach der Gesetzesbegründung[487] soll § 12a TVG eine Sicherung der arbeitnehmerähnlichen Personen in sozialer Hinsicht bewirken, indem Regelungen betreffend den Inhalt, den Abschluss und die Beendigung von Arbeitsverhältnissen auf arbeitnehmerähnliche Personen Anwendung finden.[488] Keine Rede ist hingegen von betrieblichen und betriebsverfassungsrechtlichen Regelungen. Auch das gesetzliche Vorbild der Regelung des § 12a TVG,[489] § 17 HAG, bezieht sich nicht auf betriebliche und betriebsverfassungsrechtliche

---

482 Flugingenieure kamen hauptsächlich in Jets der ersten und zweiten Generation zum Einsatz, vgl.: *Bergmann*, Fliegen – ein (Alb-) Traum?, S. 401 ff.

483 Zum Verdacht der Scheinselbstständigkeit bei dieser Vertragsgestaltung: *Bergmann*, Fliegen – ein (Alb-) Traum?, S. 158 f.

484 *Giesen*, in: Rolfs/Giesen/Kreikebohm/Udsching, BeckOK Arbeitsrecht, § 12a TVG Rn. 4.

485 *Löwisch/Rieble*, § 12a TVG Rn. 19.

486 *Löwisch/Rieble*, § 12a TVG Rn. 19.

487 Gesetz zur Änderung des Heimarbeitsgesetzes und anderer arbeitsrechtlicher Vorschriften (Heimarbeitsänderungsgesetz), v. 29.10.1974.

488 BT-Drs. 7/975, S. 20.

489 BT-Drs. 7/975, S. 20.

Regelungen in Tarifverträgen.[490] Gleiches gilt daher auch für § 12a TVG. Im Ergebnis ist deshalb § 12a TVG im Rahmen des § 117 Abs. 2 S. 1 BetrVG teleologisch zu reduzieren. Eine andere Frage ist es hingegen, ob es den Tarifvertragsparteien ohne die Beschränkungen des § 117 Abs. 2 S. 1 BetrVG möglich ist, für arbeitnehmerähnliche Personen eine Interessenvertretung zu installieren.[491]

E. Gestaltungsmöglichkeiten durch Tarifvertrag

I. Anforderungen an einen betriebsverfassungsrechtlichen Tarifvertrag

Liegen die Anwendungsvoraussetzungen der Norm vor, kann ein Tarifvertrag geschlossen werden. Bei betriebsverfassungsrechtlichen Regelungen bestehen dabei einige Besonderheiten.

1. Allgemeine Voraussetzungen

Es gelten die allgemeinen Voraussetzungen für die wirksame Errichtung eines Tarifvertrages. Der Tarifvertrag muss gem. § 1 Abs. 2 TVG schriftlich abgeschlossen werden, und die Tarifparteien müssen tariffähig sein, § 2 Abs. 1 TVG. Die Tariffähigkeit setzt voraus, dass es sich um einen freiwilligen Zusammenschluss zu einer Koalition gem. Art. 9 Abs. 3 GG handelt, die eine soziale Mächtigkeit aufweist, überbetrieblich organisiert, auf Dauer angelegt, unabhängig von Staat, Kirche und dem Gegner ist und sich zum Ziel gesetzt hat, die Arbeits- und Wirtschaftsbedingungen zu fördern.[492] In der Luftfahrt vertreten alle deutschen Luftverkehrsunternehmen ihre tariflichen Interessen selbst gegenüber den Gewerkschaften.[493] Aufseiten der Arbeitnehmer handeln für das Kabinenpersonal die Gewerkschaften ver.di und UFO, für das Cockpit die Gewerkschaften Vereinigung Cockpit e.V. (VC) sowie ver.di. Von der Zuständigkeit im Flugzeug

---

490 *Thüsing*, in: Wiedemann, Tarifvertragsgesetz, § 1 TVG Rn. 393; *Löwisch/Rieble*, § 12a TVG Rn. 19.

491 Befürwortend *Stein*, in: Brecht-Heitzmann/Kempen, Tarifvertragsgesetz, § 12a TVG Rn. 43; *Däubler,* Tarifvertragsrecht Rn. 319; einschränkend *Wank*, in: Wiedemann, Tarifvertragsgesetz, § 12a TVG Rn. 133, wonach einer solchen Vertretung keine Normsetzungsbefugnisse nach dem BetrVG verliehen werden können.

492 BAG Beschl. v. 28.3.2006 – 1 ABR 58/04, AP TVG § 2 Tariffähigkeit Nr. 4, Rn. 34; BAG Beschl. v. 5.10.2010 – 1 ABR 88/09, AP TVG § 2 Tariffähigkeit Nr. 7, Rn. 30; BAG Beschl. v. 26.6.2018 – 1 ABR 37/16, AP TVG § 2 Tariffähigkeit Nr. 10, Rn. 54.

493 *Bergmann*, Fliegen – ein (Alb-) Traum?, S. 298.

und damit für Tarifverträge gem. § 117 Abs. 2 S. 1 BetrVG zu trennen, ist hingegen die Tätigkeit der Gewerkschaft der Flugsicherung (GdF).

2. *Tarifzuständigkeit und der Beschluss des BAG v. 14.1.2014*

Die Tarifvertragsparteien müssen tarifzuständig sein. Daran bestehen bei Inhaltsnormen keine Bedenken.[494] In einer Entscheidung zur tariflichen Regelung der Arbeitszeit hat das BAG betriebsverfassungsrechtliche Normen nur dann für wirksam erachtet, wenn die Gewerkschaft für alle Arbeitsverhältnisse der erfassten betrieblichen Einheit tarifzuständig ist.[495] Damit ist auch eine Tarifzuständigkeit für die über § 3 Abs. 2 TVG erfassten Arbeitsverhältnisse erforderlich. Denn § 3 Abs. 2 TVG erweitere nicht die Tarifzuständigkeit der Gewerkschaft.[496] Vergleichend zieht die Rechtsprechung die Allgemeinverbindlicherklärung heran, bei dem Arbeitnehmer nicht erfasst werden, die nicht in den Geltungsbereich des Tarifvertrages fallen.[497] Die Konsequenz fehlender Tarifzuständigkeit ist die Unwirksamkeit der betreffenden Normen.[498]

a) *Konsequenzen der BAG-Entscheidung für Gewerkschaften in der Luftfahrt*

Die Tarifzuständigkeit einer Vereinigung richtet sich nach dem in ihrer Satzung autonom festgelegten Organisationsbereich. In der Luftfahrt ist allerdings nur eine Gewerkschaft für alle Arbeitnehmer tarifzuständig.

Gem. § 5 Abs. 1 der Satzung der UFO Stand 2016 können alle im Kabinendienst der von und aus Deutschland heraus operierenden Luftverkehrsgesellschaften beschäftigten Personen sowie diejenigen Flugbegleiter, die als Kabinenpersonal bei Arbeitgebern beschäftigt sind, die Flugbegleiterpersonal ausbilden und/oder beschäftigten und/oder ausleihen, ordentliche Mitglieder werden.

Die Satzung der VC mit Stand vom 24. Mai 2018 bestimmt in Nr. 3.1.1., dass Verkehrs-/Berufsflugzeugführer, Verkehrs-/Berufshubschraubführer,

494 BAG Beschl. v. 17.3.2015 – 1 ABR 59/13, NZA-RR, 419, Rn. 29 – Aufrechterhaltung der Rspr zur Vereinbarkeit mit höherrangigem Recht.

495 BAG Beschl. v. 14.1.2014 – 1 ABR 66/12, AP BetrVG 1972 § 87 Arbeitszeit Nr. 134.

496 BAG Beschl. v. 14.1.2014 – 1 ABR 66/12, AP BetrVG 1972 § 87 Arbeitszeit Nr. 134, Rn. 51.

497 BAG Beschl. v. 29.7.2009 – 7 ABR 27/08, AP BetrVG 1972 § 3 Nr. 7, Rn. 25.

498 BAG Beschl. v. 19.11.1985 – 1 ABR 37/83, NZA 1986, 480; BAG Beschl. v. 14.1.2014 – 1 ABR 66/12, AP BetrVG 1972 § 87 Arbeitszeit Nr. 134; BAG Beschl. v. 18.7.2006 – 1 ABR 36/05, AP TVG § 2 Tarifzuständigkeit Nr. 19.

Flugingenieure oder Fluglehrer mit CPL/CHPL-IFR-Lehrberechtigung, die an einer Verkehrsfliegerschule tätig sind, ordentliche Mitglieder werden können.

Damit erfasst die Gewerkschaft UFO die Arbeitnehmer im Cockpit nicht, während VC die Arbeitnehmer in der Kabine nicht erfasst. Allein die Gewerkschaft ver.di ist als Einheitsgewerkschaft für alle Arbeitnehmer zuständig. Gemäß der aktuellen Satzung der ver.di besteht die Tarifzuständigkeit für alle Arbeitnehmer in der Luftfahrt, Nr. 1.4 des Anhangs 1 zur Satzung in der Fassung nach Gewerkschaftsratssitzung am 14. – 16. Mai 2019. Damit kann allein ver.di betriebliche und betriebsverfassungsrechtliche Regelungen für alle Arbeitnehmer eines Luftfahrtunternehmens festlegen.

b) Kritik der Literatur

Eine besondere Tarifzuständigkeit bei betrieblichen und betriebsverfassungsrechtlichen Normen wird in der Literatur kritisiert. Die Tarifzuständigkeit müsse vielmehr mit der Tarifzuständigkeit bei Individualarbeitsbedingungen identisch sein.[499] Es sei nicht begründbar, wieso eine Einheitsgewerkschaft wie ver.di im Extremfall mit nur einem Arbeitnehmer innerhalb des Betriebs eine Regelung für alle Arbeitnehmer treffen könne, eine Berufsgewerkschaft, der die Tarifzuständigkeit für einen einzigen Arbeitnehmer fehle, hingegen keine Regelung treffen könne.[500] Löwisch und Rieble gehen noch weiter und verstehen die Rechtsprechung des BAG dahin gehend, dass eine Berufsgewerkschaft nunmehr keinen Tarifvertrag gem. § 117 Abs. 2 S. 1 BetrVG abschließen könne.[501] Dies verletze das Gebot der Chancen- und Waffengleichheit und sei im Ergebnis eine nicht zu rechtfertigende Schlechterstellung gegenüber Brancheneinheitsgewerkschaften.[502]

c) Bedeutung der Tarifzuständigkeit für § 117 BetrVG

Die Begründung der Rechtsprechung überzeugt nicht. Zwar haben sowohl die Allgemeinverbindlicherklärung als auch § 3 Abs. 2 TVG das Ziel, tarifvertragliche Regelungen auf Personen zu erstrecken, die nicht bereits gem. § 3 Abs. 1 TVG gebunden sind. Der Zweck der Regelungen ist jedoch ein gänzlich anderer. Die Allgemeinverbindlicherklärung soll in den Bereichen, in denen eine Durchsetzung von Tarifverträgen nur teilweise oder kaum möglich ist, schützend für die

499 *Löwisch/Rieble*, § 2 TVG Rn. 329 ff.
500 *Löwisch/Rieble*, § 2 TVG Rn. 329 ff.
501 *Löwisch/Rieble*, § 2 TVG Rn. 331.
502 *Löwisch/Rieble*, § 2 TVG Rn. 331.

Arbeitnehmer eingreifen[503] bzw. einen Unterbietungswettbewerb zwischen den Unternehmen sowie Tarifgebundenen verhindern.[504] § 3 Abs. 2 TVG erstreckt die Geltung der betrieblichen und betriebsverfassungsrechtlichen Normen auf alle Arbeitnehmer des Betriebs, da solche Normen nur notwendig betriebseinheitlich gelten können.[505] Ohne § 3 Abs. 2 TVG hätte keine Gewerkschaft die Möglichkeit, betriebliche oder betriebsverfassungsrechtliche Regelungen zu vereinbaren, da regelmäßig auch Tariffreie oder anders Organisierte[506] im Betrieb beschäftigt werden.[507] Dennoch ist die Entscheidung, auf die Tarifzuständigkeit abzustellen im Grunde richtig. Hinter der Tarifzuständigkeit steht einerseits der an dieser Stelle nicht relevante Gedanke der Vermeidung von unauflösbaren Tarifpluralitäten im Betrieb[508], andererseits der hier relevante Gedanke, dass die Gewerkschaft nur insoweit Regelungen abschließen kann, als es das Gewerkschaftsmitglied aufgrund der Satzung der Gewerkschaft erwarten kann.[509] Die Gewerkschaft denkt bei der Verhandlung des Tarifvertrages daher auch nur an die Arbeitnehmer, für die die Gewerkschaft tarifzuständig ist. Dann kann eine Regelung, die gesetzlich auf die Arbeitnehmer erstreckt wird, aber nicht die Interessen der nicht erfassten Arbeitnehmer angemessen regeln. Andernfalls läge ein Verstoß gegen Art. 3 Abs. 1 GG nahe.

Eine pragmatische Lösung könnte über die Auslegung möglich sein, wenn die Satzungen der betreffenden Berufsgruppengewerkschaften so ausgelegt werden können, dass sie bei betrieblichen und betriebsverfassungsrechtlichen Regelungen alle Arbeitnehmer des Betriebes, unabhängig von der konkreten Berufsgruppe, erfassen. Hierfür müssen sich in der jeweiligen Satzung Hinweise für eine solchen objektivierten Willen finden lassen.[510] Verbleiben bei Betrachtung der Satzung Zweifel, ist derjenigen Auslegung der Vorzug zu geben, die sich als gesetzeskonform und als praktikabel erweist.[511] Die Satzungen der

---

503 *Giesen*, in: Rolfs/Giesen/Kreikebohm/Udsching, BeckOK Arbeitsrecht, § 5 TVG Rn. 1.

504 *Waltermann*, RdA 2018, 137, 138.

505 *Löwisch/Rieble*, § 3 TVG Rn. 34.

506 In diesem Fall ist die Tarifkollision gem. § 4a TVG relevant.

507 Siehe Seite 71 ff.

508 *Oetker*, in: Wiedemann, Tarifvertragsgesetz, § 2 TVG Rn. 68 f.; *Ricken*, Autonomie und tarifliche Rechtsetzung, S. 303 ff.

509 *Löwisch*, ZfA 1970, 295, 304; *Rieble*, in: Bauer, Festschrift für Herbert Buchner zum 70. Geburtstag, S. 756, 762.

510 Zu den Grundsätzen der Auslegung von Satzungen *Emmert*, in: Thüsing/Braun, Tarifrecht, 2. Kapitel Rn. 65.

511 BAG Beschl. v. 18.7.2006 – 1 ABR 36/05, AP TVG § 2 Tarifzuständigkeit Nr. 19, Rn. 41.

Gewerkschaften UFO und VC sehen allerdings keine Tarifzuständigkeit für alle Arbeitnehmer hinsichtlich betrieblicher und betriebsverfassungsrechtlicher Regelungen vor, noch bestehen bei der Auslegung bislang Zweifel. Der Wortlaut sperrt damit die Auslegungsmöglichkeit. Es bleibt damit bisweilen dabei, dass allein ver.di einen Tarifvertrag mit Wirkung für alle Arbeitnehmer der Kabine und des Cockpits schließen kann.

Löwisch und Rieble deuten die Aussage des BAG allerdings zu weit, soweit es die Luftfahrt betrifft. Das BAG hat nur für den Fall, dass der Tarifvertrag zugleich Arbeitnehmer einbezieht, für die die jeweilige Gewerkschaft nicht zuständig war, die Unwirksamkeit wegen fehlender Tarifzuständigkeit festgestellt.[512] Beschränkt sich der Geltungsbereich des Tarifvertrages hingegen auf die Tarifzuständigkeit der jeweiligen Gewerkschaft, ist die Regelung zulässig. UFO hätte eine Regelung für die Kabine schaffen können, Cockpit für die Mitarbeiter im Cockpit.[513] Ein solches Vorgehen ist auch von der Regelungsbefugnis der Tarifvertragsparteien gedeckt. § 117 BetrVG verlangt nicht, dass insgesamt ein einheitlicher Tarifvertrag die Errichtung einer gesamten betrieblichen Vertretung für die Luftfahrt vorsieht.[514] Möglich ist auch die Errichtung von zwei Personalvertretungen, die sich gegenseitig nicht überschneiden. Ein anderes Verständnis würde gegen Art. 9 Abs. 3 GG verstoßen.[515] Das BAG ordnet die Regelung betriebsverfassungsrechtlicher Normen den Arbeits- und Wirtschaftsbedingungen im Sinne des Art. 9 Abs. 3 GG zu.[516] Zugleich hält es branchenbezogene und personelle Abgrenzungskriterien bei der Tarifzuständigkeit für zulässig.[517] Wird diesen Gewerkschaften vollständig die Regelung betriebsverfassungsrechtlicher Normen versagt, liegt ein ungerechtfertigter Eingriff in Art. 9 Abs. 3 GG vor. Es gibt keine Rechtfertigung dafür, dass eine Gewerkschaft keine Regelung für die Arbeitnehmer verhandeln kann, für die sie zuständig ist

---

512 BAG Beschl. v. 14.1.2014 – 1 ABR 66/12, AP BetrVG 1972 § 87 Arbeitszeit Nr. 134.

513 BAG Beschl. v. 14.1.2014 – 1 ABR 66/12, AP BetrVG 1972 § 87 Arbeitszeit Nr. 134, Rn. 54 „Wegen ihrer beschränkten Tarifzuständigkeit können VC und UFO keine betriebsverfassungsrechtlichen Normen für das Bordpersonal vereinbaren". Das Bordpersonal umfasst sowohl das Cockpit- als auch das Kabinenpersonal.

514 Siehe Seite 122 ff.

515 So auch *Jacobs/Frieling*, in: Gräfl/Lunk/Oetker/Trebinger, 100 Jahre Betriebsverfassungsrecht, S. 248.

516 BAG Beschl. v. 29.7.2009 – 7 ABR 27/08, AP BetrVG 1972 § 3 Nr. 7, Rn. 40.

517 BAG Beschl. v. 18.7.2006 – 1 ABR 36/05, AP TVG § 2 Tarifzuständigkeit Nr. 19, Rn. 42.

und deren betriebliche Vertretung sie allein wahrnehmen kann.[518] Kommt es zu Überschneidungen, liegt ein Problem der Tarifkollision vor. Wird die BAG-Rechtsprechung damit unter Einbeziehung der Regelungsbefugnis betrachtet, haben die Gewerkschaften jedenfalls die Möglichkeit, für die ihrer Zuständigkeit unterfallenden Arbeitnehmer betriebsverfassungsrechtliche Regelungen zu vereinbaren, soweit sie eine eigenständige Personalvertretung vorsehen und keine notwendige Erstreckung auf andere Arbeitnehmer, für die keine Tarifzuständigkeit vorliegt, besteht.

3. Tarifkonkurrenz

Für den Fall der Tarifkonkurrenz sieht das Gesetz für Tarifverträge gem. § 117 Abs. 2 S. 1 BetrVG mit § 4a Abs. 3 TVG eine Sonderregelung vor. Grundsätzlich wird die Tarifkonkurrenz durch das Mehrheitsprinzip gem. § 4a Abs. 2 S. 2 TVG aufgelöst.[519] § 4a Abs. 3 TVG sieht abweichend von den Tarifkonkurrenzregelungen vor, dass bei einem Tarifvertrag gem. § 117 Abs. 2 S. 1 BetrVG das Mehrheitsprinzip nur soweit Anwendung findet, wie die betriebsverfassungsrechtliche Frage nicht bereits durch den Mehrheitstarifvertrag geregelt ist. Offen ist, welcher Bezugspunkt für die Feststellung der Mehrheitsverhältnisse zu wählen ist und welche konkreten Auswirkungen die Regelung auf Tarifverträge gem. § 117 Abs. 2 S. 1 BetrVG hat. Da § 4a TVG dispositiv ist, können diese Fragen durch eine Vereinbarung des Arbeitgebers mit den betroffenen Gewerkschaften vermieden werden.[520] Eine solche Regelung dürfte in der Praxis aber die Ausnahme darstellen.

a) Betriebsbegriff des § 4a TVG im Zusammenhang mit § 117 BetrVG

Anknüpfungspunkt der Tarifkonkurrenz ist der Betriebsbegriff des § 4a TVG. Die Gesetzesbegründung weist darauf hin, dass § 4a TVG ein eigenständiger Betriebsbegriff zugrunde liegt.[521] Zur Konkretisierung stellt die Gesetzesbegründung auf den allgemeinen Betriebsbegriff des BetrVG ab. Diesen legt auch

---

518 Zur Frage, ob mehrere Tarifverträge, einer für das Cockpit- und einer für das Kabinenpersonal abgeschlossen werden kann, siehe Seite 133 ff.

519 Zur Verfassungskonformität des § 4a TVG: BVerfG Urt. v. 11.7.2017 – 1 BvR 1571/15, AP GG Art. 9 Nr. 151; siehe zu den Auswirkungen der Neuregelung im Anwendungsbereich des § 4a Abs. 2 S. 2 TVG *Gaul*, in: Gräfl/Lunk/Oetker/Trebinger, 100 Jahre Betriebsverfassungsrecht, S. 153 ff.

520 BVerfG Urt. v. 11.7.2017 – 1 BvR 1571/15, AP GG Art. 9 Nr. 151, Rn. 177 ff.

521 BT-Drs. 18/4062, S. 13.

die Literatur zugrunde.[522] § 4a TVG enthält in Absatz 3 eine Sonderregelung für Tarifverträge gem. § 117 BetrVG. Unklar ist, ob diese Regelung Auswirkungen auf den Begriff des „Betriebes" bei Auflösung einer Tarifkonkurrenz hat.

Bevor die Tarifeinheit in das Tarifvertragsgesetz implementiert wurde, wurde weitgehend vertreten, dass die Tarifvertragsparteien den Bezugspunkt der Tarifkollision selbst über einen Tarifvertrag gem. § 117 Abs. 2 S. 1 BetrVG definieren können.[523] Ob aber im Fall der Konkurrenz betriebsverfassungsrechtlicher Tarifverträge die Mehrheitsverhältnisse im gesamten Unternehmen[524] oder im durch Tarifvertrag gebildeten Betrieb[525] maßgeblich sind, war umstritten.[526]

Gegen die zuerst genannte Ansicht spricht nunmehr der Wortlaut des § 4a TVG, welcher für die Mehrheitsermittlung auf den Betrieb abstellt.[527] Die zweite Idee, wonach ein Tarifvertrag nach § 117 Abs. 2 S. 1 BetrVG den Betriebsbegriff gem. § 4a TVG bei Luftfahrtunternehmen definieren könne,[528] steht im Widerspruch zur Gesetzesbegründung, die den allgemeinen Betriebsbegriff eigenständig im Tarifvertragsgesetz anwenden will.[529] Weiter sind die für diese Lösung angeführten Argumente nicht zwingend. Das Abstellen auf den Tarifvertrag selbst wurde damit begründet, dass der allgemeine betriebsverfassungsrechtliche Betriebsbegriff wegen der Herausnahme der in der Luftfahrt beschäftigten Arbeitnehmer aus dem BetrVG nach § 117 BetrVG a. F. nicht angewendet werden konnte.[530] Gegen diese Ansicht spricht nunmehr, dass nach der neuen Rechtslage im BetrVG der allgemeine Betriebsbegriff auf Luftfahrtunternehmen Anwendung finden kann, nämlich wenn der Tarifvertrag keine

---

522 *Giesen*, in: Rolfs/Giesen/Kreikebohm/Udsching, BeckOK Arbeitsrecht, § 4a TVG Rn. 18.

523 Zur alten Fassung des § 117 BetrVG: *Franzen*, in: Oetker, GK-BetrVG, § 117 Rn. 18; *Darányi*, Die Bordbetriebsverfassung nach § 117 Abs. 2 S. 1 BetrVG, S. 176 ff; *Forst*, in: Richardi, § 117 Rn. 24.

524 Zu § 3 BetrVG: *Friese*, ZfA 2003, 237, 278 f.

525 *Franzen*, in: Oetker, GK-BetrVG, § 117 Rn. 18; zu § 3 BetrVG: *Krause*, in: Bauer, Festschrift für Herbert Buchner zum 70. Geburtstag, S. 493, 509 f.

526 Zur alten Fassung des § 117 BetrVG: *Franzen*, in: Oetker, GK-BetrVG, § 117 Rn. 18; *Darányi*, Die Bordbetriebsverfassung nach § 117 Abs. 2 S. 1 BetrVG, S. 176 ff.; *Forst*, in: Richardi, § 117 Rn. 24.

527 *Löwisch/Rieble*, § 4a Rn. 87.

528 So weiterhin *Jacobs/Frieling*, in: Gräfl/Lunk/Oetker/Trebinger, 100 Jahre Betriebsverfassungsrecht, S. 251; *Jacobs*, in: Wiedemann, Tarifvertragsgesetz, § 4a Rn. 188f.

529 *Löwisch/Rieble*, § 4a Rn. 145; a.A.: *Forst*, in: Richardi, § 117 Rn. 24, der auf das BetrVG abstellt.

530 *Forst*, in: Richardi, § 117 Rn. 24.

abweichende Definition des Betriebsbegriffs beinhaltet. Geht der Gesetzgeber im BetrVG von der grundsätzlichen Anwendbarkeit des allgemeinen Betriebsbegriffs aus, selbst wenn dieser nur subsidiär gilt, ist eine Argumentation wenig überzeugend, wonach der allgemeine Betriebsbegriff im TVG für Fälle der Kollision zweier Tarifverträge gem. § 117 BetrVG keine Anwendung finden kann. Soweit Franzen argumentiert, dass ein Rückgriff auf das BetrVG möglich sei, wenn dem die Zwecke des Tarifeinheitsgesetzes nicht entgegenstehen,[531] wird die Eigenständigkeit des Betriebsbegriffs in § 4a TVG nicht ausreichend beachtet. Eine Bezugnahme des BetrVG kann nur möglich sein, wenn § 4a TVG dies aufgrund seiner Zwecke erfordert oder dies gesetzlich angeordnet ist. Letzteres wurde durch den Verweis in § 4a Abs. 3 TVG auf § 117 Abs. 2 BetrVG teilweise bejaht.[532] Der Wortlaut des Absatzes 3 beinhaltet allerdings keine Aussage zum Betriebsbegriff.[533] Dass die Auflösung von Tarifkollisionen im Anwendungsbereich des § 117 BetrVG eine Anwendung des tariflich bestimmten Betriebsbegriffs tatsächlich erfordert, ist zudem nicht ersichtlich. Weiter spricht die fehlende Erwähnung in § 4a Abs. 2 S. 4 TVG für die Anwendung des allgemeinen Betriebsbegriffs.[534] Im Gegensatz zu den dort aufgeführten Tarifverträgen gem. § 3 Abs. 1 Nr. 1 bis 3 BetrVG, die für den Betriebsbegriff nach § 4a TVG maßgeblich sind, hat der Gesetzgeber § 117 BetrVG nicht erwähnt, obwohl dies aufgrund der Regelung in Absatz 3 nahe gelegen hätte. Selbst wenn der Auffassung folgend auf den Betriebsbegriff der Tarifverträge abgestellt würde, bliebe unklar, welcher von zwei Tarifverträgen den Betriebsbegriff bestimmen sollte. Nach einer Ansicht soll aus dem Wort „bereits" in § 4a Abs. 3 TVG ein Prioritätsprinzip des früheren Tarifvertrages hergeleitet werden.[535] Dabei wird ausgeblendet, dass sich in Absatz 3 keine Aussage zum Betriebsbegriff befindet. Mit „bereits" wird in dem Zusammenhang des Absatzes 3 nur ausgedrückt, dass eine vergleichbare inhaltliche Regelung in einem anderen Tarifvertrag Voraussetzung für die Anwendbarkeit des Absatzes 2 Satz 2 ist. Eine besondere Bedeutung im Sinne eines Prioritätsprinzips wird dem zeitlich früheren Tarifvertrag dadurch

531 *Franzen*, in: Müller-Glöge/Preis/Schmidt, Erfurter Kommentar zum Arbeitsrecht, § 4a TVG Rn. 21.

532 *Forst*, in: Richardi, § 117 Rn. 24.

533 So auch, aber i. E. dennoch abweichend auf den durch Tarifvertrag bestimmten Betriebsbegriff abstellend *Jacobs/Frieling*, in: Gräfl/Lunk/Oetker/Trebinger, 100 Jahre Betriebsverfassungsrecht, S. 251.

534 A.A. *Jacobs/Frieling*, in: Gräfl/Lunk/Oetker/Trebinger, 100 Jahre Betriebsverfassungsrecht, S. 251.

535 *Löwisch/Rieble*, § 4a Rn. 102.

nicht verliehen. Als Alternative wird in der Literatur vertreten, dass derjenige Betriebsbegriff von zwei kollidierenden Tarifverträgen gelte, der umfassendere Anwendung bezogen auf die erfassten Arbeitnehmergruppen findet.[536] Es ist aber überzeugender nicht auf den in einem Tarifvertrag bestimmten Betriebsbegriff abzustellen. Ein Tarifvertrag kann nämlich nicht den Anknüpfungspunkt bilden, da ein Zirkelschluss vorläge. Zur Beantwortung der Frage, welcher Tarifvertrag Anwendung findet, würde ein Tarifvertrag angewendet werden.[537] Ob der Tarifvertrag Anwendung findet, sollen aber erst § 4a Abs. 2 und 3 TVG klären.

Vereinzelt wird in der Literatur erwogen, ob über eine funktionale Parallele zu § 114 Abs. 3 BetrVG auf alle Arbeitnehmer im Flugbetrieb abzustellen sei.[538] § 114 Abs. 3 BetrVG ist aber aufgrund des Ausnahmecharakters nicht analogiefähig. Hätte der Gesetzgeber eine solche Betrachtung für die Mehrheitsverhältnisse heranziehen wollen, hätte er dies geregelt. Gegen das Abstellen auf den Flugbetrieb spricht ferner, wie bereits angeführt, die fehlende Erwähnung eines Tarifvertrages gem. § 117 Abs. 2 S. 1 BetrVG in § 4a Abs. 2 S. 4 TVG trotz der Sonderregelung in § 4a Abs. 3 TVG, in der § 117 BetrVG neben § 3 BetrVG aufgeführt ist. Zudem wird der Flugbetrieb, wie er in § 117 BetrVG zu verstehen ist, auch vom Gesetzgeber nicht als Ersatz für den betriebsverfassungsrechtlichen Betriebsbegriff angewendet, sondern als Tatbestandsvoraussetzung zur Ermöglichung tariflicher Regelungen.

Nach der Novellierung ist wie folgt zu differenzieren: Ist die Frage zu entscheiden, welcher von mehreren Tarifverträgen gem. § 117 Abs. 2 S. 1 BetrVG Anwendung findet, ist auf den allgemeinen betriebsverfassungsrechtlichen Betriebsbegriff abzustellen. Da mit Einfügung des § 117 Abs. 1 S. 2 BetrVG keine Herausnahme aus dem Anwendungsbereich des BetrVG mehr besteht, kann der allgemeine betriebsverfassungsrechtliche Betriebsbegriff herangezogen werden. Innerhalb der vorhandenen Betriebe sind sodann die Mehrheitsverhältnisse festzustellen und die Tarifkollision, d. h., soweit sich die Tarifverträge in ihrem Umfang überschneiden, aufzulösen.

---

536 *Jacobs*, in: Wiedemann, Tarifvertragsgesetz, § 4a Rn. 189 mit dem Beispiel einer Tarifkollision zwischen einem Tarifvertrag für alle Arbeitnehmer in der Luftfahrt und einem Tarifvertrag mit Geltung nur für eine Arbeitnehmergruppe, z. B. allein für Flugbegleiter.

537 *Greiner* in: Henssler/Moll/Bepler, Der Tarifvertrag, Teil 9 Rn. 124 spricht bezüglich § 3 Abs. 1 Nr. 1 – 3 BetrVG von einem sonst drohenden *petitio principii.*

538 *Löwisch/Rieble*, § 4a Rn. 87.

Wird hingegen die Frage gestellt, welcher Tarifvertrag, der kein Tarifvertrag im Sinne des § 117 Abs. 2 S. 1 BetrVG ist, in einem nach § 117 Abs. 2 S. 1 BetrVG gebildeten Betrieb Anwendung findet, ist auf den im Tarifvertrag bestimmten Betriebsbegriff abzustellen. Hier droht nicht der Zirkelschluss, bei dem die Auflösung der Tarifkonkurrenz durch Anwendung eines Tarifvertrages versucht wird. Ohne sich widersprechende Betriebsbegriffe ist Raum für die Geltung einer tariflich gebildeten Personalvertretung als Anknüpfungspunkt der Feststellung der Mehrheitsverhältnisse. Insoweit ist es überzeugend die Regelung in § 4a Abs. 2 S. 4 TVG analog heranzuziehen, da der Betriebsbegriff nicht Gegenstand der aufzulösenden Tarifkonkurrenz ist. In dieser Konstellation steht eine tariflich gebildete Personalvertretung einem Betrieb gem. § 3 Abs. 1 – 3 i. V. m. § 3 Abs. 5 BetrVG gleich, weshalb eine vergleichbare Interessenlage vorliegt. Das entscheidende Argument für die Annahme eines Betriebes durch den Tarifvertrag ist auch hier, dass das BetrVG nunmehr selbst anordnet, dass die tarifliche Vertretung einen vollwertigen Ersatz des gesetzlichen Betriebsrates darstellt. Dann ist auch auf den dort bestimmten Betriebsbegriff abzustellen. Die erforderliche Planwidrigkeit der Regelungslücke folgt aus dem Umstand, dass der Gesetzgeber die neue Rechtslage mit § 117 BetrVG n. F. erst nach Novellierung des § 4a TVG schuf. Dabei wurde die Funktion der tariflich gebildeten Personalvertretung als Ersatz des betriebsverfassungsrechtlichen Betriebsbegriffs mit den möglichen Folgen im Tarifvertragsgesetz übersehen.

b) Wirkung des § 4a Abs. 3 TVG

Gem. § 4a Abs. 3 TVG gilt die Verdrängungswirkung durch den Mehrheitstarifvertrag nur soweit, wie die betriebsverfassungsrechtliche Frage gem. § 3 oder § 117 BetrVG eines Minderheitstarifvertrages auch durch den Mehrheitstarifvertrag geregelt ist. In Abweichung zu § 4a Abs. 2 S. 2 TVG kommt es damit nicht nur auf die Existenz eines konkurrierenden Tarifvertrages an, sondern auf die Inhalte. Nur wenn die Tarifverträge inhaltlich kongruent sind, kommt es zur Verdrängung.[539]

Der Zweck der Regelung liegt nach der Gesetzesbegründung darin, der Kontinuität tarifvertraglich geschaffener betriebsverfassungsrechtlicher Vertretungsstrukturen zu dienen.[540] Der Gesetzgeber wird dabei an den Fall gedacht haben, dass eine Minderheitsgewerkschaft im Gegensatz zur Mehrheitsgewerkschaft einen Tarifvertrag gem. § 117 Abs. 2 S. 1 BetrVG für einen Betrieb geschlossen

539 *Franzen*, in: Oetker, GK-BetrVG, § 117 Rn. 18.
540 BT-Drs. 18/4062, S. 14.

hat. Würde ohne § 4a Abs. 3 TVG die Mehrheitsgewerkschaft einen Tarifvertrag zu anderen Themen abschließen, wie z. B. ein Tarifvertrag zur Arbeitszeit, würde durch § 4a Abs. 2 S. 2 TVG der Tarifvertrag der Minderheit verdrängt werden, da es bei § 4a Abs. 2 S. 2 TVG nur auf die Existenz und nicht auf den Inhalt des Tarifvertrages ankommt.[541] Doch könnte sich der Wortlaut des Gesetzes nicht allein auf diesen Fall beziehen. Der Wortlaut erfasst mit der „betriebsverfassungsrechtlichen Frage" potenziell auch die Fälle der Tarifkonkurrenz zwischen zwei Tarifverträgen gem. § 117 BetrVG, in denen ein Detail bei vergleichender Betrachtung in einem Tarifvertrag geregelt ist und im anderen nicht. Lässt der Mehrheitstarifvertrag Bereiche ungeregelt, könnte dies zu einer ergänzenden Anwendung durch den Minderheitstarifvertrag führen, soweit sich Regelungen nicht überschneiden, d. h. nicht davon auszugehen ist, dass ein Tarifvertrag in einem Themenbereich abschließende Regelungen enthält. Eine Beschränkung fände sich lediglich in zeitlicher Hinsicht, da mit Beginn der Nachwirkung keine Tarifkonkurrenz im Sinne des § 4a TVG mehr besteht.[542] Die Gewerkschaft wäre in diesem Fall angehalten, den Tarifvertrag zu erneuern, um die ausschließende Wirkung aufrechtzuerhalten. Durch die Ergänzung des Mehrheitstarifvertrages wäre zugleich die Struktur der Mitbestimmung betroffen, da ein anderer Tarifvertrag wegen einer Detailregelung Anwendung fände. Dies würde zu der weiteren Frage führen, ob bei ansonsten vergleichbaren Regelungen gar ein zweiter Betriebsrat nach dem zweiten Tarifvertrag zu bilden ist oder der aufgrund des Mehrheitstarifvertrages bestehende Betriebsrat mögliche Rechte aus diesem geltenden Tarifvertrag wahrnehmen darf. Dies kann Chaos in der betrieblichen Mitbestimmung bedeuten. Diese Ergänzung eines Tarifvertrages durch einen anderen Tarifvertrag über § 4a Abs. 3 TVG wäre einmalig im System der Tarifverträge, stellen Tarifverträge doch einen geschlossenen Vertrag dar. Ergänzungen können nur durch eine Nachverhandlung der Tarifvertragsparteien implementiert werden. Dass der Gesetzgeber dieses Ergebnis nicht gewollt haben wird, zeigt der Verweis in der Gesetzesbegründung auf das Ziel der Regelung, der Kontinuität der Tarifverträge zu dienen.[543] Die Regelung ist deshalb teleologisch zu reduzieren. Eine Ergänzung durch andere Tarifverträge gem.

---

541 *Giesen*, in: Rolfs/Giesen/Kreikebohm/Udsching, BeckOK Arbeitsrecht, § 4a TVG Rn. 22, siehe auch das Beispiel dort in 22.1.

542 *Löwisch/Rieble*, § 4a Rn. 47; *Däubler*, in: Däubler/Bepler, Das neue Tarifeinheitsrecht, Rn. 45; *Walser*, SR 2016, 109, 127; *Hamacher/van Laak*, in: Moll, Münchener Anwaltshandbuch Arbeitsrecht, § 68 Tarifgeltung Rn. 199.

543 BT-Drs. 18/4062, S. 14.

§ 117 BetrVG ist auszuschließen. Eine solche Auslegung ist mit dem Wortlaut vereinbar. § 4a Abs. 3 TVG stellt auf „eine betriebsverfassungsrechtliche Frage" ab. Dies muss nicht auf die einzelnen Regelungen in einem Tarifvertrag gem. § 117 Abs. 2 S. 1 BetrVG hinweisen, sondern kann auf die verschiedenen Tatbestände in § 3 BetrVG[544] sowie § 117 Abs. 2 S. 1 und Abs. 2 S. 2 BetrVG bezogen werden. Besteht ein Tarifvertrag gem. § 3 oder § 117 BetrVG und besteht ein weiterer Tarifvertrag gem. § 3 oder § 117 BetrVG kommt das Mehrheitsprinzip gem. § 4a Abs. 2 S. 2 TVG zur Auflösung des Konflikts zur Anwendung.[545] Die Wirkung des § 4a Abs. 3 TVG liegt somit darin, dass Tarifverträge außerhalb des § 117 BetrVG einen Tarifvertrag zur Bildung einer Personalvertretung in der Luftfahrt nicht verhindern können.

c) Zwischenergebnis

Für die Tarifkonkurrenz kommt es auf den Betriebsbegriff nach dem BetrVG an. Abweichende Betriebsdefinitionen in den Tarifverträgen gem. § 117 Abs. 2 S. 1 BetrVG sind hierfür unerheblich. § 4a Abs. 3 TVG ist nicht auf die einzelnen betriebsverfassungsrechtlichen Regelungen in einem Tarifvertrag gem. § 117 Abs. 2 S. 1 BetrVG zu beziehen, sondern auf den Tarifvertrag als Ganzes. Liegen zwei Tarifverträge gem. § 117 Abs. 2 S. 1 BetrVG vor, findet das Mehrheitsprinzip über § 4a Abs. 2 S. 2 TVG zur Auflösung der Konkurrenz Anwendung.

4. Internationales Privatrecht – Anwendbarkeit eines deutschen Tarifvertrages

Auf die Arbeitsverhältnisse der im Inland eingegliederten Arbeitnehmer findet durch Rechtswahlklauseln häufig auch ausländisches Recht Anwendung. In diesen Fällen fragt sich, ob ein inländischer Tarifvertrag gem. § 117 Abs. 2 S. 1 BetrVG auch für Arbeitnehmer mit ausländischem Arbeitsvertragsstatut gilt. Für die Bestimmung des Tarifvertragsstatuts ist seit der Geltung der Rom-I-VO mangels spezieller Vorschrift auf die allgemeinen Vorschriften der Art. 3, 4, 10 und 12 zurückzugreifen.[546] Vor Geltung der Rom-I-VO forderte

---

544 Ob bei § 3 BetrVG nur eine einheitliche Betrachtung des § 3 BetrVG angezeigt ist oder es auf die einzelnen Varianten ankommt, kann an dieser Stelle offenbleiben, siehe dazu *Löwisch/Rieble*, § 4a Rn. 141 ff., die wohl davon ausgehen, dass es auf § 3 BetrVG in Gänze ankommt.

545 So ohne Begründung *Löwisch/Rieble*, § 4a Rn. 145.

546 *Martiny*, in: MüKoBGB, Band 13, Internationales Privatrecht II, Internationales Wirtschaftsrecht, Einführungsgesetz zum Bürgerlichen Gesetzbuch (Art. 50–253), Art. 8

die Rechtsprechung einen Gleichlauf zwischen Arbeits- und Tarifvertragsstatut. Ausgenommen waren aber bereits betriebsverfassungsrechtliche Regelungen.[547] Nach der Rechtsprechung war darauf abzustellen, ob deutsches Betriebsverfassungsrecht anwendbar war.[548] Seit der Rom-I-VO ist auch die Aussage, dass ein Gleichlauf zwischen Arbeitsvertragsstatut und Tarifvertragsstatut erforderlich ist, nicht mehr haltbar.[549] Stattdessen ist bei einem Ineinandergreifen von tariflichen und arbeitsvertraglichen Regelungen verschiedener Rechtsordnungen ein Günstigkeitsvergleich gem. Art. 8 Abs. 1 S. 2 Rom-I-VO durchzuführen, vorausgesetzt, das ohne Rechtswahl anwendbare objektive Recht weicht vom gewählten Recht ab.

Unverändert muss aber eine Ausnahme bei betriebsverfassungsrechtlichen Normen gelten, sodass nicht das Arbeitsvertragsstatut, sondern das Betriebsverfassungsstatut maßgeblich ist. Dies folgt bei einem Tarifvertrag gem. § 117 Abs. 2 S. 1 BetrVG bereits aus der Wirkung der Norm. Der Tarifvertrag bestimmt das betriebliche Rechtsverhältnis, nicht das individualrechtliche. Da § 117 BetrVG eine Personalvertretung nach dem BetrVG ersetzt, müssen die Regelungen, die bei einer Regelung des BetrVG Anwendung fänden, auch auf den Ersatz Anwendung finden. Ebenso werden auch tarifliche Regelungen, die zugunsten der Arbeitnehmer von den Mitbestimmungsrechten des BetrVG abweichen, eingeordnet. Auch hier ist das Bezugsobjekt der Betriebsrat, weshalb auch insoweit auf das Betriebsverfassungsstatut abgestellt wird.[550] Das individuell anwendbare Recht ist deshalb für den Tarifvertrag gem. § 117 Abs. 2 S. 1 BetrVG nicht relevant.[551] Statt auf das Arbeitsvertragsstatut kommt es auf das Betriebsverfassungsstatut an.[552]

Rom-I-VO Rn. 157; Zur Rechtslage vor Geltung der Rom-Verordnungen: *Thüsing*, NZA 2003, 1303, 1311 f.

547 BAG Urt. v. 4.5.1977 – 4 AZR 10/76, AP TVG § 1 Tarifverträge: Bau Nr. 30; BAG Urt. v. 9.7.2003 – 10 AZR 593/02, AP TVG § 1 Tarifverträge: Bau Nr. 261; BAG Urt. v. 20.8.2003 – 5 AZR 362/02, AP BGB § 620 Befristeter Arbeitsvertrag Nr. 245, B. II. 1.

548 BAG Beschl. v. 10.9.1985 – 1 ABR 28/83, AP BetrVG 1972 § 117 Nr. 3, B. IV. 1. a).; *Bayreuther*, NZA 2010, 262, 265.

549 *Deinert*, Internationales Arbeitsrecht, § 15 Rn. 51; *Martiny*, in: MüKoBGB, Band 13, Internationales Privatrecht II, Internationales Wirtschaftsrecht, Einführungsgesetz zum Bürgerlichen Gesetzbuch (Art. 50–253), Art. 8 Rom-I-VO Rn. 165.

550 Im Ergebnis auch *Bayreuther*, NZA 2010, 262, 265.

551 Im Ergebnis auch *Bayreuther*, NZA 2010, 262, 265, der einen Tarifvertrag gem. § 117 Abs. 2 S. 1 BetrVG aber als staatliches Betriebsverfassungsrecht einordnet.

552 BAG Beschl. v. 10.9.1985 – 1 ABR 28/83, AP BetrVG 1972 § 117 Nr. 3, B. IV. 1. a).; *Bayreuther*, NZA 2010, 262, 265; *Däubler*, in: Däubler//Klebe/Wedde, BetrVG, § 117

II. Die Regelungsbefugnis der Tarifvertragsparteien im Rahmen des § 117 BetrVG

Bisher galt in der Rechtsprechung, dass die Tarifvertragsparteien bei der Ausgestaltung des Tarifvertrages gem. § 117 Abs. 2 S. 1 BetrVG außer höherrangigem Recht keinen Beschränkungen unterliegen.[553] Eine Orientierung am BetrVG war nicht geboten. Aufgrund der Neuregelung des § 117 BetrVG und der grundsätzlichen Geltung des BetrVG ist eine neue Bewertung der Regelungsbefugnisse der Tarifvertragsparteien erforderlich.[554] Grundsätzlich kann der Gesetzgeber auch bei tarifdispositivem Gesetzesrecht den Tarifvertragsparteien den Regelungsbereich vollständig oder auch nur teilweise überlassen, soweit die Regelung im Einklang mit höherrangigem Recht steht.[555] Die Gesetzesbegründung schweigt weitgehend dazu, in welchem Umfang die Regelungsbefugnis den Tarifvertragsparteien überlassen werden soll.[556] Als Hinweis für die Beibehaltung weitgehender Regelungsbefugnisse spricht ein Satz in der Gesetzesbegründung: „Das Recht der Tarifvertragsparteien, für die im Flugbetrieb beschäftigten Arbeitnehmer eine Vertretung auf Basis eines Tarifvertrages zu schaffen, bleibt unberührt."[557] Zwingend ist die Interpretation allerdings nicht. Bereits zur alten Rechtslage wurde eine Orientierung am Betriebsverfassungsgesetz und damit eine Beschränkung der Regelungsbefugnisse gefordert.[558] Es bedarf deshalb einer genaueren Untersuchung, welche Aussagen sich aus der Rechtsordnung für die Regelungsbefugnisse der Tarifvertragsparteien ergeben.

Rn. 23 weist darauf hin, dass ein bestehender Tarifvertrag bislang nicht wegen fehlenden Inlandsbezugs beanstandet wurde.

553 BAG Beschl. v. 17.3.2015 – 1 ABR 59/13, AP BetrVG 1972 § 117 Nr. 9, Rn. 32.

554 *Jacobs/Frieling*, in: Gräfl/Lunk/Oetker/Trebinger, 100 Jahre Betriebsverfassungsrecht, S. 248: „Weder ausdiskutiert noch abschließend geklärt ist die Frage nach den Inhalten eines Tarifvertrages nach § 117 Abs. 2 S. 1 BetrVG".

555 *Jacobs*, in: Wiedemann, Tarifvertragsgesetz, Einl. Rn. 614.

556 Siehe BT-Drs. 19/6146, S. 30 f.

557 BT-Drs. 19/6146, S. 31.

558 *Däubler*, in: Däubler/Kittner/Klebe/Wedde, BetrVG, 16 Aufl., § 117 Rn. 12 ff. der die Kritik auf Grundlage des Art. 3 Abs. 1 GG auch im Hinblick auf die neue Rechtslage aufrechterhält siehe *Däubler*, in: Däubler/Klebe/Wedde, BetrVG § 117 Rn. 15; *Darányi*, Die Bordbetriebsverfassung nach § 117 Abs. 2 S. 1 BetrVG, S. 124 ff.; *Mußgnug*, in: Pawlowski/Wiese, Festschrift für Konrad Duden zum 70. Geburtstag, S. 335, 343 ff.; *Weber*, Hartmut, Sonderdruck aus: Glaubrecht/Halberstadt/Zander, Betriebsverfassung in Recht und Praxis, S. 18.

1. *Die Regelungsbefugnis aus dem Blickwinkel des Europarechts*

a) *RL 2002/14/EG*

§ 117 Abs. 2 S. 1 BetrVG ermöglicht es, den Tarifvertragsparteien eine Arbeitnehmervertretung durch Tarifvertrag zu errichten. Der Wortlaut dieser Norm spricht dagegen, dass sich die Tarifvertragsparteien auf das Nichtbestehen einer betrieblichen Vertretung einigen können. Das „Ob" einer Errichtung wird durch das Gesetz sichergestellt. Die Regelungsbefugnis der Tarifvertragsparteien bezüglich des „Wie" könnte aber durch die Richtlinie 2002/14/EG eingeschränkt sein. Gemäß Art. 5 der Richtlinie ist es zulässig, dass die Mitgliedsstaaten den Sozialpartnern das Aushandeln der Modalitäten der Unterrichtung und Anhörung der Arbeitnehmer nach freiem Ermessen ermöglichen. Die Rechtsprechung des EuGH führte bislang zu keiner Klärung der Frage, wie Art. 5 der Richtlinie zu verstehen ist. In der Rechtssache C-405/08[559] hielt der EuGH lediglich fest, dass die Möglichkeit, die Modalitäten durch Sozialpartner festlegen zu lassen, die Mitgliedstaaten nicht von der Verpflichtung befreie, durch geeignete Rechts- und Verwaltungsvorschriften sicherzustellen, dass alle Arbeitnehmer in vollem Umfang den Schutz in Anspruch nehmen können, den ihnen die Richtlinie 2002/14/EG gewährt. Der Wortlaut des Art. 5 der Richtlinie spricht mit dem „freien Ermessen" aber für die Möglichkeit, die in Art. 4 genannten Modalitäten abzusenken.[560] Auch die Erwägungsgründe sprechen nicht dagegen. Nach Erwägungsgrund 23 obliegt es den Mitgliedsstaaten, den Rahmen, den die Richtlinie vorgibt, auszufüllen. Einzuhaltende Mindestvorgaben ergeben sich aus der Richtlinie somit nicht.[561] Nicht zu verwechseln ist die Diskussion um die inhaltliche Ausgestaltung der Regelungsbefugnis mit der zur alten Fassung des § 117 Abs. 2 S. 1 BetrVG viel diskutierte Frage, ob die Norm europarechtskonform sei. Dort ging es um die Frage, ob der Gesetzgeber zu einer gesetzlichen Auffanglösung verpflichtet ist, wenn den Sozialpartnern die Errichtung einer

---

559 EuGH Urt. v. 11.2.2010 – C-405/08, ECLI:EU:C:2010:69 Rn. 40 – *Ingeniørforeningen i Danmark.*

560 *Weber, Christoph*, in: Franzen/Gallner/Oetker, Kommentar zum europäischen Arbeitsrecht, RL 2002/14/EG Art. 5 Unterrichtung und Anhörung auf der Grundlage einer Vereinbarung Rn. 4; *Gerdom*, Gemeinschaftsrechtliche Unterrichtungs- und Anhörungspflichten und ihre Auswirkungen auf das Betriebsverfassungs-, Personalvertretungs- und Mitarbeitervertretungsrecht, S. 114.

561 A. A. *Jacobs/Frieling*, in: Gräfl/Lunk/Oetker/Trebinger, 100 Jahre Betriebsverfassungsrecht, S. 248.

betrieblichen Vertretung überlassen wird.[562] Da das „Ob“ der Errichtung nunmehr durch Gesetz sichergestellt wird, hat diese Frage keine Relevanz mehr.[563]

Die RL 2002/14/EG erfordert damit keinen Mindestumfang der betrieblichen Vertretung, den die Tarifvertragsparteien im Rahmen des § 117 Abs. 2 S. 1 BetrVG n.F. einhalten müssten.

b) *Massenentlassungsrichtlinie, Betriebsübergangsrichtlinie, Art. 27 GRCh*

Bedeutung erlangen durch die gewährleistete Existenz eines Betriebsrates nunmehr auch weitere europäischen Richtlinien sowie die Europäische Grundrechtecharta. Ein Tarifvertrag muss insbesondere die Rechte des Betriebsrates gem. Art. 6 und 7 der Betriebsübergangsrichtlinie[564] sowie gem. Art. 2 der Massenentlassungsrichtlinie[565] berücksichtigen. Aus dem Arbeitnehmerschutzrecht ist Art. 10 und 11 der Rahmenrichtlinie zum Arbeitnehmerschutz[566] von Bedeutung. Bezüglich Leiharbeitnehmer ist Art. 8 der EU-Leiharbeitsrichtlinie[567] zu berücksichtigen. Hingegen führt Art. 27 GRCh darüber hinaus zu keinen

---

562 Offenlassend BAG Beschl. v. 17.3.2015 – 1 ABR 59/13, AP BetrVG 1972 § 117 Nr. 9, Rn. 32; für die Europarechtswidrigkeit: Arbeitsgericht Cottbus Beschl. v. 24.9.2009 – 1 BVGa 7/09, BeckRS 2009, 73918; *Darányi*, Die Bordbetriebsverfassung nach § 117 Abs. 2 S. 1 BetrVG, S. 98 ff.; *Weber, Christoph/Gräf*, ZESAR 2011, 355, 356 ff.; *Weber, Christoph*, in: Franzen/Gallner/Oetker, Kommentar zum europäischen Arbeitsrecht, RL 2002/14/EG Art. 5 Unterrichtung und Anhörung auf der Grundlage einer Vereinbarung Rn. 6; *Bayreuther*, NZA 2010, 262, 263; *Bonin*, AuR 2004, 321, 323; *Reichold*, NZA 2003, 289, 292; *Fischer*, TranspR 2005, 103 ff.; *Wallscheid*, Über den Wolken – über dem Gesetz?, S. 188 ff.; *Fitting*, Betriebsverfassungsgesetz, § 117 Rn. 6b ff. für eine richtlinienkonforme Auslegung; gegen die Europarechtswidrigkeit: LAG Berlin-Brandenburg Beschl. v. 30.10.2009 – 6 TaBVGa 2284/09, BeckRS 2009, 74383; Hessisches LAG Beschl. v. 19.9.2006 – 4/9 TaBV 56/06, BeckRS 2007, 41259; LAG Sachsen Beschl. v. 8.11.2016 – 3 TaBV 16/16, BeckRS 2016, 111846; Hessisches LAG Beschl. v. 3.9.2018 – 16 TaBVGa 86/18, Juris; *Bauckhage-Hoffer/Umnuß*, EWS 2010, 269 ff.; *Däubler*, in: Däubler/Kittner/Klebe/Wedde, BetrVG, 16 Aufl., § 117 Rn. 11; Forst, in: Richardi, § 117 Rn. 2.

563 *Weber, Christoph*, in: Franzen/Gallner/Oetker, Kommentar zum europäischen Arbeitsrecht, RL 2002/14/EG Art. 5 Unterrichtung und Anhörung auf der Grundlage einer Vereinbarung Rn. 5 ff.

564 RL 2001/23/EG.

565 RL 98/59/EG.

566 RL 89/391/EWG.

567 RL 2008/104/EG.

weiteren Verpflichtungen. Die Norm verpflichtet die Mitgliedsstaaten nur zur rechtzeitigen Unterrichtung und Anhörung, soweit das Sekundärrecht Art. 27 GRCh konkretisiert.[568]

2. *Die Regelungsbefugnis aus dem Blickwinkel der Verfassung*

Eine Begrenzung der tariflichen Regelungsbefugnisse könnte aus den Grundrechten folgen.

a) *Art. 3 Abs. 1 GG*

Bereits zur Rechtslage bis zum 30.4.2019 wurde die Frage aufgeworfen, ob § 117 Abs. 2 S. 1 BetrVG verfassungskonform ist und ggf. verfassungskonform ausgelegt werden muss.[569] So sollte nach einer Ansicht den Tarifvertragsparteien durch § 117 Abs. 2 S. 1 BetrVG über eine verfassungskonforme Auslegung nur die Errichtung einer mit dem BetrVG systemkonformen betrieblichen Errichtung möglich sein. Abweichungen seien nur zulässig, soweit sie durch die sachlichen Gründe gerechtfertigt sind.[570] Diese Ansicht hatte sich in der Literatur und Rechtsprechung nicht durchgesetzt. Die überwiegende Ansicht sprach den Tarifvertragsparteien eine unbegrenzte Gestaltungsmacht zu.[571] Diese Diskussion hat

---

568 *Schubert, Claudia*, in: Franzen/Gallner/Oetker, Kommentar zum europäischen Arbeitsrecht, GRCh Art. 27 Recht auf Unterrichtung und Anhörung der Arbeitnehmerinnen und Arbeitnehmer im Unternehmen Rn. 12 f m.w.N.

569 Einen Verstoß gegen Art. 3 bejahend: *Däubler*, in: Däubler/Kittner/Klebe/Wedde, BetrVG, 16 Aufl., § 117 Rn. 15, der die Kritik hinsichtlich der Regelungsbefugnisse aufrechterhält, siehe: *Däubler*, in: Däubler/Klebe/Wedde, BetrVG § 117 Rn. 15; *Darányi*, Die Bordbetriebsverfassung nach § 117 Abs. 2 S. 1 BetrVG, S. 124ff.; *Mußgnug*, in: Pawlowski/Wiese, Festschrift für Konrad Duden zum 70. Geburtstag, S. 335, 344; a.A. zur alten Fassung: *Franzen*, in: Oetker, GK-BetrVG, § 117 Rn. 10; *Hess*, in: Hess/Worzalla/Glock u. a., BetrVG, § 117 Rn. 12; *Krause*, in: Bauer, Festschrift für Herbert Buchner zum 70. Geburtstag, S. 493, 500; *Schmid/Roßmann*, Das Arbeitsverhältnis der Besatzungsmitglieder in Luftfahrtunternehmen, Rn. 520.

570 *Weber*, Hartmut, Sonderdruck aus: Glaubrecht/Halberstadt/Zander, Betriebsverfassung in Recht und Praxis, S. 18; *Darányi*, Die Bordbetriebsverfassung nach § 117 Abs. 2 S. 1 BetrVG, S. 124 f.; *Däubler*, in: Däubler/Kittner/Klebe/Wedde, BetrVG, 16 Aufl., § 117 Rn. 15.

571 BAG Beschl. v. 17.3.2015 – 1 ABR 59/13, AP BetrVG 1972 § 117 Nr. 9, Rn. 32; *Forst*, in: Richardi, § 117 Rn. 19; *Hess*, in: Hess/Worzalla/Glock u. a., BetrVG, § 117 Rn. 12; *Fitting*, Betriebsverfassungsgesetz, § 117 Rn. 10; *Franzen*, in: Oetker, GK-BetrVG, § 117 Rn. 19; zur neuen Rechtslage: *Kania*, in: Müller-Glöge/Preis/Schmidt, Erfurter Kommentar zum Arbeitsrecht, § 117 BetrVG Rn. 3.

weiterhin Bedeutung für das Verständnis der Regelungsbefugnisse der Tarifvertragsparteien. Mit der ersten Ansicht wäre eine verfassungskonforme Auslegung des § 117 BetrVG erforderlich, die die Regelungsbefugnisse soweit einschränkt, wie sachliche Gründe die Unterscheidung rechtfertigen. Nach dieser Ansicht liegt die Ungleichbehandlung in der Nichtanwendung der einzelnen Regelungen des BetrVG. Hiergegen spricht aber maßgeblich der Einschätzungs- und Gestaltungsspielraum des Gesetzgebers.[572] Liegt ein sachlicher Grund für eine abweichende Regelung vor, liegt es in der Hand des Gesetzgebers, die unterschiedlichen Sachverhalte zu regeln. Dabei ist der Gesetzgeber auch nicht an das im BetrVG geschaffene System gebunden. Eine Systembindung des einfachen Gesetzgebers gibt es nicht.[573] Es ist deshalb sowohl möglich, dass der Gesetzgeber den Tarifvertragsparteien freie Hand gewährt, damit diese eine eigene Regelung für die betriebliche Vertretung der Arbeitnehmer im Flugbetrieb festlegen, als auch, dass eine Bindung an ein bestehendes System vorgesehen wird. Damit folgt aus dem Verständnis des Art. 3 GG keine Konsequenz für das Verständnis des § 117 Abs. 2 S. 1 BetrVG. Sowohl eine unbeschränkte als auch eine am BetrVG orientierte Regelungsbefugnis ist mit Art. 3 Abs. 1 GG vereinbar.

b) Fremdbestimmung über Art. 3 Abs. 2 TVG

§ 117 Abs. 2 S. 1 i. V. m. § 3 Abs. 2 TVG ist verfassungskonform. Das Demokratie- und Rechtsstaatsprinzip ist durch die Tatbestandsvoraussetzungen und die geregelte Rechtsfolge eingehalten.[574] Die Regelungsbefugnis erstreckt sich auf die Regelung einer Personalvertretung für die Luftfahrt und damit auf betriebsverfassungsrechtliche Normen, die im Zusammenhang mit einer Personalvertretung stehen, d. h. solche Normen, die an das Rechtsverhältnis zwischen Arbeitgeber und Betriebsrat anknüpfen.[575] Daneben ist entsprechend dem Vorbild des BetrVG auch die Regelung der Stellung der Gewerkschaften im Betrieb zulässig. Ausgeschlossen ist die Regelung einer Unternehmensmitbestimmung durch Tarifvertrag[576] sowie die Regelung von Inhalts-, Abschluss- und Beendigungsnormen mit Wirkung für alle Arbeitnehmer.

---

572 *Däubler*, in: Däubler/Klebe/Wedde, BetrVG, § 117 Rn. 9

573 *Kischel*, in: Epping/Hillgruber, BeckOK Grundgesetz, Art. 3 GG Rn. 95 ff, 118 m.w.N.

574 Siehe Seite 52 ff.

575 *Löwisch/Rieble*, § 4 TVG Rn. 22; *Klumpp*, in: Kiel/Lunk/Oetker, Münchener Handbuch zum Arbeitsrecht Kollektives Arbeitsrecht, § 240 Rn. 1; *Thüsing*, in: Wiedemann, Tarifvertragsgesetz, § 1 TVG Rn. 717.

576 *Klumpp*, in: Kiel/Lunk/Oetker, Münchener Handbuch zum Arbeitsrecht Kollektives Arbeitsrecht, § 240 Rn. 29.

Die Erfassung der Außenseiter erfordert allerdings eine einschränkende Auslegung des Begriffs der „Vertretung“ in § 117 Abs. 2 S. 1 BetrVG.[577] Das BAG entschied zu § 3 Abs. 1 Nr. 3 BetrVG, dass die verfassungsrechtliche Unbedenklichkeit der Erfassung von Außenseitern auf den durch die Norm gestellten inhaltlichen Anforderungen an den Tarifvertrag beruhe.[578] Damit ist die Anforderung des BVerfG, wonach eine Verweisung des Gesetzes auf einen Tarifvertrag zulässig ist, wenn der Inhalt im Wesentlichen feststeht, angesprochen.[579] Hieraus ergibt sich ein verfassungsrechtliches Argument zur Auslegung des § 117 Abs. 2 S. 1 BetrVG, das bereits oben angeklungen ist.[580] § 117 BetrVG kann der Anforderung, dass im Wesentlichen der Inhalt des Tarifvertrages bereits feststehen muss, bei einer zugrunde gelegten unbeschränkten Regelungsbefugnis aufgrund der Weite der möglichen Regelungen einer betrieblichen Vertretung nicht gerecht werden.[581] Die Norm hält aber mit dem Begriff der „Vertretung“ einen unbestimmten Rechtsbegriff bereit, der ausgelegt werden kann.[582] Es ist eingängig, dass nicht jeder Tarifvertrag, der betriebsverfassungsrechtliche Regelungen beinhaltet, eine Vertretung in diesem Sinne darstellen kann. Ein Weg zur Konkretisierung des Begriffs über § 3 Abs. 1 BetrVG und dem Gedanken der sachnäheren Regelung ist wegen des fehlenden Verstoßes gegen Art. 3 Abs. 1 GG nicht eröffnet.[583] Eine Orientierung an Sachthemen des BetrVG, wie Regelungen zur Organisation oder der Mitbestimmung,[584] würde immer noch mannigfaltige inhaltliche Optionen eröffnen. Dies würde nicht ausreichen, um dem Erfordernis, dass im Wesentlichen der Inhalt des Tarifvertrages feststehen muss, zu

---

577 Dazu bereits Seite 71 ff.

578 BAG Beschl. v. 13.3.2013 – 7 ABR 70/11, AP BetrVG 1972 § 3 Nr. 10, Rn. 42 ff.

579 BVerfG Beschl. v. 15.7.1969 – 2 BvF 1/64, BVerfGE 26, 338 = VerwRspr 1970, 142 unter B. I. 3; BVerfG Beschl. v. 14.6.1983 – 2 BvR 488/80, BVerfGE 64, 208 ff. = AP BergmVersSchG NRW § 9 Nr. 21.

580 Siehe Seite 71 ff.

581 Siehe Seite 131 f.

582 Zur alten Fassung wurde teilweise ein Verstoß gegen das Demokratieprinzip angenommen: *Giesen*, Tarifvertragliche Rechtsgestaltung für den Betrieb, S. 325 ff.; *Teusch*, Die Organisation der Betriebsverfassung durch Tarifvertrag, S. 97 ff.

583 A.A. *Darányi*, Die Bordbetriebsverfassung nach § 117 Abs. 2 S. 1 BetrVG, S. 86, 128 ff, der aber über den allgemeinen Gleichheitssatz und § 3 Abs. 1 BetrVG zu den gesetzlichen Regelungen des BetrVG als Einschränkung der Regelungsbefugnis kommt.

584 Zu solchen möglichen Sachthemen kann auf *Thüsing*, in: Wiedemann, Tarifvertragsgesetz, § 1 TVG Rn. 723 ff. verwiesen werden, der allgemein Regelungsbereiche für Tarifvertragsparteien im BetrVG untersucht.

entsprechen. De lege lata kann damit nur eine Orientierung am BetrVG selbst erfolgen, um einerseits dem Demokratieprinzip und zugleich dem Willen des Gesetzgebers zur flexiblen Gestaltung der Tarifverträge bei Gewährleistung einer betrieblichen Vertretung zu entsprechen. Eine Regelungsbefugnis durch § 117 Abs. 2 S. 1 BetrVG besteht dort, wo das BetrVG den Besonderheiten der Luftfahrt nicht gerecht wird. Für Außenseiter wird durch eine solche Auslegung mittels eines Vergleichs zum BetrVG unter Berücksichtigung der Erschwernisse der Betriebsratsarbeit in der Luftfahrt deutlich, welche Regelungsbefugnisse den Tarifvertragsparteien zustehen.

Dem Ergebnis steht auch nicht zwingend die Rechtsprechung des BAG zur alten Fassung des § 117 BetrVG entgegen. Das BAG befasste sich zwar 2015 in kurzen Sätzen mit der Verfassungskonformität des § 117 BetrVG, indem es Art. 3 GG und unionsrechtliche Vorschriften ansprach und feststellte, dass ein zu gewährleistender Mindeststandard an Beteiligungsrechten in Betracht kommen könne.[585] Es berücksichtigte dabei aber nicht die Auswirkung auf Außenseiter und die Rechtsprechung des siebten Senates des BAG zu § 3 Abs. 1 Nr. 3 BetrVG,[586] sodass mit der Entscheidung aus 2015 keine endgültige Aussage der Rechtsprechung zur Neufassung vorliegt. Welche konkreten Folgen aus dieser einschränkenden Auslegung für die Regelungsbefugnisse der Tarifvertragsparteien erwachsen, kann anhand von beispielhaften Regelungsvorhaben konkretisiert werden.[587]

3. *Die Regelungsbefugnis aus dem Blickwinkel des einfachgesetzlichen Rechts*

Eine Beschränkung der Regelungsbefugnis könnte sich aus dem einfachrechtlichen Gesetz ergeben.[588] Der Wortlaut des § 117 Abs. 2 S. 1 BetrVG steht einer solchen Auslegung nicht entgegen. Die Rechtsprechung hat auch bei § 14 Abs. 2 S. 3 TzBfG[589] über eine Auslegung Beschränkungen formuliert, obwohl nach dem Wortlaut dieser tarifdispositiven Regelung keine Beschränkungen

585 BAG Beschl. v. 17.3.2015 – 1 ABR 59/13, AP BetrVG 1972 § 117 Nr. 9, Rn. 32 f.

586 BAG Beschl. v. 13.3.2013 – 7 ABR 70/11, AP BetrVG 1972 § 3 Nr. 10, Rn. 42 ff.

587 Siehe Seite 132 ff.

588 Die Frage aufwerfend, aber offenlassend *Jacobs/Frieling*, in: Gräfl/Lunk/Oetker/Trebinger, 100 Jahre Betriebsverfassungsrecht, S. 248.

589 § 14 Abs. 2 S. 3 TzBfG lautet: „*Durch Tarifvertrag kann die Anzahl der Verlängerungen oder die Höchstdauer der Befristung abweichend von Satz 1 festgelegt werden.*“

vorgesehen sind.[590] Eine Beschränkung durch Auslegung wird in der Literatur auch im Fall des § 1 Abs. 1b S. 3 AÜG[591] befürwortet.[592] Entscheidend sind jedoch die folgenden Aspekte:

Mit der Einfügung des § 117 Abs. 1 S. 2 BetrVG wollte der Gesetzgeber sicherstellen, dass eine betriebliche Vertretung für im Flugbetrieb beschäftigte Arbeitnehmer existiert.[593] Es würde diesem Sinn und Zweck der Auffangregelung widersprechen, hätten die Tarifvertragsparteien die Möglichkeit, sich auf eine Vertretungshülle ohne Mitbestimmungsrechte zu einigen, soweit die europarechtlichen Vorgaben berücksichtigt werden. Der Einwand, dass der Gesetzgeber Tarifverträgen den Vorrang einräumt,[594] ist nicht überzeugend, da dieser Vorrang bereits aus der Existenz einer Tariföffnungsklausel an sich folgt. Ein Argument für die Regelungsbefugnis der Tarifvertragsparteien beinhaltet diese Tatsache nicht.

Aber auch systematisch führt die Regelung des § 117 Abs. 1 S. 2 BetrVG n. F. zu einer bedeutenden Änderung. War bislang die betriebliche Vertretung der in der Luftfahrt beschäftigten Arbeitnehmer aus dem BetrVG herausgenommen, ist der Anwendungsbereich nunmehr durch die Einfügung eröffnet. Statt der Tarifvertragsparteien die alleinige Regelungsmöglichkeit zu eröffnen, gilt als Ausgangspunkt das BetrVG. § 117 Abs. 1 S. 2 BetrVG bildet die Brücke zwischen Gesetz und Tarifvertrag, die bislang nicht existierte. Aus dieser Verbindung folgt die Berücksichtigung des Systems des BetrVG auch für die tariflichen Regelungsmöglichkeiten. Es wäre systemwidrig, könnte der Tarifvertrag hinter das Schutzregime des BetrVG zurücktreten.

Die Entstehungsgeschichte des § 117 Abs. 2 S. 1 BetrVG steht einer solchen Auslegung nicht entgegen, befürwortet sie im Gegenteil sogar. Der Gesetzgeber sah die Regelungsmöglichkeit für die Tarifvertragsparteien ursprünglich

---

590 BAG Urt. v. 26.10.2016 – 7 AZR 140/15, AP TzBfG § 14 Nr. 147, Rn. 18 ff.; BAG Urt. v. 18.3.2015 – 7 AZR 272/13, AP TzBfG § 14 Nr. 129, Rn. 22ff.; BAG Urt. v. 15.8.2012 – 7 AZR 184/11, AP TzBfG § 14 Nr. 101, Rn. 23 ff.; *Seiwerth*, RdA 2016, 214 ff.; kritisch zu BAG, Urt. v. 26.10.2016 – 7 AZR 140/15: *Frieling/Münder*, NZA 2017, 766 ff.

591 § 1 Abs. 1b S. 3 AÜG lautet: „*In einem Tarifvertrag von Tarifvertragsparteien der Einsatzbranche kann eine von Satz 1 abweichende Überlassungshöchstdauer festgelegt werden.*"

592 Überblick bei: *Wank*, in: Müller-Glöge/Preis/Schmidt, Erfurter Kommentar zum Arbeitsrecht, AÜG, § 1 Rn. 70 f.

593 BT-Drs. 19/6146, S. 30 f.

594 *Kania*, in: Müller-Glöge/Preis/Schmidt, Erfurter Kommentar zum Arbeitsrecht, § 117 BetrVG Rn. 1.

nur deshalb vor, um ihnen eine Regelungsmöglichkeit der Besonderheiten zu ermöglichen.[595] Eine schwächere Vertretung im Vergleich zum Betriebsrat war damit nicht intendiert.[596] Die Ergänzung des § 117 BetrVG erfolgte aus der Enttäuschung des Gesetzgebers über die ausbleibenden tariflichen Regelungen heraus.[597] Es spricht nunmehr wenig dafür, eine Auslegung zu favorisieren, die neue Schutzlücken und damit die reale Gefahr neuer Enttäuschungen bei der betrieblichen Mitbestimmung in der Luftfahrt schafft.

Auch die Zusammenarbeit mit dem Bodenbetrieb, die der Tarifvertrag gem. § 117 Abs. 2 S. 2 BetrVG ausgestalten kann, spricht für eine Beschränkung der Regelungsbefugnis der Tarifvertragsparteien. Bereits *Weber* hat vertreten, dass beide Systeme miteinander vereinbar, d. h., die zu errichtende Vertretung systemkongruent zum BetrVG sein muss.[598]

Mit der Auffangregelung setzt der Gesetzgeber somit den Maßstab einer tarifvertraglichen betrieblichen Vertretung. Gefordert ist nicht irgendeine betriebliche Vertretung, sondern eine Vertretung, die der betrieblichen Vertretung des BetrVG ebenbürtig ist. Die tarifdispositive Gesetzesregelung ermöglicht es, die Besonderheiten in der Luftfahrt zu adressieren. Mehr oder andere Bedeutung kommt ihr nicht zu.

Eine andere einschränkende Auslegung steht de lege lata nicht zur Verfügung. Überlegungen, die unbeschränkte Weite einer tarifdispositiven Regelung durch eine staatliche Anerkennung zu billigen und so eine einschränkende Auslegung überflüssig machen würden, sind nicht begründbar. So wollte bereits eine frühere Ansicht den Verweis aus § 117 Abs. 2 S. 2 BetrVG auf § 3 BetrVG a. F. analog auf § 117 Abs. 2 S. 1 BetrVG anwenden.[599] Seit der Aufgabe des staatlichen Anerkennungsaktes in § 3 BetrVG fehlt es aber hierfür an einer vergleichbaren Regelung. Die Überlegung aus § 5 TVG einen staatlichen Akt herzuleiten, scheitert an einer vergleichbaren Interessenlage. § 5 TVG soll einen Unterbietungswettbewerb verhindern und erstreckt tarifliche Regelungen unabhängig von der

---

595 Siehe Seite 25.

596 *Darányi*, Die Bordbetriebsverfassung nach § 117 Abs. 2 S. 1 BetrVG, S. 125.

597 Siehe Seite 47.

598 *Weber*, Hartmut, Sonderdruck aus: Glaubrecht/Halberstadt/Zander (Hrsg.), Betriebsverfassung in Recht und Praxis, S. 18, 67.

599 *Spinner*, Die vereinbarte Betriebsverfassung, S. 151; a.A.: *Schmid/Roßmann*, Das Arbeitsverhältnis der Besatzungsmitglieder in Luftfahrtunternehmen, Rn. 525 m.w.N.; *Hartmann*, Felix, Negative Tarifvertragsfreiheit im deutschen und europäischen Arbeitsrecht, S. 293, 301 hält dies ausgehend von der Anerkennung einer negativen Tarifvertragsfreiheit auch weiterhin für eine Regelungsmöglichkeit.

Tarifgebundenheit auf Arbeitnehmer sowie Arbeitgeber innerhalb der Tarifzuständigkeit.[600] Zudem ist § 5 TVG eine Ausnahmeregelung und bereits deshalb nicht analogiefähig. Es bleibt daher dabei, dass eine Lösung nur innerhalb des § 117 BetrVG selbst liegen kann.

4. Die Regelungsbefugnis aus dem Blickwinkel der Art der Regelung

§ 117 Abs. 2 S. 1 BetrVG eröffnet den Tarifvertragsparteien eine Regelungsbefugnis im Bereich des BetrVG, soweit die Norm Anwendung findet. Die Norm ermöglicht nach ihrem Wortlaut die Errichtung einer „Vertretung" und spricht nicht allgemein von betriebsverfassungsrechtlichen Regelungen. Es ist daher zu untersuchen, ob es einen Unterschied zwischen der Vertretung, wie sie in § 117 Abs. 2 S. 1 BetrVG gemeint ist, und betriebsverfassungsrechtlichen Regelungen gibt.

Zu betriebsverfassungsrechtlichen Regelungen werden solche gezählt, die sich auf die Einrichtung und Organisation der Betriebsvertretung und deren Befugnisse und Rechte beziehen[601] bzw. an das Rechtsverhältnis zwischen Arbeitgeber und Betriebsrat anknüpfen.[602] Andere orientieren sich aufgrund der Konturenlosigkeit dieser Definition an den Regelungen im BetrVG.[603] Die Rechtsprechung hat teilweise an betriebsverfassungsrechtliche Organe angeknüpft.[604] Betriebliche Regelungen sind in Abgrenzung zu betriebsverfassungsrechtlichen Regelungen solche, die sich dadurch auszeichnen, dass sie sich auf die Beziehung zwischen Arbeitgeber und Belegschaft als Kollektiv beziehen.[605]

Die Regelung des § 117 Abs. 2 S. 1 BetrVG soll ein für die Luftfahrt passendes System der betrieblichen Mitbestimmung ermöglichen.[606] Damit zielt die

600 *Waltermann*, RdA 2018, 137, 138 ff.

601 *Franzen*, in: Müller-Glöge/Preis/Schmidt, Erfurter Kommentar zum Arbeitsrecht, § 1 TVG Rn. 48; *Gamillscheg*, Kollektives Arbeitsrecht Band I, S. 595.

602 BAG Beschl. v. 18.8.1987 – 1 ABR 30/86, AP BetrVG 1972 § 77 Nr. 23 unter B. III. 2. b); *Löwisch/Rieble*, § 4 TVG Rn. 22; *Hamacher/van Laak*, in: Moll, Münchener Anwaltshandbuch Arbeitsrecht, § 69 Abschluss und Inhalt des Tarifvertrages Rn. 51.

603 *Giesen*, Tarifvertragliche Rechtsgestaltung für den Betrieb, S. 360, m.w.N. auf S. 340 in Fn. 227 dort; *Kempen*, in: Brecht-Heitzmann/Kempen, Tarifvertragsgesetz, § 3 Rn. 31 formuliert: „Betriebsverfassungsrechtliche Normen betreffen den gesamten Regelungsbereich des Betriebsverfassungsgesetzes [...]."

604 BAG Urt. v. 23.2.1988 – 3 AZR 300/86, AP BetrAVG § 1 Zusatzversorgungskassen Nr. 17 unter 1.

605 BAG Beschl. v. 8.12.2010 – 7 ABR 98/09, AP BetrVG 1972 § 99 Einstellung Nr. 62, Rn. 37.

606 Siehe Seite 25.

Regelung auf die Organisation der Betriebsvertretung, auf die Ausgestaltung des Rechtsverhältnisses zwischen Arbeitgeber und Betriebsrat. Die Begriffe sind daher weitgehend deckungsgleich. Synonyme sind sie dennoch nicht. Denn die „Vertretung" gem. § 117 Abs. 2 S. 1 BetrVG eröffnet nicht die Regelungsbefugnis für die betriebsverfassungsrechtliche Frage, ob eine betriebliche Vertretung eingerichtet wird. In diese Richtung weist auch die Gesetzesbegründung, die lediglich davon spricht, dass das Recht der Tarifvertragsparteien eine Vertretung auf Basis eines Tarifvertrages zu schaffen von der Neuregelung unberührt bleibt.[607] Auswirkungen hat diese Unterscheidung aber nur für den Fall, dass ein Tarifvertrag eine Personalvertretung ausschließen soll.

5. *Anwendung des Ergebnisses auf Regelungsvorhaben*

Mit § 117 Abs. 2 S. 1 BetrVG hat der Gesetzgeber abweichend zur Rechtslage bis zum 30.4.2019 die freie Gestaltungsmacht der Tarifvertragsparteien durch die Integration in das BetrVG eingeschränkt. Hierfür spricht auch maßgeblich die aufgrund der Erfassung von Außenseitern zwingende enge Auslegung der Norm. Ein Tarifvertrag muss das System des BetrVG wahren. Abweichungen sind möglich, wenn sich dies durch § 117 BetrVG begründen lässt. Neben den Gründen, die bereits als sachliche Gründe bei der Prüfung des Gleichbehandlungsgrundsatzes die Ausnahmeregelung selbst getragen haben, können Abweichungen auch durch die Historie begründet werden. Eine Abweichung muss sich aber auch wechselseitig wieder an den Wertungen des BetrVG messen lassen. So ist bei einer beidseitig zwingenden Regelung des BetrVG eine Abweichung nur im Ausnahmefall möglich. Im Folgenden sind diese Vorgaben zu präzisieren.

a) Arbeitszeitregelungen

In den Tarifverträgen findet sich teilweise eine Regelung zur Mitbestimmung der Personalvertretung bei der Festlegung des Umlaufs. Das Interesse der Arbeitnehmer an der Umlaufplanung resultiert aus dem Umstand, dass diese darüber entscheidet, an welchem Ort eine Crew am Ende des jeweiligen Tages landet und wie lange sie dort verweilt. Die Mitbestimmungsrechte im BetrVG, insbesondere § 87 Abs. 1 Nr. 2 und Nr. 3 BetrVG, können eine solche Mitbestimmung nicht begründen. Es handelt sich daher um eine Erweiterung der Mitbestimmungsrechte.[608] Eine Erweiterung der sozialen Mitbestimmungsrechte ist mit dem

---

607 BT-Drs. 19/6146, S. 31.

608 BAG Beschl. v. 17.9.2013 – 1 ABR 37/12, AP TVG § 1 Tarifverträge: Lufthansa Nr. 55, Rn. 22.

System des BetrVG kompatibel, da die Regelungen einseitig zwingend sind.[609] Umgekehrt ist eine Einschränkung der sozialen Mitbestimmungstatbestände nach dem BetrVG nicht zulässig. Eine solche Einschränkung kann auch nicht mit einem besonderen Interesse in der Luftfahrt begründet werden. Denn die zusätzliche Mitbestimmung bei der Umlaufplanung lässt z. B. nicht das Interesse an der konkreten Zuteilung der Schichten entfallen. Es ist deshalb auch den Tarifvertragsparteien verwehrt, soziale Mitbestimmungstatbestände, die die Arbeitszeit betreffen, für eine Erweiterung der Mitbestimmungsrechte an anderer Stelle zu tauschen.

Lässt sich ein Arbeitgeber bei den Tarifverhandlungen auf eine Ausweitung der Mitbestimmungsrechte zur Arbeitszeit ein, kann er die Erweiterung auch wieder beschränken. Die tarifliche Regelung, dass eine jährliche Anpassung an die Schichtpläne zum Ausgleich von auftretenden Abweichungen im Schichtplan mitbestimmungsfrei ist, ist zulässig.[610]

Soweit die Regelungen der Tarifvertragsparteien zur Arbeitszeit ins Detail gehen, sind europäische Vorschriften zu berücksichtigen. Nach der VO (EU) Nr. 965/2012, ORO.FTL.110 lit. a soll eine rechtzeitige Veröffentlichung des Dienstplanes erfolgen. Die European Union Aviation Safety Agency (EASA) empfiehlt eine Veröffentlichung 14 Tage im Voraus.[611]

b) Aufteilung nach Arbeitnehmergruppen in einem oder mehreren Tarifverträgen

Die Tarifverträge in der Luftfahrt trennen die Arbeitnehmer entsprechend der Gewerkschaftszuständigkeit in Cockpit- und Kabinenpersonal auf. Drei Gestaltungsoptionen bieten sich regelmäßig an, sind aber nicht abschließend: In Betracht kommt eine einheitliche Vertretung für beide Arbeitnehmergruppen, die aber durch Ausschüsse eine Trennung der Arbeitnehmer bewirkt oder als Alternative die Bildung von zwei voneinander unabhängigen Personalvertretungen. Als dritte Option kommt eine Wahl nach Gruppen in Betracht. Die zuletzt genannte Option wird aufgrund der Nähe zum Wahlrecht dort behandelt.[612]

---

609 BAG Beschl. v. 18.8.1987 – 1 ABR 30/86, AP BetrVG 1972 § 77 Nr. 23; BAG Urt. v. 8.10.1959 – 2 AZR 503/56, AP BetrVG § 56 Nr. 14; BAG Urt. v. 24.9.1959 – 2 AZR 28/57, AP BGB § 611 Akkordlohn Nr. 11.

610 Eine solche Regelung findet sich im TV PV EasyJet, § 42 Abs. 3 TV-PV-EasyJet.

611 AMC1 ORO.FTL.110(a) – Die AMC haben keine Bindungswirkung für Unternehmen, sondern stellen in erster Linie Empfehlungen dar. Sie stellen zugleich eine Erleichterung für den Nachweis der Einhaltung der EU-Vorschriften dar.

612 Siehe Seite 153.

Darányi hielt nach der alten Rechtslage eine Aufspaltung der Arbeitnehmer in Cockpit- und Kabinenpersonal im Rahmen des Modells einer Gesamtvertretung mit Ausschüssen für zulässig, sofern die Funktionsfähigkeit und Effektivität der Personalvertretung gewahrt bleibe.[613] Auch die tarifliche Errichtung einer Personalvertretung für nur eine Arbeitnehmergruppe hielt er für zulässig.[614] Die Neuregelung des § 117 Abs. 1 S. 2 und Abs. 2 BetrVG erweckt den Eindruck, dass nur eine einzelne tarifliche Personalvertretung zugelassen sein könnte.[615] Es ist daher zu untersuchen, ob sich Änderungen ergeben haben.

aa) Grundsätze des BetrVG zur Organisation

Mit § 3 Abs. 1 Nr. 1 bis 3 BetrVG kennt das BetrVG bereits Fälle, in denen die Organisation abweichend vom Gesetz durch Tarifvertragsparteien geregelt werden kann.[616] Die Rechtsprechung stellt an eine andere Arbeitnehmervertretungsstruktur gem. § 3 Abs. 1 Nr. 3 BetrVG die Anforderung, dass die vereinbarte Struktur zur Vertretung der Interessen der Arbeitnehmer besser geeignet sein muss als die gesetzliche.[617] Dies folge unter anderem aus dem Umstand, dass den Tarifvertragsparteien die gesetzlichen Arbeitnehmerstrukturen nicht zur freien Disposition gestellt sind.[618] Sinn und Zweck des § 3 Abs. 1 Nr. 3 BetrVG sei es, die Möglichkeit zu eröffnen, durch eine Änderung der Strukturen der Arbeitnehmervertretung eine wirksamere und zweckmäßigere Interessenvertretung der Arbeitnehmer zu ermöglichen.[619]

Im Unterschied zu § 3 Abs. 1 Nr. 3 BetrVG ergibt sich aus der Gesetzesbegründung sowie der Historie des § 117 Abs. 2 S. 1 BetrVG, dass der Gesetzgeber die gesetzliche Organisation der betrieblichen Vertretung für die Luftfahrt nicht als ausreichend wirksame und zweckmäßige Interessenvertretung ansieht.[620] Mit § 117 Abs. 1 S. 2 BetrVG wurde allerdings eine Auffangregelung für die

---

613 *Darányi*, Die Bordbetriebsverfassung nach § 117 Abs. 2 S. 1 BetrVG, S. 152, der aber eine Aufteilung in sechs Arbeitnehmergruppen unzulässig hält, S. 143.

614 *Darányi*, Die Bordbetriebsverfassung nach § 117 Abs. 2 S. 1 BetrVG, S. 157 ff.

615 *Müller/Becker*, BB 2019, 884, 886.

616 § 3 Abs. 1 Nr. 4 und 5 BetrVG sind für die weitere Betrachtung nicht relevant, da es dort nicht die abweichende Regelung der betrieblichen Vertretung behandelt wird, sondern die Errichtung zusätzlicher Gremien.

617 BAG Beschl. v. 13.3.2013 – 7 ABR 70/11, AP BetrVG 1972 § 3 Nr. 10, Rn. 38.

618 BAG Beschl. v. 13.3.2013 – 7 ABR 70/11, AP BetrVG 1972 § 3 Nr. 10.

619 BAG Beschl. v. 13.3.2013 – 7 ABR 70/11, AP BetrVG 1972 § 3 Nr. 10, Rn. 41.

620 Siehe Seite 25 ff.

betriebliche Vertretung eingeführt.[621] Entsprechend der Wertung des Gesetzes bei § 3 BetrVG darf die inhaltliche Ausgestaltung durch die Tarifvertragsparteien gem. § 117 Abs. 2 S. 1 BetrVG nicht noch weniger wirksam und zweckmäßig sein, als die gesetzliche Ordnung es ist. Die Wertung des Gesetzgebers macht aber deutlich, dass dieses Kriterium typischerweise erfüllt sein wird.

Zu den Gesichtspunkten, die eine bessere Vertretung ausmachen, zählt die Rechtsprechung zu § 3 BetrVG einerseits die Verbindung zu dem Ort, an dem mitbestimmungspflichtige Entscheidungen getroffen werden, und andererseits das im BetrVG in § 1 und § 4 BetrVG verankerte Prinzip der Ortsnähe zu den Arbeitnehmern.[622] Bedeutung haben nach der Literatur auch eine möglichst umfassende Belegschaftsrepräsentation, eine klare Funktionsabgrenzung zwischen verschiedenen Repräsentationsorganen sowie eine effektive Aufgabenwahrnehmung durch Freistellung und Spezialisierung.[623] Auch eine Professionalisierung der Interessenvertretung sowie eine Effektivierung der Vertretung durch Überschreiten von Schwellenwerten werden als Gesichtspunkte genannt.[624] Im Unterschied zu § 3 BetrVG, wo ein unternehmenseinheitlicher Betrieb nach § 3 Abs. 1 Nr. 1 lit a. BetrVG nur dann gebildet werden kann, wenn die Zusammenfassung von Betrieben nach § 3 Abs. 1 Nr. 1 lit. b BetrVG für eine sachgerechte Wahrnehmung nicht ausreicht, besteht innerhalb des § 117 BetrVG kein Stufenverhältnis. Die Tarifvertragsparteien können frei darüber entscheiden, ob der Betrieb unternehmenseinheitlich zu bilden ist, oder mehrere Betriebe zusammenzufassen sind.

Das Prinzip der Ortsnähe hat aufgrund der ortsungebundenen Tätigkeit des Luftfahrtpersonals weniger Gewicht.[625] Eine weite Anreise ist in der Luftfahrt durch die grundsätzliche Reisebereitschaft der Arbeitnehmer jedenfalls zumutbar. Beachtung kann das Prinzip zudem dadurch erfahren, dass dem Personal elektronische, nicht vom Arbeitgeber überwachte Kommunikationswege mit dem Betriebsrat ermöglicht werden, um so insbesondere Sprechstunden abhalten zu können.[626] Dies schließt es nicht aus, für besonders vertrauliche Angelegenheiten eine persönliche Sprechstunde an jedem Einsatzort anzubieten.[627]

---

621 BT-Drs. 19/6146, S. 30 f.

622 BAG Beschl. v. 24.4.2013 – 7 ABR 71/11, AP BetrVG 1972 § 3 Nr. 11, Rn. 28 f.

623 *Friese*, ZfA 2003, 237, 258.

624 *Kania/Klemm*, RdA 2006, 22, 23.

625 *Darányi*, Die Bordbetriebsverfassung nach § 117 Abs. 2 S. 1 BetrVG, S. 141 spricht dem Prinzip der Ortsnähe in der Luftfahrt sogar gänzlich die Relevanz ab.

626 Für die Zulässigkeit digitaler Sprechstunden außerhalb von § 117 BetrVG: *Fündling/Sorber*, NZA 2017, 552, 554 f.

627 *Fündling/Sorber*, NZA 2017, 552, 554.

Betriebsversammlungen können digital durchgeführt werden, wenn der Tarifvertrag Regelungen vorsieht.[628]

Vor diesem Hintergrund entsprechen die Tarifvertragsparteien mit der Regelung eines unternehmenseinheitlichen Betriebes bei Vorhandensein einer Zentrale den Prinzipien des BetrVG zur Organisation der betrieblichen Mitbestimmung am Ort der Entscheidung über mitbestimmungspflichtige Angelegenheiten. Ein solcher unternehmenseinheitlicher Betriebsrat wird zudem professioneller agieren und die Belegschaft umfassend repräsentieren. Bedenken gegen eine solche Regelung bestehen damit nicht.

bb) Gesamtvertretung mit Ausschüssen

Das BetrVG kennt eine Trennung nach Aufgaben in § 28 und § 28a BetrVG. Bei Ausschüssen, die bestimmte Aufgaben übernehmen, ist eine Aufteilung nach Arbeitnehmergruppen möglich, § 28 Abs. 1 S. 1 sowie § 28a BetrVG. Das Gesetz fordert für die Übertragung der Interessenwahrnehmung auf einen Ausschuss, dass ein Zusammenhang zwischen den übertragenen Aufgaben und den von der Arbeitsgruppe zu erledigenden Tätigkeiten besteht, § 28a Abs. 1 S. 2 BetrVG. Alternativ besteht die Möglichkeit, durch Tarifvertrag gem. § 3 Abs. 1 Nr. 4 und 5, Abs. 2 BetrVG zusätzliche Interessenvertretungen neben dem Betriebsrat zu installieren. Den Regelungen liegen vergleichbare Zwecke zugrunde. Der Grundgedanke des § 28a BetrVG liegt in der Förderung der Selbstständigkeit und Eigeninitiative der Arbeitnehmer sowie in einer effektiveren Betriebsverfassung.[629] § 3 BetrVG verfolgt das Ziel einer möglichst effizienten und interessengerechten Arbeitnehmervertretung.[630] Auch die Regelungsbefugnis der Tarifvertragsparteien gem. § 117 Abs. 2 S. 1 BetrVG wurde eingeführt, um die Besonderheiten in der Luftfahrt zu berücksichtigen.[631] Stillschweigend wurde damit vorausgesetzt, dass die Regelungsbefugnis nicht dazu führen sollte, dass ineffiziente oder ineffektive Arbeitnehmervertretungen errichtet werden. Aus

---

628 *Schwarze*, RdA 2019, 115, 118 schlägt dies als Reform für das gesetzliche System vor; *Fündling/Sorber*, NZA 2017, 552, 557 stellen vergleichend auf § 118 Abs. 4 AktG ab und fordern eine Zustimmung der Arbeitnehmer bei der Einführung virtueller Betriebsversammlungen sowie Regelungen zum Schutz der Persönlichkeitsrechte der Arbeitnehmer.

629 *Koch*, in: Müller-Glöge/Preis/Schmidt, Erfurter Kommentar zum Arbeitsrecht, § 28a BetrVG Rn. 1; *Thüsing*, in: Richardi, § 28a BetrVG Rn. 1 ff.

630 *Besgen*, in: Rolfs/Giesen/Kreikebohm/Udsching, BeckOK Arbeitsrecht, § 3 BetrVG Rn. 1.

631 Siehe Seite 25.

dieser Vergleichbarkeit lässt sich schließen, dass entsprechend § 3 Abs. 1 Nr. 4 und 5 als auch entsprechend §§ 28, 28a BetrVG weiterhin eine einheitliche übergeordnete betriebliche Vertretung vorausgesetzt wird. Die tarifliche Regelung einer Gesamtvertretung mit Ausschüssen ist zulässig, vorausgesetzt, die einheitliche Willensfindung des Betriebes ist weiterhin möglich.

cc) Tarifvertrag für eine Arbeitnehmergruppe

Aufgrund getrennter Berufsgruppengewerkschaften in der Luftfahrt stellt sich die Frage, ob auch ein Tarifvertrag zulässig ist, der sich allein auf Regelungen für eine Arbeitnehmergruppe entsprechend der Tarifzuständigkeit der Gewerkschaften UFO und Cockpit beschränkt.[632] Grundsätzlich können tarifliche Regelungen auch in mehrere Tarifverträge aufgespalten werden.[633] Problematisch ist eine solche Trennung vor dem Grundsatz der Effektivität der betrieblichen Vertretung, insbesondere wenn eine Regelung zur Zusammenarbeit mit anderen Arbeitnehmergruppen fehlt.[634] Krause argumentierte zur alten Rechtslage, dass das Gesetz eine vollständige Ausklammerung der im Flugbetrieb beschäftigten Arbeitnehmer vorsehe, weshalb eine tarifliche Ausklammerung von Arbeitnehmergruppen zulässig sein müsse.[635] Mit anderen Worten sei eine Vertretung für Teile der Arbeitnehmer besser als keine Vertretung. Franzen bejahte die Aufteilung ebenso und bezog sich dafür auf die Regelung des § 3 BetrVG. Dem Flugbetrieb könne nicht verwehrt werden vom Gesetz abweichende Strukturen für einen Teil der Arbeitnehmer zu regeln, wenn es dem Landbetrieb möglich sei.[636] Über § 3 Abs. 1 Nr. 2 oder Nr. 3 BetrVG ist die Regelung einer anderen Arbeitnehmervertretung möglich. Dies setzt aber voraus, dass jedenfalls für den übrigen Teil ein gesetzlicher Betriebsrat gewählt werden kann.[637] Eine Trennung nach Gruppen ist im System des BetrVG damit bereits vorgesehen.

---

632 Verneinend *Däubler*, in: Däubler/Klebe/Wedde, BetrVG, § 117 Rn. 10, wenn nur für eine Gruppe ein Tarif besteht.

633 *Däubler*, in: Däubler/Klebe/Wedde, BetrVG, § 117 Rn. 11.

634 Sehen zwei oder mehr Tarifverträge eine Regelung zur Zusammenarbeit vor, ist der Konflikt entsprechend dem Mehrheitsprinzip gem. § 4a Abs. 2 TVG zu lösen.

635 *Krause*, in: Bauer, Festschrift für Herbert Buchner zum 70. Geburtstag, S. 493, 502; zustimmend *Darányi*, Die Bordbetriebsverfassung nach § 117 Abs. 2 S. 1 BetrVG, S. 160 f.

636 *Franzen*, in: Oetker, GK-BetrVG, § 117 Rn. 17.

637 *Franzen*, in: Oetker, GK-BetrVG, § 3 Rn. 24; *Koch*, in: Müller-Glöge/Preis/Schmidt, Erfurter Kommentar zum Arbeitsrecht, § 3 BetrVG Rn. 5.

Zusätzlich spricht die Historie für eine solche Trennungsmöglichkeit. Bereits bei der erstmaligen gesetzlichen Regelung des § 117 BetrVG, 1972 gab es eine Spaltung der Arbeitnehmer durch die Gewerkschaften.[638] Dieser historische Umstand rechtfertigt den Abschluss eines Tarifvertrages auch für nur einen Teil der Arbeitnehmer. Gleichzeitig eröffnet der historische Umstand keine Willkür bei der Gestaltung der betrieblichen Vertretung. Weitere Trennungen sind auch unter Berücksichtigung der Historie nicht begründbar.

Dennoch könnten aufgrund des Wortlautes des § 117 Abs. 2 S. 1 BetrVG Zweifel an diesem Ergebnis bestehen. Die Regelung könnte für eine einheitliche Vertretung sprechen, da sie von einer Vertretung, nicht von Vertretungen ausgeht. Statt „wenn“ müsste es zudem „soweit“ in § 117 Abs. 1 S. 2 BetrVG heißen, damit zwei sich im Anwendungsbereich nicht überschneidende Tarifverträge nebeneinander bestehen können. Das Telos spricht für ein erweiterndes Verständnis. Der Zweck der Regelung des § 117 Abs. 1 S. 2 BetrVG liegt darin, Schutzlücken der betrieblichen Vertretung zu schließen.[639] Eine Arbeitnehmervertretung für die Luftfahrt sollte stets garantiert werden.[640] Dies kann schon dadurch erreicht werden, dass für den verbleibenden Arbeitnehmerteil das BetrVG greift und dieser weiterhin einen Betriebsrat gründen können muss.[641] Die andere Lesart würde zu einer Einschränkung der Tarifautonomie führen.[642] Besteht bereits ein Tarifvertrag für einen Teil der Arbeitnehmer, wäre ein Zweiter nicht mehr zulässig. Dies würde gerade die Berufsgruppengewerkschaften wie UFO und Cockpit treffen, da sich ihre Tarifzuständigkeit nicht auf alle Arbeitnehmer in

---

638 *Weber*, Hartmut, Sonderdruck aus: Glaubrecht/Halberstadt/Zander, Betriebsverfassung in Recht und Praxis, S. 32.

639 BT-Drs. 19/6146, S. 30 f.; Hubertus Heil im Rahmen der Beratung des Gesetzgebungsvorschlages im Bundestag, 19. Wahlperiode, 69 Sitzung, Berlin, Freitag den 30.11.2018, S. 8001.

640 BT-Drs. 19/6146, S. 30 f.; Hubertus Heil im Rahmen der Beratung des Gesetzgebungsvorschlages im Bundestag, 19. Wahlperiode, 69 Sitzung, Berlin, Freitag den 30.11.2018, S. 8001.

641 *Däubler*, in: Däubler/Klebe/Wedde, BetrVG, § 117 Rn. 10 verneint die Zuständigkeit des gesetzlichen Betriebsrates für den nicht erfassten Teil der Arbeitnehmer, weshalb ein Teil der Arbeitnehmer von der Mitbestimmung ausgeschlossen wäre.

642 Ähnlich *Krause*, in: Bauer, Festschrift für Herbert Buchner zum 70. Geburtstag, S. 493, 502, der einen Verstoß gegen die Koalitionsfreiheit darin sieht, dass die Koalition einen Tarifvertrag auch für die Arbeitnehmer schließen müsse, für die sie gar nicht zuständig ist. Eine solche Regelung, die die Tarifzuständigkeit überschreitet, wäre zudem unwirksam, vgl. oben.

der Luftfahrt erstreckt. Der Abschluss von betriebsverfassungsrechtlichen Regelungen ist ihnen aber durch Art. 9 Abs. 3 GG garantiert.[643] Deshalb ist § 117 Abs. 1 S. 2 BetrVG so zu lesen, als stünde dort „soweit" statt „wenn" und § 117 Abs. 2 S. 1 BetrVG so zu verstehen, dass die Regelung nicht insgesamt nur eine tarifliche Betriebsvertretung ermöglicht.

dd) Zulässigkeit einer Vertretung ohne „Gesamtvertretung"

Bestehen Ausschüsse ohne eine übergeordnete Vertretung oder verschiedene Tarifverträge begrenzt auf je eine Arbeitnehmergruppe, besteht die Gefahr, dass die Effektivität der betrieblichen Vertretung ausgehöhlt wird. Die praktische Bedeutung einer einheitlichen Vertretung wird deutlich, wenn zwei tarifvertraglich gebildete Personalvertretungen jeweils ein Mitwirkungsrecht an den Umlaufplänen zugebilligt wird. Ohne eine Struktur zur gemeinsamen Willensbildung gegenüber dem Arbeitgeber kann eine betriebliche Vertretung nicht effektiv gewährleistet werden. Das BetrVG sieht die Bildung eines Gesamtbetriebsrates gem. § 50 Abs. 1 BetrVG für solche Fälle vor. Bis zum 30.4.2019 war eine Bildung einer Gesamtvertretung aufgrund der vollständigen Herausnahme aus dem Anwendungsbereich des BetrVG ausgeschlossen.[644]

Mit der Regelung des § 117 Abs. 1 S. 2 BetrVG ist die bisherige Rechtsauffassung aufzugeben. Durch die Integration in das System des BetrVG stellt auch die tariflich gebildete Personalvertretung einen Betriebsrat im Sinne des § 50 BetrVG dar.[645] Hierfür spricht maßgeblich, dass andernfalls keine effektive betriebliche Vertretung in den Fällen möglich ist, die in die Zuständigkeit eines Gesamtbetriebsrates fallen würden. Fehlt eine solche Vertretung, wäre dies ein Rückschritt gegenüber der gesetzlichen Lage.

---

643 BAG Beschl. v. 29.7.2009 – 7 ABR 27/08, AP BetrVG 1972 § 3 Nr. 7, Rn. 40.

644 Zur alten Rechtslage: BAG Beschl. v. 5.11.1985 – 1 ABR 56/83, AP BetrVG 1972 § 117 Nr. 4, lediglich die Entsendung von Angehörigen des Bordpersonals in den Wirtschaftsausschuss war zulässig; *Franzen*, in: Oetker, GK-BetrVG, § 117 Rn. 22; *Krause*, in: Bauer, Festschrift für Herbert Buchner zum 70. Geburtstag, S. 493, 503 sprach deshalb allein von einem „Harmonisierungsgebot" ohne auf die Gesamtvertretung abzustellen.

645 *Jacobs/Frieling*, in: Gräfl/Lunk/Oetker/Trebinger, 100 Jahre Betriebsverfassungsrecht, S. 255 ohne dies näher zu begründen.

c) Benachteiligungsverbot

Betriebsratsmitglieder sind vor Nachteilen aufgrund ihrer Betriebsratstätigkeit im BetrVG durch § 78 S. 2 BetrVG geschützt. Dies bezieht sich gem. § 78 S. 2 Hs. 2 BetrVG auch auf ihre berufliche Entwicklung. Eine Abbedingung durch Tarifvertrag ist nicht zulässig.[646] Als Schutzvorschrift für die Arbeitnehmervertreter muss dies auch für eine tarifliche Personalvertretung gem. § 117 Abs. 2 S. 1 BetrVG gelten. Es besteht aber regelmäßig ein Bedürfnis zur Konkretisierung aufgrund des Umstandes, dass eine Freistellung für die Tätigkeit im Betriebsrat bei möglichen Beförderungen nicht nachteilig berücksichtigt werden darf.[647] Der Einsatz eines Arbeitnehmers als Chefpilot setzt aber nach der einschlägigen Verordnung die Erlangung tatsächlicher Berufserfahrung voraus.[648] Da diese Ungleichbehandlung von der Rechtsordnung vorgegeben ist, kann sie keinen Verstoß gegen das Benachteiligungsverbot darstellen.[649] Der Arbeitgeber muss dem freigestellten Arbeitnehmer jedoch ermöglichen an Schulungen teilzunehmen,[650] um bei Erfüllung der erforderlichen Flugstunden eine Beförderung zu erlangen. Eine Abweichung von diesen Grundsätzen würde eine Maßregelung der Arbeitnehmer darstellen. Eine tarifliche Regelung für diese Aspekte bietet sich an. Der Gestaltungsspielraum besteht hinsichtlich des „wie".

d) Beschränkung auf Unterrichtungs- und Anhörungsrechte

Der Wortlaut des § 117 Abs. 2 S. 1 BetrVG ermöglicht es, pro forma eine Personalvertretung einzurichten, ihr aber keine Mitbestimmungsrechte zuzuschreiben. Dem steht entgegen, dass der Gesetzgeber mit der Neuregelung sicherstellen wollte, dass stets eine betriebliche Vertretung existiert.[651] Eine Personalvertretung ohne Mitbestimmung stellt keine betriebliche Vertretung im Sinne des BetrVG dar. Sie wäre qualitativ ein Minus. Die Mitbestimmungsrechte in einer Personalvertretung sind damit keine Verhandlungsmasse.[652] Es liegen auch keine sachlichen Gründe für eine Absenkung des Schutzstandards vor.[653]

---

646 *Kania*, in: Müller-Glöge/Preis/Schmidt, Erfurter Kommentar zum Arbeitsrecht, § 78 BetrVG Rn. 1 m.w.N.

647 BAG Urt. v. 29.10.1998 – 7 AZR 676/96, AP BPersVG § 46 Nr. 22.

648 Siehe dazu VO 965/2012, ORO.FC 105 lit. b.

649 BAG Urt. v. 28.9.2016 – 7 AZR 248/14, AP BetrVG 1972 § 37 Nr. 165

650 *Kreutz*, in: Oetker, GK-BetrVG, § 78 Rn. 71 jedenfalls nach Beendigung der Amtszeit.

651 BT-Drs. 19/6146, S. 30 f.

652 Zur vorherigen Regelung: *Däubler*, in: Däubler/Kittner/Klebe/Wedde, BetrVG, 16 Aufl., § 117 Rn. 5.

653 Siehe Seite 26 ff.

Der einseitig zwingende Charakter der Mitbestimmungsrechte muss auch über § 117 Abs. 2 S. 1 BetrVG beachtet werden. Nicht zuletzt spricht hierfür auch die aufgrund des Ausnahmecharakters des § 117 BetrVG erforderliche enge Auslegung. Eine Personalvertretung ohne Mitbestimmungsrechte ist damit nicht zulässig.

e) Betriebsbegriff

Vor dem Hintergrund der schwierigen Bestimmung des Betriebes bei Luftfahrtunternehmen[654] bietet es sich an, einen Betriebsbegriff durch die Tarifvertragsparteien zu vereinbaren. Als Anhaltspunkt im BetrVG könnten § 3 Abs. 1 sowie § 114 Abs. 3 BetrVG dienen. § 3 Abs. 1 BetrVG zeigt die große Breite an möglichen Regelungsmöglichkeiten. § 114 Abs. 3 BetrVG kann hingegen nicht entsprechend herangezogen werden, da die Regelung nicht passt. Denn nach § 114 Abs. 3 BetrVG wird für eine betriebliche Vertretung vorausgesetzt, dass sich der Sitz des Unternehmens in Deutschland befindet und nur solche Schiffe erfasst werden, die unter deutscher Flagge fahren.[655] Zwar kann bei Flugzeugen auf die Nationalität der Flugzeuge abgestellt werden, die sich nach Art. 17 der Chicago Convention[656] nach dem Staat richtet, in dem das Flugzeug registriert worden ist. Allerdings stellt die Anknüpfung an das Flugzeug kein geeignetes Kriterium dar. Cockpit- und Kabinenbesatzung wechseln regelmäßig. Eine Verbindung der einzelnen Arbeitnehmer zum Flugzeug ist deutlich geringer ausgeprägt als die einer Schiffsmannschaft zum Schiff. Zulässig ist es hingegen, wenn die Tarifvertragsparteien auf die Heimatbasis abstellen. Arbeitnehmer, die von einer tarifvertraglichen Definition nicht erfasst werden, aber in einem Betrieb in Deutschland eingegliedert sind, bleiben diesem Betrieb weiterhin zugeordnet und werden vom gesetzlichen Betriebsrat vertreten.

Eine gänzlich andere Frage ist es, ob der Betriebsbegriff im Tarifvertrag Auswirkungen auf andere Gesetze hat. Umstritten ist die Frage insbesondere für den Kündigungsschutz der Arbeitnehmervertreter gem. § 15 KSchG. Das BAG hat festgehalten, dass dieser auch den Vertretern einer gem. § 3 Abs. 1 Nr. 1 bis 3 BetrVG gebildeten Arbeitnehmervertretung aufgrund der gesetzlichen Anordnung gem. § 3 Abs. 5 BetrVG zukomme.[657] Damit ist es systematisch möglich, dass dieser Schutz auch einem Tarifvertrag gem. § 117 Abs. 2 S. 1 BetrVG zukommt. Entsprechend

---

654 Siehe Seite 92 ff.; *Tiedemann*, ArbRB 2019, 157, 158.

655 BAG Urt. v. 26.9.1978 – 1 AZR 480/76, AP BetrVG 1972 § 114 Nr. 1.

656 Convention on International Civil Aviation done at Chicago on the 7th day on December 1944.

657 BAG Urt. v. 27.6.2019 – 2 AZR 38/19, NZA 2019, 1427, Rn. 18.

wurde in der Literatur auch bislang schon angenommen, dass die Regelung auch bei Tarifverträgen gem. § 117 Abs. 2 S. 1 BetrVG Anwendung finden müsse. Die Personalvertretung trete an die Stelle des gewillkürten Betriebsrates gem. § 3 Abs . 1 Nr. 2 BetrVG.[658] Der Wortlaut des § 117 Abs. 2 S. 1 BetrVG ist hierfür aber unergiebig. Eine andere Ansicht vertrat zur Fassung bis zum 30.4.2019, dass ein solcher Schutz der Vertretung in der Luftfahrt nicht gesetzlich, sondern nur durch eine Regelung im Tarifvertrag zugesprochen werden könne. Wenn eine Herausnahme aus dem BetrVG zulässig sei, könnten Regelungen, die auf das BetrVG verweisen, nur teilweise gelten.[659] Zur neuen Fassung wird diese Ansicht aufrechterhalten.[660] Dem kann nicht gefolgt werden. Besteht kein Tarifvertrag, wären die Mitglieder der Personalvertretung vom Kündigungsschutz umfasst. Die Möglichkeit, einen Tarifvertrag gem. § 117 Abs. 2 S. 1 BetrVG zu regeln, soll aber nicht das Schutzniveau absenken, sondern es ermöglichen, auf die Besonderheiten in der Luftfahrt eingehen zu können.[661] Die tarifliche Vertretung soll die gesetzliche Regelung besser auf die Situation in der Luftfahrt anwendbar machen. Die subsidiäre Geltung des BetrVG über § 117 Abs. 1 S. 2 BetrVG erfordert es deshalb, dass einer tarifliche Personalvertretung der gleiche Schutz zukommt, wie er bestünde, wenn es sich um einen Betrieb im Sinne des BetrVG handelt. Anders als bisher sieht das Gesetz keine vollständige Herausnahme aus dem Anwendungsbereich aus dem BetrVG mehr vor. Damit ist die Begründung für eine tariflich notwendige Regelung weggefallen.[662] Mit dieser Begründung fällt eine Personalvertretung gem. § 117 Abs. 2 S. 1 BetrVG unter § 15 KSchG. Gleiches gilt bereits für § 125 InsO[663] sowie für § 6 S. 1 DrittelbG.[664]

---

658 LAG Berlin-Brandenburg Urt. v. 26.3.2015 – 26 Sa 1513/14, BeckRS 2014, 71917, Rn. 10 ff.; *Linck*, in: Ascheid/Preis/Schmidt, Kündigungsrecht, § 15 KSchG Rn. 35; *Weigand*, in: Bader/Fischermeier/Gallner u. a., KR, § 24 KSchG Rn. 21; *Volkening*, in: Rolfs/Giesen/Kreikebohm/Udsching, BeckOK Arbeitsrecht, § 15 KSchG Rn. 10.

659 Hessisches LAG Urt. v. 4.10.1983 – 3 Sa 215/83, AuR 1985, 29; *Franzen*, in: Oetker, GK-BetrVG, § 117 Rn. 22 m.w.N.

660 *Kania*, in: Müller-Glöge/Preis/Schmidt, Erfurter Kommentar zum Arbeitsrecht, § 117 BetrVG Rn. 3; *Jacobs/Frieling*, in: Gräfl/Lunk/Oetker/Trebinger, 100 Jahre Betriebsverfassungsrecht, S. 249.

661 Siehe Seite 47 ff.

662 A. A: *Jacobs/Frieling*, in: Gräfl/Lunk/Oetker/Trebinger, 100 Jahre Betriebsverfassungsrecht, S. 249, die auf einen Umkehrschluss zum SEBG abstellen – hiergegen spricht, dass sich der Gesetzgeber nicht am SEBG orientiert hat, siehe Seite 48 f.

663 BAG Urt. v. 26.4.2007 – 8 AZR 695/05, AP InsO § 125 Nr. 4, Rn. 50.

664 LAG Hamm Beschl. v. 23.1.2015 – 13 TaBV 46/10, BeckRS 2015, 66907; siehe auch: BVerfG Beschl. v. 12.2.2014 – 1 BvL 7/11, NZA 2014, 981.

f) Differenzierung nach Gewerkschaftszugehörigkeit

Auch in der Luftfahrt werden Differenzierungsklauseln angewandt, wie der Tarifvertrag zwischen dem Arbeitgeberverband Luftverkehr e. V.[665] und UFO zum Ausbildungskostenzuschuss und Sachleistung zeigt.[666] Auch wenn der Große Senat des BAG zunächst Differenzierungsklauseln verworfen hat,[667] stellte das BAG 2009 klar, dass sich die Rechtsprechung des Großen Senats nicht auf einfache Differenzierungsklauseln bezog und diese im Einzelfall zulässig sein können.[668] Spannenklauseln werden aber weiterhin für unzulässig gehalten.[669] Offen ist allerdings, ob eine Differenzierungsklausel auch bei einem Tarifvertrag gem. § 117 Abs. 2 S. 1 BetrVG zulässig ist. Würde in einem Tarifvertrag eine einfache Differenzierung getroffen werden, würde der Tarifvertrag dennoch über § 3 Abs. 2 TVG für alle Arbeitnehmer des Betriebes gelten. Mit der Rechtsprechung des BAG zu Bezugnahmeklauseln könnte aber argumentiert werden, dass sich die Wirkung des § 3 Abs. 2 TVG nur auf die Geltung des Tarifvertrages beziehe, aber keine Stellung als Mitglied der Gewerkschaft begründe.[670] Dieser Ausgangspunkt ist aufgrund des Sinns und Zwecks des § 3 Abs. 2 TVG abzulehnen. § 3 Abs. 2 TVG erstreckt die Rechtsnormen eines Tarifvertrages unabhängig von der Gewerkschaftszugehörigkeit. Würde eine Differenzierung innerhalb des Tarifvertrages zu betriebsverfassungsrechtlichen Fragen für zulässig angesehen werden, stünde die notwendige betriebseinheitliche Geltung, die für die Erstreckung gem. § 3 Abs. 2 TVG zwingend ist, infrage. Eine Trennung nach der Gewerkschaftszugehörigkeit ist zudem im BetrVG nicht vorgesehen. Der Betriebsrat ist ein von den Gewerkschaften unabhängiges Gremium.[671] § 117 Abs. 2 S. 1 BetrVG ermöglicht es den Gewerkschaften nicht, ihre eigene Stellung im Betrieb derart auszubauen, dass im Ergebnis ein gewerkschaftlicher Betriebsrat bestünde. Sie haben die Aufgabe für alle Arbeitnehmer eine effektive Betriebsvertretung zu errichten. Im Unterschied zur Trennung nach Sparten, wie es § 3 Abs. 1 Nr. 2 BetrVG vorsieht, oder nach Arbeitnehmergruppen, wie es historisch begründbar ist,[672] ist eine Trennung nach der

---

665 Dieser vertritt die Interessen der Lufthansa Konzerngesellschaften.

666 Tarifvertrag vom 30.6.2016, siehe *Höpfner*, RdA 2019, 146 dort Fn. 13.

667 BAG Beschl. v. 29.11.1967 – GS 1/67, BAGE 20, 175 = BeckRS 1967, 31153920.

668 BAG Urt. v. 18.3.2009 – 4 AZR 64/08, AP TVG § 3 Nr. 41.

669 BAG Urt. v. 23.3.2011 – 4 AZR 366/09, AP GG Art. 9 Nr. 147.

670 BAG Urt. v. 18.3.2009 – 4 AZR 64/08, AP TVG § 3 Nr. 41.

671 *Richardi/Maschmann*, in: Richardi, § 2 BetrVG Rn. 37; *Richardi*, RdA 1972, 8 ff.; *Franzen*, in: Oetker, GK-BetrVG, § 2 Rn. 22; *Fitting*, Betriebsverfassungsgesetz, § 2 Rn. 45; siehe auch Seite 144.

672 Siehe Seite 137.

Gewerkschaftszugehörigkeit kein geeignetes Differenzierungskriterium im BetrVG. Es ist darüber hinaus zu befürchten, dass eine solche Trennung zu einer Verschlechterung der betrieblichen Mitbestimmung führen würde. Ein mitbestimmungspflichtiger Tatbestand, der mehrere Arbeitnehmer betrifft, die sich nur durch ihre Gewerkschaftszugehörigkeit unterscheiden, müsste wegen der Differenzierung nach der Gewerkschaftszugehörigkeit mit zwei verschiedenen Organen, dem gesetzlichen und dem tarifvertraglichen Betriebsrat, abgestimmt werden. Eine Differenzierungsmöglichkeit nach der Gewerkschaftszugehörigkeit ist damit insgesamt abzulehnen.

g) Gewerkschaften im Betrieb

Das BetrVG räumt den Gewerkschaften eine Hilfsfunktion neben dem Betriebsrat ein, vgl. § 2 Abs. 1, 2, § 3 Abs. 3 S. 2, § 14 Abs. 3, 5, § 16 Abs. 1 S. 6, Abs. 2 S. 1, S. 3, § 17 Abs. 3, 4 S. 1, § 18, § 19 Abs. 2 S. 1, § 23 Abs. 1, 3, § 31, § 34 Abs. 2 S. 1, § 35 Abs. 1, § 43 Abs. 4, § 46 Abs. 1, § 48, § 56, § 66 Abs. 1 BetrVG. Über § 117 Abs. 2 S. 1 BetrVG könnte den Tarifvertragsparteien die Möglichkeit eröffnet sein, den Gewerkschaften eine andere Stellung im Betrieb einzuräumen. Eine erste Grenze ist den Tarifvertragsparteien dadurch gesetzt, dass die betriebliche Vertretung eine von den Gewerkschaften unabhängige Repräsentation der Belegschaft darstellt.[673] Es wäre ein Systembruch, würde sich eine Gewerkschaft das Vertretungsrecht für einen Betrieb mittels eines Tarifvertrages sichern. Die Gesetzesbegründung zum BetrVG 1972 führt aus, dass an der Trennung zwischen den Aufgabenbereichen von Gewerkschaften und Betriebsräten festgehalten werde. Den Betriebsräten sollte aber die in der Praxis gelebte Zusammenarbeit und Unterstützung durch Gewerkschaften auch nicht entzogen werden.[674] Eine weitergehende Rolle hat das BetrVG den Gewerkschaften nicht zusprechen wollen. Gegen eine Regelungsbefugnis der Tarifvertragsparteien spricht, dass es keinen Grund dafür gibt, wieso die Regelungen einer Gewerkschaft auch die Rechte anderer Gewerkschaften im Betrieb beeinflussen sollten. Noch stärker wiegt, dass die Regelung im Ergebnis eine Regelung zulasten anderer Gewerkschaften darstellen würde. Der Tarifvertrag einer (Mehrheits-)Gewerkschaft im Betrieb würde auch über die Rechte anderer Gewerkschaften im Betrieb entscheiden. Eine solche Regelungsmöglichkeit ist

---

673 *Richardi/Maschmann*, in: Richardi, § 2 BetrVG Rn. 37; *Richardi*, RdA 1972, 8 ff.; *Franzen*, in: Oetker, GK-BetrVG, § 2 Rn. 22; *Fitting*, Betriebsverfassungsgesetz, § 2 Rn. 45.

674 BT-Drs. VI/1786, S. 35.

den Tarifvertragsparteien an keiner anderen Stelle im Gesetz eröffnet. Praktisch würde das Problem entstehen, dass eine andere Gewerkschaft nicht von den ihr eingeräumten Rechten erfahren könnte, da sie weder Partei des Tarifvertrages wäre noch ein Auskunftsrecht gegenüber der anderen Gewerkschaft oder dem Arbeitgeber hätte. Eine Regelungsbefugnis bezüglich der Rechte der Gewerkschaften im Betrieb ist somit nicht eröffnet.

h) Organisation der Personalvertretung selbst

Die Effektivität der betrieblichen Vertretung in der Luftfahrt hängt erheblich von der Organisation der betrieblichen Vertretung ab. Die Tarifvertragsparteien haben diese Effektivität durch vom BetrVG abweichende Regelungen zur Vermeidung von Freistellungen, Nutzung neuer Kommunikationswege sowie Vertretungslösungen in Tarifverträgen gem. § 117 Abs. 2 S. 1 BetrVG erzielt. Diese Regelungen weichen von den beidseitig zwingenden organisatorischen Regelungen im BetrVG[675] ab und waren nach alter Rechtslage zulässig.[676] Der Sinn und Zweck der Ausnahmeregelung liegt weiterhin darin, der Luftfahrtbranche die Möglichkeit zu eröffnen, Besonderheiten in der Luftfahrt bei der betrieblichen Mitbestimmung zu berücksichtigen.[677] Regelungen zur abweichenden Gestaltung der Organisation des Betriebsrates sind weiterhin zulässig und stellen den Kern der Regelungsbefugnis der Tarifvertragsparteien gem. § 117 Abs. 2 S. 1 BetrVG dar.

i) Regelungen zum Interessenausgleich und zum Sozialplan

Auch die Luftfahrt ist von Betriebsänderungen nicht gefeit. § 117 Abs. 2 S. 1 BetrVG eröffnet den Tarifvertragsparteien aber keine Regelungsbefugnis zur Aufhebung der Vorschriften der §§ 111 ff. BetrVG. Das BetrVG dient auch hier als Mindeststandard. Möglich sind konkretisierende Regelungen zum Verfahren nach den §§ 111 ff. BetrVG. So kann eine Zeit festgelegt werden, bei deren Ablauf die Einigungsstelle angerufen werden oder diese nach ihrer Anrufung entscheiden muss. Die Regelungsbefugnis der Tarifvertragsparteien bezüglich Betriebsänderungen darf nicht vermischt werden mit der Frage, ob den Tarifvertragsparteien die Regelung eines Tarifsozialplanes trotz § 111 ff. BetrVG im

---

675 BAG Beschl. v. 29.4.2015 – 7 ABR 102/12, AP BetrVG 1972 § 3 Nr. 14, Rn. 28; BAG Beschl. v. 29.7.2009 – 7 ABR 27/08, AP BetrVG 1972 § 3 Nr. 7, Rn. 15.

676 *Krause*, in: Bauer, Festschrift für Herbert Buchner zum 70. Geburtstag, S. 493, 500 f.

677 Siehe Seite 25 ff.

Fall einer konkreten Betriebsänderung möglich ist. Das Verhältnis eines Tarifsozialplanes zu einem Sozialplan nach dem BetrVG wird durch das Günstigkeitsprinzip aufgelöst.[678] § 111 ff. BetrVG bewirken keine Sperrwirkung für solche Tarifverträge.[679]

j) Rückwirkende Regelungen

Eine rückwirkende Regelung betriebsverfassungsrechtlicher Fragen ist bei einer Personalvertretung nicht sinnvoll.[680] Regelmäßig sind die Sachverhalte bereits abgeschlossen, sodass eine tarifliche Regelung, die in diese Sachverhalte eingreifen möchte, eine unzulässige echte Rückwirkung darstellen würde.[681] Eine Bedeutung kommt rückwirkenden Regelungen nur in solchen Fällen zu, in denen der Sachverhalt noch nicht abgeschlossen ist und die Rechtsfolgen für die betroffenen Arbeitnehmer verhältnismäßig sind.[682] Dies bedarf aber einer Einzelfallprüfung.

k) Sanktionsregelungen

Aufgrund Art. 103 Abs. 2 GG können Strafvorschriften nicht durch einen Tarifvertrag geregelt werden. Die Herausnahme aus dem Anwendungsbereich des BetrVG nach alter Rechtslage führte dazu, dass die Vorschriften nicht auf Personalvertretungen gem. § 117 Abs. 2 S. 1 BetrVG anwendbar waren.[683] Waren Buß- oder Strafvorschriften in Tarifverträgen enthalten, waren diese wegen Verstoßes gegen Art. 103 Abs. 2 GG unwirksam.[684] *Weber* hielt deshalb bereits zur alten Rechtslage fest, dass die Tarifvertragsparteien in diesem Punkt überfordert worden sind.[685] Auch mit der Neuregelung besteht keine tarifliche Regelungsbefugnis

---

678 BAG Urt. v. 6.12.2006 – 4 AZR 798/05, TVG § 1 Sozialplan Nr. 1, Rn. 30.

679 BAG Urt. v. 24.4.2007 – 1 AZR 252/06, AP TVG § 1 Sozialplan Nr. 2, Rn. 81; BAG Urt. v. 6.12.2006 – 4 AZR 798/05, TVG § 1 Sozialplan Nr. 1, Rn. 30.

680 *Wank*, in: Wiedemann, Tarifvertragsgesetz, § 4 Rn. 310 zu betrieblichen Fragen.

681 Zur echten Rückwirkung vgl. die st. Rspr: BVerfG Beschl. v. 25.4.2015 – 1 BvR 2314/12, AP TVG § 2 Tariffähigkeit Nr. 9.

682 *Wank*, in: Wiedemann, Tarifvertragsgesetz, § 4 Rn. 310 zu betrieblichen Fragen.

683 *Weber*, Hartmut, Sonderdruck aus: Glaubrecht/Halberstadt/Zander, Betriebsverfassung in Recht und Praxis, S. 63; *Darányi*, Die Bordbetriebsverfassung nach § 117 Abs. 2 S. 1 BetrVG, S. 156 f.

684 *Weber*, Hartmut, Sonderdruck aus: Glaubrecht/Halberstadt/Zander, Betriebsverfassung in Recht und Praxis, S. 63; *Darányi*, Die Bordbetriebsverfassung nach § 117 Abs. 2 S. 1 BetrVG, S. 156 f.

685 *Weber*, Hartmut, Sonderdruck aus: Glaubrecht/Halberstadt/Zander, Betriebsverfassung in Recht und Praxis, S. 63.

für diese Fälle. Besteht aber keine Personalvertretung gem. § 117 Abs. 2 S. 1 BetrVG, findet das Gesetz gem. § 117 Abs. 1 S. 2 BetrVG Anwendung. In diesen Fällen wird ein Betriebsrat im Sinne der Straf- und Bußgeldvorschriften gebildet. Die Ergänzung um § 117 Abs. 1 S. 2 BetrVG führt damit zur erstmaligen, wenn auch nur auf den Auffangtatbestand beschränkten Anwendung von Straf- und Bußgeldvorschriften. Für die durch Tarifvertrag errichteten Luftbetriebe besteht weiterhin eine Schutzlücke. Denn § 117 Abs. 2 S. 1 BetrVG wird weder in § 119 BetrVG noch in den Bußgeldvorschriften erwähnt. Auch die Anerkennung als Betrieb im Sinne des BetrVG kann aufgrund des differenzierenden Wortlautes der Normen keine Anwendung begründen.

l) Versetzungen

In der Luftfahrt kann die Möglichkeit, schnelle Versetzungen der Belegschaft durchführen zu können, darüber entscheiden, ob in wirtschaftlich schlechten Zeiten ein profitables Geschäft möglich ist.[686] Das BetrVG gewährt dem Arbeitgeber für die Fälle, in denen eine Versetzung dringend erforderlich ist, die Möglichkeit einer vorläufigen Durchführung gem. § 100 Abs. 1 BetrVG, deren Aufrechterhaltung von der Zustimmung des Betriebsrates und bei Ablehnung durch diesen von der Entscheidung des Gerichts nach Antrag durch den Arbeitgeber abhängig ist. Eine Betrachtung der Regelungsbefugnis erfordert es zunächst, die Versetzung in der Luftfahrt näher zu betrachten.

aa) Die Versetzung nach dem BetrVG

Eine Versetzung im Sinne des § 95 Abs. 3 S. 1 BetrVG erfordert als zentrales Element die Zuweisung eines neuen Arbeitsbereichs. Die ständige Rechtsprechung des BAG stellt darauf ab, ob sich das Gesamtbild der bisherigen Tätigkeit des Arbeitnehmers so verändert hat, dass die neue Tätigkeit vom Standpunkt eines mit den betrieblichen Verhältnissen vertrauten Beobachters als eine „andere" anzusehen ist.[687] Der Begriff Arbeitsbereich ist räumlich-funktional zu verstehen und umfasst neben der Arbeitsleistung auch die Art der Tätigkeit und den gegebenen Platz in der betrieblichen Organisation.[688]

---

686 *Bergmann,* Fliegen – ein (Alb-) Traum?, S. 248 f.

687 St. Rspr. vgl nur BAG Beschl. v. 9.4.2019 – 1 ABR 30/17, AP BetrVG 1972 § 99 Versetzung Nr. 57, Rn. 26.

688 St. Rspr. vgl nur BAG Beschl. v. 9.4.2019 – 1 ABR 30/17, AP BetrVG 1972 § 99 Versetzung Nr. 57, Rn. 26.

Der Ort der Tätigkeit ist für den Arbeitsbereich von großer Bedeutung. Da für das fliegende Personal kein gewöhnlicher Arbeitsort besteht, hat das BAG stattdessen auf den Einsatzort abgestellt.[689] Eine erhebliche Änderung des bisherigen Arbeitsbereichs liege vor, wenn das Luftfahrtunternehmen einseitig den Einsatzort, gemeint ist die Heimatbasis, die den Beginn der für die Arbeitszeit maßgeblichen Arbeitstätigkeit bestimmt, verändert.[690] Denn die Veränderung der Heimatbasis hat erhebliche Auswirkungen auf die Arbeitszeit des Arbeitnehmers. Soll ein Arbeitnehmer von einem anderen Ort als seiner Heimatbasis die Arbeit aufnehmen, zählen die Wegezeiten von der Heimatbasis zum Arbeitsort, die auch „Dead-Head-Transport"[691] genannt werden, zur Arbeitszeit. Wird dem Arbeitnehmer eine neue Heimatbasis zugeordnet, sind die Wegezeiten zu dieser neuen Heimatbasis keine Arbeitszeit mehr.

Eine Veränderung des Arbeitsbereichs hat das BAG auch dann bejaht, wenn Flugkapitäne als Ersatz für Kopiloten tätig werden, vorausgesetzt, dieser Ersatz dauert nicht nur wenige Tage an.[692] Soll ein Kopilot künftig dauerhaft als Kapitän tätig werden, liegt darin eine Versetzung.[693] Soll ein Kapitän zusätzlich als „Type Rate Examiner" für ein Flugzeugmuster tätig werden, liegt auch darin eine personelle Einzelmaßnahme. Dies gilt bereits unabhängig von den zeitlichen Anteilen der Tätigkeiten, da die funktionale Stellung eines Kapitäns mit der Aufgabe als „Type Rate Examiner" in der betrieblichen Organisation eine andere ist.[694] Eine Versetzung liegt auch vor, wenn ein Arbeitnehmer nicht mehr im Flugbetrieb, sondern nunmehr im Bodenbetrieb eingesetzt wird. Dies gilt unabhängig davon, ob der Flugbetrieb mit dem Bodenbetrieb einen einheitlichen Betrieb

---

689 BAG Urt. v. 21.7.2009 – 9 AZR 404/08, NZA 2009, 1369, Rn. 20; BAG Urt. v. 18.11.2008 – 9 AR 815/07, BeckRS 2009, 55068, Rn. 43.

690 BAG Urt. v. 21.7.2009 – 9 AZR 404/08, NZA 2009, 1369, Rn. 20; LAG Düsseldorf Urt. v. 22.3.2012 – 15 Sa 1271/11, BeckRS 2012, 211070, Rn. 32, nicht beanstandet in der Revision BAG Urt. v. 28.8.2013 – 10 AZR 570/12, BeckRS 2013, 74861; LAG Bremen Urt. v. 5.7.2011 – 1 Sa 322/10, Juris Rn. 86; Hessisches LAG Urt. v. 23.5.2011 – 17 Sa 1954/10, Juris Rn. 69; LAG Baden-Württemberg Urt. v. 24.6.2011 – 18 Sa 6/11, Juris Rn. 65.

691 Zum Begriff „dead-head", für den auch der Begriff „positioning" benutzt wird: VO 965/2012, ORO.FTL.105 Nr. 18.

692 BAG Beschl. v. 11.12.2007 – 1 ABR 73/06, AP BetrVG 1972 § 99 Versetzung Nr. 45, Rn. 22 ff.

693 BAG Beschl. v. 17.11.2010 – 7 ABR 120/09, AP BetrVG 1972 § 99 Versetzung Nr. 50.

694 BAG Beschl. v. 12.6.2019 – 1 ABR 39/17, NZA 2019, 1292, Rn. 23 ff.

bildet oder nicht.[695] Gleiches gilt für den umgekehrten Fall des Wechsels eines Arbeitnehmers aus dem Boden- in den Flugbetrieb.[696] Ein Mitbestimmungsrecht des abgebenden Betriebes besteht allerdings nicht, wenn der Arbeitnehmer die Versetzung zu einem anderen Flugbetrieb gewünscht hat, z. B. bei dem Wunsch eines Arbeitnehmers innerhalb eines Konzernverbundes im Rahmen der Arbeitnehmerüberlassung verliehen zu werden.[697] Lässt sich ein Arbeitnehmer dagegen nur nicht gegen seinen Willen versetzen, besteht das Mitbestimmungsrecht fort.[698]

Keine Versetzung wird nach den obigen Maßstäben vorliegen, wenn ein Arbeitnehmer kurzfristig, nicht länger als einen Monat als Ersatz eines erkrankten Arbeitnehmers einspringt und deshalb seine übliche Tätigkeit nur auf einer anderen Route durchführt. Auch die Zuweisung einer anderen Route, bei Beibehaltung der übrigen Umstände, begründet keine Versetzung.[699] Ordnet der Arbeitgeber dem Arbeitnehmer keine neue Heimatbasis zu, verändert sich aber die Zuordnung im Dienstplan bezüglich der Dienstplangruppe, liegt keine Versetzung im Sinne des § 95 Abs. 3 S. 1 BetrVG vor. Denn die Veränderung der Arbeitszeit ist keine Änderung des Arbeitsbereichs oder der Umstände, unter denen die Arbeit zu leisten ist.[700] Eine Versetzung wird hingegen vorliegen, wenn ein Arbeitnehmer im selben Betrieb auf andere Flugmodelle eingesetzt wird. Denn beispielsweise unterscheidet sich die Bedienung eines A380-800 mit 509 Sitzplätzen in der Verantwortung und der erforderlichen Flugerfahrung erheblich vom Flug einer Bombardier CR900 mit 90 Sitzplätzen. Die Erheblichkeit der Änderung der Tätigkeit zeigt sich darin, dass ein Kapitän als auch Kopiloten das Flugzeug nur dann fliegen dürfen, wenn sie eine gültige Klassen- und Musterberechtigung innehaben[701] sowie innerhalb der letzten 90 Tage Erfahrung in der Bedienung des Flugzeuges durch echte Start- und Landungen oder Übungen im

695 BAG Beschl. v. 22.11.2005 – 1 ABR 49/04, AP BetrVG 1972 § 117 Nr. 7 unter I. 2. d); LAG Düsseldorf Beschl. v. 7.2.2017 – 3 TaBV 126/15, BeckRS 2017, 120703, Rn. 36.

696 LAG Düsseldorf Beschl. v. 7.2.2017 – 3 TaBV 126/15, BeckRS 2017, 120703, Rn. 39.

697 Hessisches LAG Beschl. v. 19.6.2012 – 4 TaBV 156/11, Juris.

698 LAG Düsseldorf Beschl. v. 17.10.2012 – 7 TaBV 55/12, Juris Rn. 65 mit Verweis auf BAG Beschl. v. 28.8.2007 – 1 ABR 70/06, AP BetrVG 1972 § 95 Nr. 53, Rn. 16.

699 Zur Routenänderung bei einem LKW-Fahrer: BAG Urt. v. 4.5.1993 – 1 AZR 2/93, BeckRS 1993, 30744825.

700 *Kania*, in: Müller-Glöge/Preis/Schmidt, Erfurter Kommentar zum Arbeitsrecht, 99 BetrVG Rn. 13: Die Veränderung der Arbeitszeit stelle keine Versetzung dar.

701 VO 1178/2011, FCL.700.

Flugsimulator eines Flugzeugs desselben Musters aufweisen können.[702] Selbst innerhalb der gleichen Baureihe eines Luftfahrzeuges muss ein Pilot eine Unterschiedsschulung oder ein Vertrautmachen absolvieren.[703]

bb) Regelungsbefugnisse der Tarifvertragsparteien

Bereits außerhalb des Anwendungsbereichs von § 117 BetrVG können die Tarifvertragsparteien in einem Tarifvertrag Regelungen zur wirtschaftlichen Mitbestimmung erweitern, vorausgesetzt, es ist sichergestellt, dass bei ausbleibender Einigung zwischen Betriebsrat und Arbeitgeber die Einigungsstelle nach den Bestimmungen des Betriebsverfassungsgesetzes entscheidet und dem Arbeitgeber der Rechtsweg zu den Arbeitsgerichten gegen ermessensfehlerhafte Entscheidungen der Einigungsstelle offensteht.[704] Gleiches gilt auch für die den Tarifvertragsparteien über § 117 Abs. 2 S. 1 BetrVG bestehende Regelungsbefugnis. Eine Regelung, die in den Kern der Unternehmensautonomie eingreift, ist nicht durch Tarifvertrag regelbar, da die Regelung der Wirtschafts- und Arbeitsbedingungen von der Unternehmensautonomie in Art. 12, 14 GG abzugrenzen ist. Im Kernbereich der Unternehmensautonomie ist keine tarifliche Regelung zulässig.[705] Hieran ändert sich nichts, wenn ein Firmentarifvertrag geschlossen wird, es sich also sich bei dem betroffenen Unternehmen zugleich um den von den Normen gebundenen Arbeitgeber handelt. Die Zustimmung des Arbeitgebers kann die Reichweite der Koalitionsfreiheit nicht erweitern. Diese bezieht sich gegenständlich nicht auf die Regelung von Bereichen, die dem Kern der Unternehmensautonomie zuzurechnen ist.[706] Auch über § 117 Abs. 2 S. 1 TVG kann gegenüber dieser verfassungsrechtlichen Grenze keine weitergehende Regelungsbefugnis bestehen.

Die Regelung des § 117 BetrVG ermöglicht keine Einschränkung.[707] Bei der personellen Mitbestimmung handelt es sich um ein zentrales Mitbestimmungsrecht, für deren Abbedingung hohe Anforderungen bestehen. Dies wird bereits

---

702 Siehe dazu: VO 1178/2011, FCL.060, lit. b. Nr. 1.

703 VO 1178/2011, FCL.710 lit. a).

704 BAG Beschl. v. 10.2.1988 – 1 ABR 70/86, AP BetrVG 1972 § 99 Nr. 53; *Fitting*, Betriebsverfassungsgesetz, § 1 Rn. 348; a.A. *Raab*, Vor § 92 Rn. 19 ff.

705 *Scholz*, in: Maunz/Dürig, Art. 9 GG Rn. 257 m.w.N.

706 Allgemein: *Scholz*, in: Maunz/Dürig, Art. 9 GG Rn. 257 m.w.N.

707 Zur alten Rechtslage Hessisches LAG Beschl. v. 4.7.2006 – 4/18 TaBV 46/05, Juris Rn. 49 f., aufgehoben durch BAG, da bereits keine Versetzung im Sinne des BetrVG vorlag.

durch die einseitig zwingende Ausgestaltung im BetrVG deutlich.[708] Das Telos spricht gegen eine Einschränkung. Der Zweck der personellen Mitbestimmung liegt darin, einen Interessenausgleich innerhalb Belegschaft zu sichern[709] und individuelle Arbeitnehmer vor unberechtigten Nachteilen zu schützen.[710] Eine andere Regelung zum Schutz vor individuellen Nachteilen bei Versetzungen, die einen Wegfall kompensieren könnte, besteht im BetrVG nicht. Deutlich wird dies am Beispiel der Versetzung eines Piloten auf ein anderes Flugzeugmuster. Solche Versetzungen stellen regelmäßig auch eine Beförderung dar, an der auch andere Arbeitnehmer Interesse haben. Ohne das Mitbestimmungsrecht würde keine Kontrolle der Entscheidung des Arbeitgebers bestehen. Letztendlich ist entscheidend, dass die Sachgründe der Regelung des § 117 Abs. 2 S. 1 BetrVG keine Absenkung des gesetzlichen Standards erfordern.

Den Tarifvertragsparteien ist es aber möglich, Auswahlrichtlinien entsprechend § 95 Abs. 1 S. 1 BetrVG zu vereinbaren.[711] Das BetrVG ermöglicht Konkretisierungen der Verfahren,[712] sodass die Definition von angemessenen Verhandlungszeiträumen, insbesondere der Ladungs- und Einlassungsfrist, zulässig sind. Damit wird dem Interesse an zeitnahen Lösungsmöglichkeiten ausreichend entsprochen.

m) Wahlrecht

Ein Interesse an einer Änderung des Wahlrechts der Personalvertretung kann aus verschiedenen Motiven bestehen. Beispielhaft sind zu nennen: das Interesse eines Arbeitgebers an der Reduzierung der Anzahl der Arbeitnehmervertreter, um die Kosten der betrieblichen Vertretung zu senken, sowie das Interesse einer Gewerkschaft an der Stärkung ihres Einflusses im Betrieb. Es fragt sich aber, inwieweit den Tarifvertragsparteien eine Regelungsbefugnis bezüglich des Wahlrechts zusteht.[713]

---

708 Statt aller *Arnold*, in: Kiel/Lunk/Oetker, Münchener Handbuch zum Arbeitsrecht Kollektives Arbeitsrecht, § 315 Mitwirkung und Mitbestimmung des Betriebsrats Rn. 15.

709 *Thüsing*, in: Richardi, § 99 BetrVG Rn. 11.

710 *Poeche*, in: Küttner, Personalbuch, Versetzung Rn. 15.

711 *Koch*, in: Schaub, Arbeitsrecht von A-Z, Auswahlrichtlinien; *Schmid, Manfred/Hofmann, Joël*, SPA 2019, 165, 166.

712 *Jacobs*, in: Oetker, GK-BetrVG, § 76 Rn. 186 und 123; *Fitting*, Betriebsverfassungsgesetz, § 76 Rn. 56.

713 Für eine weite Regelungsmöglichkeit mit Verweis auf Grenzen durch andere gesetzliche Vorschriften wie dem AGG oder dem TzBfG *Jacobs/Frieling*, in: Gräfl/Lunk/Oetker/Trebinger, 100 Jahre Betriebsverfassungsrecht, S. 248 f.

aa) Demokratische Grundsätze

Zu § 3 BetrVG hat das BAG klargestellt, dass eine tarifliche Regelung die demokratischen Grundsätze des BetrVG berücksichtigen muss.[714] Für eine Übertragbarkeit dieser Rechtsprechung auf § 117 Abs. 2 S. 1 BetrVG spricht, dass das System des BetrVG im Ursprung mit der Demokratisierung verbunden ist.[715] Deshalb wurde bereits zur vorherigen Rechtslage vertreten, dass jede Änderung am Erfolgs- oder Zählwert durch tarifliche Vereinbarung ausgeschlossen ist.[716] Dies gilt auch für eine Abweichung von den Grundsätzen der allgemeinen, freien, gleichen, unmittelbaren und geheimen Wahl. Auch die Aufstellung der Bewerber muss demokratischen Grundsätzen entsprechen, wie die Rechtsprechung des Bundesverfassungsgerichts zu Personalvertretungswahlen verdeutlicht.[717]

bb) Zusammensetzung nach Geschlechtern

Die neue Rechtslage führt aber auch zu bedeutenden Änderungen. Bei der Auslegung des § 117 Abs. 2 S. 1 BetrVG ist nunmehr auch der Regelungsauftrag gem. Art. 3 Abs. 2 S. 2 GG zur Förderung der Gleichberechtigung von Frauen und Männern berücksichtigungsfähig. Das BetrVG sieht eine Quotenregelung für das unterrepräsentierte Geschlecht in den § 15 BetrVG i. V. m. § 5 und § 15 Wahlordnung (WO) [718] vor, von der die Tarifvertragsparteien außerhalb des Anwendungsbereichs des § 117 Abs. 2 S. 1 BetrVG nicht abweichen können. Da keine Argumente aus den Sachgründen der Regelung oder der Historie für eine abweichende Regelung in Tarifverträgen gem. § 117 Abs. 2 S. 1 BetrVG sprechen, ist die Quotenregelung auf eine durch Tarifvertrag errichtete betriebliche Vertretung anzuwenden.

---

714 BAG Beschl. v. 13.3.2013 – 7 ABR 70/11, AP BetrVG 1972 § 3 Nr. 10, Rn. 31.

715 Zur Historie siehe *Richardi*, in: Richardi, Einleitung Rn. 6 ff.

716 So bereits zur alten Rechtslage: *Däubler*, in: Däubler/Klebe/Wedde, BetrVG, § 117 Rn. 16, dies bestätigend zur neuen Rechtslage Däubler/Klebe/Wedde, BetrVG, § 117 Rn. 17; zustimmend: *Darányi*, Die Bordbetriebsverfassung nach § 117 Abs. 2 S. 1 BetrVG, S. 144.

717 BVerfG Beschl. v. 23.3.1982 – 2 BvL 1/81, BVerfGE 60, 162, 167; BVerfG Beschl. v. 24.2.1971 – 1 BvR 438, 456, 484/68 und 1 BvL 40/69, BVerfGE 30, 227 ff.; BVerfG Beschl. v. 22.10.1985 – 1 BvL 44/83, BVerfGE 71, 81 ff.

718 Zur Verfassungskonformität der Geschlechterquote: BAG Beschl. v. 16.3.2005 – 7 ABR 40/04, AP BetrVG 1972 § 15 Nr. 3.

cc) Gruppenwahl

Die Trennung der Berufsgruppen in der Luftfahrt könnte bei der Wahl abgebildet werden. Das BetrVG kannte in § 10 BetrVG a. F. eine Gruppenwahl für Arbeiter und Angestellte. Dabei wählten die wahlberechtigten Arbeitnehmer entsprechend dem Verhältnis der Gruppen zueinander getrennt die Betriebsratsmitglieder. Nach alter Rechtslage hat das LAG Köln eine entsprechende Regelung in einem Tarifvertrag gem. § 117 Abs. 2 BetrVG nicht als nichtig beurteilt.[719] Im Ergebnis wird durch eine solche Aufteilung die Situation hergestellt, die bestünde, wenn zwei verschiedene Tarifverträge für die Luftfahrt bestünden. Für die Zulässigkeit einer Gruppenwahl spricht zudem, dass diese nicht mit der Erwägung gestrichen wurde, dass sie an sich nicht mehr in das System des BetrVG passe, sondern mit dem Argument, dass die Unterscheidung zwischen Angestellten und Arbeitern nicht mehr zeitgemäß sei.[720]

dd) Anzahl der Arbeitnehmervertreter

Auf eine zweite mögliche Änderung hat ver.di bei der Verhandlung eines TV-PV mit Eurowings hingewiesen:[721] Bislang war auch die Anzahl der Arbeitnehmervertreter abweichend von § 9 BetrVG durch die Tarifvertragsparteien über § 117 Abs. 2 S. 1 BetrVG regelbar, da der Tarifvertrag außerhalb des BetrVG stand. Nunmehr könnte die beidseitig zwingende Wirkung des § 9 BetrVG zu beachten sein.[722] Zweifel an der beidseitig zwingenden Wirkung können bestehen, da die Ausführungen des BAG im entschiedenen Fall nicht entscheidungserheblich waren und sich auf § 3 BetrVG bezogen haben. Eine Änderung dieser Ansicht würde zudem nur eine Klarstellung und keine Rechtsprechungsänderung darstellen.[723] Entgegen der Rechtsprechung sehen Teile der Literatur eine Vergrößerung des Betriebsrates bei Tarifverträgen gem. § 3 BetrVG im Vergleich zu § 9 BetrVG als zulässig an.[724] Argumente zum

719 LAG Köln Beschl. v. 20.8.2007 – 2 TaBV 21/07, BeckRS 2008, 50517.

720 BT-Drs. 14/5741, S. 23 f., 36.

721 *dk, dpa:* Verdi einigt sich mit Eurowings auf Flugbegleiter-Betriebsrat.

722 BAG Beschl. v. 7.5.2008 – 7 ABR 17/07, AP BetrVG 1972 § 9 Nr. 12, Rn. 18; a.A.: LAG Hamm Beschl. v. 27.6.2003 – 10 TaBV 22/03, BeckRS 2003, 30798824 unter II. 2. a); *Jacobs/Münder*, NZA 2018, 148 ff. m.w.N.

723 Zu so einem Fall BAG Urt. v. 15.4.2015 – 4 AZR 796/13, AP TVG § 3 Nr. 57, Rn. 50; darauf weisen auch *Jacobs/Münder*, NZA 2018, 148 hin.

724 *Jacobs/Münder*, NZA 2018, 148 ff.; *Trümner*, in: Däubler/Klebe/Wedde, BetrVG, § 3 Rn. 113.

Wortlaut[725] oder der Gesetzesbegründung zu § 3 BetrVG[726] können bei § 117 BetrVG nicht unmittelbar tragen.

Das BetrVG ermöglicht es den Tarifvertragsparteien in § 47 Abs. 4 sowie § 55 Abs. 4 BetrVG, die Anzahl der Vertreter der Arbeitnehmervertretung zu verändern, sodass eine Abweichungsmöglichkeit grundsätzlich im System angelegt ist. Aber auch wenn im BetrVG eine Abweichungsmöglichkeit vorhanden ist, besteht diese Ausnahme zunächst nur durch eine ausdrückliche Regelung[727] sowie für besondere Vertretungen. Eine Möglichkeit zur Abweichung von der Anzahl der Vertreter des „einfachen“ Betriebsrats besteht nicht. Dies spricht auch gegen eine Abweichungsmöglichkeit nach oben.

Die Historie des § 9 BetrVG spricht gegen eine Anpassungsmöglichkeit. Denn mit der letzten Gesetzesänderung zu § 9 BetrVG senkte der Gesetzgeber die Schwellenwerte, um es dem Betriebsrat zu ermöglichen, seine Aufgaben wieder besser wahrnehmen zu können.[728] Eine Öffnung für die Tarifvertragsparteien hat der Gesetzgeber nicht vorgesehen. Damit hat der Gesetzgeber an der Entscheidung von 1972 festgehalten, die Abweichungsmöglichkeit von der Anzahl der Betriebsratsmitglieder nach oben, die in § 9 Abs. 2 BetrVG 1952 noch vorgesehen war, mit § 9 BetrVG 1972 durch eine feste Staffelung zu ersetzen.[729] Auch die Überlegung, dass die Erhöhung der Betriebsratsmitglieder nicht kongruent mit der Erhöhung der Schwellenwerte einhergeht und daraus eine Unterrepräsentanz von Arbeitnehmergruppen im Betriebsrat bei großen Schwellenwerten entstehen kann,[730] führt nicht weiter. Denn dies ist durch die Staffelung in § 9 BetrVG gerade bezweckt. Auch die Besonderheiten in der Luftfahrt erfordern keine Erhöhung oder Senkung der Arbeitnehmeranzahl. Nicht die Anzahl der Arbeitnehmervertreter schränkt die Aufgabenwahrnehmung ein, sondern die im Gesetz geforderte Ortsanwesenheit der Betriebsratsmitglieder. Eine Regelungsbefugnis besteht somit nicht.

---

725 § 9 BetrVG beziehe sich auf einen Betriebsrat und nicht auf eine andere Arbeitnehmervertretung im Sinne des § 3 Abs. 1 Nr. 3 BetrVG: *Hohenstatt/Dzida*, DB 2001, 2498, 2500.

726 Die Gesetzesbegründung zu § 3 Abs. 5 BetrVG verweist darauf, dass für die neu geschaffenen Organisationseinheiten § 9 BetrVG gilt: BT-Drs. 14/5741, S. 35.

727 *Krois*, in: Kiel/Lunk/Oetker, Münchener Handbuch zum Arbeitsrecht Kollektives Arbeitsrecht, § 291 Wahl und Zusammensetzung des Betriebsrats Rn. 141.

728 BT-Drs. 14/5741, S. 36.

729 BT-Drs. VI/1786, S. 37.

730 *Jacobs/Münder*, NZA 2018, 148, 150.

ee) Wahlverfahren

Das Wahlverfahren ist im BetrVG grundsätzlich zwingend ausgestaltet und nicht offen für eine tarifliche Regelung.[731] In der Luftfahrt könnte über § 117 Abs. 2 S. 1 BetrVG eine Abweichungsmöglichkeit bestehen, wenn die Wahl durch die häufige Abwesenheit der Arbeitnehmer eine andere Regelung erfordert. Eine IT-basierte Wahl kennt das BetrVG nicht.[732] Der Etablierung von Wahlmännern steht das Prinzip der Unmittelbarkeit der Wahl entgegen. Eine zusätzliche Regelung ist allerdings auch nicht erforderlich, da das BetrVG mit der Briefwahl ein Verfahren kennt, das den aufgrund der Ortsabwesenheit bestehenden Bedürfnissen bei der Wahl ausreichend Rechnung trägt.

Als Vereinfachung des Verfahrens könnte über eine Anwendung des vereinfachten Wahlverfahrens nachgedacht werden. Dem steht aber der Zweck der Regelung sowie die Systematik entgegen. Gem. § 14a Abs. 5 BetrVG muss wegen Zweifeln an der Zweckmäßigkeit des vereinfachten Verfahrens bei 51 bis 100 wahlberechtigten Arbeitnehmern bei jeder Wahl neu eine Vereinbarung zwischen dem Wahlvorstand und dem Arbeitgeber über die Anwendung des vereinfachten Verfahrens getroffen werden.[733] Eine generalisierende Anwendung durch einen Tarifvertrag würde mit dieser gesetzlich vorgesehenen Beurteilung brechen. Auch der Gesetzeszweck, eine Betriebswahl in kleinen Betrieben zu fördern,[734] ist bei großen Einheiten nicht einschlägig.

Eine Abweichung vom d'Hondtsche Höchstzahlverfahren[735] ist den Tarifvertragsparteien nicht ermöglicht. Das Verfahren führt dazu, dass sich die Stimmenmehrheit eines Wahlvorschlags auch in absoluten Mandatsmehrheiten widerspiegelt und damit die Mehrheitsbildung im Betrieb, insbesondere in Grenzfällen, erleichtert.[736] Andere Verfahren, die ebenso denkbar wären, stellen sich demgegenüber nicht als passender für die Luftfahrt dar. Insbesondere das Problem des Wegfalls von Reststimmen besteht auch bei anderen

---

731 A.A. *Besgen*, in: Rolfs/Giesen/Kreikebohm/Udsching, BeckOK Arbeitsrecht, § 3 BetrVG Rn. 1, der eine Abweichung von § 13 BetrVG über § 3 Abs. 1 Nr. 3 BetrVG für zulässig hält.

732 Zur Unwirksamkeit einer Betriebsratswahl bei elektronischer Stimmabgabe: LAG Hamburg Beschl. v. 15.2.2018 – 8 TaBV 5/17, BeckRS 2018, 20356.

733 *Thüsing*, in: Richardi, § 14a BetrVG Rn. 2.

734 BT-Drs. 14/5741, S. 36 f.

735 Zur Verfassungsmäßigkeit: BAG Beschl. v. 22.11.2017 – 7 ABR 35/16, AP BetrVG 1972 § 19 Nr. 68.

736 Zu den Wirkungen des Verfahrens: BAG Beschl. v. 22.11.2017 – 7 ABR 35/16, AP BetrVG 1972 § 19 Nr. 68, Rn. 30.

Wahlverfahren.[737] Die Entscheidung des Gesetzgebers zugunsten dieses Wahlverfahrens ist deshalb zu beachten.

n) Zwischenergebnis

Den Tarifvertragsparteien ist eine Unterschreitung der Mitbestimmungsrechte des BetrVG nicht mehr möglich. Soweit Bedarf für konkrete Regelungen zur Mitbestimmung besteht, sieht das BetrVG mit Betriebsvereinbarungen ein geeignetes Mittel vor. Eine Abweichung von zwingenden Vorschriften des BetrVG ist zulässig, soweit die innere Organisation des Betriebsrates betroffen ist. Insbesondere ist es den Tarifvertragsparteien möglich, durch Tarifvertrag vom Gesetz abweichende Freistellungsmöglichkeiten einzuführen sowie zu regeln, dass Sitzungen durch Videokonferenzen und andere digitale Abstimmungen abgehalten werden können.

Im Vergleich zur Rechtslage bis zum 30.4.2019 ist es weiterhin zulässig, dass die Berufsgruppengewerkschaften eigenständige Tarifverträge abschließen. Eine Trennung nach Arbeitnehmergruppen ist aus historischen Gründen zulässig. Eine Differenzierung nach der Gewerkschaftszugehörigkeit widerspricht dem System des BetrVG, das ein von den Gewerkschaften unabhängiges, alle Arbeitnehmer des Betriebes vertretendes Organ vorsieht. Neu ist, dass ein übergeordnetes Gremium als Gesamtbetriebsrat der Flugbetriebe erforderlich sein wird, sofern nicht bereits ein unternehmenseinheitlicher Flugbetrieb geregelt ist.

Der tarifliche gebildete Betrieb ist zugleich ein Betrieb im Sinne des BetrVG. Den Arbeitnehmervertretern kommt auch der Schutz gem. § 15 KSchG zu. Durch die neue Rechtslage besteht auch eine Sicherung der Förderung des Minderheitengeschlechts im Betrieb, da eine abweichende Regelung zu § 15 BetrVG nicht zulässig ist. Eine vom Gesetz abweichende Regelung der Anzahl der Arbeitnehmervertreter oder des Wahlverfahrens ist nicht möglich.

Soweit das BetrVG bereits selbst gesetzliche Öffnungen für Tarifvertragsparteien vorsehen, können diese in einem Tarifvertrag gem. § 117 Abs. 2 S. 1 BetrVG wahrgenommen werden. Soweit das BetrVG nicht abschließende Vorgaben macht, können die Tarifvertragsparteien Konkretisierungen vornehmen.

Weiterhin besteht eine Schutzlücke bei der fehlenden Anwendbarkeit der Sanktionsvorschriften. Hier hätte der Gesetzgeber die Neuregelung als Anlass zur Anpassung der §§ 119 ff. BetrVG nehmen müssen.

---

737 BAG Beschl. v. 22.11.2017 – 7 ABR 35/16, AP BetrVG 1972 § 19 Nr. 68, Rn. 28.

6. *Rechtsfolgen unwirksamer Regelungen*

Durch die gesetzliche Erstreckung auf Außenseiter ist der Tarifvertrag am Verhältnismäßigkeitsgrundsatz zu messen.[738] Ist eine einzelne Regelung unverhältnismäßig oder geht sie über die Regelungsbefugnis hinaus und ist deshalb unwirksam, bestimmen sich die Rechtsfolgen nach § 139 BGB. Verbleibt nach Streichung der unwirksamen Norm eine sinnvolle und geschlossene Regelung, findet § 139 BGB keine Anwendung. Der Tarifvertrag bleibt mit Ausnahme der unwirksamen Regelung wirksam.[739]

Ist der gesamte Tarifvertrag unwirksam, galt bislang, dass eine darauf beruhende Betriebsratswahl nichtig ist, da ohne Tarifvertrag keine Bildung einer betrieblichen Vertretung möglich war.[740] Gleiches galt, wenn eine tarifliche Regelung von Anfang an fehlte.[741] Aufgrund der Einfügung des § 117 Abs. 1 S. 2 BetrVG stellt sich die Rechtslage nunmehr anders dar. Wird nun bei der Wahl fälschlicherweise von einem wirksamen Tarifvertrag ausgegangen, gehen die Parteien von einem abweichenden Betriebsbegriff, nämlich dem im Tarifvertrag bestimmten, aus. Zu der vergleichbaren Situation, einem Tarifvertrag gem. § 3 BetrVG, hat das BAG entschieden, dass die Verkennung des Betriebsbegriffs keinen Nichtigkeitsgrund darstellt, sondern der Fehler lediglich zur Anfechtung der Betriebsratswahl berechtigt.[742] Im Gegensatz zu § 3 BetrVG gewährt § 117 Abs. 2 S. 1 BetrVG den Tarifvertragsparteien allerdings eine weitreichendere Regelungsbefugnis. Bei im Tarifvertrag bestehenden, vom BetrVG abweichenden Regelungen zur Wahl liegt nicht allein eine Verkennung des Betriebsbegriffs vor, sondern auch eine Abweichung von diesen Vorschriften im BetrVG. Für die Beurteilung, ob die Wahl nichtig ist, kommt es aber nicht auf die Qualität der Verkennung an, sondern auf die Offensichtlichkeit der Mängel.

---

738 Für eine unmittelbare Anwendbarkeit der Grundrechte bei Betriebsnormen: BAG Beschl. v. 8.12.2010 – 7 ABR 98/09, AP BetrVG 1972 § 99 Einstellung Nr. 62, Rn. 45 ff.

739 BAG Urt. v. 12.12.2007 – 4 AZR 996/06, AP TVG § 1 Nr. 39, Rn. 21; BAG Urt. v. 16.11.2011 – 4 AZR 856/09, AP TVG § 1 Nr. 60.

740 LAG Köln Beschl. v. 20.8.2007 – 2 TaBV 21/07, BeckRS 2008, 50517 unter II.

741 LAG Sachsen Beschl. v. 8.11.2016 – 3 TaBV 16/16, BeckRS 2016, 111846; LAG Berlin-Brandenburg Beschl. v. 30.10.2009 – 6 TaBVGa 2284/09, BeckRS 2009, 74383; *Franzen*, in: Oetker, GK-BetrVG, § 117 Rn. 13.

742 BAG Beschl. v. 13.3.2013 – 7 ABR 70/11, AP BetrVG 1972 § 3 Nr. 10; a.A. *Spinner/Wiesenecker*, in: Rieble, Festschrift für Manfred Löwisch zum 70. Geburtstag, S. 375, 387 ff., wonach die Wahl eines Betriebsrates aufgrund eines unwirksamen Tarifvertrages nichtig sei. In der Folge seien auch die geschlossenen Betriebsvereinbarungen nichtig.

Erforderlich ist, dass der Anschein einer dem Gesetz entsprechenden Wahl gewahrt wird.[743] Da Betriebspartner von der Wirksamkeit eines Tarifvertrages gem. § 117 Abs. 2 S. 1 BetrVG ausgehen können, solange nichts Gegenteiliges gerichtlich festgestellt worden ist oder die Nichtigkeit offensichtlich ist, besteht der Anschein einer rechtmäßigen Wahl.

Ein Teil der Literatur verneint im Zusammenhang mit § 3 BetrVG die Anwendung dieser Rechtsprechung. Die Folge einer unwirksamen vom Gesetz abweichenden normativen Regelung könne nur die Unwirksamkeit der Wahl sein, da keine gesetzliche Grundlage für diese Wahl bestehe.[744] Dagegen spricht allerdings entscheidend, dass bei jeder Verkennung des Rechts die gesetzlichen Grundlagen fehlen.[745]

Die Anwendung der Rechtsprechung zur Bewertung nichtiger Wahlen auf Tarifverträge gem. 117 Abs. 2 S. 1 BetrVG könnte aber grundsätzlich infrage gestellt werden. Der Grundsatz, dass nur in Ausnahmefällen von einer Nichtigkeit auszugehen ist, wird mit den erheblichen Rechtsfolgen, insbesondere dem Wegfall der betrieblichen Vertretung, begründet.[746] Ist ein Tarifvertrag gem. § 117 Abs. 2 S. 1 BetrVG nichtig, findet keine Verdrängung des BetrVG mehr statt. Der bisher für den Landbetrieb und die Arbeitnehmer außerhalb des Anwendungsbereichs des Tarifvertrages zuständige gesetzliche Betriebsrat tritt in die Lücke und nimmt die Zuständigkeit wahr. Ein betriebsratsloser Zustand tritt nicht ein. Gleichwohl würden auch in diesen Fällen getroffene Betriebsvereinbarungen wegfallen, weshalb die Rechtsfolgen der Nichtigkeit trotz der Auffangzuständigkeit eines Betriebsrats erheblich sind. Damit bleibt es bei der Anfechtbarkeit. Dies hat zur Konsequenz, dass auch die von einer solchen betrieblichen Vertretung geschlossenen Betriebsvereinbarungen in Kraft bleiben.[747]

---

743 BAG Beschl. v. 13.3.2013 – 7 ABR 70/11, AP BetrVG 1972 § 3 Nr. 10, Rn. 15 m.w.N.

744 *Plander*, NZA 2002, 483, 488 f.

745 *Mückl/Koehler*, NZA-RR 2009, 513, 514.

746 BAG Beschl. v. 13.3.2013 – 7 ABR 70/11, AP BetrVG 1972 § 3 Nr. 10, Rn. 15.

747 BAG Beschl. v. 13.3.1991 – 7 ABR 5/90, AP BetrVG 1972 § 19 Nr. 20; *Fitting*, Betriebsverfassungsgesetz, § 3 Rn. 23; *Koch*, in: Müller-Glöge/Preis/Schmidt, Erfurter Kommentar zum Arbeitsrecht, § 19 BetrVG Rn. 7.

F. Sperrwirkung, Wahlverfahren, Arbeitskampf und Allgemeinverbindlicherklärung

I. Die Sperrwirkung gem. § 117 Abs. 1 S. 2 BetrVG

Das Gesetz bestimmt in § 117 Abs. 1 S. 2 BetrVG, dass das BetrVG anzuwenden ist, wenn keine Vertretung durch Tarifvertrag nach Absatz 2 Satz 1 errichtet ist. Arbeitnehmer, die nicht in den Anwendungsbereich des Tarifvertrages fallen, obwohl sie in einem Flugbetrieb eines Flugunternehmens beschäftigt werden, können einen gesetzlichen Betriebsrat bilden bzw. werden diesem weiterhin zugeordnet.[748] Nicht geklärt sind bisher aber die Details zu den Voraussetzungen der Sperrwirkung des § 117 Abs. 1 S. 2 BetrVG sowie die Auswirkungen auf einen gesetzlichen Betriebsrat.

1. *Voraussetzung der Sperrwirkung*

Der Zeitpunkt der Sperrwirkung ist bislang ungeklärt. Als Voraussetzung der Sperrwirkung des § 117 Abs. 1 S. 2 BetrVG kommt die Zusammensetzung des neuen Betriebsrates für die in der Luftfahrt beschäftigten Arbeitnehmer oder der Abschluss des Tarifvertrages in Betracht. Der Wortlaut des Gesetzes spricht mit der Formulierung „wenn keine Vertretung [...] errichtet ist" für die Zusammensetzung des Betriebsrates als maßgeblichen Umstand. In der Literatur wird dagegen als Argument für das Abstellen auf den Abschluss des Tarifvertrages angeführt, dass die Gesetzesbegründung auf den Bestand des Tarifvertrages abstelle, da nach dieser bei Beendigung des Tarifvertrages nicht unmittelbar das BetrVG gelten solle.[749] Dabei wird übersehen, dass sich die Aussage in der Gesetzesbegründung auf die Nachwirkung gem. § 4 Abs. 5 TVG bezieht. Die Nachwirkung behandelt aber den Fall, dass bereits ein Tarifvertrag bestand. Damit ist keine Aussage über die Voraussetzung der Sperrwirkung durch einen neuen geschlossenen Tarifvertrag verbunden. Auch verkürzt die Literaturansicht den Wortlaut des § 117 Abs. 1 S. 2 BetrVG unzulässig, wenn sie darauf abstellt, dass die Personalvertretung „durch" und nicht „aufgrund" eines Tarifvertrages errichtet ist und deshalb auf den Bestand des Tarifvertrages abzustellen sei.[750] Im Gegenteil besagt das Gesetz, dass das BetrVG anzuwenden ist, wenn keine Vertretung durch Tarifvertrag nach Absatz 2 Satz 1 „errichtet" ist. Die Errichtung

---

748 Siehe Seite 133 ff.

749 *Müller/Becker*, BB 2019, 884, 886 f. mit Verweis auf BT-Drs. 19/6146, S. 31.

750 *Müller/Becker*, BB 2019, 884, 886 f.

steht im Mittelpunkt, damit keine betriebsratlosen Zeiten bestehen.[751] Wann eine Personalvertretung errichtet ist, lässt sich anhand des BetrVG konkretisieren, dessen System auch bei Tarifverträgen gem. § 117 Abs. 2 S. 1 BetrVG maßgeblich ist. Nach § 22 BetrVG führt der Betriebsrat die Geschäfte weiter, bis das Wahlergebnis bekannt gegeben ist.[752] Darauf kommt es auch bei der Personalvertretung an. Das Gesetz bietet damit zugleich eine Antwort auf die Frage, wie die betriebliche Mitbestimmung ab dem Geltungszeitpunkt des Tarifvertrages, aber noch vor Bekanntgabe des Wahlergebnisses ausgeübt wird. Bis zur Errichtung der Personalvertretung ist das Gesetz anzuwenden. Der bisherige Betriebsrat übt die Mitbestimmung für die in der Luftfahrt beschäftigten Arbeitnehmer nach den Vorschriften des BetrVG und nicht nach dem Tarifvertrag aus, bis das Wahlergebnis bekannt gegeben worden ist. Ab diesem Zeitpunkt verliert der Betriebsrat seine Zuständigkeit.[753]

2. Auswirkung auf gesetzliche Betriebsräte

a) Zeitgleiche Wahlverfahren

Kommt es für die Sperrwirkung auf die Bekanntgabe des Wahlergebnisses an,[754] haben bei zeitgleicher Durchführung des Wahlverfahrens die in der Luftfahrt beschäftigten Arbeitnehmer sowohl ein Wahlrecht für die gesetzliche Vertretung als auch für die tarifliche Vertretung. Gleichwohl steht durch die Sperrwirkung fest, dass der gesetzliche Betriebsrat zu keinem Zeitpunkt die betriebliche Vertretung für die Arbeitnehmer wahrnehmen kann, für die die Personalvertretung gem. § 117 Abs. 2 S. 1 BetrVG gebildet wird. Aber auch im Nachgang der Wahl des Betriebsrates kann die Bildung der tariflichen Personalvertretung Auswirkungen für die gesetzliche Betriebsvertretung haben. Gem. § 13 Abs. 2 Nr. 1 BetrVG kann der Wegfall einer erheblichen Anzahl von Arbeitnehmern in den Betrieben mit Ablauf von 24 Monaten vom Tag der Wahl an gerechnet

---

751 Ausgehend vom Telos auch *Jacobs/Frieling,* in: Gräfl/Lunk/Oetker/Trebinger, 100 Jahre Betriebsverfassungsrecht, S. 256.

752 *Jacobs/Frieling,* in: Gräfl/Lunk/Oetker/Trebinger, 100 Jahre Betriebsverfassungsrecht, S. 256, stellen auf § 21 S. 2 BetrVG ab; ohne Anknüpfung an das Gesetz *Däubler,* in: Däubler/ /Klebe/Wedde, BetrVG, § 117 Rn. 27.

753 Zu den Auswirkungen auf den gesetzlichen Betriebsrat siehe Seite 160 ff.

754 Siehe Seite 159 f.; *Jacobs/Frieling,* in: Gräfl/Lunk/Oetker/Trebinger, 100 Jahre Betriebsverfassungsrecht, S. 256.

Neuwahlen erforderlich machen. Eine Veränderung der Arbeitnehmerzahl vor oder allein nach diesem Stichtag ist unerheblich.[755]

Diese Rechtsfolge wird vermieden, wenn die Arbeitnehmer, die den Flugbetriebsrat wählen, ihre Wahlberechtigung für die gesetzlichen Betriebsräte verlieren würden. Die für die Wahlberechtigung im BetrVG maßgebliche Norm, § 7 S. 1 BetrVG, die auch bei der Wahl eines Betriebsrates gem. § 117 Abs. 2 S. 1 BetrVG entsprechend gilt, stellt allerdings allein auf die Eingliederung in den Betrieb ab. Auf einen Wegfall der Eingliederung wenige Tage nach der Wahl kommt es nicht an. Dies verdeutlicht die Rechtsprechung zur Wahlberechtigung von Arbeitnehmern im gekündigten Arbeitsverhältnis, wonach bis zum Ablauf der Kündigungsfrist der Arbeitnehmer wahlberechtigt ist.[756]

Daraus ergibt sich ein weiteres Problem. Erst mit dem Verlust der Wahlberechtigung verliert der Arbeitnehmer auch seine Wählbarkeit.[757] Daher können auch Arbeitnehmer in den gesetzlichen Betriebsrat gewählt werden, die im Endeffekt aufgrund eines Tarifvertrages gem. § 117 Abs. 2 S. 1 BetrVG zu diesem nicht mehr zählen. Ab Bekanntgabe der Wahlergebnisse sind diese aber so zu behandeln, als hätten sie den gesetzlichen Betriebsrat verlassen.

Die anstehende Wahl eines Betriebsrates gem. § 117 Abs. 2 S. 1 BetrVG hat aber auch bereits Auswirkungen vor der Bekanntgabe des Wahlergebnisses: Für die „in der Regel" beschäftigten wahlberechtigten Arbeitnehmer des Betriebes kommt es auf eine Prognose an, sodass künftige Entwicklungen einzubeziehen sind.[758] Eine solche Prognose unter Berücksichtigung einer Vertretung gem. § 117 Abs. 2 S. 1 BetrVG wird aber frühestens erst mit Abschluss des Tarifvertrages getroffen werden können, da bis zum Abschluss jederzeit mit dem Abbruch der Tarifverhandlungen gerechnet werden muss.

Die aufgezeigten Folgen werden dadurch gemildert, dass es sich um kein wiederkehrendes Problem handelt. Endet das Amt der Arbeitnehmervertreter, die aufgrund eines Tarifvertrages gem. § 117 Abs. 2 S. 1 BetrVG gewählt worden sind, fällt die Sperrwirkung erst mit Ende der Amtszeit der Arbeitnehmervertreter

---

755 *Thüsing*, in: Richardi, § 13 BetrVG Rn. 19.

756 BAG Beschl. v. 10.11.2004 – 7 ABR 12/04, AP BetrVG 1972 § 8 Nr. 11 unter B. II. 1. a); BAG Urt. v. 15.1.1991 – 1 AZR 105/90, AP BPersVG § 4 Nr. 4 unter B. I. 2. a); *Fitting*, Betriebsverfassungsgesetz, § 7 Rn. 33; *Koch*, in: Müller-Glöge/Preis/Schmidt, Erfurter Kommentar zum Arbeitsrecht, § 7 BetrVG Rn. 1.

757 BAG Beschl. v. 10.11.2004 – 7 ABR 12/04, AP BetrVG 1972 § 8 Nr. 11 unter B. II. 1. b).

758 Zur Berücksichtigung von Entwicklungen, die aufgrund von konkreten unternehmerischen Entscheidungen eintreten werden: BAG Beschl. v. 7.5.2008 – 7 ABR 17/07, AP BetrVG 1972 § 9 Nr. 12, Rn. 17.

weg. Bis zu diesem Zeitpunkt werden regelmäßig bereits die Wahlen für eine neue Vertretung stattgefunden haben.

b) Abschluss des Tarifvertrages nach Wahl des gesetzlichen Betriebsrates

Ein besonderes Konkurrenzverhältnis besteht, wenn in zeitlicher Nähe, aber jedenfalls erst nach dem Abschluss des Wahlverfahrens nach dem BetrVG ein Tarifvertrag gem. § 117 Abs. 2 S. 1 BetrVG geschlossen wird. Eine Beschränkung der Regelungsbefugnis der Tarifvertragsparteien in zeitlicher Nähe zur Bildung einer betrieblichen Vertretung folgt aus der Norm selbst nicht.[759] Es stellt sich damit die Frage, ob ein Abwarten bis zur nächsten regelmäßigen Betriebsratswahl erforderlich ist. Die Beratung im Bundestag spricht dafür, dass unmittelbar nach Tarifvertragsabschluss eine Betriebsratswahl nach dem Tarifvertrag eingeleitet werden kann. Denn mit der Verschiebung des Geltungsbeginns vom 1.1.2019 auf den 1.5.2019 sollte es den Tarifvertragsparteien ermöglicht werden, eine abweichende tarifvertragliche Betriebsvertretung zu installieren.[760] Ein Abwarten bis zur nächsten allgemeinen Betriebsratswahl wurde damit nicht intendiert. Denn dann hätte es dieser Verschiebung nicht bedurft, da die regelmäßigen Betriebsratswahlen zuletzt 2018 stattfanden und damit künftig erst 2022 stattfinden werden. Hierfür spricht auch, dass der Gesetzgeber einen Tarifvertrag für zweckdienlicher hält. Dem könnte systematisch die vergleichbare Vorschrift des § 3 Abs. 4 BetrVG entgegengehalten werden.[761] Wird eine gewillkürte Arbeitnehmervertretung gem. § 3 Abs. 1 BetrVG durch einen Tarifvertrag vereinbart, bestimmt § 3 Abs. 4 BetrVG, dass die Vereinbarung erstmalig bei der nächsten regelmäßigen Betriebsratswahl anzuwenden ist, vorausgesetzt, der Tarifvertrag sieht keine abweichende Regelung vor. Da der Gesetzgeber diese Regelung aber kannte und die Norm selbst tarifdispositiv ist, spricht sie nicht gegen Historie und Telos. Es besteht damit keine erforderliche Wartezeit nach Bildung eines Betriebsrates für den Abschluss des Tarifvertrages und der Durchführung einer Wahl zur Bildung des tariflichen Betriebsrates.[762]

---

759 *Jacobs/Frieling*, in: Gräfl/Lunk/Oetker/Trebinger, 100 Jahre Betriebsverfassungsrecht, S. 256.

760 *Bernd Rützel* in der Beratung des Gesetzgebungsvorschlages im Bundestag, 19. Wahlperiode, 69 Sitzung, Berlin, Freitag den 30.11.2018, S. 8013.

761 Für eine entsprechende Anwendung des § 3 Abs. 4 BetrVG *Däubler*, in: Däubler/Klebe/Wedde, BetrVG, § 117 Rn. 21.

762 So auch *Kania*, in: Müller-Glöge/Preis/Schmidt, Erfurter Kommentar zum Arbeitsrecht, § 117 BetrVG Rn. 7.

c) *Wegfall der tariflichen Personalvertretung*

Wurde eine durch Tarifvertrag errichtete Personalvertretung wirksam angefochten oder die Nichtigkeit der Wahl festgestellt, entfällt bzw. besteht keine betriebliche Vertretung nach dem Tarifvertrag. § 117 Abs. 1 S. 2 BetrVG lässt sich so lesen, dass in diesem Fall der Betriebsrat nach dem BetrVG die Zuständigkeit für alle Arbeitnehmer des Betriebes wieder erlangt, da keine Personalvertretung mehr errichtet ist, dies aber für das Eintreten der Sperrwirkung Voraussetzung ist. Für dieses Verständnis könnte auch die Gesetzesbegründung sprechen, die betriebsratlose Zustände vermeiden wollte.[763] Eine solche Auslegung führt dazu, dass eine Personalvertretung keine gravierenden Rechtsfolgen bei einer anfechtbaren Wahl fürchten müsste. Die betriebliche Vertretung würde durch den gesetzlichen Betriebsrat weiter wahrgenommen, bis eine neue tarifliche Personalvertretung gebildet wäre. Dies geht über den Zweck der Neuregelung hinaus, da dieser nicht darin liegt, in allen Fällen die Existenz einer betrieblichen Vertretung zu sichern. Auch die gesetzlichen Regelungen im BetrVG sehen im Fall der wirksamen Anfechtung kein Fortwirken eines Betriebsrates vor, vgl. die Nichterwähnung des § 13 Abs. 2 Nr. 4 in § 22 BetrVG. Erst ein neu gewählter Betriebsrat nimmt die Aufgaben der betrieblichen Vertretung wieder wahr. Dies könnte ebenso bei einer Personalvertretung gelten, die den vollwertigen Ersatz eines Betriebsrates nach dem BetrVG darstellt. Dagegen spricht aber, dass die Sperrwirkung nur dann besteht, wenn eine Personalvertretung errichtet ist. Die Auffangzuständigkeit tritt damit auch bei Feststellung der Nichtigkeit oder nach Anfechtung ein. Hierfür spricht auch der Gleichlauf mit dem Fall, dass zudem der Tarifvertrag insgesamt nichtig ist.[764] Aufgrund des Wegfalls des Tarifvertrages kann in diesem Fall nur das BetrVG gelten. Damit liegt durch die Auffangzuständigkeit eine Folge vor, die die betriebliche Vertretung aufgrund eines Tarifvertrages gegenüber dem gesetzlichen Betriebsrat bevorteilt.

Der Wegfall des tariflichen Betriebsrates gem. § 117 Abs. 2 S. 1 BetrVG kann auch durch eine zeitliche Beschränkung des Tarifvertrages mit Ausschluss der Nachwirkung eintreten. Wählen die Tarifvertragsparteien einen Beendigungszeitpunkt, während die Amtszeit der Betriebsratsmitglieder noch läuft, stellt sich die Frage, ob das Amt weiter besteht und welche Befugnisse der Personalvertretung zustehen. Franzen erkennt in einer solchen Situation eine Verkennung des Betriebsbegriffs, die nachträglich durch den Wegfall des Tarifvertrages

763 Siehe Seite 47.

764 Siehe Seite 157 ff.

eingetreten ist.[765] In der Folge bleiben der Betriebsrat sowie die geschlossenen Betriebsvereinbarungen bis zur Rechtskraft des den Betriebsrat auflösenden Beschlusses in Kraft. Erst danach ist der gesetzliche Betriebsrat zuständig. Dieser Ansicht ist zuzustimmen. Denn diese Situation unterscheidet sich nicht von der nach einer Wahl erkannten Nichtigkeit eines Tarifvertrages. Auch dort ist nur eine Anfechtungsmöglichkeit gegeben.[766]

II. Auswirkungen auf die Wahl der Personalvertretung

Die Neuregelung schweigt zu dem Wahlverfahren bei Errichtung einer Personalvertretung über § 117 Abs. 2 S. 1 BetrVG. Folgendes wurde bereits oben herausgearbeitet: Von den Grundsätzen des BetrVG, insbesondere den Wahlrechtsgrundsätzen, ist keine Abweichung durch Tarifvertrag möglich. Die Aufspaltung in verschiedene Arbeitnehmergruppen, sofern diese insgesamt einen einheitlichen Willen bilden können, ist zulässig. Über § 126 BetrVG gilt die Erste Verordnung zur Durchführung des Betriebsverfassungsgesetzes (Wahlordnung – WO) und durch die Möglichkeit der schriftlichen Stimmabgabe gem. §§ 24 ff. WO ist das Problem der häufigen Abwesenheiten der Arbeitnehmer bei der Wahl des Betriebsrates entschärft.[767]

Bislang ist offen, welche Vorschriften zur erstmaligen Bestellung eines Wahlvorstandes für eine tarifliche gebildete Personalvertretung gem. § 117 Abs. 2 S. 1 BetrVG Anwendung finden. Wird auf die Existenz eines gesetzlichen Betriebsrates abgestellt findet § 16 BetrVG Anwendung.[768] Wird darauf abgestellt, dass bislang keine tariflich gebildete Personalvertretung besteht, findet § 17 BetrVG Anwendung. Ein Abstellen auf § 16 BetrVG ist dem Gesetz am nächsten, wenn je ein Flugbetrieb an der Stelle eines gesetzlichen Betriebsrates errichtet wird. Wird dagegen ein unternehmenseinheitlicher Flugbetrieb durch Tarifvertrag gem. § 117 Abs. 2 S. 1 BetrVG gebildet und besteht bislang im Unternehmen kein unternehmenseinheitlicher Betriebsrat, stellt sich die Frage, wer für die Bestellung des Wahlvorstandes zuständig ist.

Ein paralleles Problem besteht bei der erstmaligen Wahl eines unternehmenseinheitlichen Betriebsrates gem. § 3 Abs. 1 Nr. 1 lit. a BetrVG. Auch dort ist ungeklärt, welcher Betriebsrat für die Bestellung des Wahlvorstandes zuständig

765 *Franzen*, in: Oetker, GK-BetrVG, § 3 Rn. 38; zur Verkennung des Betriebsbegriffs: BAG Beschl. v. 13.3.2013 – 7 ABR 70/11, AP BetrVG 1972 § 3 Nr. 10.

766 Siehe Seite 157 ff.

767 Siehe Seite 151 ff.

768 So *Müller/Becker*, BB 2019, 884, 885 f.

ist.[769] Überwiegend wird § 21a Abs. 2 BetrVG analog herangezogen, sodass eine Zuständigkeit des mit der nach der Zahl der vertretenen Mitglieder größten Betriebsrates für die Wahl des Wahlvorstandes bestehe.[770] Denn aus der Norm folgt die Wertung, dass bei Zusammenschlüssen von Betriebsräten vordergründig ein Betriebsrat und nicht der Gesamtbetriebsrat zuständig sein soll. Gegen die Anwendung des § 21a Abs. 2 BetrVG im Fall des § 117 Abs. 2 S. 1 BetrVG spricht auch nicht, dass im Unterschied zu § 3 Abs. 1 Nr. 1 – 3 BetrVG der zuständige Betriebsrat zwei Wahlvorstände bestellen muss; einen für die Personalvertretung nach dem Tarifvertrag und einen für seinen Nachfolgebetriebsrat. Dass ein Betriebsrat mehrere Betriebsratswahlen einleitet, stellt keinen Systembruch dar, wie sich aus einer Konstellation zu § 3 Abs. 1 BetrVG ergibt. Entfällt nämlich nach Errichtung eines gewillkürten Betriebsrates der Tarifvertrag, ist mit Ablauf der Amtszeit der tarifliche Betriebsrat für die Bestellung der Wahlvorstände in den jeweils einzelnen Betrieben zuständig.[771]

Besteht weder ein Betriebsrat noch ein Gesamt- oder Konzernbetriebsrat, bestellt eine Betriebsversammlung den Wahlvorstand, § 17 Abs. 2 BetrVG. Da die Beschlussfähigkeit kein Mindestquorum voraussetzt,[772] ist die Wahl auch in Anbetracht der notwendigen Flugzeiten der Arbeitnehmer unproblematisch. Haben die Tarifvertragsparteien einen Betriebsbegriff gewählt, der zu einem Betrieb mit fünf bis fünfzig wahlberechtigten Arbeitnehmern führt, findet die Regelung des § 14a Abs. 1 BetrVG Anwendung. Denn die Grundüberlegung des § 14a BetrVG, die Wahl eines Betriebsrates zu vereinfachen und anzuregen,[773] ist auch bei Flugbetrieben mit einer entsprechenden Arbeitnehmerzahl einschlägig.

---

769 LAG Düsseldorf Beschl. v. 2.5.2018 – 12 TaBVGa 3/18, BeckRS 2018, 12935, Rn. 58.

770 *Franzen*, in: Oetker, GK-BetrVG, § 3 Rn. 50; *Richardi*, in: Richardi, § 3 BetrVG Rn. 64; *Fitting*, Betriebsverfassungsgesetz, § 17 Rn. 5; das LAG Düsseldorf Beschl. v. 2.5.2018 – 12 TaBVGa 3/18, BeckRS 2018, 12935, Rn. 58 erwägt, ob den Tarif- oder Betriebsparteien eine Annexkompetenz zur Regelung der Wahl zustehen könnte; a.A.: LAG Frankfurt Beschl. v. 15.12.1988 – 12 TaBVGa 196/88, BeckRS 1988, 30887364, jeder Betriebsrat kann den Wahlvorstand bestellen; LAG Bremen Beschl. v. 20.3.1987 – 2 TaBV 8/87, AP BetrVG 1972 § 17 Nr. 3, nur eine Betriebsversammlung kann den Wahlvorstand bestellen.

771 LAG Schleswig-Holstein Beschl. v. 19.3.2010 – 4 TaBVGa 5/10, BeckRS 2010, 70580.

772 *Koch*, in: Müller-Glöge/Preis/Schmidt, Erfurter Kommentar zum Arbeitsrecht, § 17 BetrVG Rn. 3.

773 BT-Drs. 14/5741, S. 36 f.

III. Arbeitskampf

Ob ein Streikrecht bezüglich betriebsverfassungsrechtlicher Fragen besteht, ist schon länger umstritten.[774] Das BAG bejahte dies zur alten Fassung des § 117 BetrVG mittelbar, indem es 1989 in der Begründung einer Entscheidung ausführte, dass § 117 BetrVG a. F. keinen Anspruch auf Aufnahme und Abschluss von Tarifverhandlungen begründe, da eine Gewerkschaft ihre Interessen auch mittels Streik durchsetzen könne.[775] Auch hier bietet sich ein Blick auf die vergleichbare Vorschrift des § 3 BetrVG an: Diese stand weit mehr im Fokus als § 117 BetrVG. Auch hier hat das BAG keine Probleme für die Erstreikbarkeit der Tarifverträge gem. § 3 BetrVG erkannt.[776] Soweit die Ziele des Arbeitskampfes tariflich regelbar sind, sei der Arbeitskampf zulässig. Es liege kein ungerechtfertigter Eingriff in die Berufsfreiheit des Arbeitgebers vor und es bestehe zudem auch kein Anspruch auf Beibehaltung der betrieblichen Mitbestimmung nach dem BetrVG.[777]

1. Konsens statt Konfrontation

Mit dem Urteil des BAG zu § 3 BetrVG verstummte die Gegenansicht in der Literatur nicht. Nach einer Ansicht ist die Nutzung der Sachkompetenz der Tarifvertragsparteien nach dem Gesetzgeber auf Konsens statt auf Konfrontation gerichtet. Ein Arbeitskampf sei damit nicht vereinbar.[778] Zudem könnte bei gesetzlichen Regelungen wie § 3 Abs. 1 BetrVG ein Verstoß gegen das Zensurverbot vorliegen, da das Ziel eines Arbeitskampfes inhaltlich die tatbestandlichen Voraussetzungen des § 3 Abs. 1 BetrVG berücksichtigen müsse.[779]

Auch bei § 117 BetrVG nutzt der Gesetzgeber die Sachkompetenz der Tarifvertragsparteien. Die Regelung des § 117 Abs. 2 S. 1 BetrVG könnte damit ebenso auf Konsens und nicht auf Konfrontation gerichtet sein.[780] Es ist allerdings zu

---

774 Vgl. die Aufzählung zur ähnlichen Frage bei § 3 BetrVG: *Franzen*, in: Oetker, GK-BetrVG, § 3 Rn. 32.

775 BAG Urt. v. 14.2.1989 – 1 AZR 142/88, AP GG Art. 9 Nr. 52, III Nr. 3.

776 BAG Beschl. v. 29.7.2009 – 7 ABR 27/08, AP BetrVG 1972 § 3 Nr. 7, Rn. 40.

777 Zu § 3 BetrVG: BAG Beschl. v. 29.7.2009 – 7 ABR 27/08, AP BetrVG 1972 § 3 Nr. 7 Rn. 40; auf diese Rechtsprechung verweist *Jacobs/Frieling*, in: Gräfl/Lunk/Oetker/Trebinger, 100 Jahre Betriebsverfassungsrecht, S. 247.

778 *Friese*, ZfA 2003, 237, 268 f.; *Linsenmaier*, RdA 2015, 369, 382; *Fitting*, Betriebsverfassungsgesetz, § 3 Rn. 20.

779 *Linsenmaier*, RdA 2015, 369, 382.

780 So bereits zur alten Fassung des § 117 BetrVG erwägend: *Fitting*, Betriebsverfassungsgesetz, § 117 BetrVG Rn. 9.

erwarten, dass das BAG seine Kritik an dieser Ansicht bei § 117 Abs. 2 S. 1 BetrVG wiederholen wird. Dadurch, dass nur solche Gewerkschaften einen Tarifvertrag für einen Betrieb abschließen können, die auch im Betrieb vertreten sind, wird sichergestellt, dass auch Mitgliederinteressen wahrgenommen werden. Daher handelt es sich nicht bloß um eine Indienstnahme für die Gesamtbelegschaft.[781] Diese kann auch nicht für das Streikrecht relevant sein: Denn mit einer Indienstnahme wird lediglich die Rechtswirkung des § 3 Abs. 2 TVG beschrieben. Da § 3 Abs. 2 TVG entweder auf der Tarifautonomie beruht oder eine Anordnung durch den Gesetzgeber darstellt,[782] ist die Indienstnahme ein Begleiteffekt der ausgeübten Tarifautonomie. Die Ausübung dieser setzt für die Erzielung von Verhandlungsergebnissen Parität zwischen den Parteien voraus. Diese kann nur durch die Möglichkeit von Arbeitskämpfen garantiert werden. Auch aus dem Umstand, dass es sich um eine betriebsverfassungsrechtliche Regelung handelt, folgt kein Verbot eines Streikrechts über das Prinzip der vertrauensvollen Zusammenarbeit. Das BetrVG differenziert zwischen Betriebsrat und Gewerkschaften. Nur dem Betriebsrat trifft das Konsensprinzip als Ausprägung des Prinzips der vertrauensvollen Zusammenarbeit aus § 2 BetrVG.

2. *Der Zweck der Tariföffnung*

Franzen sucht eine Lösung für die Frage des Streikrechts über die Auslegung der konkreten tarifdispositiven Norm.[783] Der Gesetzgeber könne bei der Regelung tarifdispositiven Rechts entscheiden, ob er die tarifliche Regelbarkeit mit der Arbeitskampfbefugnis verbinden wolle. Habe er keine ausdrückliche Regelung zur Arbeitskampfbefugnis getroffen, sei maßgeblich, ob der Gesetzgeber die Tarifdispositivität zur Optimierung der Mitgliederinteressen vorgesehen habe oder ob er die Tarifvertragsparteien zur sachgerechten Ordnung der Materie in den Dienst nehme. Im ersten Fall bestehe eine Arbeitskampfbefugnis, im zweiten nicht.[784]

Gegen die Auslegungsgrundsätze ist bereits das obige Gesagte anzuführen: Bei der Indienstnahme handelt es sich auch hier bloß um die Rechtswirkung des § 3 Abs. 2 TVG. Da betriebsverfassungsrechtliche Regelungen allein betriebseinheitlich gelten können,[785] regelt ein Tarifvertrag immer auch die

---

781 BAG Beschl. v. 29.7.2009 – 7 ABR 27/08, AP BetrVG 1972 § 3 Nr. 7, Rn. 40.
782 Siehe Seite 77 ff.
783 *Franzen*, in: Oetker, GK-BetrVG, § 3 Rn. 33.
784 *Franzen*, in: Oetker, GK-BetrVG, § 3 Rn. 33.
785 Siehe Seite 71 ff.

Interessen der Belegschaft mit. Auch ein Arbeitskampf kann im Interesse der Außenseiter liegen, da auch nichtorganisierte Arbeitnehmer an einem Streik teilnehmen können.[786] Auch systematisch können die Auslegungsgrundsätze nicht überzeugen. Da die Grundlage des Streikrechts in Art. 9 Abs. 3 GG liegt,[787] muss eine Ausgestaltung des Grundrechtes dahin gehend, dass kein Streik zulässig sei, als Ausnahme vom Grundsatz hinreichend klar sein. Im Zweifel ist von einem Streikrecht auszugehen. Liegt der Fall wie hier, dass sowohl die Interessen der Mitglieder als auch die der Außenseiter betroffen sind und fehlt eine klare Gesetzesregelung, muss von diesem Regelfall, dem Bestehen des Streikrechts, ausgegangen werden.

3. *Angemessenheit des Arbeitskampfes*

Ein Streik muss verhältnismäßig sein. Die Arbeitskampfmaßnahmen dürfen also nicht außer Verhältnis zum Ziel, dem Abschluss eines Tarifvertrages, stehen. Der Arbeitskampf muss geeignet und erforderlich sein, um das Ziel des Tarifvertragsabschlusses zu erreichen.

Zwar kommt es auf den Einzelfall an, jedoch finden sich in der Rechtsprechung auch Fallgestaltungen, in denen Personengruppen ein Streikrecht aberkannt wird. Zuletzt führte das BVerfG aus, dass Grundrechte Dritter, sonstige mit Verfassungsrang ausgestattete Rechte und Gemeinwohlbelange dem Streikrecht aus Art. 9 Abs. 3 GG entgegengesetzt werden können.[788] Einen Fall des gesetzlichen Ausschlusses aufgrund des Gemeinwohls hat das BSG im Zusammenhang mit Vertragsärzten bejaht.[789] Ein absolutes Verbot von Kampfmaßnahmen für Vertragsärzte sei geeignet, erforderlich und angemessen, um die Versorgung gesetzlich Krankenversicherter als Gemeinwohlbelang mit Verfassungsrang sicherzustellen.[790] Auch wenn der Sachverhalt aufgrund des öffentlich-rechtlichen Systems des Vertragsarztrechts nicht auf die Luftfahrt übertragbar ist, zeigt sich, dass eine Beschränkung aufgrund der Daseinsvorsorge möglich ist.

---

786 BAG Urt. v. 18.2.2003 – 1 AZR 142/02, AP GG Art. 9 Arbeitskampf Nr. 163 unter A III. 2. a); BAG Urt. v. 22.3.1994 – 1 AZR 622/93, AP GG Art. 9 Arbeitskampf Nr. 130 unter II. 3. a).

787 *Thüsing*, in: Thüsing/Braun, Tarifrecht, 1. Kapitel Rn. 65.

788 BVerfG Urt. v. 11.7.2017 – 1 BvR 1571/15, AP GG Art. 9 Nr. 151, Rn. 143 m.w.N.

789 BSG Urt. v. 30.11.2016 – B 6 KA 38/15 R, NZS 2017, 539.

790 BSG Urt. v. 30.11.2016 – B 6 KA 38/15 R, NZS 2017, 539, Rn. 116 ff.

Zum Kernbereich der Daseinsvorsorge als Teil der Gemeinwohlbelange wird auch die Mobilität gezählt, da sie Voraussetzung zur Wahrnehmung verschiedenster Grundrechte ist.[791] Aber selbst wenn ein Unternehmen durch die in der Luftfahrt beschäftigten Arbeitnehmer bestreikt wird, können andere Unternehmen weiterhin Beförderungen vornehmen.[792] Die Insolvenz von AirBerlin hat gezeigt, dass auch der plötzliche Wegfall einer Fluggesellschaft aufgefangen werden kann. Aufgrund der Ausweichmöglichkeiten auf andere Luftfahrtunternehmen wird in der Literatur vertreten, dass kein Bedarf für eine Beschränkung der Streikrechte für das Bord- und Cockpitpersonal besteht.[793] Darüber hinaus ist zu berücksichtigen, dass teilweise auch der Schienenverkehr ausgefallene Flüge auffangen kann.[794]

Bei einem Streik von Fluglotsen[795] führte der BGH aus, dass ein Streik dieser Personengruppe weit über das mit Streiks sonst verbundene Maß von Nachteilen und Belastungen für Unbeteiligte, die keinen Einfluss auf die Tarifverhandlungen nehmen könnten, hinausführe und deshalb das Gewicht des Streiks ungewöhnlich hoch und dies entscheidend für die Unzulässigkeit des Streiks im konkreten Fall sei.[796] Anders als bei Fluglotsen, die zum Bodenbetrieb gehören, hat der Streik des Cockpit- sowie Kabinenpersonals aber keine Auswirkungen auf andere Flugunternehmen. Ggf. haben diese sogar einen Vorteil, indem durch das geringere Verkehrsaufkommen der eigene Flug schneller einen Start- oder Landeslot zugewiesen werden kann. Betroffene Dritte haben die Möglichkeit, bei einem Streik auf ein anderes Flugunternehmen umzubuchen.[797]

---

791 *Green,* Arbeitskämpfe zulasten der Allgemeinheit, S. 115; *Rudkowski,* Der Streik in der Daseinsvorsorge, S. 247 f.; *Hänsle*, Streik und Daseinsvorsorge, S. 370 ff.

792 So auch *Green,* Arbeitskämpfe zulasten der Allgemeinheit, S. 52 in der Fn. 117 mit dem vergleichbaren Beispiel zum Bahnverkehr, dass eine Störung des Schienenverkehrs nach Sylt durch einen Streik eine stärkere Beeinträchtigung darstelle als ein Streik im Schienenverkehr zwischen Köln und Dortmund.

793 *Rudkowski,* Der Streik in der Daseinsvorsorge, S. 248.

794 *Hänsle,* Streik und Daseinsvorsorge, S. 373 m.w.N. sieht bei einer Entfernung von 800km die maximale Grenze für eine zumutbaren Ausweichung auf den Schienenverkehr.

795 Ausführungen zu den besonderen Auswirkungen auf Dritte bei einem Streik durch Fluglotsen hat das BAG getroffen in: BAG Urt. v. 31.1.1978 – VI ZR 32/77, AP GG Art. 9 Arbeitskampf Nr. 61 unter I. 2. b); bestätigt durch BVerfG Beschl. v. 2.7.1979 – 1 BvR 335/78, AP GG Art. 9 Arbeitskampf Nr. 61a.

796 BAG Urt. v. 31.1.1978 – VI ZR 32/77, AP GG Art. 9 Arbeitskampf Nr. 61 unter I. 2. b).

797 AG Bremen Urt. v. 4.8.2011 – 9 C 135/11, NJW-RR 2012, 378; *Degott*, in: Schmid, BeckOK Fluggastrechte-VO, Art. 8 Rn. 19.

Gemeinwohlbelange stehen einem Streik der Arbeitnehmer in einem Luftfahrtunternehmen deshalb nicht grundsätzlich entgegen. Auch die Intensität eines Streiks in einem einzelnen Luftfahrtunternehmen führt nicht zu erheblichen Auswirkungen für die Mobilität betroffener Dritter. Die Zulässigkeit eines konkreten Streiks hängt aber wie auch in sonstigen Fällen von den Streikmitteln und dem Streikziel ab.[798] Insoweit verweisen *Rüthers* und *Gamillscheg* zwar darauf, dass bereits die Andeutung eines Streiks in der Luftfahrt zu erheblichen Rückgängen im Verkauf der Flugtickets führen kann.[799] Dies ist aber keine Besonderheit, die die Luftfahrt von anderen Branchen heraushebt.[800] Ein Verstoß gegen die Kampfparität liegt aufgrund der Möglichkeit einer Aussperrung, trotz der damit verbundenen Nachteile auch für den Arbeitgeber, nicht vor.[801] Damit gelten für die Luftfahrt keine Besonderheiten beim Streikrecht.

IV. Allgemeinverbindlicherklärung eines Tarifvertrages gem. § 117 Abs. 2 S. 1

Eine Allgemeinverbindlicherklärung gem. § 5 TVG kommt grundsätzlich auch für Tarifverträge mit betrieblichen und betriebsverfassungsrechtlichen Regelungen in Betracht. § 5 TVG setzt voraus, dass ein öffentliches Interesse an der Allgemeinverbindlicherklärung besteht. Nach § 5 Abs. 1 S. 2 Nr. 1 TVG besteht ein solches Interesse in der Regel, wenn der Tarifvertrag in seinem Geltungsbereich für die Gestaltung der Arbeitsbedingungen überwiegende Bedeutung erlangt hat. Überwiegend ist die Bedeutung des Tarifvertrages, wenn der Tarifvertrag in seinem Geltungsbereich für die Gestaltung der Arbeitsverhältnisse größer ist als die Zahl der Arbeitsverhältnisse, bei denen dies nicht der Fall ist.[802] Die tarifliche Gestaltung ist nicht auf eine unmittelbare Tarifbindung beschränkt.[803] In der Luftfahrt lässt sich ein Überwiegen eines einzelnen Tarifvertrages nicht feststellen. In den Unternehmen gelten verschiedene, jeweils eigenständige oder auch gar kein Tarifvertrag. Selbst wenn ein Tarifvertrag in Zukunft die meisten Arbeitnehmer in seinem Geltungsbereich erfassen sollte, z. B. indem Luftfahrtunternehmen einen großen Arbeitgeberverband gründen, führt dies nicht

---

798 *Löwisch*, ZfA 1988, 137, 147 ff.

799 *Rüthers*, ZfA 1987, 1, 41 ff.; *Gamillscheg*, Kollektives Arbeitsrecht Band I, S. 1003 f.

800 *Löwisch*, ZfA 1988, 137, 150 ff.

801 *Green*, Arbeitskämpfe zulasten der Allgemeinheit, S. 135 ff.

802 Statt aller: *Franzen*, in: Müller-Glöge/Preis/Schmidt, Erfurter Kommentar zum Arbeitsrecht, § 5 TVG Rn. 14; *Forst*, RdA 2015, 25, 28 f.

803 BT-Drs. 18/1558, S. 48f.

automatisch zur Bejahung des öffentlichen Interesses. Die zuständige Behörde hat den Zweck der Allgemeinverbindlicherklärung zu berücksichtigen, die Verhinderung eines Unterbietungswettbewerbes sowie den Schutz Tariffreier und die Sicherung angemessener Arbeitsbedingungen.[804] Durch die Integration des § 117 Abs. 1 S. 2 BetrVG fehlt es aber an der Notwendigkeit einer tariflichen Absicherung. Der Gesetzgeber wollte gerade durch die subsidiäre Geltung des BetrVG ein Mindestniveau vorgeben und damit bereits einen Unterbietungswettbewerb stoppen.

Auch das zweite Regelbeispiel in § 5 Abs. 1 S. 2 TVG begründet kein öffentliches Interesse. Danach besteht in der Regel ein öffentliches Interesse, wenn die Absicherung der Wirksamkeit der tarifvertraglichen Normsetzung gegen die Folgen wirtschaftlicher Fehlentwicklungen eine Allgemeinverbindlicherklärung verlangt. Die Gesetzesbegründung führt aus, dass das Regelbeispiel die Fälle erfassen soll, in denen die Tarifvertragsparteien darlegen können, dass es notwendig ist, die Wirksamkeit eines Tarifvertrags abzusichern, um wirtschaftliche Fehlentwicklungen zu vermeiden.[805] Ob die Errichtung einer betrieblichen Personalvertretung überhaupt zu den wirtschaftlichen Entwicklungen gezählt werden kann, ist bislang offen. Durch die subsidiäre Geltung des BetrVG wird es jedenfalls schwerfallen, ein Bedürfnis für die Aufrechterhaltung eines Tarifvertrages zu finden. Insbesondere kann nicht darauf verwiesen werden, dass auch in anderen Bereichen durch gesetzliche Vorschriften Mindestniveaus garantiert werden, dort aber Tarifverträge weiterhin über die Allgemeinverbindlicherklärung Geltung auch in nicht tarifgebundenen Unternehmen erhalten können, da ein Bedürfnis nach höheren Schutzniveaus bestehe. Denn im Unterschied zu diesen allgemeinen Mindestniveaus hat der Gesetzgeber eine Regelung ganz konkret für die Luftfahrt festgesetzt.

Mithin kommt auch in absehbarer Zukunft keine Allgemeinverbindlicherklärung in Betracht.[806]

---

804 *Waltermann*, RdA 2018, 137, 138ff.; *Franzen*, in: Müller-Glöge/Preis/Schmidt, Erfurter Kommentar zum Arbeitsrecht, § 5 TVG Rn. 13.

805 BT-Drs. 18/1558, S. 49.

806 Zur alten Rechtslage ebenso: *Bonin*, AuR 2004, 321, 322.

G. Auswirkungen auf bestehende Tarifverträge

I. Wegfall bisheriger Tarifverträge?

Der Gesetzgeber ging offensichtlich davon aus, dass die Neuregelung keine Auswirkungen auf bestehende Tarifverträge hat.[807] Hierfür spricht neben dem Schweigen der Gesetzesbegründung das Fehlen einer Übergangsregelung. Eine solche wird regelmäßig für erforderlich gehalten, wenn Gesetzesänderungen Auswirkungen auf bestehende Tarifverträge haben.[808] Eine Regelung wäre dem Gesetzgeber leicht gefallen, da er in § 128 BetrVG ein Vorbild gefunden hätte. Beim Zusammentreffen von Tarifverträgen mit neuem Gesetzesrecht stellen sich zwei grundsätzliche Fragen. Erstens: Wie ist das Verhältnis zwischen bereits geltenden Tarifverträgen und neuem Gesetz ohne explizite Regelung aufzulösen? Zweitens führt die neue Gesetzeslage inhaltlich zu einer Überprüfung des Tarifvertrages, wenn der Tarifvertrag fortbesteht?

Als Grundlage für die Fortgeltung des Tarifvertrages trotz Novellierung des Gesetzes kann eine Entscheidung des BAG zu Tarifverträgen dienen, die den Urlaub tariflich regelten, bevor das BUrlG abgeschlossen war und auch in der Folgezeit Geltung beanspruchten. Das Spannungsverhältnis zwischen früher geltendem Tarifrecht und nunmehr geltendem tarifdispositiven Gesetzesrecht wurde zugunsten der Fortgeltung der Tarifverträge aufgelöst.[809] Entsprechend wird in der Literatur vertreten, dass im Falle der Tarifdispositivität bisher geltende Tarifverträge stets weiter gelten.[810] Dabei darf nicht übersehen werden, dass das Urteil für den Umgang mit bisherigen Tarifverträgen auf die jeweils konkrete Regelung abstellte. Bezüglich des BUrlG führte dies zu einer Fortgeltung, da im BUrlG die Bedeutung der Tarifverträge besonders betont wurde.[811] Gegensätzlich fiel eine Entscheidung des Großen Senats aus dem Jahr 1959 aus. Dieser entschied bezüglich der Einführung des Gesetzes zur Verbesserung der wirtschaftlichen Sicherung der Arbeiter im Krankheitsfall (Entgeltfortzahlungsgesetz), dass sich im Falle einer Ablösung eines arbeitsrechtlichen Tatbestandes

---

807 So auch *Kania*, in: Müller-Glöge/Preis/Schmidt, Erfurter Kommentar zum Arbeitsrecht, § 117 BetrVG Rn. 6.

808 *Franzen*, in: Müller-Glöge/Preis/Schmidt, Erfurter Kommentar zum Arbeitsrecht, § 1 TVG Rn. 53.

809 BAG Urt. v. 9.7.1964 – 5 AZR 463/63, AP BUrlG § 13 Nr. 2 = NJW 1964, 2033.

810 *Jacobs*, in: Wiedemann, Tarifvertragsgesetz, Einl. Rn. 650.

811 BAG Urt. v. 9.7.1964 – 5 AZR 463/63, AP BUrlG § 13 Nr. 2 = NJW 1964, 2033 unter II. 2. c).

durch einen anderen die Arbeitsverhältnisse nach dem neuen Tatbestand richten, unabhängig von vorher bestehenden tarifvertraglich günstigeren Regelungen. Den Tarifvertragsparteien stehe es aber frei erneut günstigere Regelungen zu vereinbaren.[812] Damit räumte der Große Senat dem neuen Gesetzesrecht Vorrang ein. Auch hier war das novellierte Gesetz der Anknüpfungspunkt der Entscheidung. Das Gesetz gab im Unterschied zur Entscheidung zum BUrlG vor, dass abweichende tarifvertragliche Regelungen unzulässig sind.[813] Vergleichbar stellte das BAG im Zusammenhang mit der Novellierung des § 622 BGB fest, dass ohne Übergangsregelung bisher bestehende Tarifverträge neu abgeschlossen werden müssten.[814] In der Literatur wird diese Rechtsprechung teilweise auf die Frage reduziert, ob das Gesetz den bisherigen tariflichen Zustand übernimmt, oder ob es neue „soziale" Eckwerte einstellt.[815] Dieser Maßstab täuscht bei Anwendung auf die Novellierung des § 117 BetrVG. Mit der oben gezeigten eingeschränkten Regelungsbefugnis,[816] besteht eine solche Änderung in der Rechtslage, mit anderen Worten wurden soziale Eckwerte eingestellt, dass die Tarifverträge mit Geltung der Novellierung unwirksam werden müssten. Die Untersuchung des Gesetzes selbst, die auch die Rechtsprechung stets in den Fokus gerückt hat, führt zu einer anderen Einschätzung. Bezüglich § 117 Abs. 2 S. 1 BetrVG hat der Gesetzgeber der bisherigen Regelung die subsidiäre Geltung des BetrVG hinzugefügt, mithin die Absicherung der betrieblichen Mitbestimmung. Der Wille des Gesetzgebers lag nicht darin begründet, alle Tarifverträge für unwirksam zu erklären. Der Tatbestand wurde nicht abgelöst, sondern ergänzt. Hierfür spricht vergleichend auch, dass die Tarifverträge gem. § 3 BetrVG 1972 nach der Reform des BetrVG 2001 auch ohne entsprechende Regelung des § 128 BetrVG fortwirkten, obwohl die Tarifverträge durch den Wegfall des Zustimmungserfordernisses eine andere Legitimationsgrundlage erhalten haben.[817] Die Neuregelung führt somit nicht zum Außerkrafttreten der Alt-Tarifverträge.

---

812 BAG Beschl. v. 17.12.1959 – GS 2/59, BAGE 8, 285, 314.

813 BAG Beschl. v. 17.12.1959 – GS 2/59, BAGE 8, 285, 314 ff.

814 BAG Urt. v. 5.8.1971 – 2 AZR 276/70, AP BGB § 622 Nr. 10.

815 Anm. Wiedemann zu BAG Urt. v. 5.8.1971 – 2 AZR 276/70, AP BGB § 622 Nr. 10 unter 1. c).

816 Siehe Seite 122 ff.

817 *Koch*, in: Ahrendt/Koch/Linck u. a., Schaub, Arbeitsrechts-Handbuch, § 216 Rn. 1.

II. Auswirkungen auf einzelne Regelungen

Entfallen die Tarifverträge nicht allein durch die Neuregelung, fragt sich, ob eine Prüfung der einzelnen Regelungen der Tarifverträge anhand der nunmehr geltenden Rechtslage erfolgen muss. Die Rechtsprechung ging entsprechend bei der Novellierung des BetrVG 1972 vor. Zwar habe das Gesetz das Vorrangprinzip der Tarifverträge, die vor Geltung des BetrVG 1972 abgeschlossen worden waren, anerkannt, jedoch könne dies nicht gelten, soweit der Tarifvertrag gegen den Geist des neuen Gesetzes verstoße.[818] Maßstab ist mit dem „Geist" des Gesetzes das novellierte Gesetz selbst, wie es nach den üblichen Auslegungskriterien verstanden werden muss. Findet nach diesem Maßstab eine inhaltliche Prüfung statt, sind Folgen einer Prüfung garantiert. Die neue Rechtslage zu § 117 Abs. 2 S. 1 BetrVG führt im Gegensatz zur herrschenden Meinung zur alten Rechtslage[819] zu einer Beschränkung der tariflichen Regelungsbefugnis. Das Fehlen einer ausdrücklichen Übergangsregelung, wie es bei § 25 ArbZG[820] vorgesehen ist und auch bei § 128 BetrVG[821] angenommen wird, kann nicht als Indiz für die eine oder andere Seite herangezogen werden. Eine solche ausdrückliche Übergangsregelung, die eine inhaltliche Prüfung der Tarifverträge nach alter Rechtslage ausschließt, kann einerseits aufgrund des schnellen Gesetzgebungsverfahrens schlicht übersehen, andererseits auch nicht in Betracht gezogen worden sein, da der Gesetzgeber die Folgen der Neuregelung nicht erkannt hat. Für eine Prüfung der einzelnen Regelungen spricht maßgeblich der Zweck der Neuregelung. Die subsidiäre Geltung des BetrVG soll ein Mindestmaß an Mitbestimmung sichern. Für dieses Bestreben ist es unerheblich, wann die tarifliche Regelung getroffen worden ist. Bleibt sie hinter dem Gesetz zurück, besteht kein Grund, sie aufrechtzuerhalten. Andernfalls könnte ein nachwirkender Tarifvertrag die Geltung des subsidiären BetrVG ggf. auf ewig verhindern,[822] sofern der Arbeitgeber zu keinem neuen Tarifvertragsabschluss bereit ist. Das Gesetz erfordert somit eine inhaltliche Prüfung der Tarifverträge anhand der neuen Gesetzeslage.

---

818 BAG Beschl. v. 5.3.1974 – 1 ABR 28/73, AP BetrVG 1972 § 87 Kurzarbeit Nr. 1 unter II. 5. e); dies bei der Novellierung des § 622 BGB erwägend: Anm. Wiedemann zu BAG Urt. v. 5.8.1971 – 2 AZR 276/70, AP BGB § 622 Nr. 10 unter 2. a).

819 *Krause*, in: Bauer, Festschrift für Herbert Buchner zum 70. Geburtstag, S. 493, 500 f.

820 *Kocher*, DB 2010, 900.

821 *Koch*, in: Ahrendt/Koch/Linck u. a., Schaub, Arbeitsrechts-Handbuch, § 216 Rn. 1.

822 Siehe zur ewigen Nachwirkung Seite 222 ff.

Das gefundene Ergebnis, die inhaltliche Überprüfung bestehender Tarifverträge am neuen Recht, führt zu der Frage, ob höherrangiges Recht der Überprüfung bestehender Tarifverträge durch späteres Gesetzesrecht entgegen steht. Die Maßstäbe der Prüfung der Verfassungsmäßigkeit hängen davon ab, ob es sich um eine echte oder unechte Rückwirkung handelt. Ob bei Vertragsbeziehungen auf den Vertragsschluss als abgeschlossenen Sachverhalt oder auf die laufende Vertragsbeziehung abzustellen ist, ist bislang nicht eindeutig entschieden.[823] Es ist deshalb zu untersuchen, worauf bei einem Tarifvertrag gem. § 117 Abs. 2 S. 1 BetrVG abzustellen ist.

1. Echte oder unechte Rückwirkung

Liegt eine echte Rückwirkung vor, sind die Anforderungen an eine Rechtfertigung besonders hoch. Grundsätzlich ist sie unzulässig.[824] Mag zunächst unterstellt werden, dass es sich um eine echte Rückwirkung handelt, begegnen der inhaltlichen Prüfung vier Hauptbedenken. Eine ausdrückliche Anordnung der Rückwirkung, wie sie teilweise gefordert wird,[825] fehlt. Die Bedenken zwei bis vier ergeben sich aus den Voraussetzungen der zulässigen echten Rückwirkung. Eine echte Rückwirkung ist zulässig, wenn zwingende Gründe des Allgemeinwohls vorliegen, die das Vertrauen überwiegen,[826] das Vertrauen nicht schutzwürdig ist[827] oder es sich um einen Bagatellfall handelt.[828] Zwingende Gründe des Allgemeinwohls fehlen. Als Allgemeinwohl kann zwar bei der Novellierung des § 117 Abs. 2 S. 1 BetrVG das Sozialstaatsprinzip für die Begründung der betrieblichen Mitbestimmung herangezogen werden.[829] Da aber aus dem Sozialstaatsprinzip oder anderen Grundrechten kein Mindeststandard an betrieblicher Mitbestimmung ableitbar ist[830] und die Tarifverträge zur alten Rechtslage ebenso eine Mitbestimmung im Betrieb etabliert haben, liegen keine zwingenden

---

823 *Degenhart*, Staatsrecht I, Staatsorganisationsrecht Rn. 399 f.

824 Siehe nur BVerfG Beschl. v. 12.2.2019 – 1 BvR 2914/17, NVwZ 2019, 715, Rn. 11 m.w.N.

825 *Gaul/Mückl*, NZA 2009, 1233, 1235 f.

826 Siehe nur BVerfG Beschl. v. 3.12.1997 – 2 BvR 882/97, BVerfGE 97, 67 =NJW 1998, 1547 unter C. 1. c) m.w.N.

827 *Grzeszick*, in: Maunz/Dürig, Art. 20 GG, VII. Art. 20 und die allgemeine Rechtsstaatlichkeit Rn. 81 ff.

828 BVerfG Beschl. v. 12.11.2015 – 1 BvR 2961/14, 1 BvR 3051/14, NVwZ 2016, 300, Rn. 56 m.w.N; *Grzeszick*, in: Maunz/Dürig, Art. 20 GG, VII. Art. 20 und die allgemeine Rechtsstaatlichkeit Rn. 87 m.w.N.

829 BVerfG Beschl. v. 30.4.2015 – 1 BvR 2274/12, NZA 2015, 820.

830 BVerfG Beschl. v. 6.11.1979 – 1 BvR 81/76, AP BetrVG 1972 § 118 Nr. 14.

Gründe des Allgemeinwohls vor. Drittens ist das Vertrauen schutzwürdig. Zwar gab es vor der Ankündigung des Arbeitsministers Hubertus Heil eine Gesetzesänderung bewirken zu wollen, keine aktuelle Diskussion zur Neuregelung des § 117 BetrVG.[831] Werden die Maßstäbe herangezogen, die das BAG bei Arbeitsverträgen zur Feststellung des Vertrauens anwendet,[832] spricht dies auf den ersten Blick für ein schutzwürdiges Vertrauen, denn die Tarifvertragsparteien sowie die betroffenen betrieblichen Belegschaften mussten und durften mit keiner Neuregelung nach Tarifvertragsabschluss rechnen. Zu berücksichtigen ist allerdings, dass Tarifverträge im Regelfall nur auf Zeit geschlossen werden und jederzeit von den Tarifvertragsparteien abgeändert werden können. Dennoch besteht jedenfalls für die Zeit der Tarifbindung ein Vertrauenstatbestand der Tarifvertragsparteien, da eine Änderung ohne gesetzliches Eingreifen von ihrer eigenen Willensbildung abhängt. Viertens handelt es sich bei der Novellierung nicht bloß um eine Verfahrensvorschrift oder Bagatelle, da die Befugnisse der Tarifvertragsparteien abweichend von der bisherigen Rechtslage geregelt werden. Diese vier Punkte führen dazu, dass bei Vorliegen einer echten Rückwirkung eine inhaltliche Überprüfung der Tarifverträge an höherrangigem Recht scheitern würde.

Es ist jedoch zweifelhaft, ob eine echte Rückwirkung vorliegt: Für eine solche Einordnung könnte aus der Rechtsprechung des BAG die Bewertung bei AGB-Verträgen herangezogen werden. Bei Arbeitsverträgen, die vor dem 1.1.2002 abgeschlossen worden sind, hat das BAG bezüglich der AGB-Kontrolle die Position eingenommen, dass eine Übergangsfrist von einem Jahr gem. Art. 229 § 5 S. 2 EGBGB nicht ausreiche, da eine echte Rückwirkung vorläge. Das BAG bezog sich für die Beurteilung der Rückwirkung damit auf den Zeitpunkt des Vertragsabschlusses. Da dieser bereits vollendet zurücklag, lag eine echte Rückwirkung vor.[833] Kommt es entsprechend stets auf den Zeitpunkt des Abschlusses des Tarifvertrages an, läge auch bei Tarifverträgen gem. § 117 BetrVG, die vor dem 1.5.2019 geschlossen wurden, eine echte Rückwirkung vor.

Die allgemeinen Maßstäbe der Rechtsprechung sprechen dagegen für eine unechte Rückwirkung. Denn für die Frage, ob ein Tatbestand bereits begonnen,

---

831 Zum Zeitpunkt des Vertrauensverlustes allgemein: *Grzeszick*, in: Maunz/Dürig, Art. 20 GG, VII. Art. 20 und die allgemeine Rechtsstaatlichkeit Rn. 84.

832 BAG Urt. v. 12.1.2005 – 5 AZR 364/04, AP BGB § 308 Nr. 1 unter B. II. 1.

833 BAG Urt. v. 12.1.2005 – 5 AZR 364/04, AP BGB § 308 Nr. 1 unter B. II. 1.; BAG Urt. v. 20.4.2011 – 5 AZR 191/10, AP BGB § 308 Nr. 9.

aber noch nicht abgeschlossen ist, ist maßgeblich auf den Sachbereich der neuen Rechtsnorm abzustellen.[834] Der Tarifvertrag hat anders als ein Arbeitsvertrag normative Wirkung. Er setzt das Eintreten eines Sachverhaltes voraus, sodass es sich zwar um einen bereits begonnenen, aber nicht um einen vollständig abgeschlossenen Vorgang handeln kann. Auch bei der Änderung von Steuergesetzen während des laufenden Veranlagungszeitraumes geht die Rechtsprechung des BVerfG von einer unechten Rückwirkung aus.[835] Dieser Maßstab dürfte auf Tarifverträge zu übertragen sein.

Zudem ist die Einschätzung des BAG zu den Verträgen im Anwendungsbereich des AGB-Rechts auf Ablehnung in der Literatur gestoßen.[836] In der Literatur wird eine Entscheidung des BVerfG zu Kappungsgrenzen bezgl. Mieterhöhungen als Tendenz dafür aufgefasst, regelmäßig nicht auf den Vertragsschluss als abgeschlossenen Sachverhalt abzustellen.[837] Das Bundesverfassungsgericht bejahte dort eine unechte Rückwirkung.[838] Es ist deshalb überzeugender von einer unechten Rückwirkung auszugehen.

2. Anwendung des Prüfungsmaßstabes auf § 117 Abs. 2 S. 1 BetrVG

Eine unechte Rückwirkung ist grundsätzlich zulässig. Als Maßstab formuliert das Bundesverfassungsgericht, dass eine unechte Rückwirkung zulässig ist, *„wenn sie zur Förderung des Gesetzeszwecks geeignet und erforderlich ist und bei einer Gesamtabwägung zwischen dem Gewicht des enttäuschten Vertrauens und dem Gewicht und der Dringlichkeit der die Rechtsänderung rechtfertigenden Gründe die Grenze der Zumutbarkeit gewahrt bleibt“*.[839] Bei Zugrundelegung dieser Anforderungen ist eine inhaltliche Prüfung der Tarifverträge zulässig.

Die Eignung der subsidiären Geltung, um das Ziel der Förderung der betrieblichen Mitbestimmung in Flugunternehmen zu erreichen, ist unzweifelhaft.

---

834 *Schulze-Fielitz*, in: Dreier/Bauer, Grundgesetz, Art. 20 (Rechtsstaat) Rn. 164; *Hofmann, Hans*, in: Hofmann/Henneke, GG, Art. 20 GG Rn. 77.

835 BVerfG Beschl. v. 14.5.1986 – 2 BvL 2/83, BVerfGE 72, 200, 242 = NJW 1987, 1749 unter C. I. 3.; *Kirchhof, Paul*, DStR 2015, 717, 718.

836 *Bieder*, Anmerkung zu BAG Urt. v. 20.4.2011 – 5 AZR 191/10, jurisPR-ArbR 28/2011 Anm. 2 unter C; *Rolfs*, in: Bauer/Boewer, Festschrift für Peter Schwerdtner zum 65. Geburtstag, S. 151, 166; *Stoffels*, in: Wolf/Lindacher/Pfeiffer, 4. Teil. Anhang zu § 310 (Arbeitsrecht) Rn. 88 für eine unechte Rückwirkung.

837 *Degenhart*, Staatsrecht I, Staatsorganisationsrecht Rn. 400 ff.

838 BVerfG Beschl. v. 4.12.1995 – 1 BvL 23/84 u. a., NJW 1986, 1669, unter II. 2.

839 BVerfG Beschl. v. 2.5.2012 – 2 BvL 5/10, BVerfGE 131, 20 = NVwZ 2012, 876, Rn. 74; BVerfG Beschl. v. 7.7.2010 – 2 BvL 14/02, BVerfGE 127, 1 = NJW 2010, 3629.

Ein milderes Mittel, wie eine Pflicht zu tariflichen Verhandlungen, hätte nicht zwingend zu einem gleichen Schutzniveau wie im Betriebsverfassungsgesetz geführt. Ein solcher Verhandlungsanspruch ist zudem dem bisherigen Tarifvertragssystem fremd.[840] Die Regelung ist mithin erforderlich.

Soweit eine Personalvertretung durch einen Tarifvertrag gem. § 117 BetrVG gebildet wurde, besteht wie oben dargestellt schutzwürdiges Vertrauen in die geschlossenen Regelungen. Dieses Vertrauen hat, auch wenn es nicht unbeachtet gelassen werden kann, kein besonderes großes Gewicht. Denn Tarifverträge können durch die Tarifvertragsparteien jederzeit im Einvernehmen geändert werden. Bei § 117 BetrVG konnten die Tarifvertragsparteien aufgrund der besonderen Regelungsart nicht auf ewig darauf vertrauen, dass die Herausnahme aus dem Anwendungsbereich des BetrVG fortbesteht. Auch wenn bis zum Streik bei *Ryanair* und der Ankündigung des Arbeitsministers keine Gesetzesänderung absehbar war,[841] bewirkt die im Gesetz vorgesehene fünfmonatige Zeitspanne zur Verhandlung neuer Tarifverträge ausreichenden Vertrauensschutz. Die Parteien hatten es selbst in der Hand in dieser Zeit eine neue Regelung zu treffen.

Für die Dringlichkeit der Rechtsänderung spricht die Enttäuschung des Gesetzgebers in die Wirksamkeit der bisherigen Regelung. Trotz Streiks wurde in einigen Fällen kein Tarifvertrag zur betrieblichen Mitbestimmung geschlossen. Bei der Abwägung ist zudem zu berücksichtigen, dass ein Arbeitgeber keinen verfassungsrechtlichen Anspruch auf die Beibehaltung der betrieblichen Mitbestimmung nach dem BetrVG hat.[842]

Im Ergebnis ist die unechte Rückwirkung damit zulässig. Tarifverträge nach alter Rechtslage sind aufgrund des Fehlens weiterer Übergangszeiträume ab dem 1.5.2019 an der neuen Rechtslage zu messen. Für die Rechtsfolgen einer unwirksamen Regelung ist auf die Rechtsfolgen bei Überschreiten der Regelungsbefugnis durch die Tarifvertragsparteien zu verweisen.[843]

---

840 *Krämer,* Die Richtigkeitsgewähr des Tarifvertrags, S. 80.

841 Siehe zur Historie Seite 25 ff.

842 Zu § 3 BetrVG: BAG Beschl. v. 29.7.2009 – 7 ABR 27/08, AP BetrVG 1972 § 3 Nr. 7, Rn. 40

843 Siehe Seite 157 f.

H. Folgen für Kooperationstarifverträge § 117 Abs. 2 S. 2 BetrVG

Die Tarifvertragsparteien können gem. § 117 Abs. 2 S. 2 BetrVG einen Tarifvertrag über die Zusammenarbeit dieser Vertretung mit den nach diesem Gesetz zu errichtenden Vertretung der Arbeitnehmer der Landbetriebe abweichend vom Gesetz regeln. Für die Tarifverträge gelten die allgemeinen Wirksamkeitsvoraussetzungen. Insbesondere müssen die Tarifvertragsparteien auf ihre Tarifzuständigkeit achten.[844]

Durch die sprachliche Anlehnung an § 117 Abs. 2 S. 1 BetrVG und die Einbindung in das System des BetrVG durch die Zusammenarbeit mit den gesetzlichen Betriebsräten folgt für die Regelungsbefugnis des § 117 Abs. 2 S. 2 BetrVG ebenso eine inhaltliche Beschränkung entsprechend des Systems des BetrVG. Eine solche Kongruenz wurde bereits zur alten Rechtslage gefordert.[845]

I. Anwendungsbereich

Der Wortlaut des § 117 Abs. 2 S. 2 BetrVG wurde durch die Integration des § 117 Abs. 1 S. 2 BetrVG nicht verändert. Der Wortlaut spricht mit „diese" dafür, dass eine Regelung der Zusammenarbeit mit den Betriebsräten der Landbetriebe nur dann möglich ist, wenn ein tariflicher Betriebsrat existiert. So wurde auch zur alten Rechtslage vertreten, dass die Laufzeit sowie Nachwirkung des Tarifvertrages gem. § 117 Abs. 2 S. 1 und die nach S. 2 BetrVG gleich lang bemessen und voneinander abhängig sein müssen.[846] Diese Auffassung fußt allerdings auf dem Umstand, dass eine Personalvertretung für die in der Luftfahrt beschäftigten Arbeitnehmer nur durch einen Tarifvertrag existieren konnte. Da nach neuer Rechtslage aber eine betriebliche Vertretung nach dem BetrVG gebildet wird, wenn keine Personalvertretung durch Tarifvertrag gebildet wurde, könnte es möglich sein, dass sich die Tarifvertragsparteien auf eine Regelung zur Zusammenarbeit mit den Landbetriebsräten einigen, eine Einigung auf eine abweichende betriebliche Vertretung nach § 117 Abs. 2 S. 1 BetrVG aber nicht erfolgt. Zwingend ist das Wortlautargument, wie es eben dargestellt wurde, nämlich nicht. Mit „diese" könnte auch schlicht eine Vertretung gem. § 117 BetrVG und damit auch eine gesetzliche nach Abs. 1 S. 2 BetrVG

---

844 Siehe dazu Seite 110 ff.

845 *Weber*, Hartmut, Sonderdruck aus: Glaubrecht/Halberstadt/Zander, Betriebsverfassung in Recht und Praxis, S. 67; *Darányi*, Die Bordbetriebsverfassung nach § 117 Abs. 2 S. 1 BetrVG, S. 204 f.

846 *Weber*, Hartmut, Sonderdruck aus: Glaubrecht/Halberstadt/Zander, Betriebsverfassung in Recht und Praxis, S. 68.

gemeint sein. Fehlt aber ein Tarifvertrag, besteht eine einheitliche Vertretung von in der Luftfahrt beschäftigten Arbeitnehmern und dem Landbetrieb. Eine Regelung der Zusammenarbeit ist dann überflüssig. Deshalb besteht eine Regelungsbefugnis allein für den Fall, dass eine tarifliche Vertretung gem. § 117 Abs. 2 S. 1 BetrVG errichtet wurde oder gleichzeitig ein solcher Tarifvertrag in Kraft tritt.

II. Regelungsbefugnisse

Das BAG hat zu § 117 Abs. 2 S. 2 BetrVG nach alter Rechtslage festgehalten, dass durch Regelungen zur Zusammenarbeit die Möglichkeit für Personalvertretungen gem. § 117 Abs. 2 S. 1 BetrVG besteht, sogar Einfluss auf die Mitbestimmungsrechte der Landbetriebsräte auszuüben.[847] Dies soll dem Bedürfnis in der Luftfahrt gerecht werden, dort Einfluss zu nehmen, wo Auswirkungen auf die Tätigkeit der in der Luftfahrt beschäftigen Arbeitnehmer bestehen. Dies ist auch weiterhin vom Wortlaut der Norm umfasst, da den Tarifvertragsparteien eine Regelung der Zusammenarbeit möglich ist. Eine Beschränkung der Regelungsbefugnis auf Regelungen zur Zusammenarbeit mit Gesamt- und Konzernbetriebsräten ist nicht erkennbar. Das bedeutet aber nicht, dass eine unbeschränkte Regelungsbefugnis besteht:

Auch für S. 2 gilt der Vorbildcharakter des BetrVG. Dies wurde bereits in der Literatur zur alten Rechtslage vertreten.[848] Nunmehr folgt es einerseits aus der Auslegung des § 117 Abs. 2 S. 1 BetrVG, andererseits aus dem Zweck der Regelung: Eine Regelungskompetenz besteht, um Besonderheiten in der Luftfahrt, die insbesondere durch umfangreiche Stellvertretungslösungen und Änderungen bei den Sitzungen bewältigt werden können, bei der Zusammenarbeit der Betriebsräte berücksichtigen zu können und so eine Zusammenarbeit auch erst zu ermöglichen.[849] Deshalb können auch über § 117 Abs. 2 S. 2 BetrVG keine Mitwirkungstatbestände abgesenkt oder erhöht werden. Lediglich die Mitwirkung eines anderen Betriebsrates kann geregelt werden. Unzulässig sind Eingriffe in die demokratische Vertretungsstruktur des gesetzlichen Betriebsrates oder dessen Befugnisse gegenüber dem Arbeitgeber. Für einen solchen Eingriff besteht kein tarifliches Mandat. Wird ein gemeinsames Gremium näher konkretisiert, muss sich dieses am BetrVG orientieren: Eine Zusammenarbeit ist dergestalt denkbar, dass der tarifliche Betriebsrat zusammen mit der gesetzlichen Vertretung ein Gremium bildet, in dem die Vertreter entsprechend der repräsentierten Arbeitnehmer Stimmanteile zustehen. Eine solche Regelung findet

---

847 BAG Beschl. v. 14.10.1986 – 1 ABR 13/85, AP BetrVG 1972 § 117 Nr. 5 unter B. II. 4.

848 *Weber*, Hartmut, Sonderdruck aus: Glaubrecht/Halberstadt/Zander, Betriebsverfassung in Recht und Praxis, S. 64 f.; *Darányi*, Die Bordbetriebsverfassung nach § 117 Abs. 2 S. 1 BetrVG, S. 203 ff.

849 Siehe Seite 26 ff.

ihr Vorbild in § 47 Abs. 7 sowie § 55 Abs. 3 S. 2, Abs. 4 BetrVG. Um den Bedürfnissen der Arbeitnehmer in der Luftfahrt gerecht zu werden, sind Regelungen zur Vereinfachung der inneren Organisation der zu bildenden Gremien zulässig.

I. Zwischenfazit

Die Integration des § 117 Abs. 1 S. 2 BetrVG führt dazu, dass § 117 Abs. 2 S. 1 BetrVG keine Herausnahme aus dem Gesetz mehr darstellt, sondern es sich nunmehr um tarifdispositives Gesetzesrecht handelt. Den Tarifvertragsparteien steht keine unbeschränkte Regelungsbefugnis mehr zu, da die Auslegung zu Beschränkungen führt. Ein Tarifvertrag gem. § 117 Abs. 2 S. 1 BetrVG muss dem System des BetrVG entsprechen. Auswirkungen bestehen auch auf Regelungen in Alt-Tarifverträgen. Durch die Neuregelung ist auch eine Einbeziehung in Gesamt- und Konzernbetriebsräte möglich.

§ 117 Abs. 2 S. 1 BetrVG verstößt weder gegen europäisches Recht noch gegen die Verfassung. Die Besonderheit der in der Luftfahrt beschäftigten Arbeitnehmer liegt in der Kombination von häufiger Ortsabwesenheit in Kleingruppen in wechselnder Besetzung und der notwendig durchgehenden Praxiserfahrung, um die Arbeitskraft des Einzelnen zu erhalten. Auch die Einbeziehung von Außenseitern ist über § 3 Abs. 2 TVG mit Europa- und Verfassungsrecht zu vereinbaren.

Die Neuregelung bewirkt, dass die Arbeitnehmer nicht mehr das durch Arbeitskämpfe erzwingen müssen, was anderen Arbeitnehmern durch Gesetz gewährt wird. Die Durchführung von Arbeitskämpfen, mit dem Ziel einen Tarifvertrag gem. § 117 Abs. 2 S. 1 BetrVG abzuschließen, ist zulässig. Soweit dies als Ziel formuliert wird, führt die Neuregelung aber nicht dazu, allen in der Luftfahrt in Deutschland beschäftigten Arbeitnehmern die betriebliche Mitbestimmung zu garantieren. Unternehmen, die ihre Anweisungen aus dem Ausland übermitteln und auch sonst keine Anweisungen aus dem Inland geben, begründen keinen inländischen Betrieb, dem die in der Luftfahrt beschäftigten Arbeitnehmer zugeordnet werden können. Das Territorialitätsprinzip beschränkt auch hier den Anwendungsbereich. Will der Gesetzgeber dies ändern, kann er an die Zuweisung von Heimatbasen anknüpfen. Von der betrieblichen Mitbestimmung ebenso nicht erfasst sind Arbeitnehmer eines inländischen Luftfahrtunternehmens, die in einem Betrieb im Ausland eingegliedert sind. Der Gesetzgeber hat zudem die schon bisher bestehende Kritik zur fehlenden Regelungsbefugnis der Tarifvertragsparteien zur Etablierung von Sanktionsvorschriften entsprechend den §§ 119 bis 121 BetrVG nicht berücksichtigt.

§ 4 Die Nachwirkung gem. § 117 Abs. 2 S. 3 BetrVG

A. Fragestellungen

Zum 1. Mai 2019 wurde in § 117 BetrVG der Absatz 2 Satz 3 eingefügt. Danach ist auf einen Tarifvertrag nach den Sätzen 1 und 2 des Absatzes 2 die Nachwirkung gem. § 4 Abs. 5 TVG anzuwenden. Obwohl bereits ohne diesen Zusatz die Rechtsprechung von einer Nachwirkung ausgeht[850] und auch der Wortlaut des Tarifvertragsgesetzes keine Unterscheidung hinsichtlich der Nachwirkung für betriebsverfassungsrechtliche Normen vorsieht, sah sich der Gesetzgeber aufgrund verschiedener Literaturstimmen zu einer Klarstellung veranlasst. Denn in der Literatur wird vertreten, dass eine Nachwirkung betriebsverfassungsrechtlicher Normen nicht zulässig ist.[851] Ungeklärt ist auch nach der Neuregelung, ob die neue Vorschrift eine unendliche Nachwirkung bezwecken soll[852] oder ob eine zeitliche Beschränkung besteht. Für Letzteres könnte sprechen, dass auch die Rechtsprechung zuletzt hinsichtlich der unendlichen Nachwirkung betriebsverfassungsrechtlicher Normen Zweifel ausgesprochen hat.[853] Ob diese Zweifel nunmehr durch die Neuregelung beseitigt worden sind, ob es sich bei der Regelung bloß um einen deklaratorischen Verweis handelt und welchen Umfang, zeitlich aber auch personell, die Nachwirkung betriebsverfassungsrechtlicher Normen hat, ist im Folgenden zu untersuchen.

B. Einordnung in die bisherige Diskussion

I. Praxis

Die bisherige Tarifpraxis sah weitgehend keine Regelung zur Nachwirkung vor. So war auch im Tarifvertrag Personalvertretung (PV TV) der Deutschen Lufthansa AG vom 15. November 1972 keine zeitliche Begrenzung der Nachwirkung

---

850 *Fischer*, TranspR 2005, 103, 104; in BAG Beschl. v. 23.2.2016 – 1 ABR 82/13, AP ArbGG 1979 § 94 Nr. 7, wird die Nachwirkung stillschweigend angenommen.

851 Gegen eine Nachwirkung: *Darányi*, Die Bordbetriebsverfassung nach § 117 Abs. 2 S. 1 BetrVG, S. 185 ff.; *Jacobs/Krois*, ZTR 2011, 643, 648 ff.

852 Dies bejahend *Jacobs/Frieling*, in: Gräfl/Lunk/Oetker/Trebinger, 100 Jahre Betriebsverfassungsrecht, S. 249.

853 BAG Beschl. v. 26.4.1990 – 1 ABR 84/87, AP GG Art. 9 Nr. 57.

vorgesehen.[854] Nach Beendigung wirkte der Tarifvertrag 30 Jahre lang nach,[855] bis er durch einen neuen Tarifvertrag schließlich 2016 ersetzt wurde.

Tarifverträge mit ähnlichen Inhalt wie der PV TV vom 15. November 1972 wurden fast zeitgleich auch bei Condor, bei LTU sowie bei General Air geschlossen.[856] Andere Gesellschaften erkannten bereits früh das Problem der Nachwirkung und umgangen es, indem sie bereits im Tarifvertrag die Nachwirkung ausschlossen. So wurde beim Nürnberger Flugdienst (NFD) geregelt, dass der Tarifvertrag Personalvertretung ohne Nachwirkung endet, wenn nach Ablauf von 4 Jahren kein neuer Tarifvertrag Personalvertretung abgeschlossen wird.[857] Die Nachwirkung trat deshalb nicht ein, als nach 4 Jahren der Tarifvertrag endete.

II. Rechtsprechung

Die Rechtsprechung bejaht grundsätzlich die Nachwirkung betriebsverfassungsrechtlicher Normen, lässt aber offen, ob dies ohne Zeitbeschränkung gilt.[858]

Der dogmatische Ausgangspunkt der Nachwirkung wird im Gesetz und nicht im Tarifvertrag gesehen.[859] Die Nachwirkung soll vor inhaltsleeren Arbeitsverhältnissen schützen und zur Überbrückung bis zum Abschluss eines neuen Tarifvertrages dienen.[860] Daneben bezwecke die Nachwirkung einen Inhaltsschutz, indem durch sie Arbeitsbedingungen aufrechterhalten werden.[861] Die Nachwirkung habe dagegen keine Ordnungsfunktion. Eine Ordnungsfunktion resultiere aufgrund der dogmatischen Konzeption nur aus dem Gesetz und sei durch die Ablösungsmöglichkeit konzeptionell beschränkt.[862]

---

854 *Darányi*, Die Bordbetriebsverfassung nach § 117 Abs. 2 S. 1 BetrVG, S. 22 f.; *Däubler*, in: Däubler/Kittner/Klebe/Wedde, BetrVG, 16 Aufl., § 117 Rn. 20.

855 *Darányi*, Die Bordbetriebsverfassung nach § 117 Abs. 2 S. 1 BetrVG, S. 22 f.

856 *Bergmann*, Fliegen – ein (Alb-) Traum?, S. 284.

857 *Wöhrl/Reichenberger*, Wie meine Träume fliegen lernten, Kapitel 14, zu 2007.

858 BAG Beschl. v. 26.4.1990 – 1 ABR 84/87, AP GG Art. 9 Nr. 57.

859 BAG Urt. v. 29.1.1975 – 4 AZR 218/74, AP TVG § 4 Nachwirkung Nr. 8; BAG 18.3.1992 – 4 AZR 339/91, AP Nr. 13 zu § 3 TVG; BAG 15.11.2006 – 10 AZR 665/05, AP TVG § 4 Tarifkonkurrenz Nr. 34, Rn. 32.

860 BAG Urt. v. 27.11.1991 – 4 AZR 211/91, AP § 4 TVG Nachwirkung Nr. 22.

861 BAG Urt. v. 15.10.2003 – 4 AZR 573/02, AP TVG § 4 Nachwirkung Nr. 41; BAG Urt. v. 20.4.2005 – 4 AZR 288/04, AP TVG § 4 Nachwirkung Nr. 43.

862 BAG Urt. v. 29.1.1975 – 4 AZR 218/74, AP TVG § 4 Nachwirkung Nr. 8; BAG 18.3.1992 – 4 AZR 339/91, AP Nr. 13 zu § 3 TVG; BAG 15.11.2006 – 10 AZR 665/05, AP TVG § 4 Tarifkonkurrenz Nr. 34, Rn. 32.

Eine zeitliche Beschränkung der Nachwirkung besteht grundsätzlich nicht[863], was nach der Rechtsprechung auch mit der Verfassung vereinbar ist.[864] Ausgeschlossen von der Nachwirkung sind nach der Rechtsprechung aber Arbeitnehmer, die erst im Nachwirkungszeitraum Arbeitnehmer des Unternehmens werden.[865] Dies beruhe auf einer historisch-teleologischen Auslegung des Tarifvertragsgesetzes.[866] Der Gesetzgeber habe bei der Regelung der Nachwirkung keine weitergehenden Rechtsfolgen regeln wollen.[867] Ob diese Differenzierung auch bei betriebsverfassungsrechtlichen Regelungen möglich ist, wurde bisher nicht entschieden.

III. Literatur

In der Literatur wird die Nachwirkung eines Tarifvertrages gem. § 117 Abs. 2 S. 1 BetrVG nur von wenigen Personen mit entgegengesetzten Ergebnissen[868] diskutiert. Auch bei Betrachtung ähnlicher Regelungen im BetrVG, § 3,[869] § 47 Abs. 4, 9,[870] § 72 Abs. 4, 8[871], § 76 Abs. 8[872] BetrVG sowie § 325 Abs. 2 S. 1

---

863 BAG Urt. v. 15.10.2003 – 4 AZR 573/02, AP TVG § 4 Nachwirkung Nr. 41; BAG Urt. v. 20.4.2005 – 4 AZR 288/04, AP TVG § 4 Nachwirkung Nr. 43; anders noch BAG Urt. v. 25.10.2000 – 4 AZR 212/00, AP TVG § 4 Nachwirkung Nr. 38.

864 BAG Urt. v. 15.10.2003 – 4 AZR 573/02, AP TVG § 4 Nachwirkung Nr. 41.

865 Zuletzt: BAG Urt. v. 27.9.2017 – 4 AZR 630/15, AP TVG § 4 Nachwirkung Nr. 53; begründet durch BAG Urt. v. 6.6.1958 – 1 AZR 515/57, AP TVG § 4 Nachwirkung Nr. 1 = NJW 1958, 1843.

866 Zuletzt: BAG Urt. v. 27.9.2017 – 4 AZR 630/15, AP TVG § 4 Nachwirkung Nr. 53; begründet durch BAG Urt. v. 6.6.1958 – 1 AZR 515/57, AP TVG § 4 Nachwirkung Nr. 1 = NJW 1958, 1843.

867 BAG Urt. v. 6.6.1958 – 1 AZR 515/57, AP TVG § 4 Nachwirkung Nr. 1 = NJW 1958, 1843.

868 Gegen eine Nachwirkung: *Darányi*, Die Bordbetriebsverfassung nach § 117 Abs. 2 S. 1 BetrVG, S. 185 ff.; *Jacobs/Krois*, ZTR 2011, 643, 648 ff.; für eine Nachwirkung: *Oetker*, in: Schlachter/Ascheid/Friedrich, Festschrift für Günter Schaub zum 65. Geburtstag, S. 535, 547 ff.; bis zum Ablauf der Mandatsdauer: *Giesen*, Tarifvertragliche Rechtsgestaltung für den Betrieb, S. 529; *Franzen*, in: Oetker, GK-BetrVG, § 117 Rn. 14 f.; *Weber, Christopher/Gräf*, RdA 2012, 95 ff., für eine befristete Nachwirkung; *Bepler*, in: Däubler, Tarifvertragsgesetz, § 4 Rn. 939.

869 Gegen eine Nachwirkung: *Richardi*, in: Richardi, § 3 Rn. 70; *Thüsing*, ZIP 2003, 693, 704; *Wißmann, Tim*, Tarifvertragliche Gestaltung der betriebsverfassungsrechtlichen Organisation, S. 175; A.A. *Spinner*, Die vereinbarte Betriebsverfassung, S. 169 ff.

870 Gegen eine Nachwirkung: *Annuß*, in: Richardi, § 47 Rn. 53; *Kreutz*, in: Oetker, GK-BetrVG, § 47 Rn. 85; a.A.: *Fitting*, Betriebsverfassungsgesetz, § 47 Rn. 54.

871 *Annuß*, in: Richardi, § 72 Rn. 16 mit Verweis auf § 47 Rn. 53.

872 *Fitting*, Betriebsverfassungsgesetz, § 76 Rn. 173; a.A.: *Rieble*, RdA 1993, 140, 147.

UmwG[873] stellt sich kein einheitliches Meinungsbild heraus. Dort, wo die Nachwirkung betriebsverfassungsrechtlicher Tarifnormen intensiver diskutiert wird, bei § 3 BetrVG, wird die Nachwirkung von der überwiegenden Ansicht abgelehnt oder modifiziert.[874] Als Argument gegen die Nachwirkung eines Tarifvertrages gem. § 117 Abs. 2 S. 1 BetrVG wird vorgebracht, dass eine tarifliche Regelung einer Personalvertretung nur subsidiär zum BetrVG gelte. Der Zweck der Nachwirkung, für Rechtssicherheit und Inhaltsschutz zu sorgen, sei hier nicht einschlägig.[875] Gilt die tarifliche Regelung nicht mehr, gelte deshalb die gesetzliche Regel.[876] Es bedürfe deshalb einer teleologischen Reduktion.[877] Dies folge auch aus dem Gedanken der betriebseinheitlichen Geltung von Betriebsnormen gem. § 3 Abs. 2 BetrVG. Da ein nachwirkender Tarifvertrag nur auf diejenigen Arbeitnehmer Wirkung entfalte, deren Arbeitsverhältnis bereits vor Ablauf des Tarifvertrages bestanden habe, neue Arbeitsverhältnisse nach der ständigen Rechtsprechung aber nicht von den tariflichen Regelungen erfasst seien, drohe ansonsten eine Spaltung der Belegschaft.[878] Auch bestehe keine größere Sachnähe der tarifrechtlichen Regelung im Zeitpunkt der Nachwirkung mehr.[879]

Für eine zeitliche Modifikation der Nachwirkung bei betriebsverfassungsrechtlichen Normen sprechen sich einige Ansichten aus Verfassungsgründen aus. Begründet wird dies mit einer eingeschränkten Ablösung des Tarifvertrages. Eine Ablösung sei nur durch einen Tarifvertrag möglich. Bezüglich der genauen zeitlichen Beschränkung herrscht aber Uneinigkeit. Die Nachwirkung könnte

---

873 *Giesen*, Tarifvertragliche Rechtsgestaltung für den Betrieb, S. 529 mit beschränkter Nachwirkung bis zum Ablauf des Mandats.

874 Gegen eine Nachwirkung: *Richardi*, in: Richardi, § 3 Rn. 70; *Thüsing*, ZIP 2003, 693, 704; *Wißmann*, Tim, Tarifvertragliche Gestaltung der betriebsverfassungsrechtlichen Organisation, S. 175; a.A. *Spinner*, Die vereinbarte Betriebsverfassung, S. 169 ff.

875 *Jacobs/Krois*, ZTR 2011, 643, 648; *Darányi*, Die Bordbetriebsverfassung nach § 117 Abs. 2 S. 1 BetrVG, S. 185 ff.; zur Modifikation siehe Seite 224 und die Fundstellen dort.

876 *Jacobs/Krois*, ZTR 2011, 643, 648; *Darányi*, Die Bordbetriebsverfassung nach § 117 Abs. 2 S. 1 BetrVG, S. 185.

877 *Jacobs/Krois*, ZTR 2011, 643, 649.

878 *Jacobs/Krois*, ZTR 2011, 643, 649.

879 *Jacobs/Krois*, ZTR 2011, 643, 648; *Darányi*, Die Bordbetriebsverfassung nach § 117 Abs. 2 S. 1 BetrVG, S. 185; a.A.: *Oetker*, in: Schlachter/Ascheid/Friedrich, Festschrift für Günter Schaub zum 65. Geburtstag, S. 535, 549.

vollständig entfallen,[880] zeitlich auf eine genaue Zeit beschränkt werden[881] oder bis zum Ablauf des jeweiligen Mandats aufrechterhalten werden.[882]

C. Untersuchung

I. Nachwirkung und tarifdispositives Gesetzesrecht

Die Fragestellungen bezüglich des Umfangs der Nachwirkung und der Prüfung einer möglichen unendlichen Nachwirkung erfordern zunächst die Klärung, ob es sich bei § 117 Abs. 2 S. 3 BetrVG um eine entsprechende Anwendung des § 4 Abs. 5 TVG, ggf. mit Modifikationen, handelt oder ob die Regelung allein klarstellenden Charakter hat. Hierfür ist eine nähere Auseinandersetzung mit der Nachwirkung erforderlich. Danach ist auf die Besonderheit der vorliegenden Konstellation einzugehen. Denn dass nachwirkende Tarifverträge und dispositives Gesetzesrecht ein besonderes Rechtsproblem darstellen, welches im Zusammentreffen der Dispositivität beider Regelungstypen liegt, hat *Herschel* bereits 1976 angesprochen.[883]

1. Historische Betrachtung

Die Nachwirkung gem. § 4 Abs. 5 TVG hat ihre Grundlage in den Diskussionen zu Tarifverträgen in der Weimarer Republik. Erstmals begründet wurde die Nachwirkung durch die Rechtsprechung des Reichsarbeitsgerichts.[884] Im

---

880 *Franzen*, in: Oetker, GK-BetrVG, § 3 Rn. 35 f.; *Jacobs/Krois*, ZTR 2011, 643, 648 ff, wonach bei betriebsverfassungsrechtlichen Normen keine Nachwirkung eintreten könne.

881 *Löwisch/Rieble*, § 4 TVG Rn. 761 ff. für eine zweijährige Nachwirkung.

882 *Giesen*, Tarifvertragliche Rechtsgestaltung für den Betrieb, S. 529; *Eich*, in: Goos/Molitor, Festschrift für Friedrich Karl Weinspach, S. 17, 31; *Fitting*, Betriebsverfassungsgesetz, § 3 Rn. 84; *Weber, Christopher/Gräf*, RdA 2012, 95, 99 ff.; *Behrens/Hohenstatt*, DB 1991, 1877; *Klumpp*, in: Kiel/Lunk/Oetker, Münchener Handbuch zum Arbeitsrecht Kollektives Arbeitsrecht, § 261 Rn. 34.

883 *Herschel, Wilhelm*, ZfA 1976, 89, 99 f.

884 RG 2.7.1926 – VI 132/26, RGZ, 114, 194, 195; RAG 22.1.1929 – RAG 613/28, BenshSlg 5, 167; die damalige Regelung in § 1 Abs. 1 S. 1 TVVO sah vor, dass Arbeitsverträge zwischen den beteiligten Personen insoweit unwirksam sind, als sie von der tariflichen Regelung abweichen. An die Stelle der unwirksamen Regelung sollte stattdessen gem. § 1 Abs. 1 S. 3 TVVO die entsprechende Bestimmung des Tarifvertrages treten.

Unterschied zum heutigen dogmatischen Verständnis[885] wurde angenommen, dass die Rechtsnormen eines Tarifvertrages Inhalt des Arbeitsverhältnisses würden.[886] Waren sie einmal Inhalt des Arbeitsverhältnisses, blieben sie es auch nach Beendigung des Tarifvertrages.[887] Aufgrund der im Nachwirkungszeitraum fehlenden zwingenden Geltung konnten die Regelungen nun durch eine neue Individualvereinbarung abgelöst werden.[888] Hergeleitet wurde dies aus dem Wortlaut des § 1 Abs. 1 S. 1 und 3 TVVO,[889] wonach die tariflichen Regelungen an die Stelle der vom Tarifvertrag abweichenden und damit unwirksamen Regelung traten. Die Gegenansicht verstand den Wortlaut „an die Stelle treten" hingegen als Einwirkung von außen auf das Arbeitsverhältnis, entsprechend der Wirkung öffentlich rechtlicher Normen auf ein Vertragsverhältnis.[890] Mit Beendigung des Tarifvertrages sollte nach dieser Ansicht auch dessen Wirkung auf das Arbeitsverhältnis entfallen. Eine Nachwirkung konnte aufgrund fehlender Regelung nicht bestehen.[891]

Die Verabschiedung des Tarifvertragsgesetzes (TVG) führte zu einer Intensivierung der Diskussion um die Grundlagen von Tarifverträgen. Erstmals erstreckte der Gesetzgeber die Regelungsbefugnis der Tarifvertragsparteien auch auf betriebliche und betriebsverfassungsrechtliche Fragen sowie auf

---

885 Dazu: *Wank*, in: Wiedemann, Tarifvertragsgesetz, § 4 Rn. 346 ff.; *Klumpp*, in: Kiel/Lunk/Oetker, Münchener Handbuch zum Arbeitsrecht Kollektives Arbeitsrecht, § 261 Rn. 9 ff.

886 RAG Urt. v. 30.1.1929 – 255/28, BenshSlg 5, 278; RAG Urt. v. 17.10.1928 – 143/1928, BenshSlg 4, 177; RAG 27.9.1930 – 162/30, BenshSlg 10, 218, 222 – Ausschluss der Nachwirkung bei Abschluss eines neuen Arbeitsvertrags.

887 RAG Urt. v. 17.10.1928 – 143/1928, BenshSlg 4, 177, 181; *Wank*, in: Wiedemann, Tarifvertragsgesetz, § 4 Rn. 345; Darstellung bei *Hueck/Nipperdey*, Lehrbuch des Arbeitsrechts, S. 539 in Fußnote 21.

888 *Jacobi*, § 14 I, S. 239; siehe zur Historie auch: *Jacobs/Krois*, ZTR 2011, 643 ff.

889 Verordnung über Tarifverträge, Arbeiter- und Angestelltenausschüsse und Schlichtung von Arbeitsstreitigkeiten v. 23.12.1918, RGBl. 1918, S. 1456.

890 *Hueck/Nipperdey*, Lehrbuch des Arbeitsrechts, S. 539 in Fußnote 21; *Nipperdey*, Anmerkung zu RAG, Urt. v. 17.10.1928 – 143/1928, BenshSlg 4, 182 f.

891 Während der NS-Diktatur gab das Reichsarbeitsgericht die Nachwirkung unter Geltung des Gesetzes zur Ordnung der nationalen Arbeit vom 20.1.1934 („AOG") auf. Tarifverträge wirkten von außen auf Arbeitsverhältnisse ein, RAG Urt. v. 9.1.1937 – 199/36, ARS 29, 3, 4; RAG Urt. v. 17.4.1937 – 292/36, ARS 29, 380, 383. Nach der NS-Zeit knüpfte das TVG an die Regleungen der TVVO an (siehe *Lemgoer Entwurf*, ZfA 1973, 129), weshalb die NS-Zeit für die Untersuchung ausgeblendet wird.

Abschlussnormen.[892] Vorgaben für die dogmatische Konzeption folgten aus dem Gesetz, trotz Kenntnis von der Diskussion in der Wissenschaft[893], nicht. Es sollte aufgrund der historischen Umstände eine größtmögliche Offenheit gewahrt werden.[894] Die Diskussion um die dogmatische Konstruktion konnte so aber nicht mehr für die Ablehnung der Nachwirkung betriebsverfassungsrechtlicher Normen angeführt werden.[895]

Der Wille des Gesetzgebers zur größtmöglichen Offenheit ist ernst zu nehmen. Deshalb folgt aus der Entstehungsgeschichte auch kein Argument für die Nachwirkung betriebsverfassungsrechtlicher Normen. Denn ob eine Einschränkung der Nachwirkung in bestimmten Fällen möglich ist, ist nach dieser Konzeption der weiteren wissenschaftlichen Entwicklung überlassen. Es gilt die Aussage von *Wank*: *„Auf nicht diskutierte Fragen kann die Entstehungsgeschichte kaum Antworten geben.“*[896]

2. Systematische Betrachtung

Bei tarifdispositivem Gesetzesrecht, wie § 8 Abs. 2 bis 4 AÜG oder auch bei § 3 Abs. 1 Nr. 3 BetrVG, wird in der Literatur teilweise angenommen, dass eine Nachwirkung nicht eintrete oder sie jedenfalls modifiziert werden müsse.[897] Vereinzelt wird dies damit begründet, dass das Gesetz nur auf einen geltenden Tarifvertrag verweise und keine Öffnung „durch oder aufgrund“ eines Tarifvertrages anordne, weshalb kein nachwirkender Tarifvertrag erfasst sei.[898] Statt

892 *Herschel*, ZfA 1973, 183, 187; *Oetker*, in: Schlachter/Ascheid/Friedrich, Festschrift für Günter Schaub zum 65. Geburtstag, S. 535, 539.

893 *Herschel*, ZfA 1973, 183, 192 f.

894 *Herschel, Wilhelm*, ZfA 1976, 89, 94 ff.; *Herschel*, ZfA 1973, 183, 192 f.

895 *Herschel, Wilhelm*, ZfA 1976, 89, 94 ff.; *Herschel*, ZfA 1973, 183, 193.

896 *Wank*, in: Wiedemann, Tarifvertragsgesetz, § 4 Rn. 356; *Oetker*, in: Schlachter/Ascheid/Friedrich, Festschrift für Günter Schaub zum 65. Geburtstag, S. 535, 539, der die historische Auslegung zur Nachwirkung deshalb für nicht relevant hält.

897 *Schumann*, in: Berg/Kocher/Schumann, Tarifvertragsgesetz und Arbeitskampfrecht, § 4 Rn. 337; *Ulber, Daniel*, ZTR 2010, 287; *Treber*, in: Ahrendt/Koch/Linck u. a., Schaub, Arbeitsrechts-Handbuch, § 208 Rn. 19; *Bayreuther*, BB 2010, 309 ff.; *Kocher*, DB 2010, 900 ff.; a.A.: *Wank*, in: Müller-Glöge/Preis/Schmidt, Erfurter Kommentar zum Arbeitsrecht, AÜG, § 8 Rn. 21; *Motz*, in: Rolfs/Giesen/Kreikebohm/Udsching, BeckOK Arbeitsrecht, § 8 AÜG Rn. 70; *Thüsing*, DB 2003, 446, 449.

898 *Däubler*, Tarifvertragsrecht Rn. 1461; *Boldt*, in: Ule/Schwab/Nipperdey u. a., Festschrift 150 Jahre Heymanns Verlag KG, S. 227, 239.

einer Nachwirkung trete die ursprüngliche Gesetzeslage wieder ein.[899] Dabei kann diese Ansicht darauf verweisen, dass die Nachwirkung auch durch den Tarifvertrag bereits ausgeschlossen sein kann.[900] Erst recht muss dies durch Gesetzesrecht erfolgen können. Wenn aus diesen Ansichten auf einen generellen Ausschluss der Nachwirkung bei tarifdispositiven Regelungen geschlossen werden kann, wäre auch bei § 117 Abs. 2 S. 1 BetrVG die Nachwirkung ausgeschlossen.

Andere sehen bei tarifdispositivem Gesetzesrecht die Nachwirkung durch das Telos begründet, allerdings nur durch die Überbrückungsfunktion, da keine zu schließende inhaltliche Lücke bestehe.[901] Der anderen Ansicht wird entgegengehalten, dass sie das Gesetz zu einer anderen Abmachung im Sinne des § 4 Abs. 5 TVG erklären würde.[902] Dies würde dazu führen, dass bei tarifdispositivem Recht die Nachwirkung vollständig infrage gestellt werden würde.[903] Teilweise wird auch auf die Richtigkeitsvermutung des Tarifvertrages für den Vorrang vor tarifdispositivem Gesetzesrecht abgestellt.[904]

Ob bei § 117 Abs. 2 S. 3 BetrVG die Systematik des Gesetzes dafür spricht, dass keine Nachwirkung eintreten soll, hängt maßgeblich davon ab, wie das Vorrangverhältnis zwischen tarifdispositivem Recht und Gesetzesrecht ausgestaltet ist.

a) *Verhältnis nachwirkende Tarifverträge und tarifdispositives Gesetzesrecht*

Eine gesetzliche Regelung zu dem Verhältnis von tarifdispositivem Gesetzesrecht und nachwirkenden Tarifnormen fehlt im Tarifvertragsrecht. Maßgebend soll nach *Herschel* sein, ob das tarifdispositive Gesetz selbst eine Aussage zum Verhältnis mit der Nachwirkung mache.[905] Dabei kam *Herschel* zu dem Schluss, dass bei einem Schweigen des Gesetzes davon auszugehen sei, dass das Gesetz Vorrang haben solle.[906] Warum das Gesetz trotz Geltung des § 4 Abs. 5 TVG und dem bei tarifdispositiven Regelungen vorherrschenden Gedanken der

---

899 *Däubler,* Tarifvertragsrecht Rn. 1461; *Boldt,* in: Ule/Schwab/Nipperdey u. a., Festschrift 150 Jahre Heymanns Verlag KG, S. 227, 239.

900 *Bepler*, in: Däubler, Tarifvertragsgesetz, § 4 Rn. 902 m.w.N.

901 *Bock,* Tarifdispositives Arbeitnehmerschutzrecht und Tarifautonomie, S. 101; *Kocher,* DB 2010, 900, 902.

902 *Spinner,* Die vereinbarte Betriebsverfassung, S. 171; *Löwisch /Rieble,* § 4 TVG Rn. 759.

903 *Löwisch/Rieble,* § 4 TVG Rn. 759.

904 *Kempen*, in: Brecht-Heitzmann/Kempen, Tarifvertragsgesetz, § 4 Rn. 738.

905 *Herschel, Wilhelm*, ZfA 1976, 89, 99 f.

906 *Herschel, Wilhelm*, ZfA 1976, 89, 99 f.

sachnäheren Regelung durch Tarifvertrag gelten solle, bleibt an der Stelle offen. Nach *Däubler* hat ein nachwirkender Tarifvertrag nicht mehr die Kraft, eine arbeitnehmerschützende Norm zu verdrängen.[907] Diese Einschätzung kann bei § 117 Abs. 2 S. 3 BetrVG aus drei Gründen nicht überzeugen. Einerseits ändert sich durch die Nachwirkung nicht die Gültigkeit der Normen, sondern allein die Qualität.[908] Eine Änderung im Vorrangverhältnis ist durch den Geltungsgrund nicht begründbar. Zweitens handelt es sich in diesem Kontext auch nicht um arbeitnehmerschützende Regelungen. Die Betriebsverfassung hat selbst keine rein arbeitnehmerschützende Wirkung, sondern wahrt im Betrieb die Mitbestimmung der Arbeitnehmer. Im Vordergrund stehen die Kooperation und die Akzeptanz der Entscheidungen, nicht der Schutz der Arbeitnehmer.[909] Eine Regelung wie § 117 Abs. 2 S. 1 BetrVG, die Abweichungen von der gesetzlichen Konzeption vorsieht, hat diese Kooperation im Blick, nicht aber den Schutz der Arbeitnehmer. Drittens handelt es sich im Zeitpunkt der Nachwirkung ebenso um staatliches Recht wie bei tarifdispositivem Gesetzesrecht.[910] Es gilt deshalb das Gegenteil: Die Nachwirkung der Norm ist der Regelfall, die Geltung des tarifdispositiven Rechts die Ausnahme.[911] Eine Umkehr dieses Regel-Ausnahme-Verhältnisses müsste aus der Norm selbst folgen. Anhaltspunkte hierfür bestehen bei § 117 Abs. 2 S. 1 BetrVG nicht.

Für dieses Verständnis spricht auch die Rechtsprechung. Im Zusammenhang mit § 13 Abs. 1 S. 2 BUrlG hat das BAG die Nachwirkung trotz tarifdispositiven Gesetzesrechts bejaht, da die Norm im BUrlG eine breite Anwendung des Tarifrechts innerhalb des Betriebes erreichen wolle.[912] Mit dieser Rechtsprechung kommt es auf die Auslegung der jeweiligen tarifdispositiven Regelung an. Angewandt auf § 117 Abs. 2 S. 1 BetrVG ist die Nachwirkung zu bejahen. Denn ein Tarifvertrag gem. § 117 Abs. 2 S. 1 BetrVG soll über § 3 Abs. 2 TVG eine breite Anwendung erlangen. Der Gesetzgeber geht davon aus, dass der Tarifvertrag den Regelfall darstellen sollte.[913] Auch die Gesetzesbegründung beinhaltet für

---

907 *Däubler*, Tarifvertragsrecht Rn. 1461.

908 *Wiedemann*, Anmerkung zu AP TVG § 4 Nachwirkung Nr. 6.

909 *Richardi*, in: Richardi, § 87 Rn. 8, der von einer Integrationsfunktion spricht.

910 BAG Urt. v. 15.10.2003 – 4 AZR 573/02, AP TVG § 4 Nachwirkung Nr. 41 unter I. 2; BAG Urt. v. 29.1.1975 – 4 AZR 218/74, AP TVG § 4 Nachwirkung Nr. 8; BAG Urt. v. 14.2.1973 – 4 AZR 176/72, AP TVG § 4 Nachwirkung Nr. 6.

911 *Bepler*, in: Däubler, Tarifvertragsgesetz, § 4 Rn. 921.

912 BAG Urt. v. 27.6.1978 – 6 AZR 59/77, AP BUrlG § 13 Nr. 12 unter II. 2. c); *Wank*, in: Wiedemann, Tarifvertragsgesetz, § 4 Rn. 358.

913 Siehe Seite 47 ff.

§ 117 Abs. 2 S. 3 BetrVG keinen Hinweis auf eine Ausnahme vom Tarifvorrang. Im Gegenteil soll die Nachwirkung der Tarifverträge fortgelten, bis eine andere Abmachung wirkt.[914]

Im Ergebnis wirken tarifliche Regelungen auch im Zusammenhang mit tarifdispositivem Gesetzesrecht sowie konkret bei § 117 Abs. 2 S. 1 BetrVG nach.

b) Vergleich mit anderen tarifdispositiven Regelungen

Literaturstimmen, die auf andere tarifdispositive Regelungen abstellen, befürworten zum Teil Modifizierungen der Nachwirkung.[915] Es stellt sich damit die Frage, ob die Überlegungen übertragbar sind. Der Tarifvertrag stellt bei diesen anderen dispositiven Regelungen eine Abweichungsmöglichkeit vom Gesetz dar. Dogmatisch ist § 117 BetrVG damit vergleichbar, da auch hier der Tarifvertrag eine Ausnahme von der Geltung des BetrVG darstellt. Gleichwohl besteht ein erheblicher Unterschied: Es wird gewünscht, dass Tarifverträge abgeschlossen werden, um den Besonderheiten in der Luftfahrt entsprechen zu können. Diesen Wunsch hat der Gesetzgeber durch die sehr kurzfristige Verschiebung des Geltungszeitpunktes der Neuregelung vom 1.1.2019 auf den 1.5.2019, durch die den Tarifvertragsparteien Zeit für Verhandlungen geschaffen werden sollte, belegt.[916] Diese positive Haltung gegenüber Tarifverträgen spricht für eine Sonderstellung des § 117 BetrVG im Vergleich zu anderen tarifdispositiven Regelungen. Zudem unterscheidet sich die Interessenlage der betroffenen Personen erheblich. Bei Tarifverträgen, die tarifdispositives Recht nutzen, liegt regelmäßig, man denke an § 8 Abs. 2 bis 4 AÜG, eine Abweichung zulasten der Arbeitnehmer vor.[917] Arbeitgeber haben kaum ein Interesse daran, die Nachwirkung durch eine neue Vereinbarung zu beenden, da das Gesetz ein höheres Schutzniveau begründen würde. Eine solche Interessenlage liegt bei der tariflichen Regelung einer Personalvertretung für die in der Luftfahrt Beschäftigten nicht vor. Die betriebsverfassungsrechtlichen Regelungen sorgen lediglich dafür, dass eine Anpassung an die Besonderheiten in der Luftfahrt möglich ist, um eine effektive betriebliche Vertretung zu ermöglichen. Es ist auch für die Arbeitnehmer günstiger, wenn ein Tarifvertrag die Regelungen des BetrVG modifiziert. Ein solches Interesse

---

914 BT-Drs. 19/6146, S. 31.

915 *Bock*, Tarifdispositives Arbeitnehmerschutzrecht und Tarifautonomie, S. 108; *Kocher*, DB 2010, 900, 902 ff.

916 Siehe dazu Deutscher Bundestag – 19. Wahlperiode – 69 Sitzung, Berlin, Freitag, den 30. November 2018, S. 8013.

917 *Kocher*, DB 2010, 900, 903.

besteht auch für den Arbeitgeber, da er seinen Betrieb effizienter organisieren kann. Wen die Änderungslast trifft, kann erst im konkreten Einzelfall festgestellt werden, wenn sich eine Partei von den ausgehandelten Modifikationen lösen will. Anders als im AÜG[918] erfolgt gerade keine stetige Abweichung nach unten von den gesetzlichen Regelungen. Eine Beschränkung der Nachwirkung ist aus diesem Gesichtspunkt daher nicht erforderlich. Ein Vergleich mit anderen tarifdispositiven Regelungen bietet sich aufgrund fehlender Vergleichbarkeit nicht an.

c) Zwischenergebnis

Damit spricht weder die historische Auslegung noch die systematische Auslegung gegen eine Nachwirkung von betriebsverfassungsrechtlichen Regelungen eines Tarifvertrages. Ein zwingendes Argument für die Befürwortung fehlt aber ebenso. Die historische Auslegung ist insgesamt nicht weiterführend. Aus der Systematik lässt sich eine Tendenz zur Nachwirkung betriebsverfassungsrechtlicher Regelungen ableiten. Damit kommt der Untersuchung des Zwecks der Nachwirkung erhebliche Bedeutung zu.

3. Zweck der Nachwirkung

Zum Zweck der Nachwirkung finden sich viele Aussagen. Rechtsprechung und Literatur bemühen regelmäßig die Formel, dass die Nachwirkung inhaltsleere Arbeitsverhältnisse verhindere und der Überbrückung diene, bis eine andere Abrede getroffen wird.[919] Bei dieser Formel handelt es sich um eine verkürzte Darstellung des Zwecks, die leicht missverstanden werden kann und nicht darüber hinweg täuschen sollte, dass kein Konsens über den Zweck im Detail besteht.

a) Inhaltsleere Arbeitsverhältnisse / Rechtsunsicherheit

Das Reichsgericht sah den Zweck der Nachwirkung in der Verhinderung von inhaltsleeren Arbeitsverhältnissen und in einem Schutz vor tariflosen

---

918 *Kocher*, DB 2010, 900, 903.

919 BAG Urt. v. 15.10.2003 – 4 AZR 573/02, AP TVG § 4 Nachwirkung Nr. 41; BAG Urt. v. 13.7.1994 – 4 AZR 555/93, AP TVG § 3 Verbandszugehörigkeit Nr. 14; BAG 18.3.1992 – 4 AZR 339/91, AP Nr. 13 zu § 3 TVG; BAG Urt. v. 27.11.1991 – 4 AZR 211/91, AP § 4 TVG Nachwirkung Nr. 22; *Wiedemann*, Anmerkung zu BAG, AP TVG § 4 Nachwirkung Nr. 8, I. 2. b); *Gamillscheg*, Kollektives Arbeitsrecht Band I, S. 872; *Kempen*, in: Brecht-Heitzmann/Kempen, Tarifvertragsgesetz, § 4 Rn. 293; *Houben*, NJOZ 2008, 2170, 2179.

Zuständen.[920] Gemeint ist damit nicht wörtlich ein Arbeitsverhältnis ohne Regelungen.[921] Es soll verhindert werden, dass eine Konkretisierung mittels dispositiven Gesetzesrechts nach §§ 612 Abs. 2, 315, 316 BGB, § 106 GewO erst durch die Arbeitsgerichte erfolgen kann.[922] Zur Vermeidung dieses Problems werden die bisherigen Tarifverträge statisch erhalten.[923] Die Literatur formuliert zum gleichen Gedanken, dass es auf die Vermeidung von Rechtsunsicherheit ankommt.[924] Die durch die Fortwirkung der Normen geschaffene Rechtsklarheit dient beiden Parteien des Vertragsverhältnisses.[925]

Wird dies auf einen Tarifvertrag gem. § 117 Abs. 2 S. 1 BetrVG angewandt, zeigt sich, dass bei einem Wegfall des Tarifvertrages keine unklare Gesetzeslage eintritt. Gilt über § 117 Abs. 1 S. 2 BetrVG das Betriebsverfassungsgesetz, kann auf die umfassende Rechtsprechung und Literatur zum Betriebsverfassungsrecht zurückgegriffen werden.

b) Überbrückungsfunktion

Wer davon spricht, dass die Nachwirkung inhaltsleere Arbeitsverhältnisse verhindert und vor tariflosen Zuständen schützt, drückt zugleich häufig im folgenden Satz aus, dass jedenfalls bis zur Ablösung des Tarifvertrages die bisherigen Regelungen fortwirken. Damit ist die Überbrückungsfunktion angesprochen.[926] Der Schutz vor inhaltsleeren Arbeitsverhältnissen und die Überbrückungsfunktion werden teilweise als ein Zweck vermengt, teilweise auch mit anderen

---

920 RG 2.7.1926 – VI 132/26, RGZ, 114, 194, 195; RAG Urt. v. 13.6.1934 – 96/34, ARS 21, 69, 71; BAG 15.11.2006 – 10 AZR 665/05, AP TVG § 4 Tarifkonkurrenz Nr. 34, Rn. 32.

921 *Jacobs/Krois*, ZTR 2011, 643, 645; *Darányi*, Die Bordbetriebsverfassung nach § 117 Abs. 2 S. 1 BetrVG, S. 182 f.

922 *Jacobs/Krois*, ZTR 2011, 643, 645; *Darányi*, Die Bordbetriebsverfassung nach § 117 Abs. 2 S. 1 BetrVG, S. 182 f.

923 BAG Urt. v. 25.10.2000 – 4 AZR 212/00, AP TVG § 4 Nachwirkung Nr. 38; BAG Urt. v. 10.3.2004 – 4 AZR 140/03, BeckRS 2004, 40799; BAG Urt. v. 17.5.2000 – 4 AZR 363/99, BAGE 94, 367 = TVG § 3 Verbandsaustritt Nr. 8; BAG Urt. v. 29.8.2001 – 4 AZR 332/00, BAGE 99, 10 = AP TVG § 1 Bezugnahme auf Tarifvertrag Nr. 17.

924 *Jacobs/Krois*, ZTR 2011, 643, 645; *Darányi*, Die Bordbetriebsverfassung nach § 117 Abs. 2 S. 1 BetrVG, S. 182.

925 BAG Urt. v. 25.10.2000 – 4 AZR 212/00, AP TVG § 4 Nachwirkung Nr. 38; *Wank*, in: Wiedemann, Tarifvertragsgesetz, § 4 Rn. 351 ff.

926 BAG, Urt. v. 25.10.2000 – 4 AZR 212/00, AP TVG § 4 Nachwirkung Nr. 38; *Oetker*, in: Schlachter/Ascheid/Friedrich, Festschrift für Günter Schaub zum 65. Geburtstag, S. 535, 537 ff.

Zwecken zusammen betrachtet.[927] Sie sind aber als eigenständige Zwecke auseinanderzuhalten. Die Bedeutung der Überbrückungsfunktion zeigt sich in der Rechtsprechung dadurch, dass die Überbrückung teilweise als übergeordneter Zweck der Nachwirkung betrachtet wurde.[928] Auch bereits die Begründung zum Lemgoer Entwurf zum TVG erkannte die Überbrückungsfunktion an. Die Nachwirkung soll „den Bedürfnissen der Praxis gerecht werden".[929] Ohne Nachwirkung würden „böse Konsequenzen in den Betrieben"[930] eintreten. Die Literatur verweist konkretisierend auf die häufige Verzögerung bei Tarifabschlüssen.[931] Die Nachwirkung verschafft den Tarifvertragsparteien Zeit, den neuen Tarifvertrag ohne den Druck wegfallender Regelungen zu verhandeln.[932] Soweit *Jacobs* bezogen auf die Nachwirkung im Allgemeinen argumentiert, dass die Nachwirkung keinen tariflosen Zustand überbrücken solle, da jederzeit eine Ablösung auch durch einen neuen Individualvertrag möglich sei,[933] stellt er unausgesprochen die Anforderung auf, dass die Überbrückungsfunktion nur dann gegeben sei, wenn die Nachwirkung zwingend und nicht ablösbar sei. Dass eine Ablösung eintritt, ist jedoch ein Umstand, der hinzukommen kann, aber nicht muss. Zudem spricht die langfristige Wirkung für die Überbrückungsfunktion. Sowohl ablösende Betriebsvereinbarungen, sofern diese aufgrund der Tarifüblichkeit gem. § 77 Abs. 3 S. 1 BetrVG in Betracht kommen, als auch ablösende Individualarbeitsverträge werden durch einen neu abgeschlossenen Tarifvertrag wieder verdrängt, vorausgesetzt, die zwischenzeitlichen Regelungen enthalten keine günstigeren Regelungen. Zudem ist der Ansicht von *Jacobs* entgegenzuhalten, dass erst dann die Überbrückung bezweifelt werden kann, wenn die Nachwirkung in allen Fällen abgelöst worden ist, andernfalls wirkt der Tarifvertrag

927 *Darányi*, Die Bordbetriebsverfassung nach § 117 Abs. 2 S. 1 BetrVG, S. 182 behandelt die Ordnungs- und Überbrückungsfunktion als Einheit; *Weber, Christopher/Gräf*, RdA 2012, 95, 97 spricht der Überbrückungsfunktion nur einen eigenen Stellenwert zu, als dass es um den vorläufigen Charakter der Regelung gehe.

928 BAG Urt. v. 25.10.2000 – 4 AZR 212/00, AP TVG § 4 Nachwirkung Nr. 38, 1. cc) (1); BAG Urt. v. 27.9.2001 – 2 AZR 236/00, AP TVG § 4 Nachwirkung Nr. 40 unter B. I. 2. a).

929 *Lemgoer Entwurf*, ZfA 1973, 129, 134.

930 *Herschel, Wilhelm*, ZfA 1976, 89, 95.

931 *Wank*, in: Wiedemann, Tarifvertragsgesetz, § 4 Rn. 353.

932 BAG Urt. v. 25.10.2000 – 4 AZR 212/00, AP TVG § 4 Nachwirkung Nr. 38; *Wank*, in: Wiedemann, Tarifvertragsgesetz, § 4 Rn. 353; a.A.: *Jacobs*, in: Wiedemann, Tarifvertragsgesetz, Einl. Rn. 665.

933 *Jacobs*, in: Wiedemann, Tarifvertragsgesetz, Einl. Rn. 665.

jedenfalls bis zum Abschluss eines neuen Tarifvertrages nach. Die Nachwirkung führt damit von einem Tarifvertrag zum nächsten. Eine zwischenzeitliche Ablösung durch andere Normenarten dient hingegen dazu, dass die Nachwirkung keine passgenauen Lösungen im Zwischenstadium der Tarifverträge verhindert.

Ausgehend von diesen Grundsätzen besteht die Überbrückungsfunktion der Nachwirkung auch bei betriebsverfassungsrechtlichen Regelungen.[934] Die Nachwirkung soll den Übergang zu einem neuen Tarifvertrag ermöglichen, ohne dass die Gefahr des Wegfalls von bisher bestehenden Normen begründet ist. Dass ein Bedarf für diesen Zweck besteht, zeigt sich eindrucksvoll anhand des beendeten Tarifvertrags zur Personalvertretung bei der Deutschen Lufthansa. Der Tarifvertrag wirkte über dreißig Jahre nach, bis er schließlich 2016 durch einen Folgetarifvertrag abgelöst wurde.[935]

In der Literatur wird die Überbrückungsfunktion aber auch anders verstanden. Sie solle nach einer Ansicht nur einen eigenen Stellenwert haben, wenn der vorläufige Charakter der nachwirkenden Regelungen umschrieben werde.[936] Andere behandeln sie zusammen mit der Ordnungsfunktion.[937] Wird eine Überbrückungsfunktion angenommen, wird teilweise die inhaltliche Bestimmung modifiziert: Die Überbrückungsfunktion greife nicht ein, wenn das Gesetz eine klare Regelung vorsehe.[938]

Gegen die erste Ansicht spricht die oben dargestellte herausgehobene Bedeutung der Überbrückungsfunktion als Zweck der Nachwirkung. Gegen die zweite Ansicht spricht, dass die Nachwirkung den tariflosen Zustand verhindern und nicht allein eine normative Lücke schließen soll. Sie ist das Lösungskonzept des Gesetzgebers auf die tatsächlichen Unwägbarkeiten der Tarifvertragsverhandlungen. Ob eine gesetzlich klare Regelung besteht, hat deshalb keine Bedeutung für die Überbrückungsfunktion der Nachwirkung. Daher ist die Kritik in der Literatur richtig, die anmerkt, dass die Ansicht, die eine Überbrückungsfunktion bei klaren Gesetzesregelungen ablehnt, im Ergebnis das Gesetz zu einer anderen Abmachung erklären würde.[939] Die Rechtsprechung hat sich daher

---

934 *Oetker*, in: Schlachter/Ascheid/Friedrich, Festschrift für Günter Schaub zum 65. Geburtstag, S. 535, 549.

935 *Darányi*, Die Bordbetriebsverfassung nach § 117 Abs. 2 S. 1 BetrVG, S. 22 f.; *Däubler*, in: Däubler/Kittner/Klebe/Wedde, BetrVG, 16 Aufl., § 117 Rn. 20.

936 *Weber, Christopher/Gräf*, RdA 2012, 95, 97.

937 *Darányi*, Die Bordbetriebsverfassung nach § 117 Abs. 2 S. 1 BetrVG, S. 184; *Jacobs/Krois*, ZTR 2011, 643.

938 *Thüsing*, ZIP 2003, 693, 704; *Jacobs*, in: Wiedemann, Tarifvertragsgesetz, Einl. Rn. 665.

939 *Spinner*, Die vereinbarte Betriebsverfassung, S. 171; *Löwisch/Rieble*, § 4 TVG Rn. 759.

richtigerweise im Urlaubsrecht dafür ausgesprochen, dass ein Tarifvertrag nachwirkt, obwohl sich im BUrlG eine klare und eindeutige Regelung findet.[940]

c) Inhaltsschutz

Die Nachwirkung führt durch die statische Erhaltung der Normen zu einem Inhaltsschutz bis eine neue Vereinbarung die bisherige ablöst.[941] Teilweise wird dieser Inhaltsschutz als Zweck der Nachwirkung anerkannt.[942] Das überzeugt nicht. Der Inhaltsschutz ist Folge und nicht Grund der Nachwirkung. Auch die Rechtsprechung erkennt keinen über die Überbrückungsfunktion hinausgehenden eigenständigen Bedeutungsgehalt eines Inhaltsschutzes.[943] Sie argumentiert in Fällen, in denen ein Abstellen auf den Inhaltsschutz naheliegt, nämlich bei einem Verbandsaustritt[944] sowie bei einer beendeten Allgemeinverbindlicherklärung[945], allein mit der Überbrückungsfunktion. Soweit darauf abgestellt wird, dass das BAG auch teilweise von einem „vereinbarungsoffenen Bestandsschutz"[946] durch die Nachwirkung spricht, kann daraus nicht die Anerkennung des Inhaltsschutzes als eigenständiger Zweck gefolgert werden. Das BAG fasst mit dieser Formulierung die Rechtswirkung der Regelung zusammen, sagt aber noch nichts über den Sinn und Zweck der Regelung aus.

Wer dem Inhaltsschutz eine größere Bedeutung bei der Zweckbestimmung zuweisen möchte, begibt sich mit einer Einbeziehung von betriebsverfassungsrechtlichen Regelungen auf Neuland. Bislang beziehen sich die Ansichten zum Inhaltsschutz allein auf einen Schutz vor dem Verlust oder der Absenkung

---

940 BAG Urt. v. 27.6.1978 – 6 AZR 59/77, AP BUrlG § 13 Nr. 12.

941 BAG Urt. v. 15.10.2003 – 4 AZR 573/02, AP TVG § 4 Nachwirkung Nr. 41; BAG Urt. v. 20.4.2005 – 4 AZR 288/04, AP TVG § 4 Nachwirkung Nr. 43; anders noch: BAG Urt. v. 25.10.2000 – 4 AZR 212/00, AP TVG § 4 Nachwirkung Nr. 38.

942 BAG Urt. v. 15.10.2003 – 4 AZR 573/02, AP TVG § 4 Nachwirkung Nr. 41 unter I. 3. a); *Houben*, NJOZ 2008, 2170, 2180 f.

943 BAG Urt. v. 25.10.2000 – 4 AZR 212/00, AP TVG § 4 Nachwirkung Nr. 38, 1. cc) (1); BAG Urt. v. 20.4.2005 – 4 AZR 288/04, AP TVG § 4 Nachwirkung Nr. 43 unter I. 3. c) aa); BAG Urt. v. 4.7.2007 – 4 AZR 439/06, AP TVG § 4 Nachwirkung Nr. 48, Rn. 25.

944 BAG Urt. v. 15.10.2003 – 4 AZR 573/02, AP TVG § 4 Nachwirkung Nr. 41.

945 BAG Urt. v. 25.10.2000 – 4 AZR 212/00, AP TVG § 4 Nachwirkung Nr. 38, auch soweit hier noch davon gesprochen wird, dass dem Inhaltsschutz keine eigenständige Bedeutung zukäme.

946 BAG Urt. v. 3.4.2007 – 9 AZR 867/06, AP TVG § 4 Nachwirkung Nr. 46, Rn. 24; BAG Urt. v. 22.7.1998 – 4 AZR 403/97, AP TVG § 4 Nachwirkung Nr. 32 unter 2. c).

materieller Arbeitsbedingungen.[947] Bezieht sich der Inhaltsschutz allein auf den Inhalt der Arbeitsverhältnisse,[948] kann über den Inhaltsschutz keine Nachwirkung betriebsverfassungsrechtlicher Regelungen begründet werden. Denn weder können die Regelungen Inhalt des Arbeitsverhältnisses sein, noch besteht ein Rechtsverhältnis, in das die Regelung eingreifen könnte.

Wird hingegen der Inhaltsschutz modifiziert und als Schutz bisheriger tarifvertraglicher Regelungen verstanden, spricht dies für eine Nachwirkung betriebsverfassungsrechtlicher Normen. Ein Bedürfnis für eine solche Anerkennung des Inhaltsschutzes und darüber hinaus einer Modifikation für betriebliche und betriebsverfassungsrechtliche Regelungen besteht wie oben aufgezeigt allerdings nicht.

d) Ordnungsfunktion

Ob nachwirkenden Tarifverträgen eine Ordnungsfunktion zugesprochen werden kann, ist umstritten.[949] Nach der Rechtsprechung trägt die Nachwirkung der tariflichen Ordnungsfunktion Rechnung.[950] Im Vergleich zu geltenden Tarifverträgen soll die Ordnungsfunktion im Stadium der Nachwirkung allerdings beschränkt sein. Nach der Rechtsprechung beschränkt sich die Ordnungsfunktion auf die Arbeitnehmer, deren Arbeitsverhältnis bereits durch den Tarifvertrag gestaltet wurde, solange keine abweichende Vereinbarung getroffen wurde.[951] Diese Einschränkung kann allerdings, wie noch zu zeigen ist,[952] nicht überzeugen. Die Nachwirkung erstreckt sich auch auf im Stadium der Nachwirkung abgeschlossene Arbeitsverhältnisse. Deshalb kann auch nicht das Argument überzeugen, dass eine Zweiteilung der Belegschaft eintrete, nämlich in

---

947 *Jacobs/Krois*, ZTR 2011, 643, 645 f., *Leitmeier*, Funktionen und Unterschiede der Nachwirkung von Tarifverträgen und Betriebsvereinbarungen, S. 37; *Darányi*, Die Bordbetriebsverfassung nach § 117 Abs. 2 S. 1 BetrVG, S. 183; *Houben*, NJOZ 2008, 2170, 2180 ff.

948 *Löwisch/Rieble*, § 4 TVG Rn. 787, 862 sehen eine individualschützende Wirkung der Nachwirkung.

949 Ablehnend: *Höpfner*, Die Tarifgeltung im Arbeitsverhältnis, S. 410 ff. m.w.N.; *Löwisch/Rieble*, § 4 TVG Rn. 747.

950 BAG Urt. v. 29.1.1975 – 4 AZR 218/74, AP TVG § 4 Nachwirkung Nr. 8; BAG 18.3.1992 – 4 AZR 339/91, AP Nr. 13 zu § 3 TVG; BAG Urt. v. 24.11.1999 – 4 AZR 666/98, AP TVG § 4 Nachwirkung Nr. 34 unter I. 1. e) bb); BAG 15.11.2006 – 10 AZR 665/05, AP TVG § 4 Tarifkonkurrenz Nr. 34, Rn. 32.

951 BAG Urt. v. 27.11.2002 – 4 AZR 660/01, AP BetrVG 1972 § 87 Tarifvorrang Nr. 34.

952 Siehe zum personellen Umfang der Nachwirkung Seite 217 ff.

eine Gruppe, für die der Tarifvertrag nachwirkt und eine Gruppe, für die der Tarifvertrag keine Geltung beanspruchen könne.[953]

Gegen die Nachwirkung wird bei betriebsverfassungsrechtlichen Normen das Argument vorgebracht, dass die Richtigkeitsgewähr des nachwirkenden Tarifvertrages geringer sei als der aufgrund tariflicher Bindung geltende Tarifvertrag.[954] Andere erwägen, dass der Wille der Tarifvertragsparteien die Fortgeltung des Tarifvertrages im Stadium der Nachwirkung nicht begründen könne.[955] Beide Argumente würden gegen die Anerkennung einer Ordnungsfunktion sprechen. Die Argumente können aber auf alle nachwirkenden Tarifverträge angewandt werden, weshalb sie im Widerspruch zum Gesetz selbst stehen.

Mit der Ordnungsfunktion kann die Nachwirkung betriebsverfassungsrechtlicher Regelungen allerdings nicht begründet werden. Die Ordnungsfunktion ist, wie der Inhaltsschutz, als Folge und nicht als Grund der Nachwirkung zu verstehen. So ist auch das BAG zu verstehen, wenn es davon spricht, dass dem tariflichen Ordnungsprinzip durch den Sinn und Zweck des § 4 Abs. 5 TVG Rechnung getragen werde.[956]

e) Arbeitnehmerschutz als übergeordneter Zweck?

Teilweise wird als übergeordneter Zweck der Arbeitnehmerschutz herangezogen.[957] Dies überzeugt allerdings nicht, da der Zweck der Nachwirkung verkürzt werden würde. Der Schutz der Arbeitgeber vor dem Entfall der tariflichen Ordnung sowie die für beide Seiten geltende Vereinfachung der Verhandlung wären nicht berücksichtigt.[958] Wer einen übergeordneten Zweck formulieren möchte, muss den Fortbestand des Tarifvertrages in den Mittelpunkt stellen oder wie

---

953 So aber *Jacobs/Krois*, ZTR 2011, 643, 649.

954 *Thüsing*, DB 2003, 446, 449.

955 Zu dieser Überlegung: *Kraft*, in: Oetker, GK-BetrVG, 5. Aufl., § 3 Rn. 34; wie hier: *Oetker*, in: Schlachter/Ascheid/Friedrich, Festschrift für Günter Schaub zum 65. Geburtstag, S. 535, 549.

956 BAG Urt. v. 29.1.1975 – 4 AZR 218/74, AP TVG § 4 Nachwirkung Nr. 8; BAG 18.3.1992 – 4 AZR 339/91, AP Nr. 13 zu § 3 TVG; BAG Urt. v. 24.11.1999 – 4 AZR 666/98, AP TVG § 4 Nachwirkung Nr. 34 unter I. 1. e) bb); BAG 15.11.2006 – 10 AZR 665/05, AP TVG § 4 Tarifkonkurrenz Nr. 34, Rn. 32.

957 *Rotter*, Nachwirkung der Normen eines Tarifvertrags, S. 58.

958 *Wank*, in: Wiedemann, Tarifvertragsgesetz, § 4 Rn. 351 f.

Bepler formuliert, die Kontinuität.[959] Dieser Zweck wird erschöpfend durch den Schutz vor Rechtsunsicherheit und die Überbrückungsfunktion ausgefüllt.[960]

f) Müssen die Zwecke alternativ oder kumulativ vorliegen?

Wenn allein die Überbrückungsfunktion erfüllt ist, fragt sich, ob dies für die Begründung der Nachwirkung genügt. In der Literatur wird zum Teil bei Nichterfüllung eines Zwecks die Nachwirkung insgesamt als unbegründet angesehen, so z. B. wenn die Überbrückungsfunktion leerläuft.[961] Die Rechtsprechung dagegen hat die Nachwirkung bei Nichteingreifen des Schutzes vor Rechtsunsicherheit bejaht, wie die Rechtsprechung zu nachwirkenden Tarifverträgen im Urlaubsrecht zeigt.[962] Bislang ist auch kein Fall ersichtlich, in dem eine teleologische Reduktion der Nachwirkung aufgrund eindeutiger arbeitsvertraglichen Regelungen vorgenommen worden wäre. Zudem nimmt die Rechtsprechung auch bei alleinigem Vorliegen des Inhaltsschutzes eine Nachwirkung an. Dies zeigt der Fall, in dem das BAG die Nachwirkung von Inhaltsnormen auch bei einer zwischenzeitlichen Auflösung einer Tarifvertragspartei bejahte.[963] Das BAG wendet die Nachwirkung zudem sehr weitgehend an. Über eine Analogie werden die Normen auch dann aufrechterhalten, wenn die Tarifbindung aus anderen Gründen entfallen ist.[964]

Für die Annahme eines alternativen Verhältnisses der beiden Zwecke der Nachwirkung spricht auch der ursprüngliche Gedanke der Nachwirkung. Das Ziel, „böse Konsequenzen in den Betrieben“ zu vermeiden,[965] ist kaum beschränkbar, weshalb die Wirkung weit zu verstehen sein muss.

---

959 *Bepler*, in: Däubler, Tarifvertragsgesetz, § 4 Rn. 959; so auch *Oetker*, in: Schlachter/Ascheid/Friedrich, Festschrift für Günter Schaub zum 65. Geburtstag, S. 535, 540 im Rahmen der Überbrückungsfunktion.

960 *Klumpp*, in: Kiel/Lunk/Oetker, Münchener Handbuch zum Arbeitsrecht Kollektives Arbeitsrecht, § 261 Rn. 7, wobei eine Einschränkung bezüglich des personellen Anwendungsbereichs befürwortet wird.

961 *Thüsing*, ZIP 2003, 693, 704.

962 BAG Urt. v. 27.6.1978 – 6 AZR 59/77, AP BUrlG § 13 Nr. 12.

963 BAG Urt. v. 23.1.2008 – 4 AZR 312/01, AP TVG § 3 Nr. 36, Rn. 15 ff.: Auf die Frage der Nachwirkung kommt es freilich nur an, wenn der Tarifvertrag nicht ohnehin aufgrund fehlenden Zeitablaufs noch gem. § 3 Abs. 3 TVG fortwirkt.

964 BAG Urt. v. 10.12.1997 – 4 AZR 247/96, AP TVG § 3 Nr. 20 bei Herauswachsen aus dem Geltungsbereich des Tarifvertrages; *Löwisch/Rieble*, § 4 TVG Rn. 787 spricht von § 4 Abs. 5 TVG als Generalauffangtatbestand.

965 *Herschel, Wilhelm*, ZfA 1976, 89, 95.

Für die Nachwirkung gem. § 4 Abs. 5 TVG muss damit nur einer von beiden Hauptzwecken erfüllt sein.[966] Damit zeigt sich, dass auch bei § 117 Abs. 2 S. 3 BetrVG keine grundsätzlichen Bedenken gegen eine Nachwirkung bestehen können. Es ist zweckmäßig, wenn die Tarifvertragsparteien ohne zeitlichen Druck verhandeln können.[967] Die Verhandlungen müssen nicht bei null beginnen und werden so beschleunigt.[968] Es wird verhindert, dass mit Ablauf des Tarifvertrages der Konflikt zwischen den Tarifvertragsparteien über einen Neuabschluss eskaliert und es im Ergebnis zu häufigeren und heftiger geführten Arbeitskämpfen kommt.

g) Zusammenfassung

Die Nachwirkung dient den praktischen Bedürfnissen der Tarifvertragsparteien. Diese Bedürfnisse gehen im Kern auf den Wunsch zurück, die tarifvertraglichen Regelungen bis zu einer neuen Regelung zu erhalten. Die Nachwirkung sorgt für Kontinuität bis zur Neuregelung. Diese Funktion lässt sich aufgliedern in die Hauptzwecke: Vermeidung von Rechtsunsicherheit und Überbrückungsfunktion. Sie dient sowohl den Interessen der Arbeitgeber als auch der Arbeitnehmer. Die Erhaltung der bisherigen Regelungen mit einer Ablösungsmöglichkeit fördert zu einem gewissen Grad neue Tarifvertragsabschlüsse, indem mit zunehmender Zeit und zunehmenden anderen Abmachungen die Bedeutung des Tarifvertrages in der Praxis immer mehr schwindet. Die Ablösungsmöglichkeit steht der Förderung der Tarifverträge nicht entgegen, da ein neuer Tarifvertrag wieder Vorrang vor anderen zwischenzeitlichen Ablösungen hat.

4. § 3 BetrVG und die Verhinderung „böser Konsequenzen“

Bedenken gegen die Nachwirkung betriebsverfassungsrechtlicher Normen könnten durch die ablehnenden Literaturansichten zur Nachwirkung bei § 3 BetrVG aufkommen.[969] Das Problem ist nicht neu. Bereits

---

966 So auch *Klumpp*, in: Kiel/Lunk/Oetker, Münchener Handbuch zum Arbeitsrecht Kollektives Arbeitsrecht, § 261 Rn. 6.

967 *Bepler*, in: Däubler, Tarifvertragsgesetz, § 4 Rn. 890; *Wank*, in: Wiedemann, Tarifvertragsgesetz, § 4 Rn. 353; *Höpfner*, Die Tarifgeltung im Arbeitsverhältnis, S. 409; *Leitmeier*, Funktionen und Unterschiede der Nachwirkung von Tarifverträgen und Betriebsvereinbarungen, S. 36.

968 *Bepler*, in: Däubler, Tarifvertragsgesetz, § 4 Rn. 890 in Fn. 2450.

969 *Fitting*, Betriebsverfassungsgesetz, § 3 Rn. 84; *Thüsing*, ZIP 2003, 693, 704; *Franzen*, in: Oetker, GK-BetrVG, § 3, Rn. 35, der jedoch eine Nachwirkung bei § 117 Abs. 2

zur Vorgängerregelung, § 20 Abs. 3 BetrVG 1952, wurde die Nachwirkung diskutiert.[970]

Teilweise wird in dem Fehlen einer Überbrückungsfunktion das stärkste Argument zur Ablehnung der Nachwirkung von Tarifverträgen gem. § 3 BetrVG gesehen.[971] Dabei wird übergangen, dass die Überbrückungsfunktion nicht nur dann eingreift, wenn ohne die tarifliche Regelung eine unklare Rechtslage bestünde. Wie herausgearbeitet wurde, besteht der Zweck der Nachwirkung in der Erhaltung der tariflichen Regelungen.

Teilweise wird die Ansicht von *Däubler* und *Boldt*,[972] dass ein nachwirkender Tarifvertrag nicht die Kraft habe, tarifdispositives Gesetzesrecht zu verdrängen, auf § 3 BetrVG übertragen.[973] Wie schon oben angesprochen[974] steht dem entgegen, dass die Nachwirkung der Norm der Regelfall ist, die Geltung des tarifdispositiven Rechts die Ausnahme.[975]

Andere sehen den Grund für eine Differenzierung in der Qualität der unterschiedlichen Regelungsbefugnisse.[976] Während bei § 3 BetrVG nur eine Befugnis zur abweichenden Organisation besteht, können die Tarifvertragsparteien bei § 117 Abs. 2 BetrVG sowohl die Organisation als auch die Befugnisse dieser Vertretung durch Tarifvertrag regeln. Ein solcher differenzierender Ansatz findet aber keine Grundlage im Gesetz. Im Gegenteil ist festzuhalten, dass weder die Art der Norm noch die Regelungsbefugnisse einen Unterschied machen.[977] So wie das BAG die Nachwirkung betrieblicher Normen bejaht,[978] ist die Nachwirkung auch bei betriebsverfassungsrechtlichen Normen zu bejahen.

TVG bejaht; *Koch*, in: Ahrendt/Koch/Linck u. a., Schaub, Arbeitsrechts-Handbuch, § 216 Rn. 6a; *Richardi*, in: Richardi, § 3 Rn. 70; *Jacobs/Krois*, ZTR 2011, 643, 645 ff.; a.A. *Spinner*, Die vereinbarte Betriebsverfassung, S. 169ff.; *Teusch, Jan*, NZA 2007, 124, 129 f.

970 Siehe nur *Hueck/Nipperdey*, Lehrbuch des Arbeitsrechts, S. 541.

971 *Thüsing*, ZIP 2003, 693, 704; *Hohenstatt/Dzida*, DB 2001, 2498.

972 *Däubler*, Tarifvertragsrecht Rn. 1461; *Boldt*, in: Ule/Schwab/Nipperdey u. a., Festschrift 150 Jahre Heymanns Verlag KG, S. 227, 239.

973 *Koch*, in: Müller-Glöge/Preis/Schmidt, Erfurter Kommentar zum Arbeitsrecht, § 3 BetrVG Rn. 2.

974 Siehe Seite 190 f.

975 *Bepler*, in: Däubler, Tarifvertragsgesetz, § 4 Rn. 921.

976 *Franzen*, in: Oetker, GK-BetrVG, § 3 Rn. 35.

977 *Oetker*, in: Schlachter/Ascheid/Friedrich, Festschrift für Günter Schaub zum 65. Geburtstag, S. 535, 547.

978 BAG Beschl. v. 26.4.1990 – 1 ABR 84/87, AP GG Art. 9 Nr. 57.

Löwisch und Rieble fassen die Ansichten zur Einschränkung der Nachwirkung damit zusammen, dass es eine Nachwirkung geben soll, wenn man sie braucht und soweit sie passt. Die Funktionalität der Nachwirkung werde mit dem Preis der tariflichen Dekonstruktion erkauft.[979] Diesem Verständnis nach ist die Funktionalität der Nachwirkung eine Anforderung, die von außen an das Rechtsinstitut gestellt wird. Bei der Betrachtung der Historie hat sich aber gezeigt, dass die Funktionalität der Nachwirkung die Begründung des Rechtsinstituts ausmacht. Sie sollte ursprünglich „böse Konsequenzen" in den Betrieben verhindern.[980] Führt sie selbst zu solchen Konsequenzen, widerspricht sie sich selbst und kann nicht angewandt werden. Der Beliebigkeit in der Rechtsanwendung wird dadurch entgegengewirkt, dass es sich aufgrund der weiten Auslegung der Nachwirkung bei diesen Fällen nur um Ausnahmen handeln kann. Für eine Einordnung, ob es zu „bösen Konsequenzen" durch eine Nachwirkung kommt, ist auf die Wertungen des Gesetzgebers abzustellen. Fehlt es an einer Wertung, ist von der Nachwirkung auszugehen. Deshalb erklärt sich, dass bei Inhalts-, Abschluss- und Beendigungsnormen regelmäßig keine Diskussion über die Nachwirkung besteht. Bei betriebsverfassungsrechtlichen Regelungen kann hingegen auf die Wertung des Gesetzgebers in der tarifdispositiven Regelung abgestellt werden. Bei § 3 Abs. 1 BetrVG hat der Gesetzgeber eine sachgerechtere Wahrnehmung der betrieblichen Mitbestimmung vorausgesetzt. Ist eine solche aufgrund der tatsächlichen Gegebenheiten nicht mehr möglich, kann auch die Nachwirkung nicht angewendet werden. Bei § 117 Abs. 2 S. 1 BetrVG hat der Gesetzgeber mit ähnlichem Gedankengang eine tarifvertragliche Gestaltung zugelassen, um die Besonderheiten in der Luftfahrt in der betrieblichen Mitbestimmung berücksichtigen zu können. Der Unterschied zwischen beiden Regelungen liegt aber darin, dass der Gesetzgeber bei § 117 BetrVG davon ausgeht, dass ein Tarifvertrag regelmäßig eine sachgerechtere Wahrnehmung ermöglichen wird, wohingegen bei § 3 BetrVG eine gerichtliche Überprüfung anhand des Tatbestandsmerkmales möglich und erforderlich ist. Diese vom Gesetzgeber angeordnete unwiderlegliche Vermutung der sachgerechteren Regelung bei § 117 BetrVG führt dazu, dass die Nachwirkung nicht gegen ihren eigenen Zweck im Zusammenhang mit § 117 BetrVG verstoßen kann.

---

979 *Löwisch/Rieble*, § 4 TVG Rn. 758.
980 *Herschel, Wilhelm*, ZfA 1976, 89, 95.

5. *Zwischenergebnis*

Die Nachwirkung ist aufgrund der Überbrückungsfunktion auch bei betriebsverfassungsrechtlichen Normen zu bejahen. Dies gilt sowohl für § 117 Abs. 2 BetrVG als auch für § 3 BetrVG. Die Norm § 117 Abs. 2 S. 3 BetrVG entspricht dem System der Nachwirkung und ist im Ergebnis nur eine Klarstellung. Einschränkungen lassen sich aufgrund einer einfachrechtlichen Auslegung nicht finden. Die Nachwirkung ist nicht teleologisch zu reduzieren.

II. Ablösungsmöglichkeiten

Da die Nachwirkung tatbestandlich auf § 117 Abs. 2 BetrVG vollumfänglich Anwendung findet, ist die gesetzlich vorgesehene Ablösungsmöglichkeit von großer Bedeutung. Eine Ablösung wird häufig nur durch einen anderen Tarifvertrag als möglich angesehen.[981] Es ist zu untersuchen, ob diese Annahme zutrifft oder andere Möglichkeiten zur Verfügung stehen. Das Ergebnis der Untersuchung hat Bedeutung für die Frage, ob die Nachwirkung bei betriebsverfassungsrechtlichen Normen zu beschränken ist, ggf. auch zeitlich.

1. *Grundsätzliche Anforderungen an eine andere Abmachung*

Eine andere Abmachung kann im Grunde jede andere Regelung darstellen unabhängig von ihrer konkreten Regelungsart.[982] Damit eine Ablösung eintritt, muss die neue Regelung das jeweilige konkrete Rechtsverhältnis erfassen, sodass insoweit von einer Einzelablösung gesprochen werden kann. Wird ein Bereich nicht erfasst, der vorher erfasst war, bleibt die Nachwirkung in diesem konkreten Bereich erhalten.[983] Ob eine neue Regelung eine bisherige Regelung ablösen will, ohne eine neue Regelung zu treffen, ist Gegenstand der Auslegung.[984] Die neue Regelung kann vorbehaltlich einer entgegenstehenden gesetzlichen Regelung auch eine Verschlechterung im Vergleich zur bisherigen Vereinbarung darstellen.[985]

---

981 *Kempen*, in: Brecht-Heitzmann/Kempen, Tarifvertragsgesetz, § 4 Rn. 743; *Wank*, in: Wiedemann, Tarifvertragsgesetz, § 4 Rn. 379.

982 *Giesen*, in: Rolfs/Giesen/Kreikebohm/Udsching, BeckOK Arbeitsrecht, § 4 TVG Rn. 66; *Wank*, in: Wiedemann, Tarifvertragsgesetz, § 4 Rn. 379.

983 *Bepler*, in: Däubler, Tarifvertragsgesetz, § 4 Rn. 977.

984 BAG Urt. v. 22.10.2008 – 4 AZR 789/07, BAGE 128, 175 = AP TVG § 4 Tarifkonkurrenz Nr. 37.

985 *Giesen*, in: Rolfs/Giesen/Kreikebohm/Udsching, BeckOK Arbeitsrecht, § 4 TVG Rn. 66.

2. *Ablösung durch Arbeitsvertrag oder privatrechtliche Vereinigung*

Die Vereinbarung eines neuen Arbeitsvertrages kann grundsätzlich nachwirkende Tarifregelungen ablösen. Dies setzt voraus, dass den Arbeitsvertragsparteien eine Regelungsbefugnis für die konkrete Regelung zusteht. § 4 Abs. 5 TVG erweitert die Regelungsbefugnis der Parteien nicht.[986] Den Arbeitsvertragsparteien ist es aber nicht möglich, betriebsverfassungsrechtliche Regelungen zu vereinbaren, die die nachwirkenden Tarifnormen ersetzen könnten. Aus diesem Grund halten viele Stimmen eine Ablösung betriebsverfassungsrechtlicher Regelungen nur durch eine andere Kollektivvereinbarung für möglich.[987]

Eine Ablösungsmöglichkeit wurde von einer Ansicht im Rahmen der alten Rechtslage durch eine privatrechtliche Vereinigung bejaht.[988] Der Gedanke stammt aus der Diskussion um eine betriebliche Vertretung der leitenden Angestellten vor Verabschiedung des Sprecherausschussgesetzes. Das BAG urteilte damals, dass das BetrVG eine privatrechtliche Vereinigung der leitenden Angestellten nicht ausschließe.[989] Die Ablösung eines Tarifvertrages gem. § 117 Abs. 2 S. 1 BetrVG soll dadurch ermöglicht werden, dass in allen Arbeitsverhältnissen eine arbeitsvertragliche Klausel integriert wird, die den Beitritt des Arbeitnehmers zum Verein begründet. Da dies das Arbeitsverhältnis betrifft, könnte die Implementierung der Klausel auch über eine Änderungskündigung erfolgen. Die Vereinigung soll die betrieblichen Interessen der Arbeitnehmer wahrnehmen und Verträge mit dem Arbeitgeber auf privatrechtlicher Grundlage abschließen.[990] Durch die Neuregelung ist dieser Idee der Boden entzogen worden. Denn das Gesetz sieht eine Auffangregelung in § 117 Abs. 1 S. 2 BetrVG vor. Mit dem Prinzip der vertrauensvollen Zusammenarbeit soll vermieden werden, dass zwei Vereinigungen, eine privatrechtliche und der Betriebsrat nach dem BetrVG, für dieselben Fragen zuständig sind.[991] Der Arbeitgeber sollte nicht die Möglichkeit haben, den Betriebsrat zu umgehen. Das BetrVG stellt nur dann keine Schranke dar, wenn die privatrechtliche Vertretung nicht die Aufgaben

---

986 *Bepler*, in: Däubler, Tarifvertragsgesetz, § 4 Rn. 986.

987 *Kempen*, in: Brecht-Heitzmann/Kempen, Tarifvertragsgesetz, § 4 Rn. 743; *Wank*, in: Wiedemann, Tarifvertragsgesetz, § 4 Rn. 379.

988 *Franzen*, in: Oetker, GK-BetrVG, § 117 Rn. 16; *Franzen*, in: Müller-Glöge/Preis/Schmidt, Erfurter Kommentar zum Arbeitsrecht, § 4 TVG Rn. 63; *Forst*, in: Richardi, § 117 Rn. 18, 20.

989 BAG Beschl. v. 19.2.1975 – 1 ABR 55/73, AP BetrVG 1972 § 5 Nr. 9, unter III.

990 *Forst*, in: Richardi, § 117 Rn. 18.

991 BAG Beschl. v. 19.2.1975 – 1 ABR 55/73, AP BetrVG 1972 § 5 Nr. 9, III. 1. c).

eines Betriebsrates für sich beansprucht.[992] Zweitens ist zwar eine Ersetzung durch jedwede Regelungsart möglich, jedoch folgt aus dem Wortlaut „ersetzt", dass die Regelungsart den gleichen Regelungsgegenstand betreffen muss. Einer privatrechtlichen Vertretung fehlt im Vergleich zur betrieblichen Vertretung die Legitimation zum Abschluss von Betriebsvereinbarungen. Vereinbarungen ohne Zustimmung der Mitglieder wären Regelungen zulasten Dritter und damit unwirksam.[993]

Eine Ersetzung der Nachwirkung durch einen neuen Arbeitsvertrag oder die Einbeziehung in eine privatrechtliche Vereinigung, die an die Stelle der Personalvertretung treten soll, ist somit nicht möglich.

3. *Konkludenter Ausschluss der Nachwirkung*

Das Problem der Nachwirkung betriebsverfassungsrechtlicher Regelungen stellt sich nicht, wenn die Tarifverträge einen konkludenten Ausschluss der Nachwirkung beinhalten.[994] Die Möglichkeit des konkludenten Ausschlusses der Nachwirkung ist von der Rechtsprechung anerkannt.[995] Dabei kommt es auf die Auslegung des Tarifvertrages im konkreten Einzelfall an. Das BAG bejahte in einem Fall, in dem die Tarifvertragsparteien einerseits eine sehr lange Kündigungsfrist und andererseits eine besondere Verhandlungspflicht bereits vor Ende des Tarifvertrages vereinbart hatten, einen konkludenten Ausschluss der Nachwirkung.[996] Ein konkludenter Ausschluss der Nachwirkung soll nach dem LAG Schleswig Holstein auch dann vorliegen, wenn die Tarifvertragsparteien ein Recht zur Kündigung des Tarifvertrages vereinbart haben.[997] Damit geht die Auslegung aber zu weit. Denn die Kündigung des Tarifvertrages hat noch keine Aussagekraft für einen Willen zum Ausschluss der Nachwirkung.[998]

---

992 BAG Beschl. v. 19.2.1975 – 1 ABR 55/73, AP BetrVG 1972 § 5 Nr. 9, III.

993 *Forst*, in: Richardi, § 117 Rn. 18.

994 Zur Zulässigkeit eines Ausschlusses nach neuer Rechtslage siehe Seite 215 ff.; *Bepler*, in: Däubler, Tarifvertragsgesetz, § 4 Rn. 913; so auch die Auslegung durch LAG Schleswig Urt. v. 15.1.2009 – 4 Sa 269/08, Juris.

995 BAG Urt. v. 16.5.2012 – 4 AZR 366/10, AP TVG § 4 Nachwirkung Nr. 52; BAG Urt. v. 11.1.2011 – 1 AZR 310/09, AP BetrVG 1972 § 87 Lohngestaltung Nr. 137.

996 BAG Urt. v. 16.5.2012 – 4 AZR 366/10, AP TVG § 4 Nachwirkung Nr. 52.

997 LAG Schleswig Urt. v. 15.1.2009 – 4 Sa 269/08, Juris.

998 So auch Arbeitsgericht Hamburg Beschl. v. 8.3.2013 – 27 BV 25/12, BeckRS 2013, 68044, II. 2. b.

Bestehen Anhaltspunkte im Tarifvertrag für einen konkludenten Ausschluss der Nachwirkung, ist der Tarifvertrag auszulegen. Da die Tarifregelungen wie Gesetze auszulegen sind,[999] ist der wirkliche Wille der Tarifvertragsparteien nur zu berücksichtigen, sofern und soweit er in den tariflichen Regelungen und ihrem systematischen Zusammenhang einen Niederschlag gefunden hat.[1000] Bestehen Zweifel daran, ob die Nachwirkung ausgeschlossen ist, ist mit den Grundsätzen des BAG diejenige Tarifauslegung maßgeblich, die zu einer vernünftigen, sachgerechten, zweckorientierten, gesetzeskonformen und praktisch brauchbaren Regelung führt.[1001] Dies wird durch die Wertung des Gesetzgebers, die in § 4 Abs. 5 TVG ihren Ausdruck gefunden hat, im Zweifel zu einer Nachwirkung führen. Dagegen will Bepler in diesen Fällen regelmäßig den Willen der Tarifvertragsparteien erkennen, dass eine betriebliche Vertretung nach dem Tarifvertrag nur so lange nachwirkt, bis eine neue Betriebsratswahl ansteht.[1002] Wieso beide Tarifvertragsparteien einen solchen Willen bei einem Tarifvertrag nach § 117 Abs. 2 S. 1 BetrVG haben sollten, bleibt unklar. Im Gegenteil haben beide Parteien im Regelfall ein Interesse am Fortbestand der vom BetrVG abweichenden Regelungen, damit eine betriebliche Interessenvertretung für beide Seiten effektiv gestaltet werden kann. Überzeugender ist es daher mit den Grundsätzen der Rechtsprechung auf Hinweise in der Tarifvertragsgestaltung zu achten. Fehlen solche, bleibt es bei der Nachwirkung.

4. Ablösung durch Kündigung

a) Ordentliche Kündigung

Sieht der Tarifvertrag eine Kündigungsmöglichkeit vor, gelten die gekündigten Normen durch die Nachwirkung fort. Ohne zusätzliche Regelung hat die Kündigung damit zwar die Tarifbeendigung zur Folge, nicht aber die Beendigung der Normwirkung. *Nikisch* zog deshalb zur Ablösung der Nachwirkung eine zusätzliche Kündigung, nämlich die der Nachwirkung, in Betracht.[1003]

---

999 BAG Urt. v. 12.12.2013 – 8 AZR 942/12, NZA 2014, 431; BAG Urt. v. 8.3.1995 – 10 AZR 27/95, AP TVG § 1 Verweisungstarifvertrag Nr. 5 unter II 2 a; BAG Urt. v. 12.9.1984 – 4 AZR 336/82, AP TVG § 1 Auslegung Nr. 135.

1000 BAG Urt. v. 12.12.2013 – 8 AZR 942/12, NZA 2014, 431; BAG Urt. v. 8.3.1995 – 10 AZR 27/95, AP TVG § 1 Verweisungstarifvertrag Nr. 5 unter II 2 a; BAG Urt. v. 12.9.1984 – 4 AZR 336/82, AP TVG § 1 Auslegung Nr. 135.

1001 BAG Urt. v. 12.12.2013 – 8 AZR 942/12, NZA 2014, 431, Rn. 16.

1002 *Bepler*, in: Däubler, Tarifvertragsgesetz, § 4 Rn. 952.

1003 *Nikisch,* Arbeitsrecht III. Band Betriebsverfassungsrecht, S. 73.

Kündigungsberechtigt sollten Arbeitgeber als auch Arbeitnehmervertreter sein. Als Rechtsfolge trete die Regelung des Gesetzes ein. Die Folge eines solchen Verständnisses wäre, dass die Partei, die den Tarifvertrag kündigt, regelmäßig zugleich die eintretende Nachwirkung mitkündigen könnte und wohl auch würde, um sich vollständig der Tarifwirkung zu entziehen, sobald der Tarifvertrag und damit die Wirkung des § 3 Abs. 3 TVG abgelaufen ist. Angewandt auf § 117 Abs. 2 S. 3 BetrVG bedeutet dies, dass die Kündigung dazu führen könnte, dass das BetrVG wieder vollumfänglich auf im Flugbetrieb beschäftigte Arbeitnehmer Anwendung finden würde. *Nikisch* formulierte bereits selbst die Kritik an diesem Lösungsansatz. Das Gesetz schreibt eine Ablösung durch eine Vereinbarung vor. Eine einseitige Änderung stelle keine Vereinbarung dar und sei daher „weit weg" vom Gesetzeswortlaut.[1004] Darüber hinaus widerspricht eine ordentliche Kündigungsmöglichkeit dem Zweck der Nachwirkung. Diese soll eine Übergangszeit ohne neue Regelung gerade verhindern.[1005] Eine ordentliche Kündigung wird dem nicht gerecht.

b) Außerordentliche Kündigung

Im Falle einer außerordentlichen Kündigung ist in der Literatur umstritten, ob damit nicht zugleich die Nachwirkung der Tarifnormen entfällt.[1006] Denn es könnte widersprüchlich sein, dass einer Partei das Festhalten am Vertrag unzumutbar ist, sie aber durch die Nachwirkung weiter an die unzumutbaren Normen gebunden wird. Die Zulässigkeit einer außerordentlichen Kündigung eines Tarifvertrages ergibt sich aus den allgemeinen Grundsätzen und ist im Tarifvertragsrecht nicht bestritten.[1007] Die Rechtsprechung hat die Kriterien für eine außerordentliche Kündigung eines Tarifvertrages bisher nicht abschließend festgelegt und auch nicht entschieden, ob eine außerordentliche Kündigung zugleich einer Nachwirkung gem. § 4 Abs. 5 TVG entgegensteht.[1008]

1004 *Nikisch,* Arbeitsrecht III. Band Betriebsverfassungsrecht, S. 73.

1005 Siehe oben Seite 193 ff.

1006 Für eine Nachwirkung: *Bepler,* in: Däubler, Tarifvertragsgesetz, § 4 Rn. 929; *Jacobs,* Tarifeinheit und Tarifkonkurrenz, S. 143 f. jeweils m.w.N.; gegen eine Nachwirkung: *Hamacher/van Laak,* in: Moll, Münchener Anwaltshandbuch Arbeitsrecht, § 68 Tarifgeltung Rn. 166; *Belling/Hartmann, Christian,* ZfA 1997, 87, 129 f.; *Belling,* NZA 1996, 906, 911; *Oetker,* RdA 1995, 82, 95.

1007 BAG Urt. v. 18.6.1997 – 4 AZR 710/95, AP TVG § 1 Kündigung Nr. 2; BAG Urt. v. 18.12.1996 – 4 AZR 129/96, AP TVG § 1 Kündigung Nr. 1, II. 2.3.

1008 BAG Urt. v. 18.6.1997 – 4 AZR 710/95, AP TVG § 1 Kündigung Nr. 2.

Die Literatur nimmt überwiegend eine Nachwirkung auch bei einer außerordentlichen Kündigung an.[1009] Für eine Nachwirkung wird im Zusammenhang mit Entgelttarifverträgen oder anderen entgeltlichen Leistungen vorgebracht, dass auch bei einer außerordentlichen Kündigung der Zweck der Nachwirkung eingreife. Der Schutz vor Inhaltsleere verhindert auch in diesen Fällen das Eingreifen tarifdispositiver Regelungen.[1010] Der Überbrückungsschutz kann allein mit einem neuen Tarifvertrag durchbrochen werden. Er bezweckt die Überbrückung bis zu einem neuen Tarifvertrag. Die Nachwirkung findet zudem ihre Grundlage, anders als die außerordentliche Kündigung, nicht in der Vertragstreue der Parteien.[1011] Sie bezieht neben den Vertragsparteien nämlich auch Arbeitnehmer und Arbeitnehmervertreter mit ein.

Teilweise wird vorgeschlagen, dass eine Tarifvertragspartei nicht den gesamten Tarifvertrag kündigen müsse, sondern eine Kündigung beschränkt auf einzelne unzumutbare Regelungen zulässig sei. Der Tarifvertrag gelte für die nicht unzumutbaren Regelungen fort. Das Vakuum könnte der Arbeitgeber mit außerordentlichen Änderungskündigungen füllen.[1012] Wird dies auf § 117 Abs. 2 S. 1 BetrVG angewandt, kann die Überlegung nicht überzeugen. Eine außerordentliche Änderungskündigung ist bei betriebsverfassungsrechtlichen Normen nicht möglich. Es besteht aufgrund der Tarifautonomie auch nicht die Möglichkeit, dass ein Gericht unzumutbare Regelungen mit eigenen Normen ausfüllt.[1013] Auch ist ein Verhandlungsanspruch dem Tarifvertragsrecht ohne ausdrückliche Vereinbarung fremd.[1014]

Wann eine außerordentliche Kündigung des Tarifvertrages überhaupt in Betracht kommt, ist als Vorfrage nicht weniger problematisch. In der Literatur wird bestritten, dass mit Ausnahme von Entgelttarifverträgen oder anderen Tarifverträgen, die Entgeltfragen betreffen, ein Anwendungsbereich der außerordentlichen Kündigung eröffnet

---

1009 *Bepler*, in: Däubler, Tarifvertragsgesetz, § 4 Rn. 929 m.w.N.

1010 *Bepler*, in: Däubler, Tarifvertragsgesetz, § 4 Rn. 930; *Wank*, in: Wiedemann, Tarifvertragsgesetz, § 4 Rn. 49.

1011 *Löwisch/Rieble*, § 4 TVG Rn. 784.

1012 *Wank*, in: Wiedemann, Tarifvertragsgesetz, § 4 Rn. 49.

1013 BAG Urt. v. 15.6.2010 – 3 AZR 861/08, AP TVG § 1 Tarifverträge: Luftfahrt Nr. 32, Rn. 39; BAG Urt. v. 20.8.2002 – 9 AZR 235/01, AP TVG § 1 Tarifverträge: Lufthansa Nr. 28; *Wank*, in: Wiedemann, Tarifvertragsgesetz, § 4 Rn. 75; a.A.: *Belling/Hartmann, Christian*, ZfA 1997, 87, 121.

1014 *Krämer*, Die Richtigkeitsgewähr des Tarifvertrags, S. 80.

ist.[1015] Die Unzumutbarkeit wird bei Tarifverträgen gem. § 117 Abs. 2 S. 1 BetrVG dadurch erschwert, dass die gesetzliche Regelung als Mindestmaß gilt. Bis eine Unzumutbarkeit erreicht wird, bedarf es viel. Denkbar ist eine Unzumutbarkeit allenfalls, wenn der Arbeitgeber aus tatsächlichen, nicht selbst verschuldeten Gründen eine Umstrukturierung vornehmen muss, auf die der Tarifvertrag gem. § 117 Abs. 2 S. 1 BetrVG nicht passt und durch die tatsächlichen Veränderungen erhebliche, existenzbedrohende Mehrkosten im Vergleich zum gesetzlichen Vorbild auftreten und dies so von den Tarifvertragsparteien keinesfalls gedacht war. Wie auch bei Inhaltsnormen setzt die Unzumutbarkeit zudem Gespräche zwischen den Tarifvertragsparteien voraus.[1016] Eine außerordentliche Kündigung des Tarifvertrages gem. § 117 Abs. 2 S. 1 BetrVG kommt damit praktisch nie in Betracht.

5. *Durch Betriebsvereinbarung*

Bei betrieblichen Vertretungen, die auf einem Tarifvertrag basieren, stellt sich die Frage, ob diese während der Nachwirkung durch eine Betriebsvereinbarung abgelöst bzw. modifiziert werden können.

a) *Ablösung durch Betriebsvereinbarung*

Das Verhältnis zwischen Betriebsvereinbarung und Tarifvertrag ist grundsätzlich auch während der Nachwirkung durch die Tarifüblichkeit gekennzeichnet, § 77 Abs. 3 BetrVG.[1017] Bei § 117 Abs. 2 S. 1 BetrVG findet § 77 Abs. 3 BetrVG allerdings keine Anwendung.[1018] Betriebsverfassungsrechtliche Regelungen stellen keine Arbeitsbedingungen im Sinne des § 77 Abs. 3 BetrVG dar.[1019]

Bei Tarifverträgen gem. § 3 BetrVG sind im Stadium der Nachwirkung Betriebsvereinbarungen ausgeschlossen, da auch nachwirkende Tarifverträge eine tarifliche Regelung im Sinne des § 3 Abs. 2 BetrVG sind.[1020] Eine

---

1015 *Bepler*, in: Däubler, Tarifvertragsgesetz, § 4 Rn. 930, wonach die außerordentliche Kündigung des Tarifvertrages wohl nur bei Tarifverträgen über Entgelte oder entgeltwerte Leistungen denkbar sei.

1016 *Bepler*, in: Däubler, Tarifvertragsgesetz, § 4 Rn. 932 f.

1017 *Kempen*, in: Brecht-Heitzmann/Kempen, Tarifvertragsgesetz, § 4 Rn. 747, 758.

1018 *Seitz*, in: Oberthür/Seitz, Betriebsvereinbarungen, XIII. Tarifvorbehalt Rn. 5; BAG Urt. v. 9.4.1991 – 1 AZR 406/90, AP BetrVG 1972 § 77 Tarifvorbehalt Nr. 1; *Kempen*, in: Brecht-Heitzmann/Kempen, Tarifvertragsgesetz, § 4 Rn. 744 ff.; *Bepler*, in: Däubler, Tarifvertragsgesetz, § 4 Rn. 984.

1019 *Seitz*, in: Oberthür/Seitz, Betriebsvereinbarungen, XIII. Tarifvorbehalt Rn. 5.

1020 *Bepler*, in: Däubler, Tarifvertragsgesetz, § 4 Rn. 985 m.w.N.

Übertragung auf § 117 BetrVG ist allerdings nicht möglich: Die analoge Anwendung des § 3 Abs. 2 BetrVG scheitert einerseits an dem Ausnahmecharakter der Norm, andererseits an der fehlenden Erfassung des § 3 Abs. 1 Nr. 3 BetrVG, welche noch am ehesten für eine Analogie hätten sprechen können. Damit steht der Ablösung durch Betriebsvereinbarung weder die Tarifüblichkeit noch ein Verweis auf eine systematisch ähnliche Vorschrift entgegen.

Eine Beschränkung könnte aber aus § 117 Abs. 2 S. 1 BetrVG folgen. Damit eine Betriebsvereinbarung eine ablösende Regelung darstellt, muss den Betriebsparteien eine Regelungsbefugnis zustehen. Der Gesetzeswortlaut des § 117 Abs. 2 S. 1 BetrVG spricht für eine abschließende Öffnung allein für die Tarifvertragsparteien, da das Gesetz eine Abweichung von den gesetzlichen Vorschriften nur durch einen Tarifvertrag ermöglicht. Anders als bei § 77 Abs. 4 S. 4 BetrVG hat der Gesetzgeber eine Regelung durch Betriebsvereinbarungen nicht ermöglicht.[1021] Hierfür spricht auch die Regelung des § 76 Abs. 8 BetrVG. Dort ist lediglich den Tarifvertragsparteien eine Kompetenz zur abweichenden Regelung zugewiesen, weshalb eine Betriebsvereinbarung ausscheidet.[1022] Damit steht den Betriebsparteien keine Regelungsbefugnis zu. Eine Ablösung ist durch eine Betriebsvereinbarung nicht möglich.

b) Modifikation im Stadium der Nachwirkung durch Betriebsvereinbarung

Ungeklärt ist, ob ein Tarifvertrag den Betriebsparteien eine solche Befugnis erteilen kann. Ein Tarifvertrag könnte eine Klausel vorsehen, die es dem Betriebsrat ermöglichen soll, im Nachwirkungsstadium abweichende Regelungen zu treffen. Systematisch ginge eine solche Regelung über eine bloße Öffnung hinaus, da sie die gesetzlichen Befugnisse der Betriebsparteien erweitert. Eine solche Regelung wird aber nur dann praktisch sinnvoll sein, wenn ein unternehmenseinheitlicher Betriebsrat nach dem Tarifvertrag existiert. Denn in anderen Fällen hätte der Arbeitgeber eine Vielzahl von Ansprechpartnern, für die später ggf. abweichende Regelungen gelten könnten.

Eine solche Öffnung für die Betriebsparteien könnte überdies an § 117 Abs. 2 S. 1 BetrVG scheitern. Der Wortlaut des § 117 Abs. 2 S. 1 BetrVG spricht dafür, dass die Betriebsparteien nicht an die Stelle der Tarifvertragsparteien treten können. Der Gesetzgeber hat anders als in § 7 ArbZG nicht formuliert, dass eine

---

1021 *Bepler*, in: Däubler, Tarifvertragsgesetz, § 4 Rn. 985.
1022 *Bepler*, in: Däubler, Tarifvertragsgesetz, § 4 Rn. 985.

Abweichung „durch oder aufgrund eines Tarifvertrages“ zulässig sei.[1023] Auch die Gesetzesbegründung zu § 117 Abs. 2 S. 1 BetrVG verweist allein auf die bessere Sachkenntnis der Tarifvertragsparteien und erwähnt eine solche Delegationsmöglichkeit auf die Betriebsparteien nicht.[1024] Der Ausnahmecharakter der Regelung des § 117 Abs. 2 S. 1 BetrVG spricht zudem für eine enge Auslegung. Eine Delegationsbefugnis auf die Betriebsparteien ist damit abzulehnen. Der Betriebsrat kann zwar Rechte gegenüber dem Arbeitgeber aufgrund eines Tarifvertrages wahrnehmen. Er kann das System, dem er unterliegt, aber nicht selbst mit dem Arbeitgeber verhandeln.

Eine Ablösung durch eine Betriebsvereinbarung kommt damit nicht in Betracht.

6. *Wegfall der Geschäftsgrundlage*

Als weiteres Ablösungsinstrument könnte der Wegfall der Geschäftsgrundlage in Betracht kommen.[1025] Die Lufthansa lehnte nach der Kündigung des Tarifvertrages Übergangsversorgungsvertrag 2013 die Nachwirkung dieses Tarifvertrages damit ab, dass die Geschäftsgrundlage des Tarifvertrages entfallen sei. Deshalb könne die Nachwirkung nicht eintreten.[1026] Den Wegfall einer Geschäftsgrundlage kann der Arbeitgeber aber weder den Arbeitnehmern noch dem Betriebsrat entgegenhalten.[1027] Denn die Arbeitnehmer sowie der Betriebsrat haben in der Regel keine Kenntnis von den Geschäftsgrundlagen des Tarifvertrages.[1028] Der Wegfall der Geschäftsgrundlage bezieht sich auf das Vertragsverhältnis zwischen den Tarifvertragsparteien. Dort hat sie ihre Bedeutung.

Als Rechtsfolge sieht § 313 Abs. 1 BGB die Anpassung des Vertrages vor. Ein Gericht kann aber getroffene Tarifregelungen wegen der Tarifautonomie nicht ersetzen.[1029] Die Anpassung obliegt den Tarifver-

---

1023 BT-Drs. 12/5888, 26; Zur tarifvertraglichen Öffnung für Betriebsvereinbarungen siehe *Wirtz*, BB 2014, 1397, 1399.

1024 BT-Drs. VI/1786.

1025 Teilweise wird ein Bedürfnis für das Rechtsinstitut des Wegfalls der Geschäftsgrundlage im Tarifvertragsrecht zugunsten eines Vorrangs der außerordentlichen Kündigung verneint: *Wank*, in: Wiedemann, Tarifvertragsgesetz, § 4 Rn. 76 m.w.N.

1026 *Bergmann*, Fliegen – ein (Alb-) Traum?, S. 369 f.

1027 Hessisches LAG Urt. v. 28.7.2015 – 8 Sa 88/15, BeckRS 2016, 65594.

1028 BAG Urt. v. 12.9.1984 – 4 AZR 336/82, AP TVG § 1 Auslegung Nr. 135.

1029 BAG Urt. v. 16.1.2013 – 5 AZR 266/12, AP TVG § 1 Tarifverträge: Metallindustrie Nr. 225, Rn. 28.

tragsparteien.[1030] Können sich die Tarifvertragsparteien nicht auf eine Änderung einigen, bleibt nur die Kündigung des Tarifvertrages über § 313 Abs. 3 S. 2 BGB. Der Wegfall der Geschäftsgrundlage führt damit im Tarifrecht nicht weiter als die außerordentliche Kündigung, weshalb vielfach ein Vorrang der außerordentlichen Kündigung bejaht wird.[1031] Aber auch soweit sie anwendbar ist,[1032] gilt für die nach der Kündigung eingreifende Nachwirkung das zur außerordentlichen Kündigung Gesagte. Die Nachwirkung wird in wohl keinem Fall durch den Wegfall der Geschäftsgrundlage abgelöst werden können.

7. Abschluss eines konkurrierenden Tarifvertrags

Ohne Probleme können die Tarifvertragsparteien des nachwirkenden Tarifvertrages einen neuen Tarifvertrag abschließen und damit den nachwirkenden Tarifvertrag ersetzen. Schwieriger stellen sich folgende Fallgestaltungen dar:

a) Ablösung eines nachwirkenden Tarifvertrages durch einen Tarifvertrag anderer Tarifvertragsparteien

Problematischer ist es bereits, wenn eine andere Gewerkschaft den Tarifvertrag abschließt. Das BAG fordert für die Ablösung von Inhaltsnormen durch einen Tarifvertrag, dass die Normgeber des nachwirkenden und neuen Tarifvertrages identisch sind.[1033] Der Tarifvertrag mit einer anderen Gewerkschaft kann den bisherigen Tarifvertrag nicht ablösen. Eine Ausnahme gilt nach der Rechtsprechung für den Fall, dass die bisherige Gewerkschaft aufgrund einer Insolvenz keinen neuen Tarifvertrag abschließen kann.[1034]

Bei betriebsverfassungsrechtlichen Normen wie § 117 Abs. 2 S. 1 BetrVG ist allerdings nur eine einheitliche Geltung für alle Arbeitnehmer im Betrieb denkbar. Daher stellt § 3 Abs. 2 TVG allein auf die Tarifgebundenheit des Arbeitgebers ab. Ist dieser im Zeitpunkt der Nachwirkung an einen anderen Tarifvertrag gebunden, kann sich dies auf alle Arbeitnehmer auswirken. Ob

---

1030 BAG Urt. v. 15.6.2010 – 3 AZR 861/08, AP TVG § 1 Tarifverträge: Luftfahrt Nr. 32, Rn. 39; BAG Urt. v. 20.8.2002 – 9 AZR 235/01, AP TVG § 1 Tarifverträge: Lufthansa Nr. 28; *Wank*, in: Wiedemann, Tarifvertragsgesetz, § 4 Rn. 75.

1031 *Wank*, in: Wiedemann, Tarifvertragsgesetz, § 4 Rn. 65 ff. m.w.N.

1032 *Belling/Hartmann, Christian*, ZfA 1997, 87 ff.; *Bender*, Der Wegfall der Geschäftsgrundlage bei arbeitsrechtlichen Kollektivverträgen am Beispiel des Tarifvertrages und des Sozialplans, S. 247 ff.; 388 f.

1033 BAG Beschl. v. 23.8.2016 – 1 ABR 15/14, NZA 2017, 74.

1034 BAG Urt. v. 20.4.2005 – 4 AZR 288/04, AP TVG § 4 Nachwirkung Nr. 43.

der neu abgeschlossene Tarifvertrag mit einer anderen Gewerkschaft den bislang nachwirkenden Tarifvertrag ablöst, ist eine Frage der Tarifkollision. Erfasst der neu abgeschlossene Tarifvertrag aber nicht alle Personen, die vom bisherigen Tarifvertrag erfasst waren, bleiben diese Regelungen erhalten, vorausgesetzt, der Tarifvertrag ist nicht als abschließende Regelung zu interpretieren.[1035] Bei betriebsverfassungsrechtlichen Regelungen dürfte Letzteres den Regelfall darstellen.

b) Tarifkollision und Nachwirkung

Bestehen zwei Tarifverträge für die Errichtung einer Personalvertretung, wird ihr Verhältnis gem. § 4a TVG aufgelöst. Tritt der danach anwendbare Tarifvertrag in das Stadium der Nachwirkung und ist der andere Tarifvertrag noch nicht beendet, ist fraglich, welcher Tarifvertrag im Betrieb gelten soll. Eine gleiche Situation besteht, wenn, wie oben dargestellt, ein Tarifvertrag mit einer anderen Gewerkschaft geschlossen wird, um einen nachwirkenden Tarifvertrag abzulösen.

Die Norm des § 4a Abs. 2 S. 1 TVG stellt auf § 3 TVG und damit auf unmittelbar und zwingend wirkende Tarifverträge ab. Eine Auflösung des Konflikts zwischen geltenden Tarifverträgen und solchen im Nachwirkungsstadium ist vom Anwendungsbereich der Norm nicht erfasst.[1036] Die Rechtsfolge ist umstritten. Nach einer Ansicht könne ein Mehrheitstarifvertrag, der in das Stadium der Nachwirkung trete, einen anderen Tarifvertrag nicht mehr verdrängen.[1037] Nach anderer Ansicht soll der Mehrheitstarifvertrag weiterhin seine Verdrängungswirkung behalten.[1038] Hiergegen wird vorgebracht, dass so eine Mehrheitsgewerkschaft dauerhaft die Geltung eines Minderheitstarifvertrages verhindern könne, ohne selbst Tarifpolitik zu betreiben.[1039] Vor der Geltung des § 4a TVG wurde in der Rechtsprechung vertreten, dass eine Verdrängung durch einen nachwirkenden Tarifvertrag der Mehrheitsgewerkschaft nicht mehr stattfinden könne.[1040] Richtigerweise ist darauf abzustellen, dass das Gesetz einen

---

1035 BAG Urt. v. 25.10.2000 – 4 AZR 212/00, AP TVG § 4 Nachwirkung Nr. 38; BAG Urt. v. 20.4.2005 – 4 AZR 288/04, AP TVG § 4 Nachwirkung Nr. 43.

1036 *Bepler*, in: Däubler, Tarifvertragsgesetz, § 4 Rn. 977; *Löwisch/Rieble*, § 4a Rn. 60.

1037 *Däubler*, in: Däubler/Bepler, Das neue Tarifeinheitsrecht Rn. 67; *Franzen*, in: Müller-Glöge/Preis/Schmidt, Erfurter Kommentar zum Arbeitsrecht, § 4a TVG Rn. 7 f.

1038 *Bepler*, in: Däubler, Tarifvertragsgesetz, § 4 Rn. 938.

1039 *Franzen*, in: Müller-Glöge/Preis/Schmidt, Erfurter Kommentar zum Arbeitsrecht, § 4a TVG Rn. 8.

1040 BAG Urt. v. 19.1.1962 – 1 AZR 147/61, BeckRS 9998, 154074; LAG Schleswig-Holstein Urt. v. 6.2.2007 – 5 Sa 328/06, NZA-RR 2007, 482.

nachwirkenden Tarifvertrag wie einen gültigen Tarifvertrag behandelt, weshalb die allgemeinen Regeln anzuwenden sind.[1041]

Wird zur Auflösung auf die allgemeinen Regeln zur Auflösung einer Tarifkollision abgestellt,[1042] wäre zunächst das Spezialitätsprinzip anwendbar. Das BAG hat bei betriebsverfassungsrechtlichen Regelungen aber Zweifel an diesem Ausgangspunkt angesprochen.[1043] Denn die historische Aufspaltung nach Arbeitnehmergruppen in der Luftfahrt führt zu der Frage, welcher Tarifvertrag der jeweiligen Gruppen Vorrang genießen sollte. Einer von beiden muss jedenfalls aufgrund der notwendig einheitlichen Geltung für den gesamten Betrieb angewandt werden. Eine klare Lösung bietet hingegen das Mehrheitsprinzip. Dessen Anwendung wurde auch bereits vor Geltung des § 4a TVG vertreten.[1044] Dadurch wird ein Gleichklang mit der Lage vor dem Eintritt in die Nachwirkung hergestellt. Auch § 4a TVG stellt auf das Mehrheitsprinzip ab. Es bleibt bei der gesetzlichen Lage, die bereits vor Eintritt in die Nachwirkung bestand.[1045] So wird auch dem Zweck der Nachwirkung entsprochen. Der Eintritt in das Stadium der Nachwirkung führt zu keiner Änderung der rechtlichen Situation für Arbeitnehmer sowie Arbeitnehmervertreter. Damit besteht kein Zeitdruck für schnelle Neuverhandlungen. Dem Überbrückungsschutz wird so auch bei der Tarifkollision entsprochen.

Wird hingegen eine Gewerkschaft insolvent und liquidiert, kann sie durch einen neuen Tarifvertrag abgelöst werden.[1046] Durch ihren Wegfall kann sie nicht mehr als Mehrheitsgewerkschaft im Betrieb gelten.

III. Tariflicher Ausschluss der Nachwirkung

Die Nachwirkung des § 4 Abs. 5 TVG kann nach überwiegender Ansicht durch den Tarifvertrag ausgeschlossen werden.[1047] Wenn ein Ausschluss der

---

1041 *Forst*, in: Thüsing/Braun, Tarifrecht, 7. Kapitel Tarifvertrag als Normenvertrag Rn. 59.

1042 Zu den allgemeinen Regeln: *Franzen*, in: Müller-Glöge/Preis/Schmidt, Erfurter Kommentar zum Arbeitsrecht, § 4a TVG Rn. 31 ff.

1043 BAG Urt. v. 9.12.2009 – 4 AZR 170/99, AP TVG § 3 Nr. 48, Rn. 49.

1044 *Löwisch/Rieble*, § 4a Rn. 346.

1045 *Bepler*, in: Däubler, Tarifvertragsgesetz, § 4 Rn. 938.

1046 Zu Inhaltsnormen: BAG Urt. v. 20.4.2005 – 4 AZR 288/04, AP TVG § 4 Nachwirkung Nr. 43.

1047 BAG Urt. v. 3.9.1986 – 5 AZR 319/85, AP TVG § 4 Nachwirkung Nr. 12; BAG Urt. v. 16.8.1990 – 8 AZR 439/89, AP TVG § 4 Nachwirkung Nr. 19; BAG Urt. v. 8.10.1997 – 4 AZR 87/96, AP TVG § 4 Nachwirkung Nr. 29; *Bepler*, in: Däubler, Tarifvertragsgesetz, § 4 Rn. 902 m.w.N; a.A.: *Herschel, Wilhelm*, ZfA 1976, 89, 97.

Nachwirkung auch bei § 117 Abs. 2 S. 1 BetrVG zulässig ist, könnten die Tarifvertragsparteien das noch zu behandelnde Problem der unendlichen Nachwirkung vermeiden.[1048] Ludwig nimmt allerdings an, dass die Nachwirkung aufgrund § 117 Abs. 2 S. 3 BetrVG nicht ausgeschlossen werden könne.[1049] Die Regelung stelle eine Ausnahme von dem Grundsatz der Ausschlussmöglichkeit dar.[1050] Für diese These findet sich in den Gesetzgebungsmaterialien aber keine Grundlage. Der Gesetzgeber führt zur Regelung aus, dass er klarstellen wollte, dass die Nachwirkung eintrete.[1051] Die weiteren dort zu findenden Ausführungen beziehen sich auf die Grundsätze der Nachwirkung. Hätte der Gesetzgeber gewollt, dass die Nachwirkung auch entgegen den Willen der Tarifvertragspartner eintrete, hätte er dies ausdrücklich als Ausnahme vom Grundsatz hervorgehoben. Die These widerspricht auch dem System der Nachwirkung. Wenn sich beim Übergang in die Nachwirkung allein die Qualität eines Tarifvertrages ändert, nicht aber die Geltung,[1052] wird der Wille der Tarifvertragsparteien fortgesetzt. Dann kann aber nicht entgegen dem Willen der Tarifvertragsparteien, der durch eine Norm im Tarifvertrag ausgedrückt wird, die Nachwirkung dennoch eingreifen. Es ist Sache der Tarifvertragsparteien, darüber zu entscheiden, ob die Regelungen nachwirken oder nicht.[1053] Für die These der zwingenden Nachwirkung wird auf die größere Sachnähe der Tarifvertragsparteien sowie die sonst entstehende Rechtsunsicherheit verwiesen.[1054] Die vorgebrachten Argumente richten sich im Kern gegen jeglichen Ausschluss der Nachwirkung durch die Tarifvertragsparteien und können schon deshalb nicht überzeugen. Ein anderer Grund für die Nichtberücksichtigung des Willens der Tarifvertragsparteien bei betriebsverfassungsrechtlichen Normen wird nicht vorgebracht.

Ein solcher Grund könnte bestehen, wenn der Ausgangspunkt der Überbrückungsfunktion in der Friedenspflicht liegen würde. Eine Ansicht nimmt an, dass die Nachwirkung eine notwendige Konsequenz der tariflichen Friedenspflicht

---

1048 *Spinner*, Die vereinbarte Betriebsverfassung, S. 173; zu § 3 BetrVG *Kempen*, in: Brecht-Heitzmann/Kempen, Tarifvertragsgesetz, § 4 Rn. 743.

1049 *Ludwig*, BB 2019, 180, 183.

1050 *Ludwig*, BB 2019, 180, 183.

1051 BT-Drs. 19/6146, S. 31.

1052 *Wiedemann*, Anmerkung zu AP TVG § 4 Nachwirkung Nr. 6.

1053 *Jacobs/Frieling*, in: Gräfl/Lunk/Oetker/Trebinger, 100 Jahre Betriebsverfassungsrecht, S. 250; *M. Schmidt*, AE 2/19, 57, 60 f.; *Bepler*, in: Däubler, Tarifvertragsgesetz, § 4 Rn. 904.

1054 *Ludwig*, BB 2019, 180, 183.

darstelle.[1055] Da die Friedenspflicht zwingend gilt,[1056] müsste bei einer solchen Argumentation auch die Nachwirkung als Kompensation der fehlenden Streikmöglichkeit zwingend wirken.[1057] Ein solcher Schluss kann aber nicht überzeugen. Die Tarifvertragsparteien müssen die Möglichkeit haben, auch zeitlich begrenzte Tarifverträge abzuschließen.[1058] Die zwingende Fortgeltung würde auch ihrem Zweck nicht entsprechen. Sie hat die Funktion, bei einer fehlenden Einigung der Tarifvertragsparteien eine Übergangslösung sicherzustellen. Sind sich die Tarifvertragsparteien einig, dass der Tarifvertrag nach Beendigung nicht nachwirken soll, haben sie eine eigene Übergangslösung vereinbart.

Die Tarifvertragsparteien können die Nachwirkung somit gem. § 117 Abs. 2 S. 3 BetrVG ausschließen.[1059]

IV. Personeller Umfang der Nachwirkung

Nach ständiger Rechtsprechung sind Arbeitnehmer, die ihren Arbeitsvertrag in der Nachwirkungsphase des Tarifvertrages abschließen von der Nachwirkung ausgeschlossen.[1060] Das BAG hat allerdings selbst zugegeben, dass der Wortlaut nicht zwingend für diese Beschränkung der Nachwirkung spricht.[1061] Sofern in späteren Urteilen davon gesprochen wird, dass „weitergelten" bereits begrifflich eine Geltung im Arbeitsverhältnis vor Beendigung des Tarifvertrages voraussetze,[1062] wird dem Wortlaut bereits das Verständnis zugrunde gelegt, dass

---

1055 *Oetker*, in: Schlachter/Ascheid/Friedrich, Festschrift für Günter Schaub zum 65. Geburtstag, S. 535, 540 f.

1056 BAG Urt. v. 21.12.1982 – 1 AZR 411/80, AP GG Art. 9 Arbeitskampf Nr. 76; BAG Urt. v. 14.2.1973 – 4 AZR 176/72, AP TVG § 4 Nachwirkung Nr. 6.

1057 Für die zwingende Wirkung *Herschel, Wilhelm*, ZfA 1976, 89, 97.

1058 *Bepler*, in: Däubler, Tarifvertragsgesetz, § 4 Rn. 904.

1059 Im Ergebnis auch *Jacobs/Frieling*, in: Gräfl/Lunk/Oetker/Trebinger, 100 Jahre Betriebsverfassungsrecht, S. 250.

1060 Zuletzt: BAG Urt. v. 27.9.2017 – 4 AZR 630/15, AP TVG § 4 Nachwirkung Nr. 53; begründet durch: BAG Urt. v. 6.6.1958 – 1 AZR 515/57, AP TVG § 4 Nachwirkung Nr. 1 = NJW 1958, 1843; eine Ausnahme gilt für Ausbildungsverhältnisse, die während der Laufzeit des Tarifvertrages abgeschlossen worden sind und ohne Unterbrechung im Nachwirkungsstadium als Arbeitsverhältnis fortgeführt werden: BAG Urt. v. 28.1.1987 – 5 AZR 323/86, AP TVG § 4 Nachwirkung Nr. 16; BAG Urt. v. 7.5.2008 – 4 AZR 288/07, AP TVG § 4 Nr. 30.

1061 BAG Urt. v. 6.6.1958 – 1 AZR 515/57, AP TVG § 4 Nachwirkung Nr. 1 = NJW 1958, 1843.

1062 BAG Urt. v. 22.7.1998 – 4 AZR 403/97, AP TVG § 4 Nachwirkung Nr. 32.

der Bezugspunkt das konkrete Arbeitsverhältnis sei. Der Wortlaut ermöglicht ebenso eine Verknüpfung zum Tarifvertrag.[1063] Die Rechtsnormen des Tarifvertrages müssten weitergelten, ohne dass es auf eine vorherige Wirkung in den Arbeitsverhältnissen ankäme. Hierfür plädieren zahlreiche Stimmen in der Literatur.[1064] Auch die Rechtsprechung hat Zweifel in Bezug auf betriebliche und betriebsverfassungsrechtliche Normen.[1065]

1. Rechtsprechung

Die abweichende Ansicht der Rechtsprechung beruht neben diesem wenig überzeugenden Wortlautargument auf einer historisch-teleologischen Auslegung.[1066] Der Gesetzgeber habe durch § 4 Abs. 5 TVG regeln wollen, dass bisher tariflich geregelte Arbeitsverhältnisse durch den Wegfall des Tarifvertrages nicht inhaltslos werden.[1067] Damit hätte dieser klarstellen wollen, dass unabhängig vom damaligen Streit bezüglich der dogmatischen Wirkung von Tarifverträgen eine Nachwirkung bestehe. Keine der damaligen Auffassung führte dazu, dass auch neue Arbeitsverhältnisse von Tarifverträgen erfasst wurden. Daher müsse die Auslegung dahin gehend begrenzt sein, dass nur Rechtswirkungen eintreten können, die bereits in der Weimarer Republik diskutiert wurden.[1068] Dementsprechend lehnen auch Stimmen, die die dogmatische Konzeption des TVVO der Nachwirkung zugrunde legen wollen, eine solche Wirkung ab.[1069]

Als weiteres Argument für den Bezugspunkt des konkreten Arbeitsverhältnisses zog das BAG die Dispositivität heran. Aus der Möglichkeit, die

---

1063 So selbst: BAG Urt. v. 6.6.1958 – 1 AZR 515/57, AP TVG § 4 Nachwirkung Nr. 1 = NJW 1958, 1843.

1064 *Bepler*, in: Däubler, Tarifvertragsgesetz, § 4 Rn. 887 ff.; *Kempen*, in: Brecht-Heitzmann/Kempen, Tarifvertragsgesetz, § 4 Rn. 722; *Wank*, in: Wiedemann, Tarifvertragsgesetz, § 4 Rn. 354; *Däubler*, Tarifvertragsrecht Rn. 1464; *Gamillscheg*, Kollektives Arbeitsrecht Band I, S. 880; *Herschel, Wilhelm*, ZfA 1976, 89, 98 f.; zu § 7 ArbZG: *Koberski*, in: Kiel/Lunk/Oetker, Münchener Handbuch zum Arbeitsrecht Individualarbeitsrecht, § 182 Rn. 84.

1065 BAG Urt. v. 22.7.1998 – 4 AZR 403/97, AP TVG § 4 Nachwirkung Nr. 32 unter 2. c).

1066 BAG Urt. v. 6.6.1958 – 1 AZR 515/57, AP TVG § 4 Nachwirkung Nr. 1 = NJW 1958, 1843.

1067 BAG Urt. v. 6.6.1958 – 1 AZR 515/57, AP TVG § 4 Nachwirkung Nr. 1 = NJW 1958, 1843.

1068 BAG Urt. v. 6.6.1958 – 1 AZR 515/57, AP TVG § 4 Nachwirkung Nr. 1 = NJW 1958, 1843.

1069 *Löwisch/Rieble*, § 4 TVG Rn. 750.

Rechtsnormen durch individuelle Vereinbarungen abzulösen, sei zu schließen, dass es auf das konkrete Arbeitsverhältnis ankäme.[1070] Der Begriff „weitergelten" setze daher voraus, dass die Rechtsnormen des Tarifvertrages bereits auf das konkrete Arbeitsverhältnis eingewirkt haben. Eine Nachwirkung ist bei diesem Verständnis bei neuen Arbeitsverhältnissen „*begrifflich undenkbar*".[1071]

2. *Untersuchung*

a) *Bewertung der Argumente der Rechtsprechung*

Die Begründung über die Dispositivität ist nur dann in sich geschlossen, wenn ein zulässiger Umkehrschluss vorliegt. Ein solcher erfordert, dass jedes andere Verständnis ausgeschlossen ist.[1072] Außerhalb des Anwendungsbereichs des § 117 Abs. 2 S. 1 BetrVG stehen als Ablösungsmöglichkeiten jedoch auch Betriebsvereinbarungen und Tarifverträge zur Verfügung. Wenn eine Ablösung damit auf jeder arbeitsrechtlichen Ebene möglich ist, wieso sollte daraus zwingend nur die Betrachtung des individuellen Arbeitsverhältnisses folgen?

Auch die historisch-teleologische Auslegung des BAG kann nicht überzeugen.[1073] Der Gesetzgeber wollte mit der Regelung des § 4 Abs. 5 TVG nicht in den Theorienstreit eingreifen.[1074] Dann ist auch die Entscheidung von Folgefragen der Wissenschaft überlassen, vorausgesetzt, die Dogmatik, aus der sich die Folge ergibt, lässt sich mit dem Gesetz vereinbaren. Die Aussage, dass der Gesetzgeber neue Arbeitsverhältnisse von dem Anwendungsbereich der Nachwirkung herausnehmen wollte, ist deshalb falsch. Die Frage stellte sich in der damaligen Diskussion auch gar nicht. Erst die gesetzliche Regelung der Nachwirkung hat die Frage des Umfangs dieser ausgelöst. *Herschel* hielt bereits fest, dass es sich bei der Nachwirkung im TVG um ein völlig anderes Rechtsinstitut im Vergleich zur Nachwirkung in der Weimarer Zeit handelt.[1075] In Literatur und Rechtsprechung hat sich bezüglich der Dogmatik von Tarifverträgen durchgesetzt, dass Tarifverträge von außen, wie staatliches Recht, auf das Arbeitsverhältnis einwirken.[1076]

1070 BAG Urt. v. 10.12.1997 – 4 AZR 247/96, AP TVG § 3 Nr. 20.

1071 BAG Urt. v. 29.1.1975 – 4 AZR 218/74, AP TVG § 4 Nachwirkung Nr. 8.

1072 *Puppe*, Kleine Schule des juristischen Denkens, S. 243 mit der Unterscheidung zwischen notwendigen und hinreichenden Bedingungen.

1073 *Wank*, in: Wiedemann, Tarifvertragsgesetz, § 4 Rn. 356.

1074 *Herschel*, ZfA 1973, 183, 193.

1075 *Herschel, Wilhelm*, ZfA 1976, 89, 95.

1076 *Bepler*, in: Däubler, Tarifvertragsgesetz, § 4 Rn. 885 mit Nachweisen aus Rspr und weiteren aus der Lit.

Gleiches gilt bei der Nachwirkung umso mehr, da der staatliche Geltungsbefehl stärker in den Vordergrund rückt,[1077] unabhängig von der Frage, ob der Geltungsgrund in der Tarifautonomie liegen soll.[1078] Gilt der Tarifvertrag aber vor und im Stadium der Nachwirkung gleich, ergibt sich aus der dogmatischen Wirkungsweise kein Argument gegen die Erfassung neuer Arbeitsverhältnisse.[1079]

b) Zweckbetrachtung

Weder Wortlaut, Historie noch Systematik bieten überzeugende Argumente für den Ausschluss der Nachwirkung bei neu abgeschlossenen Arbeitsverträgen. Da es ohne § 4 Abs. 5 TVG keine Nachwirkung gäbe,[1080] kann die Norm aber aufgrund ihrer Zweckbestimmung Einschränkungen vorsehen. Maßgeblich sind also der Schutz vor Rechtsunsicherheit und die Überbrückungsfunktion, im oben herausgearbeiteten Sinn. Die Rechtsprechung bezieht sich für die Ablehnung der Nachwirkung bei neuen Arbeitsverhältnissen maßgeblich auf den nicht einschlägigen Schutz vor Rechtsunsicherheit.[1081] Die Arbeitsvertragsparteien haben es in der Hand, ob der Arbeitsvertrag inhaltlich ausgefüllt wird oder nicht.[1082] Jedenfalls der Arbeitgeber hat Kenntnis davon, dass der Tarifvertrag beendet wurde und nunmehr nachwirkt. Der Überbrückungsschutz wird hingegen nicht beachtet. Dies mag daran liegen, dass zum Zeitpunkt der ersten Entscheidung des BAG der Zweck der Überbrückungsfunktion noch nicht herausgearbeitet war. Neben dem Inhaltsschutz begründet aber die Überbrückungsfunktion alternativ die Nachwirkung. Diese dient der für Verhandlungen nötigen Ruhe im Betrieb.[1083] Würde die Nachwirkung bei neuen Arbeitsverhältnissen haltmachen, würde dies Unruhe im Betrieb stiften. Neue Arbeitnehmer müssten auf einen Streik drängen, um in den Genuss der tarifvertraglichen Regelungen

---

1077 *Wiedemann*, Anmerkung zu BAG, AP TVG § 4 Nachwirkung Nr. 8.; *Gamillscheg*, Kollektives Arbeitsrecht Band I, S. 874.

1078 Siehe für eine umfassende Darstellung: *Rotter*, Nachwirkung der Normen eines Tarifvertrags: Mit der Befürwortung der Tarifautonomie als Geltungsgrund der Nachwirkung.

1079 *Kempen*, in: Brecht-Heitzmann/Kempen, Tarifvertragsgesetz, § 4 Rn. 748; *Löwisch/Rieble*, § 4 TVG Rn. 750; *Wank*, in: Wiedemann, Tarifvertragsgesetz, § 4 Rn. 354 ff.

1080 BAG Urt. v. 29.1.1975 – 4 AZR 218/74, AP TVG § 4 Nachwirkung Nr. 8.

1081 Siehe dazu BAG Urt. v. 6.6.1958 – 1 AZR 515/57, AP TVG § 4 Nachwirkung Nr. 1 = NJW 1958, 1843.

1082 *Roßmann*, NZA 1999, 1252, der aber auf die Überbrückungsfunktion nicht eingeht.

1083 *Schumann*, in: Berg/Kocher/Schumann, Tarifvertragsgesetz und Arbeitskampfrecht, § 4 Rn. 316.

zu kommen. Die Überbrückungsfunktion spricht daher für den Bezugspunkt der normativen Geltung und nicht für die Anbindung an das konkrete Arbeitsverhältnis. Eine Abweichung von diesem Grundsatz bedürfte eines überzeugenden Grundes. Einen solchen gibt die Rechtsprechung bislang aber nicht an.

Im Hinblick auf betriebsverfassungsrechtliche Regelungen ergibt sich durch § 3 Abs. 2 TVG eine Besonderheit. Wirken betriebsverfassungsrechtliche Regelungen eines Tarifvertrages nach, müssen diese aufgrund der notwendig betriebseinheitlichen Geltung im Betrieb zugleich für alle Arbeitnehmer unabhängig vom Zeitpunkt des Arbeitsvertragsschlusses gelten.[1084] Die Literatur zweifelt hieran. Sie hält es für zulässig, dass mit der Rechtsprechung eine Teilung der Belegschaft stattfindet.[1085] Dies soll im Ergebnis gegen eine Nachwirkung betriebsverfassungsrechtlicher Normen insgesamt sprechen.[1086] Das Gegenteil liegt aber näher. Wenn der Tarifvertrag im Nachwirkungsstadium nur seine Qualität ändert, nicht aber seine Geltung,[1087] gilt § 3 Abs. 2 TVG entsprechend. Für Arbeitnehmer, deren Arbeitsverhältnis bereits vor der Beendigung des Tarifvertrages bestand, gibt es keinen Grund für die Nichtgeltung der betriebsverfassungsrechtlichen Regelungen. Eine Trennung der Belegschaft ist durch die notwendig einheitliche Geltung der Normen nicht möglich. Sie würde zu einer Lähmung des Betriebes führen. In der Luftfahrt würde dies dazu führen, dass für eine Arbeitnehmergruppe eine tarifliche Personalvertretung und eine gesetzliche bestünde. Eine solche Aufteilung ist durch die Nachwirkung keineswegs gewollt. Nicht tarifgebundene Arbeitnehmer sind durch die staatliche Regelung des § 4 Abs. 5 TVG nicht stärker in ihren Grundrechten betroffen, als sie es bereits durch die Geltung des Tarifvertrages vorher sind.

Damit bezieht der Zweck der Nachwirkung auch nach Beendigung des Tarifvertrages abgeschlossene Arbeitsverhältnisse mit ein. Bei betriebsverfassungsrechtlichen Normen spricht hierfür auch die Besonderheit des § 3 Abs. 2 TVG.

c) Folgenbetrachtung

Wozu würde aber eine solche Auslegung der Nachwirkung führen? Tarifverträge könnten noch länger nachwirken, da die Tarifvertragsparteien durch die Erstreckung auf neu eintretende Arbeitnehmer weniger Druck für eine

---

1084 *Wank*, in: Wiedemann, Tarifvertragsgesetz, § 4 Rn. 356; offenlassend BAG Urt. v. 22.7.1998 – 4 AZR 403/97, AP TVG § 4 Nachwirkung Nr. 32 unter 2. c).

1085 *Jacobs/Krois*, ZTR 2011, 643, 649; *Roßmann*, NZA 1999, 1252.

1086 *Jacobs/Krois*, ZTR 2011, 643, 649.

1087 *Wiedemann*, Anmerkung zu AP TVG § 4 Nachwirkung Nr. 6.

Neuverhandlung verspüren und damit die Fortentwicklung des Tarifvertragswesens gehindert werden könnte. Gleichzeitig besteht ein noch größerer Verhandlungsdruck für die Partei, die einen Tarifvertrag ändern möchte, wenn auch Neu-Arbeitnehmer von der Nachwirkung erfasst sind. Die Beseitigungslast würde steigen. Andererseits führt die Nachwirkung für Arbeitnehmer mit neuen Arbeitsverträgen zu einer Schwächung der Tarifautonomie, da für diese weniger Motivation besteht, einer Gewerkschaft beizutreten, um innerhalb der Gewerkschaft für einen Streik zu werben.[1088] Hier darf aber nicht unerwähnt bleiben, dass bereits jetzt wenig Motivation zum Streik für betriebsverfassungsrechtliche Normen besteht.[1089] Dies wird bei Inhaltsnormen anders sein. Die Folgen einer umfassenden Nachwirkung sind damit nicht so gravierend, dass dies gegen das gefundene Ergebnis sprechen oder eine Änderung durch den Gesetzgeber erfordern würde.

V. Dauer der Nachwirkung

Der Problemkreis der sogenannten ewigen Nachwirkung bei betriebsverfassungsrechtlichen Normen ist so alt wie die Frage, ob die Regelungen überhaupt nachwirken. Trotz des bekannten Streits und eines vorliegenden Vorschlags aus der Literatur zur Modifizierung des § 4 Abs. 5 TVG[1090] hat der Gesetzgeber in § 117 Abs. 2 S. 3 BetrVG keine Aussagen zur Länge der Nachwirkung getroffen. Damit lässt sich aus dem Wortlaut der Norm weder ein Argument für noch gegen eine zeitliche Beschränkung gewinnen. Auch die Rechtsprechung hat das Problem bislang offen gelassen. In einem Urteil hat das BAG bislang lediglich Zweifel an einer unendlichen Nachwirkung betriebsverfassungsrechtlicher Normen bekundet.[1091]

1088 *Kempen*, in: Brecht-Heitzmann/Kempen, Tarifvertragsgesetz, § 4 Rn. 723.

1089 *Kempen*, in: Brecht-Heitzmann/Kempen, Tarifvertragsgesetz, § 4 Rn. 723.

1090 *Dieterich/Hanau*, Peter/*Henssler/Oetker/Wank/Wiedemann*, RdA 2004, 65, 76 mit dem Vorschlag § 4 Abs. 5 TVG neu zu formulieren: „*Verlieren die Rechtsnormen eines Tarifvertrages, die den Inhalt, den Abschluss oder die Beendigung des Arbeitsverhältnisses regeln, für dieses ihre unmittelbare und zwingende Wirkung, so gelten sie weiter, bis sie durch eine andere Abmachung ersetzt werden. Das gilt entsprechend für Rechtsnormen eines Tarifvertrages über betriebliche und betriebsverfassungsrechtliche Fragen, jedoch nicht länger als für ein Jahr nach Verlust der unmittelbaren und zwingenden Wirkung.*“

1091 BAG Beschl. v. 26.4.1990 – 1 ABR 84/87, AP GG Art. 9 Nr. 57.

Die Idee einer generellen zeitlichen Begrenzung der Nachwirkung hat das BAG hingegen mit Verweis auf die Überbrückungsfunktion abgelehnt.[1092] Da bei Tarifverhandlungen nicht absehbar ist, wie lange diese dauern, könne kein fester Zeitraum benannt werden.[1093] Auch eine Beschränkung auf ein Jahr analog § 613a Abs. 1 S. 2 BGB ist ausgeschlossen.[1094] Diese Rechtsprechung,[1095] die im Ergebnis zu einer zeitlich unbeschränkten Nachwirkung bei Inhaltsnormen führt, hat das Bundesverfassungsgericht gebilligt.[1096]

1. Rechtsprechung

Die Bedenken der Rechtsprechung gründen auf den beschränkten Ablösungsmöglichkeiten betriebsverfassungsrechtlicher Tarifverträge.[1097] Das Vorhandensein einer Ablösungsmöglichkeit war für das Bundesverfassungsgericht ein maßgebliches Argument für die Zulässigkeit einer fehlenden Zeitbeschränkung der Nachwirkung bei Inhaltsnormen.[1098] Das LAG Düsseldorf hat 1997 eine dauerhafte Nachwirkung befürwortet.[1099] Eine Einschränkung der unendlichen Nachwirkung komme nach dem LAG nur dann in Betracht, wenn der Arbeitgeber alle vernünftigen Verhandlungsmöglichkeiten ausgeschöpft habe.[1100] Demgegenüber hat das Arbeitsgericht Hamburg angenommen, dass die Nachwirkung betriebsverfassungsrechtlicher Normen zeitlich zu begrenzen sei.[1101] Die Begrenzung folge aus dem Telos sowie dem Verhältnismäßigkeitsgrundsatz und entspreche der Amtsperiode des beim Eintritt in die Nachwirkung amtierenden Betriebsrates.[1102]

1092 Zur Diskussion: *Kempen*, in: Brecht-Heitzmann/Kempen, Tarifvertragsgesetz, § 4 Rn. 767.

1093 *Kempen*, in: Brecht-Heitzmann/Kempen, Tarifvertragsgesetz, § 4 Rn. 767.

1094 BAG Urt. v. 15.10.2003 – 4 AZR 573/02, AP TVG § 4 Nachwirkung Nr. 41; BAG Urt. v. 12.12.2007 – 4 AZR 996/06, AP TVG § 1 Nr. 39.

1095 BAG Urt. v. 15.10.2003 – 4 AZR 573/02, AP TVG § 4 Nachwirkung Nr. 41.

1096 BVerfG Beschl. v. 3.7.2000 – 1 BvR 945/00, AP TVG § 4 Nachwirkung Nr. 36.

1097 BAG Beschl. v. 26.4.1990 – 1 ABR 84/87, AP GG Art. 9 Nr. 57; BAG Urt. v. 15.10.2003 – 4 AZR 573/02, AP TVG § 4 Nachwirkung Nr. 41, I. 3. b).

1098 BVerfG Beschl. v. 3.7.2000 – 1 BvR 945/00, AP TVG § 4 Nachwirkung Nr. 36.

1099 LAG Düsseldorf Beschl. v. 10.4.1997 – 5 TaBV 3/97, BeckRS 2014, 71917, 41183.

1100 LAG Düsseldorf Beschl. v. 10.4.1997 – 5 TaBV 3/97, BeckRS 2014, 71917, 41183.

1101 Arbeitsgericht Hamburg Beschl. v. 8.3.2013 – 27 BV 25/12, BeckRS 2013, 68044, II. 2. a) bb).

1102 Arbeitsgericht Hamburg Beschl. v. 8.3.2013 – 27 BV 25/12, BeckRS 2013, 68044, II. 2. a) cc).

2. Bisheriger Diskussionsstand in der Literatur

In der Literatur wird eine Beschränkung der zeitlichen Geltung betriebsverfassungsrechtlicher Tarifregelungen im Nachwirkungsstadium weitgehend befürwortet. Eine zeitliche Beschränkung sei näher am Telos der Nachwirkung als ein vollständiger Wegfall.[1103] Für die zeitliche Dauer der Nachwirkung reicht die Spannweite von sechs Monaten[1104] bis zu fünf Jahren.[1105] In Anlehnung an § 613a Abs. 1 S. 2 BGB wird auch eine Beschränkung auf ein Jahr befürwortet.[1106] Teilweise soll die Nachwirkung dann enden, wenn die Tarifvertragsparteien erkennbar keine neue tarifliche Regelung mehr wollen.[1107] Andere stellen auf das Ende der Wahlperiode des Betriebsgremiums ab.[1108] Es gibt aber auch Stimmen, die eine unbeschränkte Nachwirkung befürworten.[1109]

3. Untersuchung

a) Europarecht

Die Nachwirkung steht im Konflikt mit der unternehmerischen Freiheit, die in Art. 16 GRCh gewährleistet ist. Während die Nachwirkung an sich aufgrund der

---

1103 *Bepler*, in: Däubler, Tarifvertragsgesetz, § 4 Rn. 837; *Wank*, in: Wiedemann, Tarifvertragsgesetz, § 4 Rn. 368.

1104 Sachverständigenrat im Jahresgutachten 2002/2003, S. 262 unter Punkt 466: sechs Monate für Entgelttarifverträge, ein halbes bis ein Jahr für Manteltarifverträge; Sachverständigenrat im Jahresgutachten 2003/2004, S. 381 unter Punkt 674: sechs Monate für Entgelt- und Manteltarifverträge.

1105 *Däubler*, NZA 1996, 225, 226 f.

1106 *Dieterich/Hanau*, Peter/*Henssler/Oetker/Wank/Wiedemann*, RdA 2004, 65, 76.

1107 *Oetker*, in: Schlachter/Ascheid/Friedrich, Festschrift für Günter Schaub zum 65. Geburtstag, S. 535, 552 ff.

1108 *Schmid/Roßmann*, Das Arbeitsverhältnis der Besatzungsmitglieder in Luftfahrtunternehmen, Rn. 531; *Giesen*, Tarifvertragliche Rechtsgestaltung für den Betrieb, S. 526 f.; *Fitting*, Betriebsverfassungsgesetz, § 117 Rn. 9; *Weber, Christopher/Gräf*, RdA 2012, 95 ff.; *Eich*, in: Goos/Molitor, Festschrift für Friedrich Karl Weinspach, S. 17, 31; *Spinner*, Die vereinbarte Betriebsverfassung, S. 202 fordert eine Erklärung bis spätestens zwei Wochen nach Ende der Amtszeit, andernfalls gelte die Nachwirkung bis zum Ablauf der folgenden Amtszeit.

1109 *Franzen*, in: Oetker, GK-BetrVG, § 117 Rn. 15 ff.; *Forst*, in: Richardi, § 117 Rn. 20 mit dem Argument, dass eine Umstrukturierung ggf. möglich ist, durch die ein Arbeitgeber einen Flugbetrieb faktisch auflösen könne; *Däubler*, in: Däubler/Kittner/Klebe/Wedde, BetrVG, 16 Aufl., § 117 Rn. 20, der dies zur neuen Rechtslage aufrechterhält, siehe Däubler/Klebe/Wedde, BetrVG, § 117 Rn. 19.

vielfältigen Ablösungsmöglichkeiten nicht als Verstoß gegen diese Freiheit angesehen wird und insoweit die Ausführungen des Bundesverfassungsgerichts[1110] auch für die Verhältnismäßigkeit des Eingriffs in Art. 16 GRCh herangezogen werden können, könnte sich dies bei betriebsverfassungsrechtlichen Regelungen aufgrund der eingeschränkten Ablösungsmöglichkeit anders darstellen. Der Anwendungsbereich des Art. 16 GRCh erfordert allerdings gem. Art. 51 GRCh, dass die Mitgliedsstaaten Unionsrecht durchführen. § 4 Abs. 5 TVG beruht weder auf einer Verordnung noch auf einer Richtlinie. Der Anwendungsbereich ist damit nicht eröffnet.

b) Verfassungsrecht

Eine unendliche Nachwirkung könnte allerdings gegen die Verfassung verstoßen. In Betracht kommt ein Verstoß gegen die negative Koalitionsfreiheit gem. Art. 9 Abs. 3 GG, gegen Art. 12 Abs. 1 und Art. 14 Abs. 1 GG.

aa) Negative Tarifvertragsfreiheit

Ein Eingriff in die negative Tarifvertragsfreiheit liegt vor, wenn ein Druck oder Zwang zum Beitritt einer Koalition ausgeübt wird.[1111] Die negative Tarifvertragsfreiheit stellt sich als Spiegelbild der Freiheit dar, sich zu betätigen, und nicht als die Freiheit vor Fremdbestimmung durch Regelungen des Tarifvertrages.[1112] Durch die Nachwirkung werden sowohl der Arbeitgeber als auch die Arbeitnehmer an einen Tarifvertrag weiter gebunden, bis eine ablösende Regelung vorliegt. Das Bundesverfassungsgericht hat zu Inhaltsnormen entschieden, dass durch die Nachwirkung kein Druck oder Zwang zum Beitritt einer Koalition ausgeübt wird, da es die Betroffenen selbst in der Hand hätten, die Nachwirkung durch eine neue Vereinbarung zu beseitigen, ohne dass dafür ein Beitritt einer Koalition notwendig ist.[1113]

(1) Arbeitnehmersicht

Bei Tarifverträgen gem. § 117 Abs. 2 S. 1 BetrVG besteht aus Sicht der Arbeitnehmer kein Druck oder Zwang zum Beitritt einer Gewerkschaft. Über § 3 Abs. 2 TVG gelten die Tarifverträge abhängig von der Tarifbindung des Arbeitgebers

---

1110 BVerfG Beschl. v. 3.7.2000 – 1 BvR 945/00, AP TVG § 4 Nachwirkung Nr. 36.
1111 BVerfG Beschl. v. 14.11.2018 – 1 BvR 1278/16, AP GG Art. 9 Nr. 153.
1112 *Deinert*, RdA 2014, 129, 133; *Gamillscheg*, Kollektives Arbeitsrecht Band I, S. 376.
1113 BVerfG Beschl. v. 3.7.2000 – 1 BvR 945/00, AP TVG § 4 Nachwirkung Nr. 36 unter II. 2. b).

für alle Arbeitnehmer des Betriebes. Ihre Mitgliedschaft in einer Gewerkschaft hat für die Erstreckung der Regelung auf sie selbst keine unmittelbare Wirkung. Erst mittelbar über die Mehrheitsverhältnisse der verschiedenen Gewerkschaften, die einen Tarifvertrag mit dem Arbeitgeber geschlossen haben, hat die Mitgliedschaft des Einzelnen Bedeutung für die Tarifbindung.

(2) Arbeitgebersicht

Aus Sicht des Arbeitgebers besteht ebenfalls kein Druck oder Zwang zum Beitritt einer Koalition. Durch Haustarifverträge besteht die Möglichkeit der Ablösung des bisherigen Tarifvertrages. Die negative Tarifvertragsfreiheit schützt nicht davor, dass der Gesetzgeber die Ergebnisse eines Tarifvertrages als gesetzliche Regelung fortwirken lässt.[1114] Wenn die Bindung an fremde Tarifverträge zulässig ist,[1115] ist die Bindung an eigene Tarifverträge erst recht zulässig, insbesondere wenn tarifliche Ablösungsmöglichkeiten zur Verfügung stehen.[1116] Damit besteht kein Verstoß gegen die negative Koalitionsfreiheit.

bb) Inhalts- und Schrankenbestimmung gem. Art. 14 Abs. 1 GG

Das Eigentumsrecht gem. Art. 14 Abs. 1 GG schützt die unternehmensinterne Willensbildung und erfasst damit die betriebliche Mitbestimmung.[1117] Die Aufrechterhaltung der Tarifverträge ohne zeitliche Begrenzung ist eine Inhalts- und Schrankenbestimmung, die verhältnismäßig sein muss. Eine unzulässige Inhalts- und Schrankenbestimmung liegt nach dem Bundesverfassungsgericht vor, wenn die Aufrechterhaltung des Tarifvertrages zur Funktionsunfähigkeit oder einem solche nahekommenden Zustand der Unternehmen führen würde.[1118] Von einem solchen Zustand kann nach der Konzeption der Tarifverträge nach § 117 Abs. 2 S. 1 BetrVG nicht ausgegangen werden. Die Regelung zielt auf eine passgenaue Lösung der betrieblichen Mitbestimmung in der Luftfahrt. Die

1114 BVerfG Beschl. v. 11.7.2006 – 1 BvL 4/00, AP GG Art. 9 Nr. 129 unter C. II. 1. a) bb).

1115 Zur Verfassungskonformität der Allgemeinverbindlicherklärung: BVerfG Beschl. v. 24.5.1977 – 2 BvL 11/74, AP TVG § 5 Nr. 15; BVerfG Beschl. v. 15.7.1980 – 1 BvR 24/74, 439/79, AP TVG § 5 Nr. 17.

1116 Vgl. auch: Arbeitsgericht Hamburg Beschl. v. 8.3.2013 – 27 BV 25/12, BeckRS 2013, 68044, II. 2. a. cc. (1).

1117 BVerfG Urt. v. 1.3.1979 – 1 BvR 532, 533/77, 419/78, 1 BvL 21/78, AP MitbestG § 1 Nr. 1.

1118 BVerfG Urt. v. 1.3.1979 – 1 BvR 532, 533/77, 419/78, 1 BvL 21/78, AP MitbestG § 1 Nr. 1 unter III. 1. c).

Verhältnismäßigkeit der Regelung der betrieblichen Mitbestimmung an sich ist aufgrund des sozialen Bezugs des Eigentumsrechts, insbesondere bei Unternehmen,[1119] gerechtfertigt. Die unbeschränkte zeitliche Fortgeltung ändert hieran nichts.

cc) Unternehmerische Freiheit

Die unternehmerische Freiheit ist nach dem Bundesverfassungsgericht ein Teilbereich der Berufsausübungsfreiheit des Art. 12 Abs. 1 GG.[1120] Die Unternehmerfreiheit umfasst die Führung eines Unternehmens.[1121] Damit ist der Schutzbereich durch die zeitlich nicht beschränkte Fortgeltung von betriebsverfassungsrechtlichen Tarifnormen eröffnet. Ein Eingriff in die Berufsausübungsfreiheit des Arbeitgebers gem. Art. 12 Abs. 1 GG liegt bereits generell durch die Mitbestimmung der Arbeitnehmer an betrieblichen Fragen vor.[1122] Eine staatliche Regelung zur Fortgeltung eines beendeten Tarifvertrages, der Abweichungen vom BetrVG vorsieht, könnte eine Intensivierung des Eingriffs bedeuten. Die Fortwirkung der Regelungen eines Tarifvertrages gem. § 117 Abs. 2 S. 1 BetrVG stellt sicher, dass auch in der Nachwirkungsphase eine effektive betriebliche Vertretung nach dem Vorbild des BetrVG möglich ist. Die Tarifvertragsparteien können aber kein Mitbestimmungsrecht des tariflichen Betriebsrates in unternehmerischen Entscheidungen durch einen Tarifvertrag gem. § 117 Abs. 2 S. 1 BetrVG regeln.[1123] § 117 Abs. 2 S. 1 BetrVG dient der Anpassung des BetrVG an die Besonderheiten in der Luftfahrt, nicht der Aushöhlung der unternehmerischen Freiheit. Damit relativiert sich die Intensität des Eingriffs und könnte wie auch beim BetrVG durch das Sozialstaatsprinzip gerechtfertigt werden.[1124]

An dieser Einschätzung könnte die nicht beschränkte Fortgeltung der tariflichen Normen aber etwas ändern. Maßgeblich für die Intensität einer nicht beschränkten Nachwirkung ist, ob dem Unternehmen noch Ablösungsmöglichkeiten zur Verfügung stehen.

1119 BVerfG Urt. v. 1.3.1979 – 1 BvR 532, 533/77, 419/78, 1 BvL 21/78, AP MitbestG § 1 Nr. 1.

1120 BVerfG Urt. v. 1.3.1979 – 1 BvR 532, 533/77, 419/78, 1 BvL 21/78, AP MitbestG § 1 Nr. 1.

1121 BVerfG Urt. v. 1.3.1979 – 1 BvR 532, 533/77, 419/78, 1 BvL 21/78, AP MitbestG § 1 Nr. 1.

1122 BVerfG Beschl. v. 30.4.2015 – 1 BvR 2274/12, NZA 2015, 820.

1123 *Klumpp*, in: Kiel/Lunk/Oetker, Münchener Handbuch zum Arbeitsrecht Kollektives Arbeitsrecht, § 240 Rn. 29.

1124 BVerfG Beschl. v. 30.4.2015 – 1 BvR 2274/12, NZA 2015, 820.

(1) Ablösungsmöglichkeiten

Einem Arbeitgeber stehen vier Ablösungsmöglichkeiten zur Verfügung. Erstens kommt bei einer Veränderung der Mehrheitsverhältnisse im Betrieb der Abschluss eines Tarifvertrages mit der nunmehr Mehrheitsgewerkschaft in Betracht. Zweitens steht dem Arbeitgeber, wie noch zu zeigen sein wird,[1125] die Möglichkeiten offen, einen Betriebsübergang gem. § 613a BGB durchzuführen und drittens eine Umwandlung nach dem Umwandlungsgesetz (UmwG) zu vollziehen. Bei einem Betriebsübergang gem. § 613a BGB erfolgt nämlich keine Transformation betriebsverfassungsrechtlicher Regelungen.[1126] Bei einer Umwandlung im Rahmen des § 123 UmwG werden die betriebsverfassungsrechtlichen Tarifregelungen nicht auf das neue Unternehmen übertragen, sofern es sich wie in der Luftfahrt üblich um Firmentarifverträge handelt und eine Spaltung erfolgt, bei der im Spaltungs- und Übernahmevertrag keine Regelung getroffen wird.[1127] Eine vierte Möglichkeit besteht durch Asset Deals. Die Rechtsprechung zeigt, dass in diesen Fällen häufig nicht zugleich ein Betriebsübergang vorliegt und Arbeitnehmer nicht auf den neuen Arbeitgeber übergehen.[1128]

Wer eine Notwendigkeit der zeitlichen Begrenzung der Nachwirkung sieht, wenn die Tarifvertragsparteien übereinstimmend eine Materie nicht mehr regeln wollen,[1129] übersieht, dass die Tarifvertragsparteien auch den Wegfall der Regelung ausdrücklich vereinbaren können. Da der Betriebsübergang, eine Umwandlung nach dem UmwG sowie ein Asset Deal in der Entscheidung des Arbeitgebers liegen, bestehen auch hier Möglichkeiten, um ohne weiteren Tarifvertrag eine Ablösung herbeizuführen.

(2) Praktische Ablösungsmöglichkeiten

Ggf. wird diesen Ablösungsmöglichkeiten entgegengehalten werden, dass sie nicht einfach durchzuführen sind. In der Rechtsprechung des BAG findet sich allerdings kein Hinweis auf die Notwendigkeit einer einfachen Ablösung. Aus

---

1125 Siehe dazu Seite 233 ff.

1126 *Gussen*, in: Rolfs/Giesen/Kreikebohm/Udsching, BeckOK Arbeitsrecht, § 613a BGB Rn. 225; *Löwisch/Rieble*, § 4 TVG Rn. 768.

1127 *Gaul/Otto*, BB 2014, 500 ff.

1128 LAG Berlin-Brandenburg Urt. v. 16.1.2019 – 15 Sa 814/18, BeckRS 2019, 199; LAG Berlin-Brandenburg Urt. v. 18.1.2019 – 9 Sa 799/18, BeckRS 2019, 200 sowie LAG Berlin-Brandenburg Urt. v. 15.1.2019 – 7 Sa 795/18, nicht veröffentlicht.

1129 *Oetker*, in: Schlachter/Ascheid/Friedrich, Festschrift für Günter Schaub zum 65. Geburtstag, S. 535, 553.

der Praxis der Ablösung kann festgehalten werden, dass auch bei Inhaltsnormen tatsächliche Schwierigkeiten bestehen können, eine Ablösung zu erreichen.[1130] Wird vergleichend die EuGH Rechtsprechung zu Art. 16 GRCh herangezogen, spricht noch mehr dafür, dass es wohl auch in diesen Fällen allein auf die abstrakte Möglichkeit einer Ablösungsmöglichkeit ankommt. Der EuGH stellte in der Entscheidung *Asklepios* bei einer individualvertraglichen dynamischen Verweisung auf einen Tarifvertrag klar, dass der Arbeitgeber an die in Arbeitsverträgen enthaltene dynamische Verweisung auf Tarifverträge gebunden ist, auch wenn er nicht an den Verhandlungen des Tarifvertrages teilnehmen kann, vorausgesetzt, das nationale Recht sehe einvernehmliche und einseitige Anpassungsmöglichkeiten des Erwerbers vor.[1131] Das BAG urteilte daher, dass auch die oftmals allein theoretische Möglichkeit einer Änderungskündigung genüge, obwohl aufgrund der hohen Anforderungen an eine solche Kündigung kaum Anwendungsfälle bestehen werden.[1132] Wird dieser Maßstab auf die Nachwirkung bei betriebsverfassungsrechtlichen Regelungen übertragen, ist die Einfachheit bzw. Schwierigkeit einer tatsächlichen Ablösung kein relevantes Kriterium, um unzulässigen Druck oder Zwang für den Beitritt einer Koalition zu begründen.

c) Teleologische Erwägungen

Das Arbeitsgericht Hamburg hat seine Entscheidung zur zeitlichen Beschränkung der Nachwirkung auch maßgeblich auf eine teleologische Reduktion des § 4 Abs. 5 TVG gestützt.[1133] Dazu hat es neben der Überbrückungsfunktion auch einen bisher so in der Rechtsprechung nicht vertretenen Vertrauensschutz der Arbeitnehmer in den Mittelpunkt der Überlegung gestellt. Entsprechend der Rechtsprechung zur personellen Reichweite der Nachwirkung komme es bei betriebsverfassungsrechtlichen Regelungen darauf an, ob die Tarifnormen vor der Nachwirkung bereits praktisch zur Anwendung gekommen sind. Die Neuwahl eines Betriebsrates stelle jedoch eine Zäsur dar, sodass es auf eine frühere Geltung des Tarifvertrages nicht ankomme. Die Nachwirkung ende jedenfalls mit der Neuwahl eines Betriebsrates.

1130 *Bepler*, in: Ständige Deputation des Deutschen Juristentages, Verhandlungen des 70. Deutschen Juristentages, Band I, B 56.

1131 EuGH Urt. v. 27.4.2017 – C-680/15, ECLI:EU:C:2017:317 – *Asklepios Kliniken* und C-681/15, NZA 2017, 571.

1132 BAG Urt. v. 30.8.2017 – 4 AZR 95/14, AP TVG § 1 Bezugnahme auf Tarifvertrag Nr. 139.

1133 Arbeitsgericht Hamburg Beschl. v. 8.3.2013 – 27 BV 25/12, BeckRS 2013, 68044.

Unabhängig davon, dass die Rechtsprechung des BAG zur personellen Reichweite der Nachwirkung kritisch zu sehen ist, überinterpretiert das Arbeitsgericht Hamburg die Zweckbestimmung der Nachwirkung. Die Nachwirkung dient zwar der Überbrückung und schützt vor inhaltsleeren Arbeitsverhältnissen, bezweckt aber keinen Vertrauensschutz der Arbeitnehmer.[1134] Die Aufrechterhaltung der Normen ist die Rechtswirkung der Nachwirkung, nicht aber ihr Grund. Auch die Zäsur der Neuwahl eines Betriebsrates kann nicht überzeugen. Ein Tarifvertrag gem. § 117 Abs. 2 S. 1 BetrVG regelt das System, das für die Betriebsratswahl von Bedeutung ist. Warum eine Wahl, die dem System folgt und diesem damit untergeordnet ist, das System selbst ändern können sollte, bleibt offen. Im Ergebnis nähert sich diese Argumentation einer Ansicht in der Literatur an, nach der keine Überbrückungsfunktion bestehe, wenn eine klare gesetzliche Regelung vorhanden sei.[1135] Damit wird die Überbrückungsfunktion aber falsch verstanden. Sie ist nicht nur Lückenfüller, wo es nötig ist, sondern Brücke zwischen zwei Tarifverträgen. Gesetzliche Regelungen sind für die Überbrückungsfunktion nicht relevant. Im Übrigen kann das Gesetz auch nicht als andere Abmachung klassifiziert werden.[1136]

d) Bewertung der Vorschläge in der Literatur

Die Versuche, in der Literatur eine zeitliche Beschränkung zu definieren, mangeln an einer dogmatischen Grundlage, und sind zudem für die Praxis nicht tauglich.[1137] Sie führen zum Teil sogar entgegen der Zweckbestimmung der Nachwirkung zu erheblicher Rechtsunsicherheit.[1138] So ist z. B. kaum rechtssicher festzustellen, ab wann endgültig kein Wille zur Verhandlung des Tarifvertrages besteht.[1139] Dies zeigt eindrucksvoll die Verhandlung des Tarifvertrages bei der Deutschen Lufthansa.[1140] Löwisch und Rieble notieren, dass der Preis

---

1134 Siehe Seite 193 ff.

1135 *Franzen*, in: Oetker, GK-BetrVG, § 3 Rn. 35.

1136 *Spinner*, Die vereinbarte Betriebsverfassung, S. 171; *Löwisch/Rieble*, § 4 TVG Rn. 759.

1137 *Oetker*, in: Schlachter/Ascheid/Friedrich, Festschrift für Günter Schaub zum 65. Geburtstag, S. 535, 552 f.

1138 Solche Bedenken bestehen erst recht, wenn davon ausgegangen wird, dass erst ernsthafte Gespräche stattgefunden haben müssen: Arbeitsgericht Hamburg Beschl. v. 8.3.2013 – 27 BV 25/12, BeckRS 2013, 68044, II. 2. a. bb. (2).

1139 Arbeitsgericht Hamburg Beschl. v. 8.3.2013 – 27 BV 25/12, BeckRS 2013, 68044, II. 2. a) cc) (2).

1140 *Darányi*, Die Bordbetriebsverfassung nach § 117 Abs. 2 S. 1 BetrVG, S. 22 f.; *Däubler*, in: Däubler/Kittner/Klebe/Wedde, BetrVG, 16 Aufl., § 117 Rn. 20.

der Versuche in der Literatur, eine Nachwirkung zu begründen, wenn man sie braucht und soweit sie passt, in der tariflichen Dekonstruktion liegt.[1141] Dem kann hier gefolgt werden: Wer dies fordert, muss seine Forderung an den Gesetzgeber richten.

D. Zwischenfazit

Die Regelung des § 117 Abs. 2 S. 3 BetrVG ist eine klarstellende, keine konstitutive Regelung. Die Norm schließt eine Abbedingung der Nachwirkung durch die Tarifvertragsparteien nicht aus. Bei betriebsverfassungsrechtlichen Normen besteht kein Grund für eine Beschränkung auf Arbeitsverhältnisse, die von der Wirkung des Tarifvertrages während seines Geltungszeitraumes erfasst worden sind, ersichtlich. Darüber hinaus gilt dies aber auch für andere nachwirkende tarifliche Normen.

Eine zeitliche Beschränkung der Nachwirkung ist nicht begründbar. Anders als teilweise in der Literatur unterstellt liegen mehrere Ablösungsmöglichkeiten bei betriebsverfassungsrechtlichen Regelungen vor. Arbeitgeber können einen neuen Tarifvertrag abschließen, einen Betriebsübergang oder eine Spaltung des Betriebes vornehmen. Auch ist die Möglichkeit eines Asset Deals eröffnet, bei dem in der Regel nicht zugleich ein Betriebsübergang vorliegen wird. Zudem ist der Zweck der Nachwirkung bei betriebsverfassungsrechtlichen Regelungen einschlägig, weshalb eine teleologische Reduktion ausgeschlossen ist. Ob allerdings de lege ferenda eine zeitliche Begrenzung der Nachwirkung erfolgen sollte, ist eine Frage, die der Gesetzgeber stellen und beantworten muss.[1142]

1141 *Löwisch/Rieble*, § 4 TVG Rn. 758.

1142 *Bepler*, in: Ständige Deputation des Deutschen Juristentages, Verhandlungen des 70. Deutschen Juristentages, B 1, B 57 ff. mit dem Vorschlag, dass die Nachwirkung von Normen gem. § 3 Abs. 2 TVG längstens zwei Jahre andauern solle; siehe auch *Dieterich/Hanau*, Peter/*Henssler/Oetker/Wank/Wiedemann*, RdA 2004, 65, 76.

§ 5 Weitere Lösungsmöglichkeiten vom Tarifvertrag

A. Einleitung

In der Literatur wird im Zusammenhang mit der ewigen Nachwirkung darauf hingewiesen, dass ein Arbeitgeber die Tarifbindung durch eine Umstrukturierung[1143] oder einen Betriebsübergang beenden könne.[1144] Im Folgenden soll dies aufgegriffen und die Möglichkeit einer Ablösung durch Betriebsübergang, Umwandlung oder individualrechtliche Gestaltung untersucht werden.

B. Lösung durch Betriebsübergang

I. Rechtsprechung

Gem. § 613a Abs. 1 S. 1 BGB tritt der Betriebserwerber in die Rechte und Pflichten der im Zeitpunkt des Übergangs bestehender Arbeitsverhältnisse ein. Ergeben sich solche Rechte und Pflichten aus einem Tarifvertrag oder einer Betriebsvereinbarung, werden diese gem. § 613a Abs. 1 S. 2 BGB in den Inhalt des Arbeitsverhältnisses transformiert, behalten aber ihren kollektivrechtlichen Charakter.[1145] Tarifliche Regelungen zu betriebsverfassungsrechtlichen Fragen können aber nicht Inhalt des Arbeitsverhältnisses werden.[1146] Nur im Einzelfall, wenn die kollektive Regelung dem einzelnen Arbeitnehmer Rechte verleiht, ist eine Transformation möglich.[1147] Eine Weitergeltung, insbesondere bei Firmentarifverträgen durch eine analoge Anwendung von § 3 Abs. 3 TVG

1143 *Forst*, in: Richardi, § 117 Rn. 20.

1144 *Löwisch/Rieble*, § 4 TVG Rn. 768.

1145 BAG Urt. v. 22.4.2009 – 4 AZR 100/08, AP BGB § 613a Nr. 371; zum Sukzessionsmodell siehe *Preis*, in: Müller-Glöge/Preis/Schmidt, Erfurter Kommentar zum Arbeitsrecht, 613a BGB Rn. 112.

1146 BAG Beschl. v. 18.1.2012 – 7 ABR 72/10, AP BetrVG 1972 § 1 Gemeinsamer Betrieb Nr. 33; *Löwisch/Rieble*, § 3 TVG Rn. 428; *Hohenstatt*, in: Willemsen/Hohenstatt/Schnitker u. a., Umstrukturierung und Übertragung von Unternehmen, Kap. E Rn. 124; *Annuß*, in: Rieble, J. von Staudingers Kommentar zum Bürgerlichen Gesetzbuch, § 613a BGB Rn. 210 f.; *Siegfanz-Strauß*, Tarifrecht im Betriebsübergang, S. 231 ff.

1147 *Preis*, in: ErfK, § 613a Rn. 118.

oder § 4 Abs. 5 TVG wird aufgrund der fehlenden Planwidrigkeit bei Einführung des § 613 Abs. 1 S. 2 BGB abgelehnt.[1148] Damit würde ein Tarifvertrag gem. § 117 Abs. 2 S. 1 BetrVG durch einen Betriebsübergang wegfallen. Zu Tarifverträgen gem. § 3 Abs. 1 BetrVG ließ das BAG allerdings offen, ob ein Übergangsmandat gem. § 21a BetrVG in diesen Fällen entsteht.[1149]

Das LAG Baden-Württemberg hat 2014 zur alten Rechtslage des § 117 Abs. 2 S. 1 BetrVG entschieden, dass auch der neue Arbeitgeber an einen Tarifvertrag zur Errichtung einer Personalvertretung gebunden sei.[1150] Denn ohne Tarifvertrag sei nicht gesetzlich sichergestellt, dass eine betriebliche Vertretung gewählt werden könne. Nach dieser Ansicht erfordert Art. 6 Abs. 1 Unterabsatz 1 der RL 2001/23/EG, wonach bei einem Betriebsübergang die Rechtsstellung einer Vertretung erhalten bleiben müsse, die richtlinienkonforme Auslegung des § 613a Abs. 1 S. 2 BGB dahin gehend, dass Tarifverträge gem. § 117 Abs. 2 S. 1 BetrVG unter „Rechte und Pflichten aus den [...] bestehenden Arbeitsverhältnissen" gem. § 613a Abs. 1 S. 2 BGB zu subsumieren seien. Durch die Regelung des § 117 Abs. 1 S. 2 BetrVG ist der Begründung des LAG für die Richtlinienwidrigkeit nach der neuen Rechtslage der Boden entzogen, da nunmehr durch § 117 Abs. 2 S. 1 BetrVG eine gesetzliche Vertretung gewählt werden kann. Nach der bisherigen Rechtsprechung ist daher davon auszugehen, dass nach dieser ein Tarifvertrag gem. § 117 Abs. 2 S. 1 BetrVG durch einen Betriebsübergang entfallen würde.

II. Literatur und Bewertung

In der Literatur wird hingegen vertreten, dass auch betriebsverfassungsrechtliche Regelungen bei einem Betriebsübergang weitergelten können.

Zum Teil wird angenommen, dass die Rechtsnormen eines Firmentarifvertrages gem. § 3 Abs. 1 TVG auch bei einem Erwerber weiter gelten würden.[1151] Damit würde ein Firmentarifvertrag, der die betriebliche Vertretung gem. § 117 Abs. 2 S. 1 BetrVG regelt auch beim Erwerber fortwirken. Für dieses Verständnis

---

1148 *Gussen*, in: Rolfs/Giesen/Kreikebohm/Udsching, BeckOK Arbeitsrecht, § 613a BGB Rn. 224 f.

1149 BAG Beschl. v. 18.1.2012 – 7 ABR 72/10, AP BetrVG 1972 § 1 Gemeinsamer Betrieb Nr. 33, Rn. 68; dies befürworten *Löwisch/Rieble*, § 3 TVG Rn. 431.

1150 LAG Baden-Württemberg Urt. v. 13.8.2014 – 4 Sa 12/14, BeckRS 2014, 71917.

1151 *Lorenz*, in: Däubler, Tarifvertragsgesetz, § 3 Rn. 176; a.A.: *Fitting*, Betriebsverfassungsgesetz, § 3 Rn. 89; wohl auch *Grau*, in: Henssler/Moll/Bepler, Der Tarifvertrag, Teil 15 Rn. 221.

wird darauf verwiesen, dass bei einem Betriebsübergang auch Betriebsvereinbarungen den Erwerber binden, wenn die betriebliche Identität gewahrt bleibt.[1152]

Gegen ein solches Verständnis bestehen allerdings erhebliche Bedenken. Es wäre kaum zu erklären, wieso es einen Unterschied zwischen Verbands- und Firmentarifverträgen bei Betriebsübergängen geben sollte. Die Regelung des § 613a Abs. 1 BGB bietet für eine Unterscheidung der Tarifvertragsarten keine Grundlage.[1153] Auch der Vergleich mit Betriebsvereinbarungen überzeugt nicht, da es an der Vergleichbarkeit fehlt. Die Betriebsvereinbarung stellt auf die Arbeitgeberstellung im BetrVG ab, wonach es auf die organisatorische Einheit ankommt. Demgegenüber knüpft die Tarifgeltung an die Stellung als Tarifvertragspartei gem. § 2 Abs. 1 TVG an und damit an einen Umstand, der nicht unmittelbar mit dem Betrieb und damit dem Betriebsübergang zusammenhängt. Die Tarifgebundenheit des Arbeitgebers selbst kann aber nicht übergehen, da diese an die Stellung als Tarifvertragspartei, nicht aber an die als Arbeitsvertragspartei anknüpft.[1154] Es fehlt daher an einem Grund, den Tarifvertrag weiterhin anzuwenden.[1155] Für eine Analogie fehlt es an einer planwidrigen Regelungslücke.[1156]

Eine andere Ansicht beruft sich auf eine richtlinienwidrige Umsetzung des Art. 3 Abs. 3 der RL 2001/23/EG in § 613a Abs. 1 S. 2 BGB. Der Begriff „Arbeitsbedingungen" umfasse auch betriebliche und betriebsverfassungsrechtliche Regelungen. Deshalb soll § 3 Abs. 3 TVG analog auf betriebsverfassungsrechtliche Regelungen angewendet werden.[1157] Die betriebsverfassungsrechtlichen

---

1152 Zur Fortgeltung der Betriebsvereinbarung bei Wahrung der Identität: BAG Beschl. v. 5.6.2002 – 7 ABR 17/01, AP BetrVG 1972 § 47 Nr. 11, B. II. 1.; Selbst eine Gesamtbetriebsvereinbarung bleibt in Kraft, wenn die Identität des Betriebes gewahrt bleibt: BAG Beschl. v. 18.9.2002 – 1 ABR 54/01, AP BetrVG 1972 § 77 Betriebsvereinbarung Nr. 7; noch weitgehender wollen *Bauer/Haußmann/Krieger*, Umstrukturierung, Teil 4 C Rn. 8 die kollektivrechtliche Fortgeltung auch bei Verlust der betrieblichen Identität annehmen.

1153 BAG Urt. v. 20.6.2001 – 4 AZR 295/00, AP TVG § 1 Bezugnahme auf Tarifvertrag Nr. 18, I. c) bb); so auch: LAG Baden-Württemberg Urt. v. 13.8.2014 – 4 Sa 12/14, BeckRS 2014, 71917, I. 4. b) bb).

1154 BAG Urt. v. 20.6.2001 – 4 AZR 295/00, AP TVG § 1 Bezugnahme auf Tarifvertrag Nr. 18

1155 *Willemsen*, in: Henssler/Willemsen/Kalb, Arbeitsrecht Kommentar, § 613a BGB Rn. 262.

1156 BAG Urt. v. 20.6.2001 – 4 AZR 295/00, AP TVG § 1 Bezugnahme auf Tarifvertrag Nr. 18, I. c) bb); *Siegfanz-Strauß*, Tarifrecht im Betriebsübergang, S. 234.

1157 *Trümner*, in: Däubler/Klebe/Wedde, BetrVG, § 3 Rn. 225 f.; *Däubler*, DB 2005, 666, 668; *Utermark*, Die Organisation der Betriebsverfassung als Verhandlungsgegenstand, S. 201 ff.; *Lorenz*, in: Däubler, Tarifvertragsgesetz, § 3 Rn. 196.

Regelungen würden bis zum zeitlichen Ablauf des Tarifvertrages beim Betriebserwerber fortgelten.[1158] Eine Analogie des § 3 Abs. 3 TVG hat das BAG allerdings bei Zuordnungstarifverträgen ausdrücklich verworfen.[1159] Auch die Literatur spricht sich dafür aus, dass der Begriff „Arbeitsbedingungen" nicht als betriebliche und betriebsverfassungsrechtliche Normen ausgelegt werden kann.[1160] *Trümner* verweist für die Analogie zu § 3 Abs. 3 TVG im Zusammenhang mit § 3 BetrVG deshalb auch auf Art. 6 Abs. 1 Unterabsatz 1 der RL 2001/23/EG.[1161] Behalten die übertragenen Einheiten ihre Selbstständigkeit, sind die aufgrund einer Vereinbarung bestehenden Interessenvertretungen aufrechtzuerhalten. Gegen diese generelle Annahme spricht aber Art. 6 Abs. 1 Unterabsatz 2 der RL 2001/23/EG, wonach die Regelung, auf die sich *Trümner* bezieht, keine Anwendung findet, wenn im nationalen Recht die Bedingungen für die Neubestellung der Arbeitnehmervertreter erfüllt sind. Im Anwendungsbereich des § 21a BetrVG sind die Voraussetzungen für die Neubestellung gegeben. Nur in den Fällen, in denen die Norm keine Anwendung findet, könnte eine richtlinienwidrige Umsetzung des Art. 6 Abs. 1 Unterabsatz 1 der RL 2001/23/EG vorliegen. Bezogen auf § 3 BetrVG bedeutet dies: Eine richtlinienwidrige Umsetzung kann nur dann vorliegen, wenn der gesamte Betrieb gem. § 3 Abs. 5 BetrVG auf einen neuen Erwerber übergeht. Denn in diesen Fällen bleibt der Betriebsrat grundsätzlich im Amt.[1162] Die Übertragung eines Teils aus diesem Betrieb im Sinne des § 3 Abs. 5 BetrVG gilt hingegen als Spaltung im Sinne des § 21a BetrVG.[1163] In diesen Fällen kann ein neuer Betriebsrat gewählt werden.[1164] Damit bleibt als

---

1158 *Däubler*, DB 2005, 666, 668.

1159 BAG Beschl. v. 18.1.2012 – 7 ABR 72/10, AP BetrVG 1972 § 1 Gemeinsamer Betrieb Nr. 33.

1160 *Hanau*, Peter/*Vossen*, in: Dieterich (Hrsg.), Feststricht für Marie Luise Hilger und Hermann Stumpf, S. 271, 290; *Siegfanz-Strauß*, Tarifrecht im Betriebsübergang, S. 232.

1161 *Trümner*, in: Däubler/Klebe/Wedde, BetrVG, § 3 Rn. 226.

1162 BAG Urt. v. 8.5.2014 – 2 AZR 1005/12, AP KSchG 1969 § 1 Betriebsbedingte Kündigung Nr. 205 Rn. 48 ff.; BAG Urt. v. 24.5.2012 – 2 AZR 62/11, AP KSchG 1969 § 1 Betriebsbedingte Kündigung Nr. 194.

1163 BAG Beschl. v. 22.8.2017 – 1 ABR 52/14, BAGE 160, 41–48 Rn. 13; *Linsenmaier*, RdA 2017, 128, 137; *Fitting*, Betriebsverfassungsgesetz, § 3 Rn. 86d.

1164 LAG Baden-Württemberg Urt. v. 13.8.2014 – 4 Sa 12/14, BeckRS 2014, 71917, I. 4. c) dd); zur Rechtsprechung des BAG bei Tarifverträgen gem. § 3 Abs. 1 BetrVG: BAG Beschl. v. 18.1.2012 – 7 ABR 72/10, AP BetrVG 1972 § 1 Gemeinsamer Betrieb Nr. 33.

Argument nur der Fall der Übertragung der gesamten tarifvertraglich umfassten Einheit übrig. Das macht es aber nicht erforderlich, § 613a Abs. 1 S. 2 BGB überschießend dahin gehend auszulegen, dass alle betrieblichen und betriebsverfassungsrechtlichen Regelungen beim Erwerber fortgelten. Die Literaturansichten können daher den Übergang betriebsverfassungsrechtlicher Regelungen nicht begründen. Gleichwohl sind die Gedanken von *Trümner* zu Art. 6 Abs. 1 Unterabsatz 1 der RL 2001/23/EG später noch einmal aufzugreifen.

III. Untersuchung

Damit ist zunächst festzuhalten: Aufgrund der Auffangregelung in § 117 Abs. 1 S. 2 BetrVG ist die Ansicht des LAG Baden-Württemberg, wonach der Tarifvertrag analog § 613a Abs. 1 S. 1 BGB übergeht, nicht mehr aufrechtzuerhalten. Auch Art. 6 Abs. 1 Unterabsatz 1 und 2 der RL 2001/23/EG kann nicht dafür herangezogen werden, dass § 613a Abs. 1 S. 2 BGB analog auf alle Fälle von betrieblichen und betriebsverfassungsrechtlichen Tarifregelungen angewandt werden muss.

Allerdings könnten die Gedanken von *Trümner* bei § 117 Abs. 2 S. 1 BetrVG noch in bestimmten Fällen Bedeutung haben. Aber auch die Anwendung von § 21a BetrVG ist problematisch. Die Norm bewirkt eine Aufrechterhaltung des Amtes, nicht aber des Tarifvertrages gem. § 117 Abs. 2 S. 1 BetrVG. Ggf. besteht hier eine Regelungslücke. Im Folgenden ist daher zu untersuchen, ob eine Aufrechterhaltung des Tarifvertrages durch die RL 2001/23/EG oder nationales Recht gem. § 21a BetrVG erfolgt. Schließlich ist zu untersuchen, wann ein Betriebsübergang in der Luftfahrt vorliegen kann.

1. Fortgeltung des Tarifvertrages

Ausgangspunkt der Untersuchung ist Art. 6 Abs. 1 der RL 2001/23/EG, wonach zwischen Betrieben, die ihre Selbstständigkeit verlieren, und solchen, die diese bewahren, differenziert werden muss.

Die Anforderungen an die Selbstständigkeit im Sinne des Art. 6 Abs. 1 Unterabsatz 1 der RL 2001/23/EG hat der EuGH in der Rechtssache C-151/09 konkretisiert. Der Begriff der Selbstständigkeit ist vom Begriff der wirtschaftlichen Einheit zu unterscheiden.[1165] Die Selbstständigkeit werde gewahrt, wenn die Organisationsbefugnisse der Verantwortlichen der übertragenen Einheit nach dem Übergang innerhalb der Strukturen des Erwerbers im Vergleich zu der Lage

1165 EuGH Urt. v. 29.7.2010 – C-151/09, ECLI:EU:C:2010:452 Rn. 36 – *UGT-FSP*.

vor dem Übergang im Wesentlichen unverändert bleiben.[1166] Organisationsbefugnisse in diesem Sinne sind die für die wirtschaftliche Einheit gewährten Befugnisse, die Arbeit innerhalb der genannten Einheit bei der Verfolgung der wirtschaftlichen Tätigkeit relativ frei und unabhängig zu organisieren und insbesondere die Befugnisse, Weisungen und Instruktionen zu erteilen, Aufgaben auf die untergeordneten Arbeitnehmer, die zu der fraglichen Einheit gehören, zu verteilen und über die Verwendung der materiellen Ressourcen, die ihr zur Verfügung stehen, zu entscheiden, und zwar ohne unmittelbares Eingreifen anderer Organisationsstrukturen des Inhabers.[1167]

National kommt es hingegen darauf an, ob der Betrieb seine Identität bewahrt hat. Das BAG hat die Identität damit umschrieben, dass das betriebliche Substrat, auf das sich das Betriebsratsamt bezieht, weitgehend unverändert geblieben sein muss. Unverändert sei es insbesondere, wenn ein räumlicher und funktionaler Zusammenhang mit dem Ursprungsbetrieb noch besteht. Maßgeblich werde die Identität durch die Leitung geprägt.[1168]

Eine Integration der wirtschaftlichen Einheit in eine andere führt damit zum Wegfall der Selbstständigkeit[1169] und zum Verlust der Identität des Betriebes[1170]. Der Verlust der Selbstständigkeit wird in der Luftfahrt den Regelfall darstellen. Soweit ein Flugbetrieb unterhalten wird, wird dieser regelmäßig zentral von einem Standort aus geleitet. Hinzukommende Flugzeuge und Personal werden in diese Organisation regelmäßig eingebunden.

a) Bei Verlust der Selbstständigkeit

Geht die Selbstständigkeit im Regelfall verloren, ist gem. Art. 6 Abs. 1 Unterabsatz 4 der RL 2001/23/EG nur eine angemessene betriebliche Vertretung bis zur Tätigkeit einer neuen Arbeitnehmervertretung erforderlich. Dies wird dadurch gewahrt, dass entsprechend § 21a BetrVG ein Übergangsmandat für die Personalvertretung besteht. Nach europäischem Recht ist die Fortgeltung des Tarifvertrages während der Amtsdauer damit nicht erforderlich.

1166 EuGH Urt. v. 29.7.2010 – C-151/09, ECLI:EU:C:2010:452 Rn. 43 – *UGT-FSP.*

1167 EuGH Urt. v. 29.7.2010 – C-151/09, ECLI:EU:C:2010:452 Rn. 43 – *UGT-FSP.*

1168 BAG Beschl. v. 15.10.2014 – 7 ABR 53/12, AP BetrVG 1972 § 16 Nr. 3, Rn. 29 m.w.N.

1169 *Winter*, in: Franzen/Gallner/Oetker, Kommentar zum europäischen Arbeitsrecht, Art. 6 RL 2001/23/EG Rn. 13 m.w.N.

1170 Vgl. hierzu die Anordnung durch den Gesetzgeber, dass kein Übergangsbetriebsrat besteht, wenn ein Betrieb in einen Betrieb eingegliedert wird, in dem bereits ein Betriebsrat besteht, § 21a Abs. 1 S. 1 BetrVG.

Eine solche könnte aber aus dem System des nationalen Rechts folgen. Teilweise wird vertreten, dass Betriebsvereinbarungen aufgrund des Zusammenhangs von Mandat und betrieblichen Normen auch für den Betriebsrat gem. § 21a BetrVG kollektiv weiter gelten.[1171] Eine entsprechende Argumentation, der Zusammenhang zwischen Mandat und den durch Tarifvertrag geschaffenen Regelungen, könnte auch auf die Fortgeltung von Tarifverträgen als Grundlage des § 21a BetrVG bezogen werden. Hiergegen spricht aber, dass weder der Wortlaut noch der Zweck der Vorschrift eine solche Auslegung erfordern. Der Wortlaut spricht allein von der Aufrechterhaltung des Mandats. Dies wird auch bei einer Geltung des BetrVG als Grundlage für die Kompetenzen des Betriebsrates gewahrt. Der Zweck der Regelung liegt in der Umsetzung der RL 2001/23/EG und insbesondere in der Verhinderung betriebsratsloser Zeiten. Eine Kontinuität wird aber auch bei Wegfall des Tarifvertrages und der Veränderung der Befugnisse gewahrt. Auch ein Vergleich zu Betriebsvereinbarungen kann zu keinem anderen Ergebnis führen. Die dort vertretene Ansicht lässt außer Acht, dass Betriebsvereinbarungen nur dann fortwirken, wenn die Identität des Betriebes erhalten bleibt und damit auch der Betriebsrat im Amt bleibt. Bei Verlust der Identität besteht eine hiervon abweichende Situation. Der Übergangsbetriebsrat gem. § 21a BetrVG soll zudem lediglich betriebsratslose Zeiten verhindern, nicht aber auch zum Fortbestand von abgeschlossenen Regelungen dienen.[1172] Deshalb fallen bei Verlust der Identität des Betriebes auch Betriebsvereinbarungen weg.[1173] § 21a BetrVG ist nicht dahin gehend auszulegen, dass Tarifverträge während des Übergangszeitraums weiter bestehen.

b) Bei Bewahrung der Selbstständigkeit

Bleibt die Selbstständigkeit des Betriebes erhalten, ist nach Art. 6 Abs. 1. Unterabsatz 1 und 2 der RL 2001/23/EG kein Übergangsmandat erforderlich, wenn die Bedingungen für die Neubestellung der Vertreter oder die Neubildung der Vertretung erfüllt sind. Nach der Rechtsprechung des BAG behält ein Betriebsrat

1171 *Buschmann*, in: Däubler/Klebe/Wedde, BetrVG, § 21a BetrVG Rn. 64 m. w. N.

1172 So i.E. *Fitting*, Betriebsverfassungsgesetz, § 21a Rn. 22a; a.A. *Buschmann*, in: Däubler/Klebe/Wedde, BetrVG, § 21a BetrVG Rn. 4, wonach die Vorschrift auch dem Fortbestand bestehender betrieblicher Normen diene.

1173 *Fitting*, Betriebsverfassungsgesetz, § 21a Rn. 22a; *Kreft*, in: Kohte/Dörner/Anzinger, Festschrift für Hellmut Wissmann zum 65. Geburtstag, S. 347 ff.

sein Amt, wenn der Betrieb seine Identität bewahrt hat.[1174] Wird diese Rechtsprechung auf eine Personalvertretung übertragen, würden allerdings die Rechte und Pflichten nach dem Tarifvertrag wegfallen. Das ist nach der Richtlinie aber nur dann zulässig, wenn die Bedingungen für die Neuwahl erfüllt sind. Da § 21a BetrVG nicht einschlägig ist, findet sich keine Regelung, die eine Neuwahl des Betriebsrates vorsieht, wenn eine Personalvertretung übergeht. Stattdessen ist bei Fehlen dieser Voraussetzung gem. Art. 6 Abs. 1 Unterabsatz 1 der RL 2001/23/EG die Funktion und Rechtsstellung der Personalvertretung zu erhalten, wie sie vor dem Betriebsübergang bestand. Die Richtlinie ordnet einen vollständigen Erhalt des „Bestehenden" an.[1175] Erst mit Ablauf der Amtszeit des bisherigen Betriebsrates sind die Bedingungen für die Neubestellung erfüllt. Bis zu diesem Zeitpunkt müsste der Tarifvertrag nach der Richtlinie fortwirken.

Aufgrund dessen besteht ein verstecktes Regelungsdefizit, bis eine neue Wahl der betrieblichen Vertretung erfolgt ist. Dieses Regelungsdefizit könnte ggf. durch eine richtlinienkonforme Auslegung geschlossen werden. In Betracht kommen § 3 Abs. 3 TVG, § 4 Abs. 5 TVG, § 613a Abs. 1 S. 1 BGB sowie § 21a Abs. 1 S. 1 BetrVG.

Eine europarechtskonforme Auslegung des § 3 Abs. 3 TVG würde zwar das Fortgelten eines Tarifvertrages ermöglichen. Es fehlt aber eine zeitliche Beschränkung auf die Amtszeit des Betriebsrates. Zudem ist § 3 Abs. 3 TVG davon geprägt, dass eine tarifliche Bindung beider Tarifvertragsparteien bestand und der Tarifvertrag noch andauert.[1176]

Eine analoge Anwendung des § 4 Abs. 5 TVG würde nur zu einer Ablösungsmöglichkeit verhelfen und damit über das Ziel der Richtlinie hinausgehen. Der Tarifvertrag würde nicht bereits mit der Neuwahl entfallen. Auch passt die Regelung nicht, da dort eine frühere Tarifbindung fortgeführt werden soll. In der vorliegenden Konstellation fehlt es aber an einer früheren Bindung des Arbeitgebers.

Eine Rechtsfortbildung des § 21a BetrVG dahin gehend, dass die Rechte und Pflichten des Betriebsrates nach dem Tarifvertrag erhalten bleiben, könnte

1174 BAG Urt. v. 8.5.2014 – 2 AZR 1005/12, AP KSchG 1969 § 1 Betriebsbedingte Kündigung Nr. 205, Rn. 48 ff.; BAG Urt. v. 24.5.2012 – 2 AZR 62/11, AP KSchG 1969 § 1 Betriebsbedingte Kündigung Nr. 194.

1175 *Winter*, in: Franzen/Gallner/Oetker, Kommentar zum europäischen Arbeitsrecht, Art. 6 RL 2001/23/EG Rn. 16.

1176 BAG Beschl. v. 18.1.2012 – 7 ABR 72/10, AP BetrVG 1972 § 1 Gemeinsamer Betrieb Nr. 33, Rn. 46.

deshalb zu bejahen sein, da die Norm eine Beschränkung auf die Amtszeit des Betriebsrates vorgibt. Der Wortlaut der Norm zielt aber auf die Spaltung des Betriebes. In der Konstellation hier bleibt der Betrieb hingegen erhalten. Die Auslegung würde deshalb gegen den Wortlaut verstoßen.

Auch bei § 613a Abs. 1 S. 1 BGB bestehen Hindernisse. Der Wortlaut spricht von Rechten und Pflichten aus dem Arbeitsverhältnis. Betriebsverfassungsrechtliche Regelungen zählen dazu nicht.[1177] Gleichwohl ist diese Auslegung nicht unbestritten. Basierend auf einer weiten Auslegung des Art. 3 Abs. 3 RL 2001/23/EG sollen in § 613a Abs. 1 S. 1 BGB auch betriebsverfassungsrechtliche Normen berücksichtigt werden können.[1178] Deshalb könnte argumentiert werden, dass hier Spielraum für eine Auslegung besteht, die auch betriebsverfassungsrechtliche Normen berücksichtigt. Wer eine solche Auslegung nicht für möglich hält,[1179] muss eine richtlinienkonforme Auslegung des § 613a Abs. 1 S. 1 BGB ablehnen.

Möglich ist aber der Weg über eine europarechtskonforme Rechtsfortbildung. Der Gesetzgeber ging davon aus, dass er die Richtlinie 2001/23/EG durch die Regelung des § 613a BGB sowie der § 21a und § 21b BetrVG vollständig umgesetzt hat.[1180] Bei einer solchen planwidrigen Unvollständigkeit des Gesetzes kommt eine richtlinienkonforme Rechtsfortbildung in Betracht.[1181] Hierfür kommen sowohl § 21a Abs. 1 S. 1 und 3 BetrVG als auch § 613a Abs. 1 S. 1 BGB in Betracht. § 613a Abs. 1 S. 1 BGB könnte gewählt werden, da es sich um die umfassendere Regelung handelt. Naheliegender ist es aber, dort die Rechtsfortbildung vorzunehmen, wo der Gesetzgeber bereits Art. 6 der RL 2001/23/EG umsetzen wollte, nämlich bei § 21a BetrVG.[1182] Die Norm sieht bereits eine Beschränkung auf das Amt des Betriebsrates in § 21a Abs. 1 S. 1 und 3 BetrVG vor. Da gem. Art. 6 Abs. 1 Unterabsatz 1 der RL 2001/23/EG keine Beschränkung auf eine angemessene Vertretung im Sinne des Art. 6 Abs. 1 Unterabsatz 4 der RL 2001/23/EG ausreicht, findet die zeitliche Beschränkung auf 6 Monate

---

1177 *Siegfanz-Strauß*, Tarifrecht im Betriebsübergang, S. 231 ff.

1178 *Thüsing*, ZIP 2003, 693, 705; *Trümner*, in: Däubler/Klebe/Wedde, BetrVG, § 3 Rn. 225; *Utermark*, Die Organisation der Betriebsverfassung als Verhandlungsgegenstand, S. 201 ff, die eine analoge Anwendung des § 3 Abs. 3 TVG befürwortet hat.

1179 Tendentiell wohl dagegen: BAG Beschl. v. 18.1.2012 – 7 ABR 72/10, AP BetrVG 1972 § 1 Gemeinsamer Betrieb Nr. 33.

1180 BT-Drs. 8/3317, S. 7; BT-Drs. 14/5741, S. 9, 39 ff.

1181 BAG Urt. v. 26.11.2008 – VIII ZR 200/05, BGHZ 179, 27 = NJW 2009, 427

1182 BT-Drs. 14/5741, S. 9, 39 ff.

keine Anwendung. Stattdessen sind die Rechte und Pflichten des Betriebsrates bis zur Bekanntgabe der Wahlergebnisse der neuen Betriebsratswahl aufrechtzuerhalten.

Zusammenfassend ist § 21a Abs. 1 S. 1 und 3 BetrVG damit so europarechtskonform fortzubilden, dass in den Fällen, in denen die Selbstständigkeit einer wirtschaftlichen Einheit im Rahmen eines Betriebsübergangs gewahrt wird, der Tarifvertrag aber nicht übergehen kann, § 21a Abs. 1 S. 1 und 3 BetrVG so verstanden wird, dass sich die Rechte und Pflichten des Betriebsrates bis zur Bekanntgabe der Wahlergebnisse einer neuen Betriebsratswahl im selben Betrieb nach dem Tarifvertrag richten.

c) De lege ferenda

Für eine gesetzliche Regelung bieten sich zwei Lösungen an. Eine Neuwahl könnte entgegen der bisherigen Rechtsprechung dann verpflichtend vorgesehen werden, wenn ein Betrieb identitätswahrend auf einen Erwerber übergegangen ist. Eine solche Regelung ließe sich in § 13 BetrVG integrieren. Da sich die Fragestellung aber im Ergebnis allein auf § 117 Abs. 2 S. 1 BetrVG auswirkt, könnte auch ein Absatz 3 dort eingefügt werden. Dieser könnte lauten: „Bei einem identitätswahrenden Übergang eines Betriebes auf einen Erwerber im Rahmen des § 613a BGB bleibt der bestehende Betriebsrat mit den in einem Tarifvertrag nach Absatz 2 bestehenden Rechten und Pflichten im Amt, bis nach den gesetzlichen Vorschriften die Wahl eines neuen Betriebsrates bekannt gegeben worden ist." Aufgrund des Zusammenhangs mit § 21a und b BetrVG könnte eine solche Regelung auch als § 21c BetrVG integriert werden.

Sollte der Gesetzgeber dieses Problem angehen, könnte er zugleich anordnen, dass Firmentarifverträge normativ auf den neuen Betriebsinhaber übergehen, vorausgesetzt, die Regelungen des TVG sind nicht bereits anwendbar. Bereits 1981 wurde die Konzeption des § 613a BGB als halbherzige und unbefriedigende gesetzliche Lösung betitelt.[1183] Damit würde der Gesetzgeber an die Rechtslage vor 1980 anknüpfen.[1184] Ein Verstoß gegen höherrangiges Recht läge nicht vor.[1185] Soweit gegen den Übergang betrieblicher und betriebsverfassungsrechtlicher Normen vorgebracht wird, dass dies nicht aus dem Wortlaut der Richtlinie folge, führt dies zu keiner Einschränkung. Es handelt sich bei den Bedingungen

---

1183 *Röder*, DB 1981, 1980.

1184 Zur vorherigen Rechtslage: *Annuß*, in: Rieble, J. von Staudingers Kommentar zum Bürgerlichen Gesetzbuch, § 613a BGB Rn. 196.

1185 *Trümner*, in: Däubler/Klebe/Wedde, BetrVG, § 3 Rn. 224.

in der Richtlinie allein um Mindest- und nicht um beidseitig zwingende Bedingungen, wie Art. 8 der RL 2001/23/EG deutlich macht.

2. *Betriebsübergang in der Luftfahrt*

Die bisherigen Ausführungen setzen voraus, dass ein Betriebsübergang vorliegt. Die Insolvenz der Fluggesellschaft Air Berlin und die dazu ergangene Rechtsprechung sollen im Folgenden dazu dienen, zu veranschaulichen, wann ein Betriebsübergang vorliegt.[1186] Die übernehmenden Luftfahrtgesellschaften verfolgten das Ziel, einen Betriebsübergang zu vermeiden, um die Flugzeuge zu anderen Arbeitsbedingungen zu betreiben. Um ihre bisherigen Arbeitsbedingungen und die erworbene Betriebszugehörigkeit zu sichern, versuchte eine Vielzahl an Piloten über § 613a Abs. 4 BGB den Übergang ihres Arbeitsverhältnisses auf den Erwerber der Wirtschaftsgüter feststellen zu lassen. Im Mittelpunkt des Rechtsstreits stand die Frage, ob eine wirtschaftliche Einheit vorlag, die auf den jeweiligen Erwerber übergegangen ist. Aus Sicht der übernehmenden Gesellschaften lag ein Asset-Deal vor, bei dem die Güter eines bereits stillgelegten Betriebes übertragen wurden.

a) *Grundsätze der EuGH-Rechtsprechung*

Ein Betriebs- bzw. Teilbetriebsübergang setzt voraus, dass eine wirtschaftliche Einheit auf Dauer beim bisherigen Arbeitgeber bestand und diese auf den Erwerber durch Rechtsgeschäft übergegangen ist. Die wirtschaftliche Einheit wird vom EuGH als eine organisierte Gesamtheit von Personen und Sachen zur Ausübung einer wirtschaftlichen Tätigkeit mit eigener Zielsetzung definiert.[1187] Für die Frage, ob eine wirtschaftliche Einheit identitätswahrend übergegangen ist, stellt der EuGH auf die 7-Punkte-Prüfung ab.[1188] Für die Gewichtung der Kriterien im Rahmen einer Gesamtabwägung kommt es maßgeblich darauf an, ob es sich um einen betriebsmittelarmen oder betriebsmittelreichen Betrieb handelt. Bei Luftfahrtunternehmen geht der EuGH grundsätzlich von einem betriebsmittelreichen Betrieb aus.[1189] Zwar lassen sich aus der Rechtsprechung

---

1186 *Bissels/Witt*, NZI 2019, 369, 370 betonen die Bedeutung aktuell auch für die Insolvenz der Fluggesellschaft „Germania“.

1187 EuGH Urt. v. 15.12.2005 – C-232/04, ECLI:EU:C:2005:778 Rn. 32 – *Güney-Görres*.

1188 Statt aller zusammenfassend: BAG Urt. v. 25.8.2016 – 8 AZR 53/15, AP BGB § 613a Nr. 466.

1189 EuGH Urt. v. 9.9.2015 – C-160/14, ECLI:EU:C:2015:565 Rn. 29 – *Ferreira da Silva e Brito u. a.*

des EuGH grundsätzliche Aussagen dazu ableiten, in welchen Fallgestaltungen ein Betriebsübergang anzunehmen ist, jedoch bleibt die weitaus bedeutendere Frage, wie es sich mit einem Teilbetriebsübergang in der Luftfahrt verhält, bislang offen. Da die grundsätzlichen Aussagen zum Betriebsübergang in der Luftfahrt zugleich Bedeutung für die Frage eines Teilbetriebsübergangs haben, werden diese im Folgenden nicht separat behandelt.

Als grundlegende Voraussetzung eines Betriebsübergangs ist das Vorliegen einer übergangsfähigen wirtschaftlichen Einheit notwendig. Bezogen auf Teilbetriebe fordert der EuGH, dass es sich um eine Einheit handelt, die hinreichend strukturiert ist und eine selbstständige Gesamtheit von Personen und Sachen zur Ausübung einer wirtschaftlichen Tätigkeit mit eigenem Zweck bildet.[1190] Der Teilzweck muss sich nicht vom Zweck des übrigen Betriebes unterscheiden.[1191] Weiter muss der Teilbetrieb beim bisherigen Betriebsinhaber bereits funktionell autonom sein.[1192] Als autonom sind nur die Betriebsteile zu bezeichnen, bei denen den leitenden Arbeitnehmern solche Befugnisse eingeräumt sind, dass sie die Arbeit der Gruppe relativ frei und unabhängig organisieren, Weisungen erteilen und Aufgaben innerhalb der Gruppe delegieren können, ohne dass andere Organisationsstrukturen des Arbeitgebers dazwischengeschaltet sind.[1193] Zudem muss die wirtschaftliche Einheit auf Dauer angelegt sein.[1194]

b) Anwendung auf Flugunternehmen

Über 100 Entscheidungen in der ersten und zweiten Instanz haben sowohl einen Betriebsübergang als auch einen Teilbetriebsübergang im Fall von Air Berlin verneint.[1195] Gegensätzlich entschied bislang nur die 41. Kammer des Arbeitsgerichts Berlin in mehreren Entscheidungen.[1196] Das LAG Baden-Württemberg stellte klar, dass ein Betriebsübergang jedenfalls vorliegt, wenn der gesamte

---

1190 EuGH Urt. v. 6.3.2014 – C-458/12, ECLI:EU:C:2014:124 Rn. 31 f. – *Amatori.*

1191 BAG Urt. v. 24.8.2006 – 8 AZR 556/05, AP BGB § 613a Nr. 315, Rn. 22; BAG Urt. v. 26.8.1999 – 8 AZR 718/98, AP BGB § 613a Nr. 196.

1192 EuGH Urt. v. 6.3.2014 – C-458/12, ECLI:EU:C:2014:124 Rn. 32 – *Amatori.*

1193 EuGH Urt. v. 6.3.2014 – C-458/12, ECLI:EU:C:2014:124 Rn. 32 – *Amatori*; EuGH Urt. v. 6.9.2011 – C-108/10, ECLI:EU:C:2011:542 Rn. 51 – *Scattolon.*

1194 EuGH Urt. v. 15.12.2005 – C-232/04, ECLI:EU:C:2005:778 Rn. 32 – *Güney-Görres.*

1195 Siehe nur: LAG Berlin-Brandenburg Urt. v. 1.4.2019 – 2 Sa 2387/18, Juris; LAG Berlin-Brandenburg Urt. v. 16.1.2019 – 15 Sa 814/18, BeckRS 2019, 199; LAG Düsseldorf Urt. v. 17.10.2018 – 1 Sa 337/18, Juris.

1196 Arbeitsgericht Berlin Urt. v. 19.7.2018 – 41 Ca 15666/17, Juris; Arbeitsgericht Berlin Urt. v. 7.2.2019 – 41 Ca 4536/18, Juris.

Flugbetrieb übergeht.[1197] Wann jedoch ein Betriebsübergang, insbesondere ein Teilbetriebsübergang, vorliegt, bedarf der Klärung:

aa) Das Flugzeug als wirtschaftliche Einheit

Das Flugzeug selbst könnte eine übergangsfähige wirtschaftliche Einheit darstellen. Der „pilot in command“ hat die Bordgewalt inne und kann Weisungen gegenüber dem Kopiloten sowie den Flugbegleitern erteilen.[1198] Er entscheidet auch am Boden und insbesondere auch in den Räumlichkeiten der Basis darüber, ob alle Crewmitglieder den Flug ausführen können oder ob dem ggf. Gründe wie Krankheit entgegenstehen.[1199] Auch ist es der Kapitän, der das Letztentscheidungsrecht darüber hat, ob das Wetter der Ausführung eines sicheren Fluges entgegensteht.[1200] Gegen die Einordnung von Flugzeugen als übergangsfähige wirtschaftliche Einheiten spricht allerdings, dass niemand innerhalb der Flugzeugbesatzung darüber entscheiden kann, welche Arbeitnehmer für den Flug eingesetzt werden. Soweit auf die Kommandantenstellung für die funktionelle Autonomie abgestellt wird, ist dies unerheblich, da ihr die notwendige Dauerhaftigkeit fehlt.[1201] Gegen die Autonomie der Flugzeuge spricht zudem, dass die Weisungsbefugnisse des „pilot in command“ nach den Luftsicherheitsvorschriften erforderlich sind. Sie dienen der Durchführung des Fluges und nicht der Organisation des Betriebes selbst. Es wäre einmalig, würden die Sicherheitsvorschriften einer Maschine die Selbstständigkeit einer Organisation begründen. Ein Wet-Lease[1202] ändert an dieser Beurteilung aufgrund der fehlenden funktionellen Autonomie nichts.[1203]

Probleme bestehen aber auch hinsichtlich der Zuordenbarkeit der Arbeitnehmer. Diese ist für den Übergang der Arbeitsverhältnisse zwingend erforderlich.[1204] Besteht wie üblich ein rotierendes Personalsystem für die Besetzung der

1197 LAG Berlin-Brandenburg Urt. v. 16.1.2019 – 15 Sa 814/18, BeckRS 2019, 199, Rn. 88 ff.

1198 Arbeitsgericht Berlin Urt. v. 19.7.2018 – 41 Ca 15666/17, Juris Rn. 187.

1199 Arbeitsgericht Berlin Urt. v. 7.2.2019 – 41 Ca 4536/18, Juris Rn. 42.

1200 Arbeitsgericht Berlin Urt. v. 7.2.2019 – 41 Ca 4536/18, Juris Rn. 42.

1201 LAG Berlin-Brandenburg Urt. v. 1.4.2019 – 2 Sa 2387/18, Juris Rn. 65.

1202 „Wet-Lease-Vereinbarung“ (Vereinbarung über das Ver- oder Anmieten mit Besatzung) ist eine Vereinbarung zwischen Luftfahrtunternehmen, wonach das Luftfahrzeug unter demLuftverkehrsbetreiberzeugnis des Vermieters betrieben wird, gem. VO (EG) Nr. 1008/2008 Art. 2 Nr. 25.

1203 LAG Berlin-Brandenburg Urt. v. 1.4.2019 – 2 Sa 2387/18, Juris Rn. 70 ff.

1204 BAG Urt. v. 14.3.2013 – 8 AZR 154/12, AP KSchG 1969 § 1 Betriebsbedingte Kündigung Nr. 199, Rn. 28.

verschiedenen Flugzeuge, stehe dies einer Zuordnung nicht entgegen.[1205] Zur Begründung der Unbedenklichkeit eines rotierenden Personals wird das Beispiel eines Flugunternehmens mit einem einzelnen Flugzeug, aber wechselndem Flugpersonal herangezogen. Auch spreche für ein solches Verständnis, dass betriebswirtschaftlich der Begriff der „Stelle" von der personellen Besetzung zu unterscheiden sei. Da durch die Stelle stets eine Weisungsbefugnis begründet sei, sei das Weisungsverhältnis stets gegeben.[1206] Liegt ein Wet-Lease vor, liege umso mehr eine stabile Zuordnung der Arbeitnehmer zu den Flugzeugen vor.[1207]

Dies kann nicht überzeugen. Piloten, Kopiloten, Purser sowie Flugbegleiter werden nicht als feste Gruppe jeweils auf die Flugzeuge verteilt, sondern stets neu zusammengestellt. Eine konstante Zuordnung zu einem Flugzeug erfolgt nicht. Stattdessen werden die Arbeitnehmer nur nach Tätigkeiten auf der Kurz- oder auf der Langstrecke unterschieden. Auch das angeführte Beispiel kann nicht überzeugen, da es sich bei dem Übergang des einzigen Flugzeuges eines Unternehmens um den Übergang des gesamten Flugbetriebes und damit nicht um einen Teilbetriebsübergang handelt. Wenn schon ein Teilbetrieb angenommen wird und es folgerichtig Probleme bei der Zuordnung gibt, ist mit den allgemeinen Grundsätzen zunächst auf den Willen der Parteien, subsidiär auf das Direktionsrecht des Arbeitgebers und zuletzt auf den Schwerpunkt des Einsatzes abzustellen.[1208] Kann auch kein Schwerpunkt ausgemacht werden, soll dem Arbeitnehmer nach teilweiser Ansicht ein Wahlrecht zustehen.[1209] Das Abstellen auf die betriebswirtschaftliche „Stelle" kann auch nicht überzeugen, da nicht eine „Stelle" auf den neuen Betriebsinhaber übergeht, sondern Arbeitsverhältnisse. Da es hier aber bereits an der wirtschaftlichen Einheit fehlt, bedarf es keiner weiteren Behandlung der Zuordnung der Arbeitnehmer.

Damit ist festzuhalten: Besteht ein festes Team von Arbeitnehmern, die auf demselben Flugzeug eingesetzt werden, und können diese sich sogar selbstständig organisieren, liegt eine übergangsfähige Einheit auch als Teilbetrieb vor. Dies wird jedoch nur den Ausnahmefall darstellen. Regelmäßig fehlt es am

---

1205 Arbeitsgericht Berlin Urt. v. 19.7.2018 – 41 Ca 15666/17, Juris Rn. 189 ff.

1206 Arbeitsgericht Berlin Urt. v. 7.2.2019 – 41 Ca 4536/18, Juris Rn. 44.

1207 Arbeitsgericht Berlin Urt. v. 19.7.2018 – 41 Ca 15666/17, Juris Rn. 206 ff.

1208 BAG, Urt. v. 20.4.2016 – 10 AZR 111/15, NJW 2016, 2830, Rn. 30; *Preis*, in: Müller-Glöge/Preis/Schmidt, Erfurter Kommentar zum Arbeitsrecht, 613a BGB Rn. 72; *Willemsen*, in: Henssler/Willemsen/Kalb, Arbeitsrecht Kommentar, § 613a BGB Rn. 227.

1209 *Preis*, in: Müller-Glöge/Preis/Schmidt, Erfurter Kommentar zum Arbeitsrecht, 613a BGB Rn. 72 m.w.N.

Merkmal der Dauerhaftigkeit und der Autonomie, da Flugbetriebe häufig zentral organisiert sind.

bb) Die Heimatbasis als wirtschaftliche Einheit

Kommt das Flugzeug selbst nicht als übergangsfähige wirtschaftliche Einheit in Betracht, könnte die Heimatbasis eine solche Einheit darstellen. Hierfür wird argumentiert, dass die Basis als Organisationseinheit die Tätigkeit im Flugzeug mit einbeziehe, sodass auch die im Flugbetrieb bestehenden Weisungsverhältnisse für die Begründung der Leitungsmacht der Heimatbasis herangezogen werden könnten.[1210] Eine Heimatbasis berge auch keine Probleme für die Zuordnung der Arbeitnehmer. Die arbeitsvertragliche Verpflichtung, den Dienst von einem angeordneten Ort aufzunehmen, stehe einer solchen Zuordnung nicht entgegen.[1211] Bei Heimatbasen spreche darüber hinaus das zu berücksichtigende Bodenpersonal für eine selbstständige Einheit.[1212] Eine andere Sichtweise soll zu Wertungswidersprüchen zur Rechtsprechung zu Betriebsteilen im Sinne des § 4 Abs. 1 S. 1 BetrVG und der neuen Rechtslage bezüglich § 117 BetrVG führen.[1213] Allerdings wird hier angenommen, dass § 117 Abs. 2 S. 1 BetrVG anordne, dass Heimatbasen Betriebsteile im Sinne des BetrVG darstellen würden. Der Wertungswiderspruch besteht damit von vorneherein nicht. Zudem ist ein Teilbetrieb im Sinne des § 613a BGB nicht mit dem Betriebsteil gem. § 4 BetrVG identisch.[1214]

Auch die anderen Argumente überzeugen nicht: Der Begriff der Heimatbasis stellt an sich nur den Ort dar, an dem die Arbeitnehmer grundsätzlich ihre Arbeit beginnen und beenden.[1215] Besteht nur diese verpflichtende Ortszuweisung, liegt darin keine Teilorganisation mit eigenständiger Leitung und Koordination des Personaleinsatzes. Auch hier fehlt es aufgrund der regelmäßig zentralen Leitung der Organisation an einer funktionellen Autonomie. Area Manager könnten weder den Flugplan noch Havarien oder die notwendigen Entscheidungen bei Krankmeldungen treffen.[1216] Auch „*Base Administration Cabins*" führen

---

1210 Arbeitsgericht Berlin Urt. v. 7.2.2019 – 41 Ca 4536/18, Juris Rn. 43.

1211 Arbeitsgericht Berlin Urt. v. 7.2.2019 – 41 Ca 4536/18, Juris Rn. 45.

1212 Arbeitsgericht Berlin Urt. v. 7.2.2019 – 41 Ca 4536/18, Juris Rn. 48.

1213 Arbeitsgericht Berlin Urt. v. 7.2.2019 – 41 Ca 4536/18, Juris Rn. 47.

1214 Die Rechtsprechung spricht nur von „Anlehnung" an § 4 Abs. 1 S. 1 Nr. 2 BetrVG: BAG Urt. v. 15.12.2011 – 8 AZR 692/10, AP BGB § 613a Nr. 424, Rn. 44; BAG Urt. v. 12.12.2013 – 8 AZR 1032/12, Juris Rn. 14; *Willemsen*, in: Henssler/Willemsen/Kalb, Arbeitsrecht Kommentar, § 613a BGB Rn. 28.

1215 VO (EG) Nr. 965/2012, ORO.FTL.105 Nr. 14.

1216 LAG Berlin-Brandenburg Urt. v. 1.4.2019 – 2 Sa 2387/18, Juris Rn. 67 ff.

zu keinem gegenteiligen Ergebnis, da diese keine personelle Leitung begründen können, die für die Annahme eines Teilbetriebes maßgeblich wäre.[1217] Ein Betriebsteil kann bei einer Heimatbasis aber dann vorliegen, wenn die Heimatbasis eigenständig strukturiert ist, insbesondere von dort mittels eigenständiger Verwaltung die Arbeitnehmer in Umläufe eingeteilt werden. Regelmäßig wird es an einer hinreichend strukturierten und selbstständigen Organisation fehlen.

cc) Übergang auf den Erwerber

Besteht im Einzelfall eine wirtschaftliche Einheit, muss diese auf den Betriebserwerber übergegangen sein. Dazu ist bei Betriebsteilen nicht erforderlich, dass diese ihre Identität beim neuen Betriebsinhaber bewahren. Es genügt, wenn die funktionelle Verknüpfung zwischen den übertragenen Produktionsfaktoren des Betriebsteils beim Betriebserwerber beibehalten wird.[1218] An einer solchen funktionellen Verknüpfung fehlt es, wenn allein einzelne Flugzeuge als materielle Betriebsmittel übernommen werden.[1219] Dann nutzt der Erwerber allein die Flugzeuge, um seinen Betrieb zu erweitern. Wird dagegen eine Vielzahl an materiellen Betriebsmitteln übernommen, kann ein Betriebsübergang vorliegen: Das LAG Berlin-Brandenburg hat auf eine Quote von 75 % oder mehr des Flugzeugbestandes abgestellt, um die Wahrung der Identität der bisherigen wirtschaftlichen Einheit zu bejahen.[1220] Eine solche Quote darf nicht falsch verstanden werden. Sie kann nur als Indiz unter Berücksichtigung weiterer Umstände einen Betriebsübergang begründen. Pauschaler lässt sich formulieren, dass umso geringer die übernommene Quote der Flugzeuge ist, desto mehr andere Umstände müssen für einen Betriebsübergang vorliegen.

(1) Wegfall der AOC

Aber auch wenn die funktionelle Autonomie vorliegt, könnte ein Übergang daran scheitern, dass neben den Betriebsmitteln auch gerade die Genehmigungen den

1217 LAG Berlin-Brandenburg Urt. v. 18.1.2019 – 9 Sa 799/18, BeckRS 2019, 200, Rn. 75.

1218 EuGH Urt. v. 12.2.2009 – C-466/07, ECLI:EU:C:2009:85 – *Klarenberg*; BAG Urt. v. 20.3.2014 – 8 AZR 1/13, AP BGB § 613a Nr. 450.

1219 *Schmid/Roßmann*, Das Arbeitsverhältnis der Besatzungsmitglieder in Luftfahrtunternehmen, Rn. 492 lehnen bei der Übernahme eines einzelnen Flugzeuges über einen Wet-Lease einen Betriebsübergang ab, da die bisherigen arbeitstechnischen Zwecke nicht fortgeführt würden.

1220 LAG Berlin-Brandenburg Urt. v. 15.3.2019 – 3 Sa 1558/18, Juris Rn. 84, wobei es auch eine Quote von 50% für möglich hält Rn. 85.

Betrieb ausmachen. So entschied das LAG Düsseldorf, dass ein Flugbetrieb eines Luftfahrtunternehmen durch die Flugzeuge, die Piloten und die Lizenzen und Genehmigung, dazu seien auch die Start- und Landerechte zu zählen, geprägt sei.[1221]

Bezüglich Luftverkehrsbetreiberzeugnisse (AOC) ist zu berücksichtigen, dass diese als höchstpersönliche Genehmigungen nicht übertragen werden können.[1222] Das Hessische Landesarbeitsgericht[1223] verneinte einen Betriebsübergang in der Luftfahrt, da auch ein Betriebsübergang von einem Notar auf einen anderen aufgrund der fehlenden Übertragbarkeit des Amtes abzulehnen sei.[1224] Dagegen setzte das LAG Berlin-Brandenburg für einen Betriebs(-teil)übergang voraus, dass die Organisationsstruktur erhalten bleiben müsse, die für die Erlangung der AOC erforderlich sind.[1225] Dem kann entgegengehalten werden, dass die notwendigen Strukturen für eine AOC für den Erwerber, der bereits eine solche Genehmigung hat, keine Bedeutung hat.[1226] Entscheidend ist allerdings, dass die Genehmigung für ein Unternehmen ausgestellt und nicht für wirtschaftliche Einheiten nach § 613a BGB. Die Genehmigung ist zudem zu erteilen, wenn die Voraussetzungen vorliegen. Die Genehmigung ist damit nicht so stark mit der wirtschaftlichen Einheit verknüpft wie bei Notaren.[1227] Auf die Bestellung zum Notar besteht kein gebundener Anspruch, weshalb die Bestellung dort zugleich den Betrieb prägen kann.[1228] Die Genehmigung ist damit zwar Voraussetzung für die Durchführung von Flügen, prägt den Betrieb aber nicht.[1229]

Start- und Landerechte können gem. Art. 8a Abs. 1 VO (EWG) Nr. 95/93[1230] durch die (teilweise) Veräußerung der Gesellschaft, die in Besitz der Slots ist,

1221 LAG Düsseldorf Urt. v. 17.10.2018 – 1 Sa 337/18, Juris Rn. 127; die Start- und Landerechte hielt auch *Schmid/Roßmann*, Das Arbeitsverhältnis der Besatzungsmitglieder in Luftfahrtunternehmen, Rn. 492 für relevant.

1222 Hessisches LAG Urt. v. 13.7.2005 – 17 Sa 2299/04, Juris Rn. 220.

1223 Hessisches LAG Urt. v. 13.7.2005 – 17 Sa 2299/04, Juris Rn. 219 f.

1224 BAG Urt. v. 26.8.1999 – 8 AZR 827/98, AP BGB § 613a Nr. 197; a.A. bezogen auf eine GbR bestehend aus zwei Notaren LAG München Urt. v. 8.7.2014 – 2 Sa 94/14, Juris.

1225 LAG Berlin-Brandenburg Urt. v. 13.1.2011 – 14 Sa 1327/10, Juris.

1226 Arbeitsgericht Berlin Urt. v. 19.7.2018 – 41 Ca 15666/17, Juris.

1227 LAG Berlin-Brandenburg Urt. v. 1.9.2010 – 17 Sa 836/10, Juris Rn. 21 ff.

1228 *Wiebauer*, NZA 2010, 733, 737.

1229 LAG Berlin-Brandenburg Urt. v. 1.9.2010 – 17 Sa 836/10, Juris Rn. 21 ff.; *Wiebauer*, NZA 2010, 733, 737; *Willemsen*, in: Henssler/Willemsen/Kalb, Arbeitsrecht Kommentar, § 613a BGB Rn. 83.

1230 Zuletzt ergänzt durch die Verordnung (EG) Nr. 545/2009.

auf eine andere Luftfahrtgesellschaft übertragen werden. Ihre Bedeutung ist in der Luftfahrt immens, da die Slots teilweise über Jahre besetzt sind. Nimmt eine Luftfahrtgesellschaft einen Slot während einer Flugplanperiode nicht zu mindestens 80 % wahr, verliert sie das Recht auf die Start- und Landerechte.[1231] Die freien Slots werden jedes Jahr im November für den Sommerflugplan[1232] und im Juni für den Winterflugplan[1233] vergeben. Bei Insolvenzen und einem unterbrochenen Flugbetrieb können aufgrund der Nichterfüllung der 80%-Quote die Besitzstandsrechte an den Start- und Landerechten bereits entfallen sein. Mit dem Entfall der Start- und Landerechte führt aber nicht zwangsläufig jede Gesamtbetrachtung im Rahmen der 7-Punkte-Prüfung zu einem Ausschluss eines Betriebsübergangs. Der Wegfall der Start- und Landerechte wird aber ein starkes Indiz darstellen.

(2) Übernahme der Belegschaft

Nicht zuletzt ist für einen Betriebsübergang maßgeblich, ob die Belegschaft durch den Erwerber übernommen wird. Da es sich nach der EuGH-Rechtsprechung um einen betriebsmittelreichen Betrieb handelt,[1234] kommt der Übernahme der Belegschaft verglichen mit der Übernahme der materiellen Betriebsmittel nur eine geringe Bedeutung zu. Ein Betriebsübergang wird in der Luftfahrt nach der BAG-Rechtsprechung zu hochqualifizierten Arbeitnehmern auch dann nicht vorliegen, wenn ohne materielle Betriebsmittel ein wesentlicher Teil der Belegschaft übernommen wird.[1235] Werden aber ausnahmslos alle Arbeitnehmer übernommen, wird auch ohne Übernahme der Betriebsmittel von einem Betriebsübergang auszugehen sein.[1236]

1231 Dieses Besitzstandsrecht wird auch Grandfather Rights genannt.

1232 März bis Oktober.

1233 November bis Februar.

1234 EuGH Urt. v. 9.9.2015 – C-160/14, ECLI:EU:C:2015:565 Rn. 29 – *Ferreira da Silva e Brito u. a.*

1235 BAG Urt. v. 25.8.2016 – 8 AZR 53/15, AP BGB § 613a Nr. 466.

1236 *Bayreuther*, in: Dornbusch/Fischermeier/Löwisch, AR, § 613a BGB Rn. 13 zur Übernahme des gesamten Personals eines Rettungsdienstes ohne Übernahme der Fahrzeuge.

dd) Vergleich mit anderen Verkehrsmitteln

Regelmäßig wird bei Betrachtung eines Betriebsübergangs auf vergleichbare Fälle abgestellt, um das Vorliegen einer wirtschaftlichen Einheit zu begründen. Rechtsprechung findet sich zu Taxen, Lkws sowie Schiffen.

Einzelne Lkws[1237] sowie Taxen[1238] stellen nach der Rechtsprechung nur Betriebsmittel und keinen Betriebsteil dar. Hieran ändere auch die Zuordnung zu bestimmten Aufgaben und Fahrern nichts.[1239] Erst wenn die Organisation tatsächlich selbstständig von der üblichen Organisation sei, könne ein Betriebsteil vorliegen.[1240] Auch wenn das BAG 2015 urteilte, dass Lkws schnell am Markt erworben werden könnten, und deshalb dem Erwerb trotz des hohen finanziellen Wertes nicht die entscheidende Bedeutung zugemessen hat, stellte es bei der Gesamtabwägung auf alle Merkmale einer wirtschaftlichen Einheit ab[1241] und kommt so regelmäßig zu keinem anderen Ergebnis. Der Zusammenhang von Personal, Führungskräften, Arbeitsorganisation und Arbeitsmethoden sowie ggf. der Betriebsmittel seien zu berücksichtigen.[1242] Selbst wenn Organigramme für eine eigenständige Organisation sprechen würden, sei die tatsächliche Feststellung erforderlich, da diese nichts über die tatsächliche Existenz der Eigenständigkeit aussagten.[1243]

Lediglich bei Schiffen hat das BAG einen Betriebs(-teil)übergang bejaht.[1244] Die wirtschaftliche Einheit sei bei einem Seeschiff durch eine Gesamtheit verschiedenster Gegenstände in Verbindung mit einer arbeitsteilig eingesetzten Gruppe von Arbeitnehmern begründet.[1245] 2006 wurde bezüglich eines Forschungsschiffes ausgeführt, dass ein solches unabhängig von anderen Forschungsschiffen zu Forschungszwecken eingesetzt werden könne und deshalb einen Teilbetrieb begründe.[1246]

1237 BAG Urt. v. 26.8.1999 – 8 AZR 718/98, AP BGB § 613a Nr. 196, B. II. 3. a).

1238 LAG Köln Urt. v. 28.3.2006 – 9 (13) Sa 1361/05, BeckRS 2006, 43769.

1239 BAG Urt. v. 26.8.1999 – 8 AZR 718/98, AP BGB § 613a Nr. 196, B. II. 3. b); LAG Köln Urt. v. 28.3.2006 – 9 (13) Sa 1361/05, BeckRS 2006, 43769, II. 1. a) dd).

1240 BAG Urt. v. 26.8.1999 – 8 AZR 718/98, AP BGB § 613a Nr. 196, B. II. 3. c).

1241 BAG Urt. v. 21.5.2015 – 8 AZR 409/13, AP BGB § 613a Nr. 462, Rn. 40 ff.

1242 BAG Urt. v. 21.5.2015 – 8 AZR 409/13, AP BGB § 613a Nr. 462, Rn. 40 ff.

1243 BAG Urt. v. 21.5.2015 – 8 AZR 409/13, AP BGB § 613a Nr. 462, Rn. 49.

1244 BAG Urt. v. 2.3.2006 – 8 AZR 147/05, AP BGB § 613a Nr. 302, Rn. 14 ff.; BAG Urt. v. 18.3.1997 – 3 AZR 729/95, AP BetrAVG § 1 Betriebsveräußerung Nr. 16.

1245 BAG Urt. v. 18.3.1997 – 3 AZR 729/95, AP BetrAVG § 1 Betriebsveräußerung Nr. 16, I. 1. a) bb) (1).

1246 BAG Urt. v. 2.3.2006 – 8 AZR 147/05, AP BGB § 613a Nr. 302, Rn. 17.

Diese Rechtsprechung wird auf Flugzeuge aber nicht zu übertragen sein.[1247] Flugzeuge, jedenfalls im Linienflug, sind durch Umlaufpläne wesentlich enger in die Arbeitsabläufe eines großen Ganzen eingebettet und damit nicht so selbstständig wie ein einzelnes Forschungsschiff, bei dem es egal ist, zu welcher genauen Uhrzeit es an welchem Ort ist. Damit besteht eine wesentlich größere Ähnlichkeit zu Kraftfahrzeugen, bei denen es sich um bloße Betriebsmittel handelt.

ee) Zwischenergebnis

Wird ein einzelnes Flugzeug aus einem Bestand von mehreren übertragen, liegt keine wirtschaftliche Einheit vor, die übertragen werden könnte. Erst die hinzukommende selbstständige Struktur kann eine übergangsfähige wirtschaftliche Einheit begründen. Besteht bisher im Flugunternehmen eine zentrale Leitung des Flugbetriebes, werden ohne zusätzliche Umstände, die den Fall anders lagern, keine Teilbetriebe vorliegen. Dies gilt auch bezüglich Kurz-, Mittel- und Langstreckenflügen.[1248] Eine eigenständige Organisation ist dagegen zu bejahen, wenn die Einheit selbst den Umlaufplan erstellt. Der Übergang der Belegschaft hat in der Luftfahrt aufgrund der Einordnung als betriebsmittelreiche Betriebe kaum Bedeutung. Keine Bedeutung haben zudem Genehmigungen, auf die ein Anspruch besteht, da die Voraussetzungen zur Erteilung auf den Erwerber abstellen. Deshalb steht nicht die nicht mögliche Übertragung des AOC einem Betriebs(-teil)übergang entgegen. Der Verlust bzw. die Nichtübertragung von Start- und Landerechte kann hingegen als Indiz gegen einen Betriebsübergang sprechen. Wann der Erwerb von Betriebsmitteln einen Betriebsübergang darstellt, wird die Rechtsprechung trotz einer Vielzahl von Anhaltspunkten auch weiterhin im Einzelfall beschäftigten.[1249]

1247 So ohne nähere Begründung LAG Düsseldorf Urt. v. 17.10.2018 – 1 Sa 337/18, Juris Rn. 136; LAG Berlin-Brandenburg Urt. v. 1.4.2019 – 2 Sa 2387/18, Juris Rn. 65 f. stellt darauf ab, dass die Verknüpfung zwischen Betriebsmitteln und Personal länger andauern würde, ohne aber einen erforderlichen Zeitrahmen zu spezifizieren. Es sei zudem fraglich, ob die Rechtsprechung angesichts späterer Differenzierungen des EuGH aufrechtzuerhalten sei.

1248 Im Ergebnis so auch LAG Berlin-Brandenburg Urt. v. 15.3.2019 – 3 Sa 1558/18, Juris Rn. 94.

1249 *Bayreuther*, in: Dornbusch/Fischermeier/Löwisch, AR, § 613a BGB Rn. 28 zu Ortsveränderungen von Ressourcen.

3. Auswirkungen der Fortwirkung im neuen Betrieb

Werden die übergegangenen wirtschaftlichen Einheiten, die ihre Identität gewahrt haben, beim Erwerber als Betrieb im Sinne des BetrVG fortgeführt, gilt der Tarifvertrag wie oben dargestellt bis zur Neuwahl des Betriebsrates aufgrund einer europarechtskonformen Auslegung oder Rechtsfortbildung fort. Dies hat auch Auswirkungen für neu hinzukommende Arbeitnehmer. Für diese gilt der Tarifvertrag gem. § 3 Abs. 2 TVG. Andernfalls wären die hinzukommenden Arbeitnehmer betriebsratlos.

Um eine dauerhafte Lösung zu finden und insbesondere Verhandlungen über einen Tarifvertrag für die Personalvertretung zu vermeiden, ist es dem Arbeitgeber auch möglich, mit der Gewerkschaft eine Vertragsübernahme des Firmentarifvertrages zu vereinbaren.[1250] Ob ein solches Vorhaben zweckmäßig ist, hängt von den Strukturen des übertragenden und des neuen Unternehmens ab.

C. Lösung von einem Firmentarifvertrag durch Umwandlung

Eine andere Möglichkeit, sich von einem Tarifvertrag nach § 117 Abs. 2 S. 1 BetrVG zu lösen, könnte eine Umwandlung nach dem UmwG darstellen. Das UmwG gilt gem. § 1 Abs. 1 UmwG nur für Rechtsträger mit Sitz im Inland. Anwendung findet das Gesetz bei einer Verschmelzung auf eine Kapitalgesellschaft, die dem Recht eines anderen Mitgliedsstaats der EU oder eines Vertragsstaats des EWG unterliegt, §§ 122a ff. UmwG. Eingeschränkt wird die Umwandlung durch einen gesonderten Kreis der umwandlungsfähigen Rechtsträger für jede Umwandlungsart. Grundsätzlich sieht das Umwandlungsgesetz eine Verschmelzung, Spaltung (Abspaltung, Aufspaltung, Ausgliederung), Vermögensübertragung oder einen Formwechsel als Möglichkeiten vor. Rechtliche Probleme werfen im Zusammenhang mit der Fortwirkung betriebsverfassungsrechtlicher Regelungen eines Firmentarifvertrages die Verschmelzung und die Spaltung, in der Form der Ab- und Aufspaltung, auf.[1251] Kommt es bei diesen

---

1250 *Willemsen*, in: Henssler/Willemsen/Kalb, Arbeitsrecht Kommentar, § 613a BGB Rn. 262.

1251 Eine Vermögensübertragung bei Fluggesellschaften ist aufgrund des begrenzten Kreises der umwandlungsfähigen Rechtsträger gem. § 175 UmwG nur durch eine Übertragung auf den Bund, das Land oder auf eine Gebietskörperschaft möglich. Da dies praktisch nicht relevant ist, wird von einer Darstellung abgesehen. Bei einem Formwechsel besteht der bisherige Rechtsträger weiter, § 202 Abs. 1 Nr. 1 UmwG. Dadurch bleibt seine Bindung an einen Firmentarifvertrag bestehen. Die

Umwandlungen über die §§ 131 Abs. 1 Nr. 1 und § 20 Abs. 1 Nr. 1 UmwG zu einer partiellen Gesamtrechtsnachfolge, tritt der übernehmende Rechtsträger in die Rechte und Pflichten des bisherigen Rechtsträgers ein. Er wird damit Rechtsnachfolger eines Firmentarifvertrages.[1252] Anders stellt sich die Lage bei der Geltung eines Verbandstarifvertrages dar. Da die Mitgliedschaft im Arbeitgeberverband höchstpersönlicher Natur ist, kann sie nicht auf den Rechtsnachfolger übergehen.[1253] Hier kommt es auf das Verständnis des § 324 UmwG an, wonach § 613a Abs. 1, 4 bis 6 BGB unberührt bleibt. Hierbei soll es sich um einen Rechtsgrundverweis handeln.[1254] Aber selbst wenn die Voraussetzungen vorliegen, wirken betriebsverfassungsrechtliche Normen eines Tarifvertrages gem. § 117 Abs. 2 S. 1 BetrVG maximal bis zur Neuwahl des Betriebsrates analog § 613a Abs. 1 S. 1 BGB. Eine Bindung an den Verbandstarifvertrag gem. § 3 Abs. 1 TVG liegt dagegen vor, wenn der Rechtsnachfolger selbst Verbandsmitglied desselben Arbeitgeberbandes ist.

I. Verschmelzung

Die Verschmelzung führt als Fall der partiellen Vermögensübertragung zu einer partiellen Gesamtrechtsnachfolge. Wird ein Unternehmen auf ein anderes verschmolzen, tritt dieses in die Rechte und Pflichten des ersten Unternehmens ein. Wird die partielle Gesamtrechtsnachfolge uneingeschränkt befürwortet, tritt der Rechtsnachfolger auch in den Firmentarifvertrag ein. Die Rechtswirkungen dieses Tarifvertrages würden über § 3 Abs. 2 TVG auch Arbeitnehmer gelten, die dem bisher nicht tarifgebundenen Unternehmen angehörten. Ein Tarifvertrag

---

Ausgliederung ähnelt in den hier zu behandelnden Fragen der Abspaltung, sodass auf eine eigene Darstellung verzichtet wird.

1252 *Gaul/Otto*, BB 2014, 500, 501.

1253 BAG Urt. v. 24.6.1998 – 4 AZR 208/97, AP UmwG § 20 Nr. 1; *Giesen*, in: Rolfs/Giesen/Kreikebohm/Udsching, BeckOK Arbeitsrecht, § 3 TVG Rn. 26, 29; *Henssler*, in: Schlachter/Ascheid/Friedrich, Festschrift für Günter Schaub zum 65. Geburtstag, S. 311, 314 ff.; teilweise wird es für zulässig gehalten, dass Verbandssatzungen einen Verbandsverbleib auch bei umwandlungsrechtlicher Nachfolge vorsehen: *Wiedemann*, in: Wiedemann, Tarifvertragsgesetz, § 3 TVG Rn. 208; *Henssler*, in: Henssler/Willemsen/Kalb, Arbeitsrecht Kommentar, § 3 TVG Rn. 48; a.A.: *Giesen*, in: Rolfs/Giesen/Kreikebohm/Udsching, BeckOK Arbeitsrecht, § 3 TVG Rn. 29.

1254 BAG Urt. v. 19.10.2017 – 8 AZR 63/16, AP BGB § 613a Nr. 470, Rn. 26; *Gussen*, in: Rolfs/Giesen/Kreikebohm/Udsching, BeckOK Arbeitsrecht, § 613a BGB Rn. 267; a.A.: *Giesen*, in: Rolfs/Giesen/Kreikebohm/Udsching, BeckOK Arbeitsrecht, § 3 TVG Rn. 30.

im Sinne des § 117 Abs. 2 S. 1 BetrVG würde bei diesem Verständnis auf das gesamte neue Unternehmen wirken.

Dieser uneingeschränkten Sichtweise hat sich das BAG angeschlossen. Im Fall einer Verschmelzung eines Unternehmens, das an einen Firmentarifvertrag gebunden war, auf ein bisher tarifloses bestehendes Unternehmen, gelte der Tarifvertrag beim bisher tariflosen Rechtsträger weiter. Dieser sei ab dem Zeitpunkt der Verschmelzung uneingeschränkt an den Firmentarifvertrag gebunden.[1255] Eine Beschränkung der Geltung auf die Arbeitnehmer des bisher tarifgebundenen Unternehmens sei nicht erforderlich. Die Gesamtrechtsnachfolge sei eine Frage, die tarifrechtlichen Folgen eine andere.[1256] Dass diese Grundsätze nach dem BAG auch für Tarifverträge gem. § 117 Abs. 2 S. 1 BetrVG gilt, zeigt ein Urteil, in dem es die Bindung des übernehmenden Rechtsträgers an einen Zuordnungstarifvertrag gem. § 3 Abs. 1 BetrVG beim übertragenden Rechtsträger für möglich gehalten hat.[1257] Gleiches gilt bei einer Verschmelzung auf ein neugegründetes Unternehmen.[1258]

In der Literatur wird hingegen grundlegende Kritik am Übergang eines Tarifvertrages geübt. Die Auslegung des BAG verstoße gegen den Wortlaut des § 20 UmwG, da ein Tarifvertrag keine „*Verbindlichkeit*" sei.[1259] Damit wären Firmentarifverträge generell nicht übergangsfähig. Allerdings streitet das Telos der Gesamtrechtsnachfolge für eine weite Auslegung und spricht damit auch für den Übergang.[1260] Allein bei Verbandstarifverträgen steht die Höchstpersönlichkeit der Mitgliedschaft gegen eine Übertragung. Da dieser Aspekt bei Firmentarifverträgen fehlt, ist ein Übergang möglich.

Weiter wird in der Literatur die unbeschränkte Gesamtrechtsnachfolge bestritten.[1261] Die Gesamtrechtsnachfolge sei keine Frage, die unabhängig von den

---

1255 BAG Urt. v. 15.6.2016 – 4 AZR 805/14, AP UmwG § 20 Nr. 2, B. II. 2. b); Dies gilt auch bei der Verschmelzung durch Neugründung: BAG Urt. v. 24.6.1998 – 4 AZR 208/97, AP UmwG § 20 Nr. 1, 2. a).

1256 BAG Urt. v. 15.6.2016 – 4 AZR 805/14, AP UmwG § 20 Nr. 2, B. II. d) (3) ff.

1257 BAG Beschl. v. 18.1.2012 – 7 ABR 72/10, AP BetrVG 1972 § 1 Gemeinsamer Betrieb Nr. 33, Rn. 46.

1258 BAG Urt. v. 24.6.1998 – 4 AZR 208/97, AP UmwG § 20 Nr. 1; bestätigt durch: BAG Urt. v. 15.6.2016 – 4 AZR 805/14, AP UmwG § 20 Nr. 2, B. II. 3. d) cc) (2) (b) (aa).

1259 *Gussen*, in: Rolfs/Giesen/Kreikebohm/Udsching, BeckOK Arbeitsrecht, § 613a BGB Rn. 226.

1260 BAG Urt. v. 15.6.2016 – 4 AZR 805/14, AP UmwG § 20 Nr. 2.

1261 *Willemsen*, in: Henssler/Willemsen/Kalb, Arbeitsrecht Kommentar, § 324 UmwG Rn. 20.

tarifrechtlichen Folgen beurteilt werden könne. Bei Abschluss des Firmentarifvertrages beschränke sich der Wille der Tarifvertragsparteien auf die Geltung in dem spezifischen Unternehmen.[1262] Da ein Firmentarifvertrag die Besonderheiten des einzelnen Unternehmens berücksichtigt, sei eine vollständige Übertragung im Rahmen der Gesamtrechtsnachfolge nicht zu befürworten. Hiergegen spricht aber, dass es die Tarifvertragsparteien selbst in der Hand haben, einen Tarifvertrag auf ihr Unternehmen zu begrenzen und einen Übergang durch eine Umwandlung zu verhindern. Der Tarifvertrag kann eine Beschränkung seines Anwendungsbereichs auf bestimmte Standorte, Betriebe oder Gruppen von Arbeitnehmern vorsehen.[1263] Kommt dieser Wille im Tarifvertrag nicht zum Ausdruck, haben die Tarifvertragsparteien diesen Willen regelmäßig auch nicht getroffen. Mittelbar wird in der privatautonomen Entscheidung zur Verschmelzung aufgrund der Kenntnis um die Weitergeltung des Tarifvertrages eine Billigung der Weitergeltung zu erblicken sein. Zwingende Gründe für eine Beschränkung liegen deshalb fern. Die Weitergeltung des Tarifvertrages bei einer Verschmelzung ist damit durch das Umwandlungsrecht gesichert.

II. Aufspaltung

Eine Aufspaltung soll nach der Rechtsprechung nicht zur Vervielfältigung eines Tarifvertrages entsprechend der Anzahl der entstehenden Unternehmen führen.[1264] Stattdessen ist im Spaltungs- und Übernahmevertrag gem. § 126 Abs. 1 Nr. 9 UmwG zu regeln, welcher Rechtsträger an einen Firmentarifvertrag gebunden sein soll.[1265] Liegt zugleich ein Betriebsübergang vor, darf die Zuordnung der Arbeitnehmer nicht gegen § 613a BGB verstoßen.[1266]

1262 *Gussen*, in: Rolfs/Giesen/Kreikebohm/Udsching, BeckOK Arbeitsrecht, § 613a BGB Rn. 226; *Gaul*, NZA 1995, 717, 722.

1263 *Gaul/Otto*, BB 2014, 500, 504.

1264 BAG Urt. v. 21.11.2012 – 4 AZR 85/11, AP UmwG § 123 Nr. 1, Rn. 25.

1265 BAG Urt. v. 21.11.2012 – 4 AZR 85/11, AP UmwG § 123 Nr. 1, Rn. 25; *Grau*, in: Henssler/Moll/Bepler, Der Tarifvertrag, Teil 15 Rn. 209; fehlt es bei der Aufspaltung allerdings an einer Zuordnung, ist fraglich, welchen Rechtsträger Rechte und Pflichten zugeordnet werden sollen. *Simon*, in: Semler/Stengel/Leonard, § 131 Rn. 52 vertrat in der 4. Aufl. die Auffassung, dass der Rechtsgedanke des § 131 Abs. 3 UmwG analog herangezogen werden soll, um in diesem Fall dennoch eine Duplizierung zu begründen. Die Auffassung wurde in der 5. Aufl. aufgegeben. Der Firmentarifvertrag soll enden; siehe auch: *Gaul/Otto*, BB 2014, 500 ff.

1266 BAG Urt. v. 19.10.2017 – 8 AZR 63/16, AP BGB § 613a Nr. 470, Rn. 26.

Wird der Firmentarifvertrag dem übernehmenden Rechtsträger zugeordnet, tritt dieser als Partei in den Tarifvertrag ein, sodass er auch an betriebsverfassungsrechtliche Regelungen gebunden ist.[1267] Der Rechtsträger, dem bei einer Aufspaltung der Firmentarifvertrag nicht zugeordnet wird, ist über § 4 Abs. 5 TVG analog weiter gebunden.[1268] Gegen die abweichende Ansicht, die eine Nachbindung gem. § 3 Abs. 3 TVG bejaht,[1269] spricht, dass das abgespaltene Unternehmen zu keinem Zeitpunkt an den Tarifvertrag gebunden war. Der Eintritt in die Parteistellung als Tarifvertragspartei kann nur durch die Zuordnung des Tarifvertrages erfolgen. Da bei einem Verbandsaustritt, den die Gegenansicht zur Begründung heranzieht,[1270] jedoch eine Tarifbindung bestand, bei einer Spaltung der Arbeitgeber, dem der Tarifvertrag nicht zugeordnet wird, nie an den Tarifvertrag gebunden war, fehlt es an der entscheidenden Voraussetzung für § 3 Abs. 3 TVG.[1271] Für eine Nachwirkung gem. § 4 Abs. 5 TVG spricht zudem, dass die Zwecke der Nachwirkung einschlägig sind. Zugleich wird der neue Arbeitgeber nicht zu stark belastet, da eine Ablösung durch eine andere Abmachung ab dem Zeitpunkt der Spaltung zulässig ist.

Nach diesen Grundsätzen ist es möglich, dass die Arbeitnehmer einem Rechtsträger zugeordnet werden, der Firmentarifvertrag aber dem anderen. Eine unmittelbare Ablösung des Tarifvertrages wird durch die analoge Anwendung des § 4 Abs. 5 TVG verhindert. Wird hieran aber ein Betriebsübergang geknüpft, könnte der Arbeitgeber sich sein bestehendes Unternehmen dahin gehend unterteilen, dass in einem neuen Unternehmen der Tarifvertrag gelten soll, in einem zweiten hingegen nach einem zusätzlichen Betriebsübergang nicht.

Dieser Idee begegnen aber Bedenken: Werden Arbeitsverhältnisse anderen Rechtsträgern zugeordnet, könnte die Zustimmung der Arbeitnehmer erforderlich sein oder ein Widerspruchsrecht analog § 613a Abs. 6 BGB bestehen.

1267 *Gaul/Otto*, BB 2014, 500, 501.

1268 *Simon*, in: Semler/Stengel/Leonard, § 131 Rn. 53; *Löwisch/Rieble*, § 3 Rn. 505; *Klumpp*, in: Kiel/Lunk/Oetker, Münchener Handbuch zum Arbeitsrecht Kollektives Arbeitsrecht, § 247 Rn. 42; *Müller-Bonanni/Mehrens*, ZIP 2012, 1217, 1220.

1269 *Grau*, in: Henssler/Moll/Bepler, Der Tarifvertrag, Teil 15 Rn. 211; *Langner*, Vorbemerkungen zu §§ 322–325 Arbeitsrecht Rn. 87; *Hohenstatt*, in: Willemsen/Hohenstatt/Schnitker u. a., Umstrukturierung und Übertragung von Unternehmen, Kap. E Rn. 111; *Boecken*, Unternehmensumwandlungen und Arbeitsrecht Rn. 208; *Schmid, Saskia M.*, in: Dudenbostel/Markowski/Oberthür u. a., Das arbeitsrechtliche Mandat, § 2 Betriebsverfassungsrechtliche Auswirkungen von Umstrukturierungen Rn. 494.

1270 Siehe statt aller *Grau*, in: Henssler/Moll/Bepler, Der Tarifvertrag, Teil 15 Rn. 211.

1271 *Löwisch/Rieble*, § 3 Rn. 505.

Da bei Luftfahrtunternehmen in einer Aufspaltung regelmäßig nicht zugleich ein Betriebsübergang liegt,[1272] stellt sich die Frage, ob ein Mitspracherecht der Arbeitnehmer erforderlich ist. Das BAG hat entschieden, dass der Arbeitnehmer bei einer Aufspaltung in zwei Unternehmen, ohne dass zugleich ein Betriebsübergang vorliegt, der Übertragung seines Arbeitsverhältnisses zustimmen müsse, da andernfalls ein ungerechtfertigter Eingriff in Art. 2 Abs. 1 sowie Art. 12 Abs. 1 GG vorläge, wonach die Wahl des Arbeitgebers geschützt wird.[1273] Fehlt es an der Zustimmung des Arbeitnehmers oder verweigert er diese, hat er ein Wahlrecht, mit welchem Rechtsträger er sein Arbeitsverhältnis fortsetzen möchte.[1274] Die Literatur sieht in einem solchen Zustimmungserfordernis eine dem Umwandlungsrecht fremde Lösung.[1275] Andere wollen in diesen Fällen lediglich ein außerordentliches Kündigungsrecht des Arbeitnehmers annehmen, wie es die Rechtsprechung des BAG in Fällen, in denen der bisherige Rechtsträger wegfällt und nur ein neuer Rechtsträger entsteht, handhabt.[1276] Bezüglich der Überlegung zum außerordentlichen Kündigungsrecht ist zuzugestehen, dass sich die verglichenen Situationen insoweit ähneln, dass auch im Falle der Aufspaltung der bisherige Rechtsträger wegfällt und zwei neue Rechtsträger entstehen. Nicht berücksichtigt wird aber, dass im Unterschied zum 2008 entschiedenen Fall des BAG ein zweiter Gesamtrechtsnachfolger vorliegt. Das BAG konnte kein Widerspruchsrecht annehmen, da nur die Möglichkeit bestand, das Arbeitsverhältnis beim neuen Arbeitgeber fortzusetzen oder das Arbeitsverhältnis zu beenden.[1277] Da für die Zuordnung des Arbeitsverhältnisses bei einer Aufspaltung zwei Rechtsträger in Betracht kommen, ist das verfassungsrechtliche Recht auf die Wahl des Arbeitgebers gem. Art. 2 Abs. 1 und Art. 12 Abs. 1 GG relevant. Hiergegen wird argumentiert, dass kein Anspruch auf Bereitstellung eines Arbeitsplatzes eigener Wahl, keine Bestandsgarantie des gewählten Arbeitsplatzes und auch kein Schutz gegen den Verlust des Arbeitsplatzes aufgrund privater Dispositionen bestehe, weshalb ein Zustimmungserfordernis nicht erforderlich sei.[1278] Diese Sichtweise lässt aber unberücksichtigt, dass es nicht um den Arbeitsplatz innerhalb eines Unternehmens geht, sondern um die Übertragung

1272 Siehe Seite 243 ff.

1273 BAG Urt. v. 19.10.2017 – 8 AZR 63/16, AP BGB § 613a Nr. 470.

1274 BAG Urt. v. 19.10.2017 – 8 AZR 63/16, AP BGB § 613a Nr. 470, Rn. 51.

1275 *Arnold*, ArbRAktuell 2018, 156.

1276 *Lakenberg*, NJW 2018, 3064, 3066 f.

1277 BAG Urt. v. 21.2.2008 – 8 AZR 157/07, AP BGB § 613a Nr. 342, Rn. 24.

1278 *Lakenberg*, NJW 2018, 3064, 3066.

des gesamten Arbeitsverhältnisses. Die Änderung des Arbeitgebers ist deshalb nur ausnahmsweise ohne Zustimmung zulässig, nämlich dann, wenn die Zustimmung keinen Sinn ergibt. Dies ist im Fall der Aufspaltung gerade nicht der Fall. Weiter wird vorgebracht, dass die Höchstpersönlichkeit gem. § 613 BGB der Übertragung ohne Beteiligung des Arbeitnehmers nicht entgegenstünde.[1279] Zwar herrscht grundsätzlich Einigkeit, dass ein Dienstvertrag vererbbar ist, doch wird dies bei Arbeitsverhältnissen aufgrund der Erbringung der Arbeitsleistung in personam genau umgekehrt beurteilt.[1280] Eine Abbedingung des § 613 BGB durch eine gesetzliche Regelung liegt gerade nicht vor. Ein solches Verständnis würde zudem dazu führen, dass das UmwG, das eine partielle Gesamtrechtsnachfolge anordnet, weitreichendere Rechtsfolgen nach sich zieht als die Universalsukzession gem. § 1922 Abs. 1 BGB. Ein Widerspruch zur Rechtslage bei einer Verschmelzung besteht nicht, da dort das Arbeitsverhältnis nur durch den Übergang weiter fortbestehen kann. Da bei vergessener Zustimmung eine Rechtsunsicherheit bezüglich des Bestehens des Arbeitsverhältnisses eintreten könnte,[1281] hat die Rechtsprechung das außerordentliche Kündigungsrecht für ausreichend erachtet. Systemgerechter, aber nicht praxisgerecht, wäre es, auch hier die Zustimmung einzufordern.

Bleibt die Frage, ob nicht statt eines Zustimmungsrechts ein Widerspruchsrecht analog § 613a Abs. 6 BGB sachgerechter wäre. Hierfür spricht, dass an eine bestehende Regelung angeknüpft werden könnte und auch für die Zeit bis zur Zustimmung eine klare Zuordnung bestünde.[1282] Gegen eine solche Überlegung spricht aber, dass eine Aufspaltung auch in drei Unternehmen möglich wäre. Hier würde ein Widerspruchsrecht nur dazu führen, dass die getroffene Zuordnung nicht mehr rechtswirksam wäre. Es käme die Frage auf, wer über die Zuordnung entscheidet. Hier kollidiert das Recht der Arbeitnehmer auf die Wahl des Arbeitgebers mit der unternehmerischen Freiheit der Arbeitgeber, gesellschaftsrechtliche Änderungen vorzunehmen. Der Ausgleich liegt in der Möglichkeit einer betriebsbedingten Kündigung. Verweigert der Arbeitnehmer die Zustimmung zur Übertragung auf einen Rechtsträger, der ihn vertragsgemäß beschäftigen

---

1279 *Lakenberg*, NJW 2018, 3064, 3065.

1280 BAG Urt. v. 16.5.2000 – 9 AZR 277/99, AP BGB § 620 Aufhebungsvertrag Nr. 20; *Baumgärtner*, in: Hau/Poseck, BeckOK BGB, § 613 Rn. 7.

1281 Entsprechend bestehen auch bei der Widerspruchslösung Unsicherheiten bezüglich der Frage, bis wann das Widerspruchsrecht ausgeübt werden kann: BAG Urt. v. 24.8.2017 – 8 AZR 265/16, AP BGB § 613a Nr. 471.

1282 *Kliemt/Gerdom*, BB 2018, 1401, 1408 gehen davon aus, dass die im Spaltungsvertrag bzw. –plan geregelte Zuordnung zunächst Anwendung findet.

kann, und wird er deshalb mit seiner Zustimmung einem Rechtsträger zugeordnet, der ihn aus betrieblichen Gründen nicht beschäftigten kann, kann der neue Rechtsträger betriebsbedingt kündigen. Aus diesem Grund wird ein Arbeitnehmer aus eigenem Interesse seine Zustimmung zur einer solchen Übertragung erteilen, die eine vertragsgemäße Beschäftigung ermöglichen kann. Das Zustimmungsrecht des Arbeitnehmers ist aufgrund der Reaktionsmöglichkeiten des Arbeitgebers verhältnismäßig. Bezogen auf die Idee, sich eines Tarifvertrags gem. § 117 Abs. 2 S. 1 BetrVG durch eine Aufspaltung zu entledigen, kann dies nur dann möglich sein, wenn in beiden Rechtsträgern eine vertragskonforme Beschäftigung der Arbeitnehmer möglich ist und diese der Beschäftigung im tariflosen Rechtsträger zustimmen.

Dem könnte allein noch eine rechtsmissbräuchliche Gestaltung entgegenstehen. Jedoch besteht bei unternehmerischen Entscheidungen eine Vermutung dafür, dass sie aus sachlichen Gründen getroffen wurde und nicht rechtsmissbräuchlich ist.[1283] Da zu den sachlichen Gründen auch wirtschaftliche zählen, wird es nur in Ausnahmefällen Arbeitnehmern möglich sein, die Vermutung zu entkräften. Dazu müsste er Umstände darlegen, aus denen sich ergeben soll, dass die getroffene Organisationsmaßnahme offenbar unsachlich, unvernünftig oder willkürlich ist.[1284] Die Rechtsmissbräuchlichkeitskontrolle führt daher regelmäßig zu keiner Einschränkung.[1285]

Damit kann eine Aufspaltung allein keine Ablösung vom Tarifvertrag ermöglichen. Im Zusammenspiel mit einem Betriebsübergang kann die Aufspaltung aber eine bedeutende Rolle erhalten. Das Wahlrecht der Arbeitnehmer, für welches Unternehmen sie arbeiten möchten, beschränkt diese Möglichkeit jedoch.

III. Abspaltung

Für die Abspaltung gilt grundsätzlich ebenso, dass eine Abspaltung nicht zum Wegfall des Tarifvertrages führen kann. Wie auch bei der Aufspaltung bleibt der Tarifvertrag jedenfalls nachwirkend in Kraft.[1286] Aber auch hier ist die gleiche Überlegung wie bei der Aufspaltung anzustellen, eine Abspaltung mit einem zusätzlichen Betriebsübergang. Ob die aufgestellten Grundsätze zum Wahlrecht bei einer Aufspaltung auch bei einer Abspaltung gelten, hat das BAG

1283 St. Rspr: BAG Urt. v. 18.6.2015 – 2 AZR 480/14, AP BGB § 626 Unkündbarkeit Nr. 8, Rn. 35 m.w.N.

1284 BAG Urt. v. 18.6.2015 – 2 AZR 480/14, AP BGB § 626 Unkündbarkeit Nr. 8, Rn. 35.

1285 *Lakenberg*, NJW 2018, 3064, 3067.

1286 Statt aller *Löwisch/Rieble*, § 3 Rn. 505; siehe auch Seite 256 f.

offengelassen.[1287] In der Literatur wird erwartet, dass das Urteil auch auf die Abspaltung Anwendung finden wird.[1288] Hierfür spricht grundsätzlich, dass auch bei einer Abspaltung und der Zuordnung der Arbeitsverhältnisse ein Eingriff in das Recht des Arbeitnehmers, den Arbeitgeber zu wählen, vorliegt. Auch hier fehlt es für diesen Eingriff an einer Rechtfertigung, sodass die Zuordnung zustimmungspflichtig ist. Damit besteht auch im Falle der Abspaltung bei fehlender Zustimmung ein Wahlrecht, mit welchem Rechtsträger der Arbeitnehmer sein Arbeitsverhältnis fortsetzen möchte.[1289]

Der Abspaltung ist immanent, dass ein Rechtsträger erhalten bleibt. Deshalb könnte statt einer Zustimmung auch ein Widerspruchsrecht analog § 613a Abs. 6 BGB in Betracht kommen. Hierfür spräche, dass eine Anknüpfung an das bisherige Rechtssystem gegeben wäre und auch für die Zeit bis zur Zustimmung eine klare Zuordnung bestünde.[1290] Doch spricht für das Zustimmungserfordernis, dass so eine Einheitlichkeit hergestellt werden kann und das Widerspruchsrecht gerade nicht zwingend ist. Im Ergebnis sind die Ergebnisse zur Aufspaltung aus Gründen der Einheitlichkeit zu übertragen.

IV. Tarifkollision bei Umwandlung

Durch eine Umwandlung und einer Zuordnung des Tarifvertrages zu dem übernehmenden Rechtsträger könnte ein Rechtsträger an zwei verschiedene Tarifverträge gebunden sein, die beide eine Vertretung der Arbeitnehmer regeln. Fraglich ist hier, auf welchen Zeitpunkt abzustellen ist. § 4a Abs. 3 TVG verweist nicht auf § 4a Abs. 2 S. 3 TVG, wonach bei einer späteren Tarifkollision der spätere Zeitpunkt zur Bestimmung der Mehrheit maßgeblich ist. Der fehlende Verweis in § 4a Abs. 3 auf Abs. 2 S. 3 TVG dürfte ein Redaktionsversehen darstellen, da § 4a Abs. 2 S. 3 nur den vorhergehenden Satz in einem Spezialfall konkretisiert. Damit sollte nicht ausgeschlossen werden, dass ein späterer Zeitpunkt maßgeblich sein kann. In der Gesetzesbegründung findet sich auch kein Anhaltspunkt für einen abschließenden Verweis auf § 4a Abs. 2 S. 2 TVG.[1291] Durch die Umwandlung ist der übernehmende Rechtsträger erstmals an den

---

1287 BAG Urt. v. 19.10.2017 – 8 AZR 63/16, AP BGB § 613a Nr. 470, Rn. 29.

1288 *Kliemt/Gerdom*, BB 2018, 1401, 1407.

1289 Zur Aufspaltung: BAG Urt. v. 19.10.2017 – 8 AZR 63/16, AP BGB § 613a Nr. 470, Rn. 51.

1290 *Kliemt/Gerdom*, BB 2018, 1401, 1408 gehen davon aus, dass die im Spaltungsvertrag bzw. –plan geregelte Zuordnung zunächst Anwendung findet.

1291 BT-Drs. 18/4062, S. 13 f.

Firmentarifvertrag gebunden. Dies kommt einem späteren Beitritt zu einem Arbeitgeberverband bzw. einer Neugründung gleich, für den der Gesetzgeber die Regelung des § 4a Abs. 2 S. 3 TVG vorgesehen hat.[1292] Im Ergebnis kann es durch die Mehrheitsverhältnisse in einem Betrieb des übernehmenden Rechtsträgers zu einem Wechsel des anwendbaren Tarifvertrages kommen.

V. Fazit

Wer eine Umwandlung in Betracht zieht, um sich von einem unliebsamen Firmentarifvertrag im Sinne des § 117 Abs. 2 S. 1 BetrVG zu lösen, wird bei der Prüfung der Möglichkeiten enttäuscht. Weder eine Verschmelzung noch eine Spaltung können eine Beendigung ermöglichen. Das vom BAG zugesprochene Zustimmungsrecht der Arbeitnehmer führt dazu, dass auch eine Kombination mit einem Betriebsübergang nicht ohne Weiteres zur Verfügung steht. Die Lösung liegt wie bei der Vermeidung einer Nachwirkung in den tarifvertraglichen Regelungen selbst. Die Tarifvertragsparteien können eine auflösende Bedingung mit der Wirkung der Beendigung des Tarifvertrages für den Fall regeln, dass eine Umwandlung nach dem UmwG eintritt.[1293] Wird zusätzlich die Nachwirkung ausgeschlossen, würde das BetrVG Anwendung finden.

D. Vertragliche Umgehungsmöglichkeiten

Auch ist zu untersuchen, ob der Anwendungsbereich des § 117 Abs. 2 S. 1 BetrVG durch Vertragsgestaltung ausgehebelt werden könnte. Dazu kann am Merkmal des Arbeitnehmers angesetzt werden. Bei einer Tätigkeit als freier Mitarbeiter wären die Piloten aus dem Anwendungsbereich des BetrVG ausgeschlossen. Eine weitere Möglichkeit könnte in der Arbeitnehmerüberlassung liegen.

I. Freie Mitarbeiter im Flugunternehmen

Die freie Mitarbeit bietet der Arbeitgeberseite Flexibilität und könnte zugleich eine Personalvertretung verhindern, wenn die Struktur des Betriebes auf freie Mitarbeit ausgerichtet wird und vorausgesetzt, die Anzahl der Arbeitnehmer sinkt unter fünf in der Regel beschäftigte Arbeitnehmer. Eine Möglichkeit zur Aushebelung der Anwendbarkeit des BetrVG durch die Vereinbarung von

---

1292 BT-Drs. 18/4062, S. 13; so auch: *Giesen,* in: Rolfs/Giesen/Kreikebohm/Udsching, BeckOK Arbeitsrecht, § 4a TVG Rn. 20.

1293 *Scharff,* BB 2017, 890, 895, Praxisfolgen.

Dienstverträgen wird sich aber nur bei kleineren Luftfahrtgesellschaften ergeben. Bei größeren Luftfahrtgesellschaften ist die Organisation des Luftbetriebs bereits eine so große Aufgabe, dass die Bewältigung aller Flüge allein mit Pools an freien Mitarbeitern für den Regelflugbetrieb nicht in Betracht kommen wird. Die Dienstplanerstellung wäre bei der Möglichkeit, Aufträge nach Belieben anzunehmen oder abzulehnen ein nicht zu bewältigender Akt. Regelmäßig wird sich der Anwendungsbereich auf Springer als Notreserve oder zur Abfederung von Auftragsspitzen insbesondere in den Sommermonaten oder sonstigen kurzfristigen Ausfällen innerhalb der Arbeitnehmerschaft beschränken.

II. Arbeitnehmerüberlassung

Auch die Arbeitnehmerüberlassung hat in die Luftfahrt seit längerem Einzug gefunden.[1294] Sie führt aber nicht zur Verhinderung von Betriebsräten. Zwar sind gem. § 14 Abs. 2 S. 1 AÜG Leiharbeitnehmer bei der Bildung einer betrieblichen Vertretung nicht wählbar. Sie können aber gem. § 7 S. 2 BetrVG, obwohl sie nach § 14 Abs. 1 AÜG während der Leiharbeit Arbeitnehmer des Verleihers bleiben bei einer Betriebswahl des Entleihers wählen, vorausgesetzt, der Einsatz im Entleiherbetrieb soll länger als 3 Monate dauern. Dieses Wahlrecht gilt ab dem ersten Tag der Überlassung. Leiharbeitnehmer zählen zudem gem. § 14 Abs. 2 S. 4 AÜG bei der Berechnung der Schwellenwerte mit. Damit ist die Arbeitnehmerüberlassung unattraktiv für die Verhinderung einer Personalvertretung.

Möglich könnte aber die Konstruktion sein, dass eine GmbH ihren Alleingesellschafter verleiht. Dieser ist aufgrund seiner Stellung als Alleingesellschafter kein Arbeitnehmer, weder nach dem deutschen noch nach dem europäischen Arbeitnehmerbegriff.[1295] Das AÜG findet deshalb keine Anwendung. Ein solches Vorgehen könnte aber eine Umgehung des AÜG darstellen und damit auch für die Wählbarkeit einer betrieblichen Personalvertretung. Das BAG hat zur alten Fassung des AÜG entschieden, dass die Errichtung von Ein-Mann-GmbHs, die gerade auf die Verhinderung von Arbeitsverhältnissen gerichtet sei, eine Umgehung des Arbeitnehmerüberlassungsgesetzes darstellen kann.[1296] Die GmbH könnte so bloß ein Strohmann sein.[1297]

1294 Bereits 1985 musste sich das BAG mit Leiharbeit in der Luftfahrt beschäftigen: BAG Beschl. v. 10.9.1985 – 1 ABR 28/83, AP BetrVG 1972 § 117 Nr. 3.

1295 *Boemke*, RdA 2018, 1, 14.

1296 BAG Urt. v. 17.1.2017 – 9 AZR 76/16, AP AÜG § 1 Nr. 40, Rn. 39 ff.

1297 BAG Urt. v. 17.1.2017 – 9 AZR 76/16, AP AÜG § 1 Nr. 40, Rn. 39 ff.; siehe auch: *Lembke*, NZA 2018, 393, 401.

III. Risiken eines Umgehungsversuchs

Eine vertragliche Umgehungsmöglichkeit besteht durch die behandelten rechtlichen Gestaltungsmöglichkeiten nicht. Jeder Versuch, die Mitbestimmung durch besondere Vertragsmodelle zu umgehen, birgt das Risiko in sich, dass arbeits- oder sozialversicherungsrechtlich ein Arbeits- bzw. Beschäftigungsverhältnis vorliegt.[1298] Da der Arbeitgeber gem. § 28e Abs. 1 S. 1 SGB IV der Einzugstelle den Gesamtsozialversicherungsbeitrag ab Beginn des Arbeitsverhältnisses abführen muss, aber gem. § 28g S. 3 SGB IV nur für die nächsten drei Lohn- oder Gesamtzahlungen Rückgriff auf den Arbeitnehmer nehmen kann, besteht hier ein erhebliches finanzielles Risiko. Dieser Betrag wird bei einer Umgehung eines Arbeitsverhältnisses noch durch den Säumniszuschlag für jeden Monat erhöht, § 24 Abs. 1 SGB IV. Zusätzlich kann gem. §§ 266a, 14 Abs. 1 StGB eine Straftat vorliegen. Zudem wurde den Arbeitnehmern kein Urlaub gewährt. Nach der Rechtsprechung des EuGH[1299] und dem folgend des BAG[1300] kann der Urlaubsanspruch in diesen Fällen nicht verfallen.[1301] Wird der gesamte Betrieb mehrere Jahre mit einer solchen Konstruktion geführt, kann dies zu solch erheblichen Nachzahlungen führen, dass die Insolvenz droht. Weder die Lösung über eine Ein-Mann-GmbH noch die Idee einer freien Mitarbeit sind zu empfehlen.

E. Zwischenfazit

Insgesamt ist eine Umgehung der betrieblichen Mitbestimmung durch die Vertragspraxis für größere Luftfahrtunternehmen nicht möglich. Besteht ein Tarifvertrag, fällt dieser weder durch einen Betriebsübergang noch durch eine Umwandlung nach hier vertretener Ansicht weg. Ein Ausschluss der Wirkung ist nur durch Regelungen im Tarifvertrag selbst möglich.

1298 Zu den Risiken: *Lembke*, NZA 2013, 1312, 1313 ff. welcher noch auf § 370 sowie § 380 AO je nach Fallgestaltung hinweist.

1299 EuGH Urt. v. 29.11.2017 – C-214/16, ECLI:EU:C:2017:914 = AP Richtlinie 2003/88/EG Nr. 23 – *King*; EuGH Urt. v. 6.11.2018 – C-684/16, ECLI:EU:C:2018:874 = AP Richtlinie 2003/88/EG Nr. 26 – *Max-Planck-Gesellschaft zur Förderung der Wissenschaften.*

1300 BAG Urt. v. 19.2.2019 – 9 AZR 423/16, AP BUrlG § 7 Nr. 83.

1301 Nach LAG Köln Urt. v. 9.4.2019 – 4 Sa 242/18, NZA-RR 2019, 455 bezieht sich die Initiativlast des Arbeitgebers auch auf den Urlaubsanspruch vorangegangener Urlaubsjahre.

§ 6 Gesamtbewertung

Die Neuregelung des § 117 BetrVG wird erst durch eine Einordnung in das Tarifvertragsrecht unter Berücksichtigung europa- und verfassungsrechtlicher Vorgaben für die Rechtsanwendung zugänglich. Der vom Gesetzgeber gesuchte Kompromiss zwischen den bislang etablierten und gewachsenen Tarifstrukturen in der Luftfahrt und dem Interesse, eine betriebliche Vertretung in der Luftfahrt zu gewährleisten, berührt nicht allein Detailfragen, sondern reicht bis in die Grundsatzfragen hinein. In vielerlei Hinsicht ist die Neuregelung gelungen. Die betriebliche Mitbestimmung wird sich nicht umgehen lassen. Verbesserungsbedarf besteht in Einzelfragen.

I. Die Untersuchung der Ausgangslage (§ 2) hat gezeigt, dass in der Luftfahrt Erschwernisse der Betriebsratstätigkeit bestehen, die nicht allein mit den sonst zur Verfügung stehenden Korrekturmöglichkeiten des BetrVG behoben werden können. Die Erschwernisse sind im Wesentlichen in der Mobilität der Arbeitnehmer und den bestehenden Lizenzanforderungen und Sicherheitsvorschriften im europäischen Recht begründet.[1302] Die Betriebsratsarbeit ist dadurch erschwert, dass die Arbeitnehmer an verschiedenen Orten eingesetzt werden und digitale Betriebsratsbeschlüsse grundsätzlich nicht zulässig sind. Die Betriebsratstätigkeit ist für den Einzelnen dadurch unattraktiv, dass die Arbeitnehmer in der Luftfahrt praktische Erfahrung sammeln müssen, um ihre Lizenzen zu erhalten.[1303] Eine dauerhafte Freistellung zur Betriebsratsarbeit ist mit diesen Anforderungen nicht zu vereinbaren.[1304] Weiter verhindern zu einem gewissen Umfang die Mobilität und Sicherheitsvorschriften in Form von Arbeits- und Ruhezeiten, die weit über die Regelungen des ArbZG hinausgehen, dass Betriebsratsmitglieder, die wegen kurzfristig anzusetzenden Betriebsratssitzungen ausfallen,

---

1302 Seite 26 ff.

1303 *Schmid/Roßmann,* Das Arbeitsverhältnis der Besatzungsmitglieder in Luftfahrtunternehmen, Rn. 516; *Darányi,* Die Bordbetriebsverfassung nach § 117 Abs. 2 S. 1 BetrVG, S. 117.

1304 *Mußgnug,* in: Pawlowski/Wiese, Festschrift für Konrad Duden zum 70. Geburtstag, S. 335, 343; *Schmid/Roßmann,* Das Arbeitsverhältnis der Besatzungsmitglieder in Luftfahrtunternehmen, Rn. 516; *Darányi,* Die Bordbetriebsverfassung nach § 117 Abs. 2 S. 1 BetrVG, S. 115 f.

durch andere Arbeitnehmer ersetzt werden können.[1305] Der Flugplan, der weit im Voraus festgelegt ist, droht erheblich durcheinanderzugeraten und sich so auch auf andere Fluggesellschaften auszuwirken. Die Tarifvertragsparteien sind in ihren bisherigen Tarifverträgen weit über diese Bedürfnisse hinausgegangen.[1306] Die Tarifverträge fußten zwar weitgehend auf dem BetrVG, sahen aber insbesondere Änderungen in der Mitbestimmung vor. Die gesetzlich zur Verfügung gestellten Änderungsoptionen werden diesen Umständen in der Luftfahrt mit § 3 BetrVG[1307], Rahmenbetriebsvereinbarungen[1308] oder den in einzelnen Regelungen vorgesehenen Modifizierungen im Detail nicht gerecht. Ein europäischer Betriebsrat kann die Mängel der betrieblichen Mitbestimmung nicht auffangen.[1309]

II. 1. Die Untersuchung der Auswirkungen des § 117 Abs. 1 S. 2 BetrVG (§ 3) führt in viele Detailfragen hinein. Regelmäßig stellt sich das Ergebnis der Untersuchung als Kompromiss zwischen der Fortgeltung tariflicher Regelungen und der Gewährleistung der betrieblichen Mitbestimmung dar. Neu entstandene Konflikte zwischen der tariflichen und betrieblichen Betriebsvertretung sind unter Zuhilfenahme bisheriger Rechtsprechung zu § 3 BetrVG, zu Matrixorganisationen und einem Vergleich zur Rechtslage nach dem BetrVG aufzulösen. Die Regelung lässt sich so in das System der betrieblichen Mitbestimmung integrieren.

2. Gesetzestechnisch hat der Gesetzgeber mit der Wahl des tarifdispositiven Rechts einen Kompromiss zwischen anderen vorgeschlagenen Novellierungsarten, der Streichung der Sonderregelung und einer tariflichen Lösung mit Verhandlungsanspruch gefunden.[1310]

3. Den Bedenken bezüglich der Vereinbarkeit des § 117 Abs. 2 S. 1 BetrVG mit Europarecht trägt die Neuregelung Rechnung.[1311] Es besteht kein Verstoß gegen die Richtlinie 2002/14/EG oder Art. 27 GRCh, da die Regelung mit der Auffangregelung die betriebliche Mitbestimmung gewährleistet und inhaltlich über eine Unterrichtung und Anhörung hinausgeht.

1305 *Schmid/Roßmann*, Das Arbeitsverhältnis der Besatzungsmitglieder in Luftfahrtunternehmen, Rn. 518; *Darányi*, Die Bordbetriebsverfassung nach § 117 Abs. 2 S. 1 BetrVG, S. 117.

1306 Seite 33 ff.

1307 Seite 37.

1308 Seite 42 ff.

1309 Seite 44 f.

1310 Seite 47 ff.

1311 Seite 52 ff.

4. Die Vorschrift ist mit Verfassungsrecht, insbesondere mit Art. 3 Abs. 1, Art. 9 Abs. 3 und Art. 19 Abs. 1 GG vereinbar.[1312] Zur alten Regelung geäußerte Bedenken schlagen nicht durch.[1313] Der sachliche Grund im Rahmen des Art. 3 Abs. 1 GG, der die Ungleichbehandlung mit anderen Arbeitnehmergruppen trägt, liegt aber nicht in den vom Gesetzgeber vorgebrachten Gründen der nicht ortsgebundenen Tätigkeit und den dadurch bedingten Schwierigkeiten, eine Betriebsvertretung zu organisieren und in dieser tätig zu werden. Diese Schwierigkeiten bestehen auch bei anderen Berufsgruppen wie Berufskraftfahrern, die in Teilen sogar länger von ihrem Betrieb abwesend sind als das Flugpersonal von ihrer Heimatbasis. Der sachliche Grund liegt in den Erschwernissen, die bei Geltung des BetrVG die Betriebsratsarbeit, das Interesse der Arbeitnehmer für die Betriebsratsarbeit und die Auswirkungen auf die unternehmerische Tätigkeit betreffen. Diese Gründe können als sachlicher Grund herangezogen werden, da sich die verfassungsrechtliche Prüfung nicht auf die subjektive Einschätzung des Gesetzgebers beschränkt, sondern alle objektiven Gründe umfasst.[1314] Entgegen der Rechtsprechung[1315] ist die Ungleichbehandlung aufgrund dieser sachlichen Gründe nicht nur an der Willkürformel zu messen, sondern wegen der Anknüpfung an eine Personengruppe an der neuen Formel, sodass eine Verhältnismäßigkeitsprüfung durchzuführen ist.[1316] Die Ungleichbehandlung ist aufgrund der sachlichen Gründe verhältnismäßig. Sie ist geeignet, eine passgenauere betriebliche Mitbestimmung unter Ausräumung der Hindernisse zu erreichen. Sie ist erforderlich, da der Gesetzgeber mit dem tarifdispositiven Recht das mildeste Mittel zur Erreichung dieses Zwecks gewählt hat. Die Ungleichbehandlung aufgrund der sachlichen Gründe ist auch verhältnismäßig im engeren Sinne, da die Regelung durch die Auffanglösung weder eine Besser- noch Schlechterstellung der Arbeitnehmer gegenüber anderen darstellt, sondern lediglich die Hindernisse, die einer betrieblichen Mitbestimmung entgegenstehen, ausräumt. Der Gesetzgeber war aufgrund von Art. 9 Abs. 3 GG nicht gezwungen, eine tarifdispositive Regelung zu wählen.[1317] Ihm steht ein weiterer Gestaltungs- und Differenzierungsspielraum zur Verfügung, um legitime Ziele zu erreichen. Die

---

1312 Seite 54 ff.

1313 Zu diesen siehe Seite 54 ff.

1314 Seite 57.

1315 BAG Beschl. v. 5.11.1985 – 1 ABR 56/83, AP BetrVG 1972 § 117 Nr. 4, B. II. 2.

1316 S. 58; so bereits zur alten Fassung des § 117 BetrVG: *Darányi*, Die Bordbetriebsverfassung nach § 117 Abs. 2 S. 1 BetrVG, S. 113 ff.; *Klein*, Jens, Die Stellung der Minderheitsgewerkschaften in der Betriebsverfassung, S. 474.

1317 Seite 60 ff.

Tarifautonomie erfordert erst dann eine tarifdispositive Regelung, wenn sie ohne eine solche Öffnung vollständig ausgehöhlt würde. Auch wenn das Gesetz teilweise aufgrund seines Anlasses „lex Ryanair“ genannt wurde, handelt es sich nicht um ein Einzelfallgesetz.[1318] Die Regelung erfasst mehrere Luftfahrtunternehmen und ist abstrakt formuliert. Die Vereinbarkeit des § 117 BetrVG mit Verfassungsrecht soll nicht darüber hinwegtäuschen, dass aufgrund der Erfassung der Außenseiter über § 3 Abs. 2 TVG eine unmittelbare Prüfung des Inhalts des Tarifvertrages an den Grundrechten zu erfolgen hat.[1319]

5. Die damit angesprochene Geltungserstreckung auf Außenseiter stellt die wissenschaftlich schwierigste Frage bei der Behandlung des § 117 BetrVG dar. Europarechtlich bestehen hier wenig Probleme, da mit § 3 Abs. 2 TVG kein Europarecht durchgeführt wird, mithin die GRCh nicht anwendbar ist und Art. 11 EMRK in seinem Schutz nicht weiter als Art. 9 Abs. 3 GG reicht.[1320] Verfassungsrechtlich stellt sich allerdings die Frage, worin die Rechtfertigung der Erstreckung über § 3 Abs. 2 TVG auf Außenseiter liegt, ohne die eine tariflich geregelte Betriebsvertretung praktisch keinen großen Nutzen hätte.[1321] Die aus der Literatur stammende und vom BAG in den Raum gestellte Möglichkeit, dass geringe Anforderungen an betriebsverfassungsrechtliche Normen hinsichtlich des Rechtsstaats- und Demokratieprinzips zu stellen seien,[1322] ist abzulehnen. Insoweit kann es auch nicht überzeugen, nicht legitimierte Eingriffe damit zu relativieren, dass diese keinen Verstoß gegen den Verhältnismäßigkeitsgrundsatz und Art. 3 Abs. 1 GG darstellen. Dies kann nicht darüber hinweg führen, dass es für eine solche Prüfung an einer demokratischen Grundlage fehlen würde, die einen Eingriff begründen kann. Das Demokratieprinzip erfordert es, dass der Inhalt des Tarifvertrages durch die gesetzliche Regelung im Wesentlichen feststeht.[1323] Hierfür ist wegen der Konzeption des § 3 Abs. 2 TVG die jeweils konkrete Norm heranzuziehen.[1324] § 117 Abs. 2 S. 1 BetrVG ermöglicht es, seinem Wortlaut nach eine Personalvertretung und damit auch mit dieser im Zusammenhang stehenden Sachverhalte zu regeln. Da bereits der Begriff

1318 Seite 62.
1319 Seite 63.
1320 Seite 65 f.
1321 Seite 66 ff.
1322 BAG Beschl. v. 29.7.2009 – 7 ABR 27/08, AP BetrVG 1972 § 3 Nr. 7.
1323 *Giesen*, Tarifvertragliche Rechtsgestaltung für den Betrieb, S. 325 ff.; *Teusch*, Die Organisation der Betriebsverfassung durch Tarifvertrag, S. 97 ff.; *Darányi*, Die Bordbetriebsverfassung nach § 117 Abs. 2 S. 1 BetrVG, S. 86, 128 ff.
1324 Seite 71 ff.; allgemein *Hanau, Hans*, RdA 1996, 158, 172 ff.

betriebsverfassungsrechtlich in der Literatur und Rechtsprechung nicht inhaltlich konkretisiert werden kann,[1325] zugleich die Regelungsbefugnis umfassend ein eigenständiges BetrVG konzipieren könnte, kann nicht davon gesprochen werden, dass die Regelungen im Wesentlichen feststehen. Die Gestaltungsmöglichkeiten für die Tarifvertragsparteien sind so mannigfaltig, dass eine inhaltliche Konkretisierung der Regelungsbefugnisse erforderlich ist. Eine solche Konkretisierung ist durch Auslegung möglich. Wird § 117 Abs. 2 S. 1 BetrVG so verstanden, besteht kein Konflikt mit dem Demokratie- und Rechtsstaatsprinzip mehr.[1326]

§ 3 Abs. 2 TVG stellt keinen ungerechtfertigten Eingriff in Art. 9 Abs. 3[1327] und Art. 12 Abs. 1 GG[1328] dar und begründet auch keine ungerechtfertigte Ungleichbehandlung im Vergleich zu anderen Arbeitnehmergruppen[1329]. Eine negative Tarifvertragsfreiheit ist nicht anzuerkennen, da der Spiegelbildgedanke ein solches Recht nicht zu begründen vermag und ein Bedürfnis für ein solches Grundrecht aufgrund der in anderen Grundrechten geschützten Freiheiten nicht besteht.[1330] Der Eingriff in die Berufsausübungsfreiheit der Arbeitnehmer ist aufgrund des Gesetzes gerechtfertigt.[1331] § 3 Abs. 2 TVG stellt eine verhältnismäßige Regelung dar. Soweit § 3 Abs. 2 TVG als Ausfluss aus Art. 9 Abs. 3 GG verstanden wird, rechtfertigt dies den Eingriff umso mehr.

6. Aus dem Konflikt zwischen der Koalitionsfreiheit aus Art. 9 Abs. 3 GG und der Geltungserstreckung für Außenseiter folgt für die Geltung der Tarifverträge im Betrieb, dass ein Tarifvertrag gem. § 117 Abs. 2 S. 1 TVG für Außenseiter nur

---

1325 BAG Beschl. v. 18.8.1987 – 1 ABR 30/86, AP BetrVG 1972 § 77 Nr. 23 unter B. III. 2. b); *Giesen*, Tarifvertragliche Rechtsgestaltung für den Betrieb, S. 360, m.w.N. auf S. 340 in Fn. 227 dort; *Kempen*, in: Brecht-Heitzmann/Kempen, Tarifvertragsgesetz, § 3 Rn. 31 formuliert: „Betriebsverfassungsrechtliche Normen betreffen den gesamten Regelungsbereich des Betriebsverfassungsgesetzes […].“

1326 Seite 71 ff.

1327 Seite 76 ff.

1328 Seite 77 f.

1329 Seite 80.

1330 Seite 74; so auch in der Rechtsprechung: BVerfG Beschl. v. 11.7.2006 – 1 BvL 4/00, AP GG Art. 9 Nr. 129 unter C. II. 1.; BVerfG Beschl. v. 14.11.2018 – 1 BvR 1278/16, AP GG Art. 9 Nr. 153; BVerfG Beschl. v. 18.7.2000 – 1 BvR 948/00, AP AEntG § 1 Nr. 4; siehe zur negativen Koalitionsfreiheit auch: BAG Urt. v. 18.3.2009 – 4 AZR 64/08, AP TVG § 3 Nr. 41, Rn. 35; BAG Urt. v. 7.11.1995 – 3 AZR 676/94, AP TVG § 3 Betriebsnormen Nr. 1; BAG Urt. v. 21.1.1987 – 4 AZR 486/86, AP GG Art. 9 Nr. 46; BAG Urt. v. 21.1.1987 – 4 AZR 547/86, AP GG Art. 9 Nr. 47.

1331 Seite 77 ff.

gilt, wenn mindestens ein tarifgebundener Arbeitnehmer im Betrieb beschäftigt wird, da nur dann eine notwendig einheitliche Geltung im Betrieb erforderlich ist und eine Verknüpfung zwischen Gewerkschaften und Betriebsverfassungsrecht innerhalb des BetrVG bereits vorgesehen ist.[1332] Für die Richtigkeitsgewähr folgt aus diesem Konflikt, dass wegen der Erfassung der Außenseiter eine materielle Richtigkeitsgewähr unabhängig von ihrer grundsätzlichen Anerkennung bei Tarifverträgen gem. § 117 BetrVG nicht anzuerkennen ist, da die Geltungserstreckung auf Außenseiter eine Überprüfung anhand der Grundrechte zwingend erforderlich macht.[1333]

7. Der Tatbestand des § 117 Abs. 2 S. 1 BetrVG knüpft an die bisherige Rechtsprechung an. Die Tatbestandsmerkmale bedürfen allerdings einer Präzisierung, die die Auslegung bieten kann. Ein Luftfahrtunternehmen besteht, wenn aus den objektiven Umständen zu folgern ist, dass ein Unternehmen den ernstlichen Willen getroffen hat, Luftfahrzeuge einzusetzen.[1334] Der Begriff der Luftfahrzeuge ist eigenständig aus dem BetrVG heraus zu bilden und offen für technische Neuerungen wie Flugtaxis. Zur Konkretisierung kann auf den Begriff der Luftfahrzeuge in § 1 Abs. 2 LuftVG und auf die Begriffsdefinition im Anhang I Nr. 8 der VO (EU) 965/2012 zurückgegriffen werden.

Ein Flugbetrieb hat innerhalb des § 117 BetrVG zwei Bedeutungen.[1335] Er ist einerseits Tatbestandsmerkmal, andererseits ist er als Betrieb aber auch Anknüpfungspunkt der betrieblichen Mitbestimmung. Als Tatbestandsmerkmal umfasst der Flugbetrieb diejenigen Teile eines Flugunternehmens, deren arbeitstechnischer Zweck unmittelbar darauf gerichtet ist, die Beförderung von Personen oder Gütern durch Luftfahrzeuge tatsächlich auszuführen.[1336] In Abgrenzung dazu liegt ein Landbetrieb vor, wenn die Tätigkeit nur mittelbar der Beförderungstätigkeit dient.[1337]

Die Formulierung „eine Beschäftigung im Flugbetrieb" schlägt die Brücke zwischen dem Flugbetrieb und den konkreten Arbeitnehmern. Im Flugbetrieb beschäftigt sind Arbeitnehmer, die unmittelbar Beförderungstätigkeiten

---

1332 Seite 81 f.; zu § 3 BetrVG: BAG Beschl. v. 29.7.2009 – 7 ABR 27/08, AP BetrVG 1972 § 3 Nr. 7, Rn. 26 ff.

1333 Seite 82 ff.

1334 Seite 88 f.

1335 Seite 89 ff.

1336 Seite 90 f.; BAG Beschl. v. 14.10.1986 – 1 ABR 13/85, AP BetrVG 1972 § 117 Nr. 5, B. II. 3. a).

1337 Seite 90 f.; BAG Beschl. v. 14.10.1986 – 1 ABR 13/85, AP BetrVG 1972 § 117 Nr. 5.

ausführen. In Zweifelsfällen ist auf die Tätigkeit abzustellen, die der Gesamttätigkeit das Gepräge gibt.[1338]

8. Der Flugbetrieb als Bezugspunkt der betrieblichen Mitbestimmung ist für eine abweichende Regelung durch die Tarifvertragsparteien offen,[1339] richtet sich aber im Übrigen nach dem allgemeinen Betriebsbegriff.[1340] Damit wird den Bedürfnissen nach Flexibilität auch ohne Tarifvertrag bei gleichzeitiger Gewährleistung einer betrieblichen Vertretung Rechnung getragen. Ein einheitlicher unternehmensweiter Betrieb ist weder mit § 24 Abs. 2 KSchG noch mit §§ 114 Abs. 3, 116 BetrVG begründbar, da es sich um nicht analogiefähige Ausnahmeregelungen handelt. Es ist auch nicht überzeugend auf den Begriff der „Heimatbasis" oder auf den Ort der ersten Tätigkeitsstätte abzustellen. Weder das Sozialrecht noch das Steuerrecht haben Einfluss auf den Bezugspunkt der betrieblichen Mitbestimmung. Die Anwendung des allgemeinen Betriebsbegriffs zwingt zu einer Betrachtung im Einzelfall. Eine Umgehung der betrieblichen Mitbestimmung durch das Vermeiden eines gesetzlichen Betriebes durch entsprechende Unternehmensstrukturierungen wird durch Teilbetriebe gem. § 4 Abs. 1 S. 1 Nr. 1 BetrVG verhindert.[1341] Dies gilt auch für die Fälle, in denen ein Hauptbetrieb allein im Ausland vorhanden ist, da das Telos des § 4 Abs. 1 S. 1 Nr. 1 BetrVG für eine betriebliche Mitbestimmung am Ort des Teilbetriebes spricht. Weiter wird eine Umgehung dadurch verhindert, dass bei Fehlen einer tariflichen Regelung die Anwendung des BetrVG zu einem Betriebsrat, sowohl für die im Flugbetrieb als auch im Landbetrieb beschäftigten Arbeitnehmer, führt.[1342] Die Zuordnung der Arbeitnehmer zu den Betrieben ist entsprechend der Rechtsprechung zu Außendienstmitarbeitern[1343] vorzunehmen. Es ist darauf abzustellen, von welchem Betrieb die Entscheidungen über den Einsatz des Arbeitnehmers ausgehen und in welchem Betrieb die Leitungsmacht des Arbeitgebers ausgeübt wird.[1344]

9. Für den Arbeitnehmerbegriff des § 117 Abs. 2 S. 1 BetrVG ist weiterhin auf das BetrVG und damit auf § 5 BetrVG abzustellen.[1345] Leitende Angestellte

---

1338 Seite 91 f.; BAG Beschl. v. 13.10.1981 – 1 ABR 35/79, AP BetrVG 1972 § 117 Nr. 1, B. II. 2. d); BAG Beschl. v. 14.10.1986 – 1 ABR 13/85, AP BetrVG 1972 § 117 Nr. 5, B. II. 3. c).

1339 Seite 92.

1340 Seite 92 f.

1341 Seite 97 ff.

1342 Seite 102 ff.

1343 BAG Beschl. v. 10.3.2004 – 7 ABR 36/03, BeckRS 2004, 30801570.

1344 Seite 104.

1345 Seite 106 ff.

sind deshalb vom Anwendungsbereich des § 117 BetrVG ausgenommen. Mit der Neuregelung ist eine Ausweitung auf diese Personengruppe nicht zulässig. Auch für arbeitnehmerähnliche Personen gelten trotz des § 12a TVG die Regelungen des Tarifvertrages nicht, da die Norm teleologisch zu reduzieren ist.[1346]

10. Die Wirksamkeit eines Tarifvertrages gem. § 117 Abs. 2 S. 1 BetrVG setzt die allgemeinen Wirksamkeitsvoraussetzungen eines Tarifvertrages voraus. Soweit in der Literatur Zweifel an der Gestaltungsmöglichkeit der Tarifvertragsparteien aufgrund fehlender Tarifzuständigkeit der in der Luftfahrt tätigen Gewerkschaften mit Ausnahme von ver.di für alle Arbeitnehmer geäußert werden,[1347] trifft dies nicht zu.[1348] Die Gestaltungsmöglichkeit steht den Gewerkschaften innerhalb ihrer Tarifzuständigkeit vollständig zu.

11. Auf die Neuregelung ist § 4a TVG zur Auflösung von Tarifkonkurrenzen anzuwenden. Der Anwendungsbereich dieser Vorschrift wird jedoch nicht von § 117 BetrVG beeinflusst. Die in § 4a TVG geregelte Tarifkonkurrenz bezieht sich für den Betriebsbegriff auf den allgemeinen Betriebsbegriff und nicht auf eine tarifliche Betriebsdefinition.[1349] Die Tarifverträge ergänzen sich inhaltlich nicht. Sofern der Wortlaut des § 4a Abs. 3 TVG auch so verstanden werden kann, dass der Mehrheitstarifvertrag gem. § 117 BetrVG durch einen anderen Tarifvertrag gem. § 117 BetrVG einer Minderheit inhaltlich ergänzt wird, wenn eine Einzelfrage im Mehrheitstarifvertrag nicht geregelt ist, ist § 4a Abs. 3 TVG teleologisch dahin gehend zu reduzieren, dass die Verdrängungswirkung nur gilt, soweit kein Tarifvertrag gem. § 117 BetrVG besteht.[1350]

12. Die Anwendbarkeit deutscher Tarifverträge kann nicht durch die Vereinbarung ausländischen Rechts in den Individualverträgen verhindert werden. Die Anwendbarkeit richtet sich nach dem Betriebsverfassungsstatut.[1351]

13. Die Regelungsbefugnis der Tarifvertragsparteien wurde mit der Novellierung eingeschränkt, sodass eine Angleichung an das BetrVG besteht. Damit wird ein Unterschreiten unter die Mindeststandards verhindert. Eine tarifliche Personalvertretung ohne vergleichbare Rechte und Pflichten wird verhindert. Die Rechtsfolgen einzelner unwirksamer Regelungen in einem Tarifvertrag gem. § 117 BetrVG, richten sich nach § 139 BGB in entsprechender Anwendung.[1352]

1346 Seite 108.

1347 *Löwisch/Rieble*, § 2 TVG Rn. 331.

1348 Seite 110 ff.

1349 Seite 114.

1350 Seite 118 f.

1351 Seite 120 ff.

1352 Seite 157.

Im Vergleich zur früheren Rechtslage führt dies zu einem größeren Schutz eines einmal gewählten Betriebsrates, da bei einer Gesamtunwirksamkeit des Tarifvertrages, in Abweichung zur bisherigen Rechtslage, die Wahl eines Betriebsrates nicht nichtig, sondern anfechtbar ist.[1353]

15. Die nach der Lektüre der Novellierung offene Frage, wie das Verhältnis zwischen tariflicher Personalvertretung und gesetzlichem Betriebsrat aufzulösen ist, kann mit den allgemeinen Regelungen im BetrVG gelöst werden. Die Anwendung der üblichen Regelungen des BetrVG führt aber auch zu Überschneidungen, die allein durch den Gesetzgeber gelöst werden können. Bei zeitgleicher Wahl des gesetzlichen und des tariflichen Betriebsrates besteht das Wahlrecht der Arbeitnehmer in aktiver und passiver Hinsicht für beide Vertretungen. Erst mit Bekanntgabe des Wahlergebnisses verlieren die vom Tarifvertrag erfassten Arbeitnehmer das aktive und passive Wahlrecht.[1354] Bei der Bestellung des Wahlvorstandes kommt es darauf an, welcher Betriebsbegriff durch den Tarifvertrag zugrunde gelegt wird.[1355] Wird, was üblich sein wird, ein unternehmenseinheitlicher tariflicher Betriebsrat gewählt, kann auf die Ansätze in der Literatur zur Wahl bei § 3 BetrVG zurückgegriffen werden.[1356] Danach findet § 21a Abs. 2 BetrVG analoge Anwendung, sodass eine Zuständigkeit des nach der Zahl der vertretenen Mitglieder größten Betriebsrates für die Wahl des Wahlvorstands besteht. Besteht weder ein Betriebsrat, noch ein Gesamt- oder Konzernbetriebsrat, bestellt eine Betriebsversammlung den Wahlvorstand gem. § 17 Abs. 2 BetrVG.

16. Die Neuregelung schließt Arbeitskämpfe nicht aus. Wie zuvor kann ein Tarifvertrag gem. § 117 BetrVG erstreikt werden.[1357] Dem steht auch nicht das tarifdispositive Recht entgegen.[1358] Will der Gesetzgeber das Arbeitskampfrecht bei einer Regelung ausgenommen wissen, muss er dies wegen des Eingriffs in Art. 9 Abs. 3 GG hinreichend klar zum Ausdruck bringen. Eine solche Regelung fehlt bei § 117 BetrVG. Die Angemessenheit von Arbeitskampfmaßnahmen kann zur Neufassung auch nicht grundsätzlich in Abrede gestellt werden.[1359]

1353 Seite 157.

1354 Seite 160.

1355 Seite 164 ff.

1356 *Franzen*, in: Oetker, GK-BetrVG, § 3 Rn. 50; *Richardi*, in: Richardi, § 3 BetrVG Rn. 64; *Fitting*, Betriebsverfassungsgesetz, § 17 Rn. 5.

1357 Seite 166 ff.; zur alten Rechtslage BAG Urt. v. 14.2.1989 – 1 AZR 142/88, AP GG Art. 9 Nr. 52, III Nr. 3.

1358 Seite 167 f.

1359 Seite 168 ff.

Die Zulässigkeit ist wie auch sonst im Einzelfall, anhand der Streikmittel und des Streikziels zu bewerten. Besonderheiten im Vergleich zu anderen Branchen bestehen weiterhin nicht.

17. Angesichts der in der Luftfahrt allein vorzufindenden Firmentarifverträge können sich die Tarifvertragsparteien aktuell darauf verlassen, dass eine Allgemeinverbindlicherklärung nicht in Betracht kommt.[1360] Durch die Neuregelung bestehen aber unmittelbar Auswirkungen auf schon geltende Tarifverträge. Bisher geltende Tarifverträge fallen mit der Novellierung des Gesetzes nicht weg.[1361] Der Konflikt zwischen dispositivem Gesetzesrecht und früher geschlossenem Tarifvertrag ist bei § 117 BetrVG zugunsten der Fortwirkung der Tarifverträge wegen dem Telos aufzulösen. Gleichzeitig erfordert der Wille des Gesetzgebers eine inhaltliche Prüfung der einzelnen Normen zur Gewährleistung der betrieblichen Mitbestimmung und zur Realisierung der nunmehr beschränkten Regelungsbefugnisse.[1362]

III. 1. Die Untersuchung des Verweises in § 117 Abs. 2 S. 3 BetrVG auf die Nachwirkung (§ 4) hat ergeben, dass die Anwendung des § 4 Abs. 5 TVG sachgerecht ist und es sich lediglich um eine Klarstellung handelt.[1363] Die Nachwirkung ist sachgerecht, da auch Tarifnormen, die tarifdispositives Recht nutzen, grundsätzlich nachwirken.[1364] Eine Ausnahme hätte im Gesetz angeordnet werden müssen. Mit anderen tarifdispositiven Regelungen, bei denen eine Beschränkung der Nachwirkung diskutiert wird, wie bei § 8 Abs. 2 bis 4 AÜG, ist die Regelung nicht vergleichbar.[1365] Im Rahmen des § 117 BetrVG haben grundsätzlich beide Tarifvertragsparteien ein Interesse am Abschluss eines Tarifvertrages. Dies wird vom Zweck der Nachwirkung gestützt: Zwar ist die Überbrückungsfunktion als eine von zwei Zwecken der Nachwirkung bei Tarifverträgen gem. § 117 Abs. 2 S. 1 und S. 2 BetrVG allein einschlägig. Dies reicht aber zur Begründung der Nachwirkung aus, wie die Betrachtung der Rechtsprechung angesichts des weit zu verstehenden Zwecks der Nachwirkung zeigt.[1366] Ein Gleichlauf mit § 3 BetrVG besteht nicht, da unterschiedliche Wertungen des Gesetzgebers in die Normen eingeflossen sind.[1367]

1360 Seite 170 f.

1361 Seite 172 ff.

1362 Seite 174 ff.

1363 Seite 204.

1364 Seite 190 f.; *Bepler*, in: Däubler, Tarifvertragsgesetz, § 4 Rn. 921.

1365 Seite 192 f.

1366 Seite 200 f.

1367 Seite 201 f.

2. Die Ablösung der Nachwirkung ist bei einem betriebsverfassungsrechtlichen Tarifvertrag im Vergleich zu Inhaltsnormen in den Möglichkeiten beschränkt, führt aber auch bei längerer zeitlicher Geltung nicht zu einem Verstoß gegen höherrangiges Recht. Um eine Nachwirkung zu verhindern, stehen der Abschluss eines neuen Tarifvertrages durch dieselben Tarifvertragsparteien sowie der ausdrückliche oder konkludente Ausschluss der Nachwirkung im Tarifvertrag zur Verfügung.[1368] § 117 Abs. 2 S. 3 TVG steht der Abbedingung nicht entgegen.[1369] Der Abschluss eines konkurrierenden Tarifvertrages führt hingegen ohne Änderung der Mehrheitsverhältnisse zu keiner Ablösung.[1370] Keine Lösungsmöglichkeiten bieten dagegen Ideen zur Bildung einer privatrechtlichen Vereinigung der Arbeitnehmer, die mittels einer zusätzlichen Regelung im Arbeitsvertrag gebildet wird[1371] oder Überlegungen zu einer Kündigung.[1372] Gleiches gilt für eine Betriebsvereinbarung, selbst wenn die Tarifvertragsparteien dies dem Betriebsrat im Anbetracht der Nichtgeltung des § 77 Abs. 3 BetrVG auf betriebsverfassungsrechtliche Fragen im Stadium der Nachwirkung eröffnen möchten,[1373] da die gesetzliche Regelung nur eine Regelungsmöglichkeit durch die Tarifvertragsparteien vorsieht und nicht „aufgrund" eines Tarifvertrages.[1374]

3. Personell umfasst die Nachwirkung jedenfalls bei betriebsverfassungsrechtlichen Tarifregelungen wie es § 117 Abs. 2 S. 1 und S. 2 BetrVG ermöglichen, darüber hinaus aber entgegen der Rechtsprechung auch generell nicht nur solche Personen, bei denen der Tarifvertrag während seines Geltungszeitraumes bereits Anwendung fand, sondern alle Personen im Betrieb.[1375]

4. Das Schweigen der Novellierung zur zeitlichen Beschränkung ist sachgerecht, da es keiner Einschränkung bedarf. Verfassungsrechtlich liegt weder aus

1368 Seite 204 und Seite 206 f.

1369 Seite 215 f.

1370 Seite 213 f.

1371 Seite 205 f.

1372 Seite 207 ff.

1373 Seite 210 f.

1374 Seite 211 f.

1375 Seite 217 ff.; so auch ohne Bezug auf § 117 BetrVG: *Bepler*, in: Däubler, Tarifvertragsgesetz, § 4 Rn. 887 ff.; *Kempen*, in: Brecht-Heitzmann/Kempen, Tarifvertragsgesetz, § 4 Rn. 722; *Wank*, in: Wiedemann, Tarifvertragsgesetz, § 4 Rn. 354; *Däubler*, Tarifvertragsrecht Rn. 1464; *Gamillscheg*, Kollektives Arbeitsrecht Band I, S. 880; *Herschel, Wilhelm*, ZfA 1976, 89, 98 f.; zu § 7 ArbZG: *Koberski*, in: Kiel/Lunk/Oetker, Münchener Handbuch zum Arbeitsrecht Individualarbeitsrecht, § 182 Rn. 84.

Arbeitnehmersicht noch aus Arbeitgebersicht ein Eingriff in die negative Tarifvertragsfreiheit vor.[1376] Die zeitlich unbeschränkte Nachwirkung der betriebsverfassungsrechtlichen Normen stellt wegen des sozialen Bezugs auch eine zulässige Inhalts- und Schrankenbestimmung des Art. 14 Abs. 1 GG dar.[1377] Ein unverhältnismäßiger Eingriff in die unternehmerische Freiheit besteht nicht, da die Ablösung eines nachwirkenden Tarifvertrages zwar schwierig sein mag, dies aber nicht ausgeschlossen ist und bereits im Vorhinein mit dem Ausschluss der Nachwirkung im Tarifvertrag eine Möglichkeit zur Verfügung steht. Eine Ablösung eines nachwirkenden Mehrheitstarifvertrages ist durch eine Veränderung der Mehrheitsverhältnisse im Betrieb möglich, durch einen Betriebsübergang gem. § 613a BGB, durch eine Umwandlung im Rahmen des § 123 UmwG und durch einen Asset Deal.[1378] Die Schwierigkeit einer Ablösung spricht auch nicht für eine Unverhältnismäßigkeit, wie die Rechtsprechung zur Ablösung von individualvertraglich dynamischen Verweisungen zeigt. Dort reichte die oftmals hypothetische Möglichkeit einer Änderungskündigung für die Vereinbarkeit der unternehmerischen Freiheit aus.[1379] Den Vorschlägen in der Literatur, die Nachwirkung zeitlich zu begrenzen, mangelt es an einer gesetzlichen Grundlage und entsprechen nicht dem Telos der Nachwirkung.[1380]

IV. 1. Die Untersuchung der Lösungsmöglichkeiten von einem Tarifvertrag gem. § 117 Abs. 2 S. 1 BetrVG (§ 5) hat gezeigt, dass eine Lossagung durch einen Betriebsübergang oder Asset Deals in Betracht kommt.

2. Durch die Neuregelung ist allerdings eine Regelungslücke entstanden. Bewahrt ein Betrieb bei einem Betriebsübergang seine Identität, bleibt der Betriebsrat samt seiner im Tarifvertrag begründeten Befugnisse im Amt.[1381] Gem. Art. 6 Abs. 1 Unterabsatz 1 der RL 2001/23/EG ist die Rechtsstellung der Personalvertretung zu erhalten, wie sie vor dem Betriebsübergang bestand. Eine Neuwahl ist im Gesetz aufgrund eines solchen Betriebsübergangs nicht vorgesehen. Dieses von der Richtlinie vorgegebene Ergebnis ist national nicht abgedeckt. Dieses Regelungsdefizit ist durch eine europarechtskonforme Rechtsfortbildung des § 21a Abs. 1 S. 1 und S. 3 BetrVG so zu beheben, dass in den

---

1376 Seite 222 ff.

1377 Seite 226.

1378 Seite 227 ff.

1379 Seite 228; BAG Urt. v. 30.8.2017 – 4 AZR 95/14, AP TVG § 1 Bezugnahme auf Tarifvertrag Nr. 139.

1380 Seite 230 f.; *Oetker*, in: Schlachter/Ascheid/Friedrich, Festschrift für Günter Schaub zum 65. Geburtstag, S. 535, 552 f.

1381 Seite 239 ff.

Fällen, in denen die Selbstständigkeit einer wirtschaftlichen Einheit trotz eines Betriebsübergangs bewahrt, bleibt § 21a Abs. 1 S. 1 und S. 3 BetrVG so zu lesen sind, dass sich die Rechte und Pflichten des Betriebsrates bis zur Bekanntgabe der Wahlergebnisse einer neuen Betriebsratswahl nach dem Tarifvertrag richten.[1382] Der Gesetzgeber könnte zur Schließung dieser Lücke entweder eine explizite Regelung mit diesem Inhalt vorsehen, oder regeln, dass bei einem identitätswahrenden Betriebsübergang eine Neuwahl durchzuführen ist.[1383] Ein Betriebsübergang liegt in der Luftfahrt jedoch häufig wegen der Einordnung als betriebsmittelreichen Betrieb und der Eingliederung in eine vorhandene Struktur nicht vor.[1384]

3. Eine Umwandlung nach dem UmwG kann nicht unmittelbar zu einer Lossagung führen, diese aber vorbereiten. Eingeschränkt und weitgehend unattraktiv wird diese Handlungsweise jedoch durch die Rechtsprechung des BAG, die auch auf Abspaltungen zu übertragen sein wird, wonach den Arbeitnehmern ein Zustimmungsrecht zusteht, für welchen Arbeitgeber sie arbeiten wollen.[1385]

4. Vertraglich kann eine Umgehung eines Tarifvertrages gem. § 117 BetrVG durch freie Mitarbeit oder Arbeitnehmerüberlassung in Betracht gezogen werden.[1386] Vor dem Hintergrund der Risiken bei fehlerhaften Vertragsregelungen, der Nachzahlung des Gesamtsozialversicherungsbeitrags plus Säumniszuschlag nach § 24 Abs. 1 SGB IV sowie einer Strafbarkeit gem. §§ 266a, 14 Abs. 1 StGB und Nachzahlungsverpflichtungen wegen des nicht gewährten Urlaubs ist diese Lösung unattraktiv.[1387]

V. Als Gesamtfazit ist festzuhalten, dass sich die Novellierung der Regelung in das System des Arbeitsrechts gut einfügt. Detailfragen lassen sich durch Zuhilfenahme des BetrVG, der Rechtsprechung und vergleichbaren Fallgestaltungen beantworten. Reformbedarf besteht nur in Randfragen. So ist es unverständlich, dass der Gesetzgeber nicht die Anwendbarkeit der Strafvorschriften in den §§ 119 bis 121 BetrVG auf eine tarifliche Personalvertretung angeordnet hat.[1388] Wünschenswert wären Regelungen zum Wahlverfahren, sodass nicht zugleich ein Wahlrecht für beide Vertretungen besteht.[1389] Ein weiterer Kritikpunkt der

---

1382 Seite 239 ff.
1383 Seite 242 ff.
1384 Seite 243.
1385 Seite 253 ff.; BAG Urt. v. 19.10.2017 – 8 AZR 63/16, AP BGB § 613a Nr. 470.
1386 Seite 262 ff.
1387 Seite 264.
1388 Seite 146 f.
1389 Seite 160 ff.

Novellierung bezieht sich auf einen Sonderfall bei einem Betriebsübergang, in dem der Betrieb seine wirtschaftliche Einheit wahrt. Dort fordert die Betriebsübergangsrichtlinie die Fortgeltung des Tarifvertrages, bis die Voraussetzungen zur Neuwahl vorliegen. Dies ist nach nationalem Recht bislang nicht berücksichtigt worden.[1390]

Kritik muss die Novellierung hinsichtlich zweier Aspekte aushalten. Schon zuvor war die zeitliche Dauer der Nachwirkung umstritten und wurde auch vom Bundesarbeitsgericht in Zweifel gezogen. Diesbezüglich finden sich im Gesetzgebungsverfahren keine Hinweise, sodass die für die Praxis äußerst relevante Frage vollständig den Gerichten überlassen wurde. Hier hätte ein kurzer Zusatz wie „zeitlich unbeschränkt" für Rechtsklarheit gesorgt. Zweitens hat sich im Gesetzgebungsverfahren gezeigt, dass der betriebliche Anknüpfungspunkt der Mitbestimmung nicht durchdacht wurde. Erst durch die Heranziehung von Einzelrechtsprechungen zu Betriebsteilen gem. § 4 Abs. 1 S. 1 Nr. 1 BetrVG wird deutlicher, dass eine Umgehung der Neuregelung mittels einer Internationalisierung der Leitungsentscheidungen nicht möglich ist. Durch eine Anknüpfung an den Begriff der Heimatbasen wären solche Unsicherheiten sowie solche bei der erstmaligen Bestimmung der Betriebe von vorneherein vermieden worden.

Sollte es in Zukunft zu einer Reform des BetrVG insgesamt kommen, sodass die Betriebsratsarbeit auch mobil einfacher zu bewerkstelligen ist, könnte über eine erneute Reform des § 117 BetrVG nachgedacht werden, da dann eine große Erschwernis der Betriebsarbeit in der Luftfahrt wegfallen würde. Zwingend wird eine weitere Reform nicht sein, da weiter die europäischen Lizenzanforderungen auf die Betriebsratsarbeit einwirken. Es wird viel für eine Beibehaltung der Novellierung sprechen, wenn die in der Luftfahrt beschäftigten Arbeitnehmer nun Zugang zu einer betrieblichen Vertretung erhalten und diese durch Tarifverträge an die Luftfahrt sachdienlich angepasst wird.

1390 Seite 239 ff.

§ 7 Zusammenfassung der wichtigsten Ergebnisse

1. Die Erschwernisse der betrieblichen Mitbestimmung sind in der Luftfahrt im Wesentlichen in der Mobilität der Arbeitnehmer, den bestehenden Lizenzanforderungen und in den auf die Arbeitstätigkeit einwirkenden Sicherheitsvorschriften im europäischen Recht begründet.
2. Die Novellierung stellt einen Kompromiss zwischen den Interessen der Tarifvertragsparteien, die auf eine gewachsene Tarifstruktur unter Berücksichtigung der Besonderheiten im Flugverkehr verweisen können und dem auf dem Sozialstaatsprinzip fußenden Interesse des Gesetzgebers, eine betriebliche Mitbestimmung auch ohne Tarifvertrag zu gewährleisten, dar. Andere Novellierungsvorschläge betonten je die eine Seite stärker und waren deshalb zur Austarierung der Interessen nicht zweckmäßiger.
3. Der Gesetzgeber hat mit der Neuregelung die Kritiken hinsichtlich der Vereinbarkeit mit höherrangigem Recht angenommen. Durch die nunmehr subsidiäre Geltung des Betriebsverfassungsgesetzes steht § 117 BetrVG mit europäischem Recht, insbesondere auch mit Art. 5 der Richtlinie 2002/14/EG im Einklang und geht über die europäischen Anforderungen sogar hinaus.
4. Die Regelung ist mit der Verfassung vereinbar. Bei der Prüfung des Art. 3 Abs. 1 GG ergibt sich die Verfassungskonformität daraus, dass nicht nur die subjektiven Einschätzungen des Gesetzgebers, sondern alle objektiven Sachgründe heranzuziehen sind. Die bestehenden Erschwernisse der betrieblichen Mitbestimmung in der Luftfahrt rechtfertigen die Ungleichbehandlung. Die Regelung ist auch verhältnismäßig. Das in § 117 BetrVG geregelte tarifdispositive Gesetzesrecht ist entsprechend dem Zweck der Regelung geeignet, eine betriebliche Vertretung zu erleichtern. Die Regelung ist erforderlich, da keine mildere Regelung zur Erreichung des Ziels, einen Kompromiss zwischen tariflicher Regelung und Gewährleistung der betrieblichen Vertretung zu finden, zur Verfügung steht. Sie ist auch angemessen im engeren Sinne, da sie vor dem Hintergrund der jederzeitigen Möglichkeit der Tarifpartner, die Tarifverhandlungen abzubrechen und das Gesetz Anwendung finden zu lassen, per se weder eine Schlechterstellung noch eine Besserstellung begründet, sondern eine Erleichterung der betrieblichen Vertretung fördert. Ein Verstoß gegen das Verbot von Einzelfallgesetzen liegt nicht vor.

5. Die Geltungserstreckung des Tarifvertrages auf Außenseiter gem. § 3 Abs. 2 TVG ist mit höherrangigem Recht vereinbar, erfordert aber eine enge Auslegung des § 117 Abs. 2 S. 1 BetrVG. Europarechtlich bestehen keine hohen Hürden. § 3 Abs. 2 TVG ist nicht an der GRCh zu messen, da der Gesetzgeber mit der Regelung kein Unionsrecht durchgeführt hat, mithin der Anwendungsbereich der GRCh nicht eröffnet ist. Art. 11 EMRK geht über den Schutz, der durch Art. 9 Abs. 3 GG gewährleistet wird, nicht hinaus, sodass es maßgeblich auf die verfassungsrechtliche Bewertung der Regelung ankommt. Verfassungsrechtlich erfordert das Demokratieprinzip, dass der Inhalt der Regelungen des Tarifvertrages bereits durch das Gesetz im Wesentlichen feststeht. Diesen Anforderungen an den Inhalt des Tarifvertrages kann trotz des Schweigens des Wortlautes durch eine Auslegung des Begriffs der „Vertretung" begegnet werden, durch die eine Orientierung an den Regelungen im Betriebsverfassungsgesetz folgt. Art. 9 Abs. 3 und 12 Abs. 1 GG stehen der Geltungserstreckung nicht entgegen. Weder wird der Abschluss eines Tarifvertrages erschwert, noch wird Druck oder Zwang zum Beitritt einer Gewerkschaft oder Koalition ausgeübt. Im Rahmen des Art. 12 Abs. 1 GG stellt die Erstreckung auf Außenseiter eine Berufsausübungsregelung dar, die wegen des hinter der Geltungserstreckung stehenden Sozialstaatsprinzips zulässig ist. Einer Ungleichbehandlung gem. Art. 3 Abs. 1 GG wird bereits im Vorhinein durch die an einen Tarifvertrag gestellte Voraussetzung der Tarifzuständigkeit begegnet.
6. § 117 Abs. 1 S. 2 BetrVG liegt kein abweichender Betriebsbegriff im Sinne des § 1 BetrVG zugrunde. Soweit andere Vorschriften Sonderregelungen vorsehen, sind diese nicht analogiefähig. Auch Heimatbasen begründen keinen abweichenden Betriebsbegriff. Die Anwendung des allgemeinen Betriebsbegriffs führt bei Luftfahrtunternehmen dazu, dass regelmäßig nur an dem Ort ein Betrieb vorliegt, an dem auch die Dienstpläne geschrieben werden und von dem aus Anweisungen erfolgen. Da regelmäßig eine zentrale Leitung vorliegt, kommen Teilbetriebe in Betracht. Teilbetriebe fordern nach der Rechtsprechung nur ein Minimum an vorhandener Leitungsmacht. Hierfür muss lediglich eine Person vorhanden sein, die Weisungsrechte ausübt. Ist ein Flugbetriebsleiter in Deutschland tätig, wird dies für die Bejahung eines Teilbetriebes an dessen Tätigkeitsort genügen. Auch ein sogenannter Base-Captain, der am Boden Verwaltungstätigkeiten wahrnimmt und in geringfügigem Umfang Weisungen erteilen kann, würde zu der Existenz eines Teilbetriebes führen. Einem Teilbetrieb steht es nicht entgegen, dass der Hauptbetrieb im Ausland gelegen ist. Für die Zuordnung der Arbeitnehmer zu den Betrieben ist auf die Rechtsprechung zu Außendienstmitarbeitern abzustellen. Es kommt maßgeblich darauf an, von welchem Betrieb das Direktionsrecht ausgeübt wird. Auch die Eingliederung in mehrere Betriebe ist möglich.

7. Die Gewerkschaften können innerhalb ihrer Tarifzuständigkeit einen Tarifvertrag gem. § 117 Abs. 2 S. 1 BetrVG schließen, auch wenn dadurch nicht alle Arbeitnehmer im Flugbetrieb erfasst werden. Nicht erfasste Arbeitnehmer zählen über § 117 Abs. 1 S. 2 BetrVG zum gesetzlichen Betrieb. Stellt sich der Tarifvertrag als unwirksam heraus, ist die auf der Basis des Tarifvertrages erfolgte Wahl nunmehr anfechtbar, aber nicht nichtig, da eine ähnliche Situation wie bei der Verkennung des Betriebsbegriffs vorliegt.
8. Die Regelungsbefugnis der Tarifvertragsparteien ist dahin gehend beschränkt, dass sich ein Tarifvertrag nach § 117 Abs. 2 S. 1 BetrVG inhaltlich innerhalb des Regelungsrahmens des BetrVG bewegen muss. Abweichungen sind zulässig, wenn für sie eine Begründung in § 117 BetrVG gefunden werden kann. Dies ergibt die Auslegung des § 117 Abs. 2 S. 1 BetrVG und folgt aus dem Erfordernis einer engen Auslegung der Norm aufgrund der Erfassung der Außenseiter über § 3 Abs. 2 TVG. §§ 119 bis 121 BetrVG finden aufgrund Art. 103 Abs. 2 GG keine Anwendung auf eine durch Tarifvertrag gebildete betriebliche Vertretung. Die Tarifvertragsparteien können durch Tarifvertrag eine betriebliche Vertretung nicht ausschließen. Der Tarifvertrag findet keine Anwendung auf arbeitnehmerähnliche Personen gem. § 12a TVG.
9. Ein Arbeitskampf mit dem Ziel eines Tarifvertrages gem. § 117 Abs. 2 S. 1 BetrVG ist zulässig. Besonderheiten bezüglich Streiks durch das Cockpit- und Kabinenpersonal bestehen nicht.
10. Eine Allgemeinverbindlicherklärung eines Tarifvertrages gem. § 117 Abs. 2 S. 1 BetrVG wird aufgrund der in der Praxis ausschließlichen Firmentarifverträge nicht relevant werden.
11. Die Nachwirkung gilt zeitlich unbeschränkt. Dies verstößt auch bei betriebsverfassungsrechtlichen Regelungen weder gegen europäisches Recht noch gegen die Verfassung. Die Nachwirkung galt bislang bereits über § 4 Abs. 5 TVG, sodass die Regelung des § 117 Abs. 2 S. 3 BetrVG deklaratorischer Natur ist. Die Nachwirkung kann grundsätzlich durch Vereinbarung der Tarifvertragsparteien ausgeschlossen werden. Die Tarifverträge sind aber nicht regelmäßig dahin gehend auszulegen, dass sie konkludent den Ausschluss der Nachwirkung enthalten. Der Umfang der Nachwirkung erstreckt sich auf alle Arbeitnehmer, unabhängig davon, ob diese erst nach Beendigung des Tarifvertrages ein Vertragsverhältnis mit dem Arbeitgeber begründet haben.
12. Eine Lösung vom Tarifvertrag ist durch einen Betriebsübergang gem. § 613a Abs. 1 BGB möglich. Behält eine wirtschaftliche Einheit ihre Selbstständigkeit, besteht die betriebliche Vertretung beim Erwerber fort. In diesem Fall gilt der Tarifvertrag aufgrund europarechtskonformer

Auslegung des § 21a Abs. 1 S. 1 und S. 3 BetrVG bis zur Neuwahl des Betriebsrates fort. Der Wegfall des Tarifvertrages ist aufgrund der Richtlinie 2001/23/EG erst zu diesem Zeitpunkt zulässig.

13. Ein Betriebsübergang liegt im Fall eines Asset Deals regelmäßig nicht vor. Weder ein Flugzeug noch die Heimatbasis stellen regelmäßig übergangsfähige Einheiten dar. Dass ein „pilot in command“ oder eine Organisation an der Heimatbasis vorhanden ist, begründet noch keine funktionelle Autonomie eines Teilbetriebes im Sinne des § 613a BGB.
14. Eine Lösung vom Tarifvertrag durch eine Umwandlung allein gelingt nicht. Allerdings ist eine Lösung durch einen nachfolgenden Betriebsübergang möglich, sodass dadurch der Tarifvertrag entfällt. Der Reiz dieser Gestaltung liegt in der Strukturierung des Unternehmens in Teile, die dem Tarifvertrag unterliegen sollen und in solche, in denen der Tarifvertrag künftig nicht mehr gelten soll. Diese Option setzt voraus, dass Arbeitnehmer der Beschäftigung bei dem zugewiesenen Rechtsträger zustimmen. Das Zustimmungserfordernis gilt neben der Aufspaltung auch für die Abspaltung. Die Tarifvertragsparteien können im Tarifvertrag eine auflösende Bedingung für den Fall einer Umwandlung treffen. Kommt es durch eine Umwandlung zu einer Tarifkonkurrenz, ist § 4a Abs. 2 S. 2 TVG analog anzuwenden, sodass es auf den späteren Zeitpunkt für die Bestimmung der Mehrheit ankommt. Eine Lösung vom Tarifvertrag durch Verschmelzung kommt nicht in Betracht.
15. Die freie Mitarbeit ist kein Modell, um die betriebliche Mitbestimmung in Unternehmen zu verhindern. Das Modell führt bei richtiger Vertragsgestaltung dazu, dass Dienstpläne nicht verlässlich erstellt werden können. Die vertraglichen Umgehungsmöglichkeiten führen zudem zu erheblichen sozialrechtlichen Risiken, die eine Umgehung unattraktiv machen.
16. Die Arbeitnehmerüberlassung ist nicht geeignet, die Errichtung eines tariflichen Betriebsrates zu verhindern.

Literaturverzeichnis

Agence France-Presse (AFP): Heil will Betriebsrat bei Ryanair möglich machen, veröffentlicht auf der Internetpräsenz der WELT am 19.10.2018, abrufbar unter: https://www.welt.de/newsticker/news1/article182366610/Gewerkschaften-Heil-will-Betriebsrat-bei-Ryanair-moeglich-machen.html, archiviert unter: https://web.archive.org/web/20210128161309/https://www.welt.de/newsticker/news1/article182366610/Gewerkschaften-Heil-will-Betriebsrat-bei-Ryanair-moeglich-machen.html, zuletzt abgerufen am 28.1.2021 (zitiert: *AFP*, Heil will Betriebsrat bei Ryanair möglich machen).

Ahrendt, Martina/*Koch,* Ulrich/*Linck,* Rüdiger/*Treber,* Jürgen/*Vogelsang,* Hinrich (Hrsg.): Schaub, Arbeitsrechts-Handbuch: Systematische Darstellung und Nachschlagewerk für die Praxis, 18. Aufl., München 2019 (zitiert: *Bearbeiter,* in: Ahrendt/Koch/Linck u. a., Schaub, Arbeitsrechts-Handbuch).

Annuß, Georg: Schwierigkeiten mit § 3 I Nr. 3 BetrVG?, NZA 2002, 290–294.

Annuß, Georg/*Fischinger,* Philipp S./*Oetker,* Hartmut/*Richardi,* Reinhard: J. von Staudingers Kommentar zum Bürgerlichen Gesetzbuch: Buch 2: Recht der Schuldverhältnisse: §§ 613a-619a (Dienstvertragsrecht 2), 17. Aufl., Berlin 2019 (zitiert: *Bearbeiter,* in: Rieble, J. von Staudingers Kommentar zum Bürgerlichen Gesetzbuch, § 613a BGB).

Arnold, Christian: Im Falle einer Aufspaltung darf der Arbeitnehmer den zukünftigen Arbeitgeber auswählen, ArbRAktuell 2018, 156.

Ascheid, Reiner/*Preis,* Ulrich/*Schmidt,* Ingrid (Hrsg.): Kündigungsrecht: Großkommentar zum gesamten Recht der Beendigung von Arbeitsverhältnissen, 6. Aufl., München 2021 (zitiert: *Bearbeiter,* in: Ascheid/Preis/Schmidt, Kündigungsrecht).

Bachner, Michael: Die Matrixorganisation in der Betriebsverfassung, NZA 2019, 134–141.

Bader, Peter/*Fischermeier,* Ernst/*Gallner,* Inken/*Klose,* Oliver/*Kreft,* Burghard/*Kreutzberg-Kowalczyk,* Matthias/*Krumbiegel,* Markus/*Link,* Christian/*Lipke,* Gert-Albert/*Rachor,* Stephanie/*Rinck,* Ursula/*Rost,* Friedhelm/*Spelge,* Karin/*Spilger,* Andreas M./*Treber,* Jürgen/*Vogt,* Norbert/*Weigand,* Horst (Hrsg.): KR: Gemeinschaftskommentar zum Kündigungsschutzgesetz und zu sonstigen kündigungsschutzrechtlichen Vorschriften, 12. Aufl., München 2019 (zitiert: *Bearbeiter,* in: Bader/Fischermeier/Gallner u. a., KR).

Badura, Peter: Arbeitsgesetzbuch, Koalitionsfreiheit und Tarifautonomie, RdA 1974, 129–138.

Bauckhage-Hoffer, Florian/*Umnuß*, Karsten: Betriebsräte für alle – Gegen eine richtlinienüberschießende Auslegung des § 117 Abs. 2 BetrVG anhand der Richtlinie 2002/14/EG, EWS 2010, 269–275.

Bauer, Jobst-Hubertus (Hrsg.): Festschrift für Herbert Buchner zum 70. Geburtstag, München 2009.

Bauer, Jobst-Hubertus/*Boewer*, Dietrich (Hrsg.): Festschrift für Peter Schwerdtner zum 65. Geburtstag, München 2003.

Bauer, Jobst-Hubertus/*Haußmann*, Katrin/*Krieger*, Steffen: Umstrukturierung: Handbuch für die arbeitsrechtliche Praxis, 3. Aufl., Köln 2015 (zitiert: *Bauer/Haußmann/Krieger*, Umstrukturierung).

Bayreuther, Frank: Tarifautonomie als kollektiv ausgeübte Privatautonomie: Tarifrecht im Spannungsfeld von Arbeits-, Privat- und Wirtschaftsrecht, Band 97 – Schriften des Instituts für Arbeits- und Wirtschaftsrecht der Universität zu Köln, München 2005, zugl. Habil. Erlangen-Nürnberg.

Bayreuther, Frank: Betriebsratswahl für das Luftfahrtpersonal von ausländischen Fluggesellschaften: Risiken und Nebenwirkungen einer „europarechtskonformen teleologischen Reduktion" des nationalen Rechts, NZA 2010, 262–266.

Bayreuther, Frank: Nachwirkung von Zeitarbeitstarifverträgen im Kontext des Equal Pay/Treatment Gebots des AÜG, BB 2010, 309–315.

Behrens, Walter/*Hohenstatt*, Klaus-Stefan: Nachwirkung betriebsverfassungsrechtlicher Normen nach Ablauf des Tarifvertrages (§ 4 Abs. 5 TVG)?, DB 1991, 1877–1878.

Belling, Detelev W.: Die außerordentliche Anpassung von Tarifverträgen an veränderte Umstände, NZA 1996, 906–913.

Belling, Detelev W./*Hartmann*, Christian: Die Unzumutbarkeit als Begrenzung der Bindung an den Tarifvertrag, ZfA 1997, 87–144.

Bender, Wolfgang: Der Wegfall der Geschäftsgrundlage bei arbeitsrechtlichen Kollektivverträgen am Beispiel des Tarifvertrages und des Sozialplans, Band 102 – Schriften des Instituts für Arbeits- und Wirtschaftsrecht der Universität zu Köln, München 2005, zugl. Diss. Köln.

Bepler, Klaus: Tarifdispositives Gesetzesrecht, in: Schubert (Hrsg.), Anforderungen an ein modernes kollektives Arbeitsrecht: Festschrift für Otto Ernst Kempen, Baden-Baden 2013, S. 109–122 (zitiert: *Bepler*, in: Schubert, Festschrift für Otto Ernst Kempen).

Bepler, Klaus: Stärkung der Tarifautonomie: Welche Änderungen des Tarifvertragsrechts empfehlen sich?, in: Ständige Deputation des Deutschen Juristentages (Hrsg.), Verhandlungen des 70. Deutschen Juristentages, Hannover 2014, Band I, Teil B, München 2014 (zitiert: *Bepler*, in: Ständige Deputation des Deutschen Juristentages, Verhandlungen des 70. Deutschen Juristentages, Band I).

Berg, Peter/*Kocher,* Eva/*Schumann,* Dirk (Hrsg.): Tarifvertragsgesetz und Arbeitskampfrecht. Kompaktkommentar, 7. Aufl., Frankfurt a. M. 2020 (zitiert: *Bearbeiter,* in: Berg/Kocher/Schumann, Tarifvertragsgesetz und Arbeitskampfrecht).

Bergmann, Eckhard: Fliegen - – ein (Alb-) Traum? Hintergründe der Arbeitsplätze in Verkehrsflugzeugen, Berlin 2015.

Bergmann, Eckhard: Änderung der Mitbestimmung: Die Geister, die Ryanair rief, veröffentlicht auf der Internetpräsenz von airliners.de am 03.12.2018, abrufbar unter: http://www.airliners.de/geister-ryanair-mitbestimmung-gastbeitrag/47921, archiviert unter: https://web.archive.org/web/20190822015635/http://www.airliners.de/geister-ryanair-mitbestimmung-gastbeitrag/47921, zuletzt abgerufen am 19.11.2020 (zitiert: *Bergmann,* Änderung der Mitbestimmung: Die Geister, die Ryanair rief).

Biedenkopf, Kurt H.: Grenzen der Tarifautonomie, Karlsruhe 1964, zugl. Habil. Frankfurt a. M.

Bieder, Marcus: Unzulässige richterliche Vertragshilfe durch ergänzende Auslegung (teil-)unwirksamer Formulararbeitsbedingungen aus der Zeit vor der Schuldrechtsreform, Anmerkung zu BAG Urt. v. 20.4.2011 – 5 AZR 191/10, jurisPR-ArbR 28/2011 Anm. 2.

Bissels, Alexander/*Witt,* Stephanie: Aktuelles Arbeitsrecht in Krise und Insolvenz, NZI 2019, 369–371.

Blomeyer, Wolfgang: Anmerkung zu BAG, Beschl. v. 28.10.1986 – 1 ABR 11/85, SEA 1987, 279–280.

Bock, Sandra: Tarifdispositives Arbeitnehmerschutzrecht und Tarifautonomie, Schriften zum Sozial- und Arbeitsrecht – Band 245, Berlin 2005, zugl. Diss. Jena.

Boecken, Winfried: Unternehmensumwandlungen und Arbeitsrecht, Köln 1996.

Boecken, Winfried/*Düwell,* Franz J./*Diller,* Martin/*Hanau,* Hans (Hrsg.): Gesamtes Arbeitsrecht: Nomos Kommentar, Baden-Baden 2016 (zitiert: *Bearbeiter,* in: Boecken/Düwell/Diller u. a., Gesamtes Arbeitsrecht).

Boldt, Gerhard: Der Einfluß des Inkrafttretens des Bundesurlaubsgesetzes auf bereits bestehende und auf nachwirkende Tarifverträge, in: Recht im Wandel: Beiträge zu Strömungen und Fragen im heutigen Recht. Festschrift hundertfünfzig Jahre Carl Heymanns Verlag KG, S. 227–240 (zitiert: *Boldt,* in: Ule/Schwab/Nipperdey u. a., Festschrift 150 Jahre Heymanns Verlag KG).

Bonin, Birger: Die Richtlinie 2002/14/EG zur Unterrichtung und Anhörung der Arbeitnehmer und ihre Umsetzung in das Betriebsverfassungsrecht, AuR 2004, 321.

Brecht-Heitzmann, Holger/*Kempen,* Otto Ernst (Hrsg.): Tarifvertragsgesetz. TVG, Kommentar für die Praxis, 5. Aufl., Frankfurt a. M. 2013 (zitiert: *Bearbeiter*, in: Brecht-Heitzmann/Kempen, Tarifvertragsgesetz).

Conrady, Roland/*Fichert,* Frank/*Sterzenbach,* Rüdiger: Luftverkehr: Betriebswirtschaftliches Lehr- und Handbuch, Lehr- und Handbücher zu Tourismus, Verkehr und Freizeit, 5. Aufl., Munich, Germany 2012 (zitiert: *Conrady/ Fichert/Sterzenbach,* Luftverkehr, 5. Aufl).

Corzelius, Christoph: Grundlagen, Wirkungen und Grenzen des tarifdispositiven Rechts in der Arbeitnehmerüberlassung, Schriften zum deutschen und europäischen Recht der Arbeit und der Sozialen Sicherheit – Band 20, Frankfurt a. M. 2018, zugl. Diss. Bonn.

Darányi, Alexis: Die Bordbetriebsverfassung nach § 117 Abs. 2 S. 1 BetrVG. Unter Berücksichtigung europa- und verfassungsrechtlicher Vorgaben, Schriften zum Sozial- und Arbeitsrecht – Band 315, Berlin 2012, zugl. Diss. Hamburg, Bucerius Law School.

Däubler, Wolfgang: Tarifvertragsrecht: Ein Handbuch, Band 10 – Arbeits- und Sozialrecht, 3. Aufl., Baden-Baden 1993.

Däubler, Wolfgang: Tarifausstieg – Erscheinungsformen und Rechtsfolgen, NZA 1996, 225–233.

Däubler, Wolfgang: Tarifliche Betriebsverfassung und Betriebsübergang, DB 2005, 666–669.

Däubler, Wolfgang (Hrsg.): Tarifvertragsgesetz. Mit Arbeitnehmer-Entsendegesetz, 4. Aufl., Baden-Baden 2016 (zitiert: *Bearbeiter,* in: Däubler, Tarifvertragsgesetz).

Däubler, Wolfgang/*Bepler,* Klaus (Hrsg.): Das neue Tarifeinheitsrecht: Hintergründe und Anwendungsprobleme, Baden-Baden 2015 (zitiert: *Bearbeiter,* in: Däubler/Bepler, Das neue Tarifeinheitsrecht).

Däubler, Wolfgang/*Kittner,* Michael/*Klebe,* Thomas/*Wedde,* Peter (Hrsg.), BetrVG: Betriebsverfassungsgesetz: Kommentar für die Praxis mit Wahlordnung und EBR-Gesetz, 16. Aufl., Frankfurt a. M. 2018 (zitiert: *Bearbeiter,* in: Däubler/Kittner/Klebe/Wedde, BetrVG, 16 Aufl.).

Däubler, Wolfgang/*Klebe,* Thomas/*Wedde,* Peter (Hrsg.), BetrVG: Betriebsverfassungsgesetz: Kommentar für die Praxis mit Wahlordnung und EBR-Gesetz, 17. Aufl., Frankfurt a. M. 2020 (zitiert: *Bearbeiter,* in: Däubler/Klebe/ Wedde, BetrVG).

dbb Beamtenbund und Tarifunion: Neuer Sachverhalt durch „Nachbesserung", Tarifeinheitsgesetz: dbb legt erneut Verfassungsbeschwerde ein, veröffentlicht auf der Internetpräsenz des dbb am 13.03.2019, abrufbar unter: https://www.dbb.de/teaserdetail/artikel/tarifeinheitsgesetz-dbb-legt-erneut-verfassungsbeschwerde-ein.html, archiviert unter: https://web.archive.org/web/20210128163608/https://www.dbb.de/teaserdetail/artikel/tarifeinheitsgesetz-dbb-legt-erneut-verfassungsbeschwerde-ein.html, zuletzt abgerufen am 28.1.2021 (zitiert: *dbb*, Tarifeinheitsgesetz: dbb legt erneut Verfassungsbeschwerde ein).

Deutschen Angestellten Gewerkschaft (DAG): Entwurf für ein neues Betriebsverfassungsgesetz (1972), veröffentlicht durch den Lehrstuhl von Prof. Dr. Richardi, Regensburg, abrufbar auf der Internetpräsenz des Lehrstuhls unter: http://www.uni-regensburg.de/Fakultaeten/Jura/richardi/Forschung/BetrVG-Reform/DAG-Vorschlag_Betrvg.pdf, archiviert unter: https://web.archive.org/web/20070719104701/http://www.uni-regensburg.de/Fakultaeten/Jura/richardi/Forschung/BetrVG-Reform/DAG-Vorschlag_Betrvg.pdf, zuletzt abgerufen am 11.3.2019.

Degenhart, Christoph: Staatsrecht I, Staatsorganisationsrecht. Mit Bezügen zum Europarecht:, 36. Aufl., Heidelberg 2020.

Deinert, Olaf: Internationales Arbeitsrecht: Deutsches und europäisches Arbeitskollisionsrecht, Tübingen 2013.

Deinert, Olaf: Negative Koalitionsfreiheit, RdA 2014, 129–135.

Deinert, Olaf: Betriebsverfassungsrechtliche Fragen bei konzerninterner Entsendung von Arbeitnehmern in Inlandsbetriebe, DB 2016, 349–352.

Deutsche Presseagentur (dpa): Verdi einigt sich mit Eurowings auf Flugbegleiter-Betriebsrat, veröffentlicht auf der Internetpräsenz von airliners.de am 23.08.2019, abrufbar unter: https://www.airliners.de/verdi-eurowings-flugbegleiter-betriebsrat/51538, archiviert unter: https://web.archive.org/web/20210128164909/https://www.airliners.de/verdi-eurowings-flugbegleiter-betriebsrat/51538, zuletzt abgerufen am 28.1.2021 (zitiert: *dk, dpa:* Verdi einigt sich mit Eurowings auf Flugbegleiter-Betriebsrat).

Dieterich, Thomas (Hrsg.): Festschrift für Marie Luise Hilger und Hermann Stumpf, München 1983.

Dieterich, Thomas: Die Grundrechtsbindung von Tarifverträgen, in: Schlachter/Ascheid/Friedrich (Hrsg.), Festschrift für Günter Schaub zum 65. Geburtstag, München 1998, S. 117–134 (zitiert: *Dieterich*, in: Schlachter/Ascheid/Friedrich, Festschrift für Günter Schaub zum 65. Geburtstag).

Dieterich, Thomas: Zur Verfassungsmäßigkeit tariflicher Betriebsnormen, in: Klebe (Hrsg.), Recht und soziale Arbeitswelt: Festschrift für Wolfgang Däubler zum 60. Geburtstag, Frankfurt am Main 1999, S. 451–464 (zitiert: *Dieterich*, in: Klebe, Recht und soziale Arbeitswelt, Festschrift für Wolfgang Däubler zum 60. Geburtstag).

Dieterich, Thomas/*Hanau,* Peter/*Henssler,* Martin/*Oetker,* Hartmut/*Wank,* Rolf/*Wiedemann,* Herbert: Empfehlungen zur Entwicklung des Tarifvertragsrechts, RdA 2004, 65–78.

Dornbusch, Gregor/*Fischermeier,* Ernst/*Löwisch,* Manfred (Hrsg.): AR. Kommentar zum gesamten Arbeitsrecht, 9. Aufl., Köln 2019 (zitiert: *Bearbeiter*, in: Dornbusch/Fischermeier/Löwisch, AR).

Dreier, Horst/*Bauer,* Hartmut (Hrsg.): Grundgesetz. Kommentar, 3. Aufl., Thübingen 2018 (zitiert: *Bearbeiter*, in: Dreier/Bauer, Grundgesetz).

Dudenbostel, Antje/*Markowski,* Jürgen/*Oberthür,* Nathalie/*Schlegel,* Kathrin/*Schmid,* Saskia M (Hrsg.): Das arbeitsrechtliche Mandat: Arbeitsrecht bei Umstrukturierungen aus Arbeitnehmerperspektive, Bonn 2019 (zitiert: *Bearbeiter*, in: Dudenbostel/Markowski/Oberthür u. a., Das arbeitsrechtliche Mandat).

Eich, Rolf-Achim: Tarifverträge nach § 3 BetrVG, in: Goos/Molitor (Hrsg.), Arbeitsrecht im Strukturwandel: Festschrift für Friedrich Karl Weinspach, Neuwied 2002, S. 17–35 (zitiert: *Eich*, in: Goos/Molitor, Festschrift für Friedrich Karl Weinspach).

Epping, Volker/*Hillgruber,* Christian (Hrsg.): BeckOK Grundgesetz, 47. Edition (zitiert: *Bearbeiter,* in: Epping/Hillgruber, BeckOK Grundgesetz).

Fischer, Ulrich: Anmerkung zu LArbG Frankfurt, Beschl. v. 3.9.2018 – 16 TaBVGa 86/18, jurisPR-ArbR 49/2018 Anm. 5.

Fischer, Ulrich: Luftiges für die Luftfahr – Die Konsequenzen der Richtlinie 2002/14/EG für § 117 Abs. 2 BetrVG, TranspR 2005, 103–108.

Fitting, Karl: Das Gesetz über die Festsetzung von Mindestarbeitsbedingungen, RdA 1952, 5–9.

Fitting, Karl: Betriebsverfassungsgesetz. Handkommentar, 30. Aufl., München 2020.

Forst, Gerrit: Betriebsräte für das fliegende Personal?, ZESAR 2012, 164–169.

Forst, Gerrit: Die Allgemeinverbindlicherklärung von Tarifverträgen nach dem sogenannten Tarifautonomiestärkungsgesetz, RdA 2015, 25–36.

Franzen, Martin: Zwingende Wirkung der Mitbestimmung der Betriebsverfassung, NZA 2008, 250–255.

Franzen, Martin/*Gallner,* Inken/*Oetker,* Hartmut (Hrsg.): Kommentar zum europäischen Arbeitsrecht, Beck'sche Kurzkommentare, 3. Aufl., München 2020 (zitiert: *Bearbeiter,* in: Franzen/Gallner/Oetker, Kommentar zum europäischen Arbeitsrecht).

Frese, Alfons: Flugbegleiter bei der Lufthansa, „Verfall von Sitte und Anstand“, veröffentlicht auf der Internetpräsenz des Tagesspiegels am 11.07.2019, abrufbar unter: https://www.tagesspiegel.de/wirtschaft/flugbegleiter-bei-der-lufthansa-verfall-von-sitte-und-anstand/24580082.html, archiviert unter: https://web.archive.org/web/20191115051042/https://www.tagesspiegel.de/wirtschaft/flugbegleiter-bei-der-lufthansa-verfall-von-sitte-und-anstand/24580082.html, zuletzt abgerufen am 31.1.2020 (zitiert: *Frese,* Flugbegleiter bei der Lufthansa: „Verfall von Sitte und Anstand“).

Frieling, Tino/*Münder,* Matthias: Neue richterrechtliche Grenzen der Tarifdispositivität sachgrundloser Befristungsmöglichkeiten, NZA 2017, 766–771.

Friese, Birgit: Tarifverträge nach § 3 BetrVG im System des geltenden Tarif- und Arbeitskampfrechts, ZfA 2003, 237–281.

Fündling, Caroline/*Sorber,* Dominik: Arbeitswelt 4.0 – Benötigt das BetrVG ein Update in Sachen digitalisierte Arbeitsweise des Betriebsrats?, NZA 2017, 552–558.

Gamillscheg, Franz: Die Differenzierung nach der Gewerkschaftszugehörigkeit, Berlin 1966.

Gamillscheg, Franz: Kollektives Arbeitsrecht Band I: Ein Lehrbuch, München 1997.

Gaul, Björn: Das Schicksal von Tarifverträgen und Betriebsvereinbarungen bei der Umwandlung von Unternehmen, NZA 1995, 717–725.

Gaul, Björn: Konsequenzen der Erweiterung des BetrVG auf den Flugbetrieb bei Tarifpluralität, in: Gräfl/Lunk/Oetker/Trebinger (Hrsg.): 100 Jahre Betriebsverfassungsrecht: Festschrift, München 2020, S. 143–155 (zitiert: *Gaul,* in: Gräfl/Lunk/Oetker/Trebinger, 100 Jahre Betriebsverfassungsrecht).

Gaul, Björn/*Mückl,* Patrick: 5 Jahre AGB-Kontrolle von Altarbeitsverträgen – Abschied vom Vertrauensschutz?, NZA 2009, 1233–1238.

Gaul, Björn/*Otto,* Alexandra: Konsequenzen einer Spaltung nach § 123 UmwG für Firmentarifverträge (§ 123 UmwG), BB 2014, 500–505.

Gerdom, Thomas: Gemeinschaftsrechtliche Unterrichtungs- und Anhörungspflichten und ihre Auswirkungen auf das Betriebsverfassungs-, Personalvertretungs- und Mitarbeitervertretungsrecht. Zum Umsetzungsbedarf der Richtlinie 2002/14/EG, Band 5 – Bonner Schriften zum deutschen und europäischen Recht der Arbeit und der Sozialen Sicherheit, Frankfurt am Main 2009, zugl. Diss. Bonn.

Giesen, Richard: Tarifvertragliche Rechtsgestaltung für den Betrieb: Gegenstand und Reichweite betrieblicher und betriebsverfassungsrechtlicher Tarifnormen, Band 64 – Jus privatum, Tübingen 2002, zugl. Habil. Bonn.

Goos, Wolfgang/*Molitor,* Karl (Hrsg.): Arbeitsrecht im Strukturwandel: Festschrift für Friedrich Karl Weinspach, Neuwied 2002.

Grabherr, Stephan: Betriebsvertretungen für Luftfahrtpersonal nach § 117 BetrVG, NZA 1988, 532–535.

Gräfl, Edith/*Lunk,* Stefan/*Oetker,* Hartmut/*Trebinger,* Yvonne (Hrsg.): 100 Jahre Betriebsverfassungsrecht: Festschrift, München 2020.

Green, Jan-Niklas: Arbeitskämpfe zulasten der Allgemeinheit. Zur Stimmigkeit der bislang diskutierten Prüfungsmaßstäbe von Arbeitskämpfen sowie zu Auswirkungen der staatlichen Gewährleistungsverantwortung auf die Arbeitskampffreiheit in Branchen der sogenannten Daseinsvorsorge, Band 22 – Studien zum Arbeitsrecht, Baden-Baden 2017, zugl. Diss. Hamburg Bucerius Law School.

Greiner, Stefan: Tarifdispositives Recht – ein Mittel zur Stärkung der Tarifbindung?, ZTR 2018, 628–636.

Hanau, Hans: Zur Verfassungsmäßigkeit von tarifvertraglichen Betriebsnormen am Beispiel der qualitativen Besetzungsregeln, RdA 1996, 158–181.

Hanau, Peter: Neue Rechtsprechung zur negativen Tarifvertragsfreiheit, in: Pitschas/Uhle/Aulehner (Hrsg.), Wege gelebter Verfassung in Recht und Politik: Festschrift für Rupert Scholz zum 70. Geburtstag, Berlin 2007, S. 1035–1045 (zitiert: *Hanau,* Peter, in: Pitschas/Uhle/Aulehner, Festschrift für Rupert Scholz zum 70. Geburtstag).

Hanau, Peter: Das Gesetz zur Verhinderung von Mindestarbeitsbedingungen – und danach, in: Schubert (Hrsg.), Anforderungen an ein modernes kollektives Arbeitsrecht. Festschrift für Otto Ernst Kempen, Baden-Baden 2013, S. 235–253.

Hanau, Peter/*Vossen,* Reinhard: Die Auswirkungen des Betriebsinhaberwechsels auf Betriebsvereinbarungen und Tarifverträge, in: Dieterich (Hrsg.), Festschrift für Marie Luise Hilger und Hermann Stumpf, München 1983, S. 271–297 (zitiert: *Hanau,* Peter/*Vossen*, in: Dieterich (Hrsg.), Festschrift für Marie Luise Hilger und Hermann Stumpf).

Hänsle, Walter: Streik und Daseinsvorsorge: Zugleich ein Beitrag zur Staatsaufgabenlehre sowie zur Grundrechtsdogmatik des Art. 9 Absatz 3 GG, Studien und Beiträge zum Öffentlichen Recht Band 21, Thübingen 2016, zugl. Diss. München.

Hartmann, Felix: Negative Tarifvertragsfreiheit im deutschen und europäischen Arbeitsrecht, Band 11 – Heidelberger rechtswissenschaftliche Abhandlungen, Tübingen 2014, zugl. Habil. Heidelberg.

Hau, Wolfgang/*Poseck,* Roman: BeckOK BGB, 58. Edition, Stand: 01.05.2021 (zitiert: *Bearbeiter,* in: Hau/Poseck, BeckOK BGB).

Henssler, Martin: Tarifautonomie und Gesetzgebung, ZfA 1998, 1–40.

Henssler, Martin: Unternehmensumstrukturierung und Tarifvertrag, in: Schlachter/Ascheid/Friedrich (Hrsg.), Festschrift für Günter Schaub zum 65. Geburtstag, München 1998, S. 311–336 (zitiert: *Henssler*, in: Schlachter/Ascheid/Friedrich, Festschrift für Günter Schaub zum 65. Geburtstag).

Henssler, Martin: Mindestlohn und Tarifrecht, RdA 2015, 43–56.

Henssler, Martin/*Moll*, Wilhelm/*Bepler*, Klaus (Hrsg.): Der Tarifvertrag, 2. Aufl., Köln 2016 (zitiert: *Bearbeiter*, in: Henssler/Moll/Bepler, Der Tarifvertrag).

Henssler, Martin/*Willemsen*, Heinz J./*Kalb*, Heinz-Jürgen (Hrsg.): Arbeitsrecht Kommentar, 9. Aufl., Köln 2020 (zitiert: *Bearbeiter*, in: Henssler/Willemsen/Kalb, Arbeitsrecht Kommentar).

Herfs-Röttgen, Ebba: Betriebsverfassungsrechtliche Aspekte der Auslandstätigkeit, NZA 2018, 150–154.

Herschel, Wilhelm: Zur Entstehung des Tarifvertragsgesetzes, ZfA 1973, 183–200.

Herschel, Wilhelm: Der nachwirkende Tarifvertrag, insbesondere seine Änderung, ZfA 1976, 89–106.

Hess, Harald/*Worzalla*, Michael/*Glock*, Dirk/*Nicolai*, Andrea/*Rose*, Franz-Josef/*Huke*, Kristina (Hrsg.): BetrVG. Kommentar, 10. Aufl., Neuwied 2018 (zitiert: *Bearbeiter*, in: Hess/Worzalla/Glock u. a., BetrVG).

Hofmann, Hans/*Henneke*, Hans-Günter (Hrsg.): GG: Kommentar zum Grundgesetz, 14. Aufl., Köln 2018 (zitiert: *Bearbeiter*, in: Hofmann/Henneke, GG).

Hohenstatt, Klaus-Stefan/*Dzida*, Boris: Die „maßgeschneiderte" Betriebsverfassung. – Der neue § 3 BetrVG – 10 Fragen aus der Praxis -, DB 2001, 2498–2503.

Höpfner, Clemens: Die Tarifgeltung im Arbeitsverhältnis: Historische, ökonomische und legitimatorische Grundlagen des deutschen Koalitions- und Tarifvertragsrechts, Band 123 – Schriften des Instituts für Arbeits- und Wirtschaftsrecht der Universität zu Köln, Baden-Baden 2015, zugl. Habil. Köln.

Höpfner, Clemens: Die Binnendifferenzierung im System tarifvertraglicher Differenzierungsklauseln, RdA 2019, 146–157.

Houben, Christian-Armand: Nachbindung und Nachwirkung im Tarifrecht. Zu Struktur und Anwendungsbereich von §§ 3 III und 4 V TVG, NJOZ 2008, 2170–2190.

Hueck, Alfred/*Nipperdey*, Hans Carl: Lehrbuch des Arbeitsrechts, 7. Aufl., Berlin und Frankfurt 1966.

Immel, Michael: Krise in der Luftfahrt, Darum verschwinden so viele Airlines, veröffentlicht auf der Internetpräsenz der Tagesschau am 19.06.2019, abrufbar unter: https://www.tagesschau.de/wirtschaft/luftfahrt-115.html, archiviert unter: https://web.archive.org/web/20190620141556/https://www.tagesschau.de/wirtschaft/luftfahrt-115.html, zuletzt abgerufen am 9.12.2019 (zitiert: *Immel,* Krise in der Luftfahrt: Darum verschwinden so viele Airlines).

Jacobi, Erwin: Grundlehren des Arbeitsrechts, Leipzig 1927.

Jacobs, Matthias: Tarifeinheit und Tarifkonkurrenz, Band 168 – Schriften zum Sozial- und Arbeitsrecht, Berlin 1999, zugl. Diss. Mainz.

Jacobs, Matthias/*Frieling,* Tino: Betriebliche Mitbestimmung in der Luftfahrt – oder: Über den Wolken muss die Freiheit nicht grenzenlos sein, in: Gräfl/Lunk/Oetker/Trebinger (Hrsg.): 100 Jahre Betriebsverfassungsrecht: Festschrift, München 2020, S. 243–258 (zitiert: *Jacobs/Frieling,* in: Gräfl/Lunk/Oetker/Trebinger, 100 Jahre Betriebsverfassungsrecht).

Jacobs, Matthias/*Krois,* Christopher: Keine Nachwirkung betriebsverfassungsrechtlicher Tarifnormen i. S. d. § 117 Abs. 2 BetrVG, ZTR 2011, 643–653.

Jacobs, Matthias/*Münder,* Matthias: Vergrößerung des Betriebsrats durch Tarifvertrag, NZA 2018, 148–150.

Jarass, Hans D.: Charta der Grundrechte der Europäischen Union: Unter Einbeziehung der vom EuGH entwickelten Grundrechte, der Grundrechtsregelungen der Verträge und der EMRK: Kommentar, 4. Aufl., München 2020 (zitiert: *Jarass,* Charta der Grundrechte der Europäischen Union).

Joussen, Jacob: Der Verzicht des Betriebsrats auf seine Mitbestimmungsrechte, RdA 2005, 31–38.

Kania, Thomas/*Klemm,* Claudia: Möglichkeiten und Grenzen der Schaffung anderer Arbeitnehmervertretungsstrukturen nach § 3 Abs. 1 Nr. 3 BetrVG, RdA 2006, 22–27.

Kania, Thomas/*Schulte-Wissermann,* Lisa: Mitbestimmung des Betriebsrats über seine Vergütung, NZA 2019, 78–80.

Kiel, Heinrich/*Lunk,* Stefan/*Oetker,* Hartmut (Hrsg.): Münchener Handbuch zum Arbeitsrecht Individualarbeitsrecht. In 2 Bänden, 4. Aufl., München 2018 (zitiert: *Bearbeiter*, in: Kiel/Lunk/Oetker, Münchener Handbuch zum Arbeitsrecht Individualarbeitsrecht).

Kiel, Heinrich/*Lunk,* Stefan/*Oetker,* Hartmut (Hrsg.): Münchener Handbuch zum Arbeitsrecht Kollektives Arbeitsrecht: In 2 Bänden, 4. Aufl., München 2019 (zitiert: *Bearbeiter*, in: Kiel/Lunk/Oetker, Münchener Handbuch zum Arbeitsrecht Kollektives Arbeitsrecht).

Kirchhof, Ferdinand: Private Rechtsetzung, Band 98 – Schriftenreihe der Hochschule Speyer, Berlin 1987, zugl. Habil. Speyer.

Kirchhof, Paul: Die verfassungsrechtlichen Grenzen rückwirkender Steuergesetze, DStR 2015, 717–723.

Klebe, Thomas (Hrsg.): Recht und soziale Arbeitswelt. Festschrift für Wolfgang Däubler zum 60. Geburtstag, Frankfurt 1999.

Klein, Jens: Die Stellung der Minderheitsgewerkschaften in der Betriebsverfassung, Band 261 – Schriften zum Sozial- und Arbeitsrecht, Berlin 2007, zugl. Diss. Freiburg.

Kliemt, Michael/*Gerdom,* Thomas: BAG: Betriebsübergang und Betriebsspaltung nach dem UmwG analog zu § 613a BGB, BB 2018, 1401–1408.

Köbler, Gerhard (Hrsg.): Europas universale rechtsordnungspolitische Aufgabe im Recht des dritten Jahrtausends: Festschrift für Alfred Söllner zum 70. Geburtstag, München 2000.

Kocher, Eva: Nachwirkung im Bereich tarifdispositiven Rechts am Beispiel von Tarifverträgen zu § 9 Nr. 2 AÜG, DB 2010, 900–904.

Kohte, Wolfhard/*Dörner,* Hans-Jürgen/*Anzinger,* Rudolf (Hrsg.): Arbeitsrecht im sozialen Dialog: Festschrift für Hellmut Wissmann zum 65. Geburtstag, München 2005.

Kraft, Alfons/*Oetker,* Hartmut/*Fabricius,* Fritz/*Wiese,* Günther/*Kreutz,* Peter: GK-BetrVG: Gemeinschaftskommentar, 5. Aufl., Köln 1994 (zitiert: *Bearbeiter,* in: Oetker, GK-BetrVG, 5. Aufl).

Krämer, Daniel: Die Richtigkeitsgewähr des Tarifvertrags, Band 324 – Schriften zum Sozial- und Arbeitsrecht, Berlin 2015, zugl. Diss. Bonn.

Krause, Rüdiger: Die Zulässigkeit partikularer Personalvertretungen im Luftverkehr, in: Bauer (Hrsg.), Festschrift für Herbert Buchner zum 70. Geburtstag, München 2009, S. 493–510 (zitiert: *Krause,* in: Bauer, Festschrift für Herbert Buchner zum 70. Geburtstag).

Kreft, Burghard: Normative Forgeltung von Betriebsvereinbarungen nach einem Betriebsübergang, in: Arbeitsrecht im sozialen Dialog. Festschrift für Hellmut Wissmann zum 65. Geburtstag, München 2005, S. 347–362 (zitiert: *Kreft,* in: Kohte/Dörner/Anzinger, Festschrift für Hellmut Wissmann zum 65. Geburtstag).

Kreiling, Simone: Die Erstreckung betrieblicher und betriebsverfassungsrechtlicher Tarifnormen auf Außenseiter, Band 32 – Schriften zum Arbeitsrecht und Wirtschaftsrecht, Frankfurt a. M. 2004, zugl. Diss. Gießen.

Lakenberg, Thomas: Rechtsprechungsregeln für die umwandlungsrechtliche Übertragung von Arbeitsverhältnissen, NJW 2018, 3064–3067.

Leitmeier, Lorenz: Funktionen und Unterschiede der Nachwirkung von Tarifverträgen und Betriebsvereinbarungen, Band 285 – Schriften zum Sozial- und Arbeitsrecht, Berlin 2010, zugl. Diss. München.

Lembke, Mark: Der Einsatz von Fremdpersonal im Rahmen von freier Mitarbeit, Werkverträgen und Leiharbeit, NZA 2013, 1312–1318.

Lembke, Mark: Fremdpersonaleinsatz vor neuen Herausforderungen, NZA 2018, 393–403.

Leßmann, Herbert (Hrsg.): Festschrift für Rudolf Lukes zum 65. Geburtstag, Köln 1989.

Leventis, Georg: Tarifliche Differenzierungsklauseln nach dem Grundgesetz und dem Tarifvertragsgesetz, Band 18 – Schriften zum Sozial- und Arbeitsrecht, Berlin 1974, zugl. Diss. München.

Linsenmaier, Wolfgang: Tarifpluralität, Tarifkonkurrenz, Tarifeinheit. Folgen für das Arbeitskampfrecht, RdA 2015, 369–388.

Linsenmaier, Wolfgang: Identität und Wandel – zur Entstehung von Übergangsmandaten nach § 21 a BetrVG, RdA 2017, 128–140.

Löwisch, Manfred: Die Voraussetzungen der Tariffähigkeit, ZfA 1970, 295.

Löwisch, Manfred: Besondere Grenzen der Streikfreiheit in der Luftfahrt?, ZfA 1988, 137–155.

Löwisch, Manfred/*Rieble,* Volker (Hrsg.): Tarifvertragsgesetz. Kommentar, München 2017 (zitiert: *Löwisch/Rieble*).

Ludwig, Daniel: Die Neuregelung des § 117 BetrVG – Eine Bruchlandung?, BB 2019, 180–183.

Maunz, Theodor/*Dürig,* Günter: Grundgesetz. Kommentar, 93. Aufl., München 2019 (zitiert: *Bearbeiter,* in: Maunz/Dürig).

Moll, Wilhelm (Hrsg.): Münchener Anwaltshandbuch Arbeitsrecht, 5. Aufl., München 2021 (zitiert: *Bearbeiter,* in: Moll, Münchener Anwaltshandbuch Arbeitsrecht).

Mückl, Patrick/*Koehler,* Lisa-Marie: Rechtsfolgen unwirksamer Vereinbarungen über die Organisation der Betriebsverfassung, NZA-RR 2009, 513–519.

Müller, Stefan/*Becker,* Marc: Die Neuregelung des § 117 Abs. 1 BetrVG in der (Luftverkehrs-)Praxis, BB 2019, 884–888.

Müller-Bonanni, Thomas/*Mehrens,* Christian: Auswirkungen von Umstrukturierungen auf die Tarifsituation, ZIP 2012, 1217–1223.

Müller-Glöge, Rudi/*Preis,* Ulrich/*Schmidt,* Ingrid (Hrsg.): Erfurter Kommentar zum Arbeitsrecht, 21. Aufl., München 2021 (zitiert: *Bearbeiter,* in: Müller-Glöge/Preis/Schmidt, Erfurter Kommentar zum Arbeitsrecht).

Mußgnug, Reinhard: Betriebsverfassungsrecht ohne Betriebsverfassungsgesetz: Verfassungsrechtliche Anmerkungen zu § 117 des Betriebsverfassungsgesetzes, in: Pawlowski/Wiese (Hrsg.), Festschrift für Konrad Duden zum 70. Geburtstag, München 1977, S. 335 (zitiert: *Mußgnug,* in: Pawlowski/Wiese, Festschrift für Konrad Duden zum 70. Geburtstag).

Nikisch, Arthur: Arbeitsrecht III. Band Betriebsverfassungsrecht, 2. Aufl., Tübingen 1966.

Nipperdey, Hans Carl: Anmerkung zu RAG, Urt. v. 17.10.1928 - 143/1928, BenshSlg 4, 182–183.

Oberthür, Nathalie/*Seitz,* Stefan (Hrsg.): Betriebsvereinbarungen, 3. Aufl., München 2021.

Oetker, Hartmut: Die Kündigung von Tarifverträgen, RdA 1995, 82–103.

Oetker, Hartmut: Nachwirkende Tarifnormen und Betriebsverfassung, in: Schlachter/Ascheid/Friedrich (Hrsg.), Festschrift für Günter Schaub zum 65. Geburtstag, München 1998, S. 535–556 (zitiert: *Oetker,* in: Schlachter/Ascheid/Friedrich, Festschrift für Günter Schaub zum 65. Geburtstag).

Pawlowski, Hans-Martin/*Wiese,* Günther (Hrsg.): Festschrift für Konrad Duden zum 70. Geburtstag, München 1977.

Peter, Tobias / *Redaktionsnetzwerk Deutschland:* Heil fordert „Betriebsratsgarantie", veröffentlicht auf der Internetpräsenz der Hannoversche Allgemeine am 19.10.2018, abrufbar unter: http://www.haz.de/Nachrichten/Politik/Deutschland-Welt/Heil-will-Piloten-und-Flugbegleitern-Gruendung-von-Betriebsraeten-erleichtern, archiviert unter: https://web.archive.org/web/20190117075207/http://www.haz.de/Nachrichten/Politik/Deutschland-Welt/Heil-will-Piloten-und-Flugbegleitern-Gruendung-von-Betriebsraeten-erleichtern, zuletzt abgerufen am 29.1.2020 (zitiert: *Peter/RND,* Heil fordert „Betriebsratsgarantie").

Picker, Christian: Niedriglohn und Mindestlohn, RdA 2014, 25–36.

Picker, Eduard: Betriebsverfassung und Arbeitsverfassung, RdA 2001, 259–292.

Picker, Eduard: Tarifautonomie – Betriebsautonomie – Privatautonomie, NZA 2002, 761–770.

Pietzcker, Claudius: Doch keine lex Ryanair: Die Auswirkungen der Neuregelung von § 117 Abs. 1 BetrVG auf im Flugbetrieb beschäftigte Arbeitnehmer ausländischer Luftfahrtunternehmen, BB 2020, 1273–1275.

Pitschas, Rainer/*Uhle,* Arnd/*Aulehner,* Josef (Hrsg.): Wege gelebter Verfassung in Recht und Politik: Festschrift für Rupert Scholz zum 70. Geburtstag, Berlin 2007.

Plander, Harro: Der Betrieb als Verhandlungsobjekt im Betriebsverfassungs- und sonstigen Arbeitsrecht, NZA 2002, 483–492.

Plander, Harro: Potenziale des Arbeitnehmerbegriffs, NZA 2018, 817–826.

Puppe, Ingeborg: Kleine Schule des juristischen Denkens, 4. Aufl., Göttingen 2019.

Reichold, Hermann: Durchbruch zu einer europäischen Betriebsverfassung, NZA 2003, 289.

Remmert, Jochen: Irische Billigairline: Heil plant Lex Ryanair, veröffentlicht auf der Internetpräsenz der Frankfurter Allgemeine in der aktualisierten Version am 22.10.2018, abrufbar unter: https://www.faz.net/aktuell/rhein-main/bundesarbeitsminister-will-ryanair-in-die-pflicht-nehmen-15847360.html, archiviert unter: https://web.archive.org/web/20181026205346/http://www.faz.net/aktuell/rhein-main/bundesarbeitsminister-will-ryanair-in-die-pflicht-nehmen-15847360.html, zuletzt abgerufen am 9.12.2019 (zitiert: *Remmert,* Irische Billigairline: Heil plant Lex Ryanair).

Richardi, Reinhard: Betriebsratsamt und Gewerkschaft, RdA 1972, 8–16.

Richardi, Reinhard: Betriebsverfassungsgesetz: Mit Wahlordnung, 16. Aufl., München 2018 (zitiert: *Bearbeiter,* in: Richardi).

Ricken, Oliver: Autonomie und tarifliche Rechtsetzung: Die Tarifzuständigkeit als Wirksamkeitserfordernis des Tarifvertrages, Band 106 – Schriften des Instituts für Arbeits- und Wirtschaftsrecht der Universität zu Köln, München 2006, zugl. Diss. Bonn.

Rieble, Volker: Die tarifliche Schlichtungsstelle nach § 76 VIII BetrVG, RdA 1993, 140–153.

Rieble, Volker: Arbeitsmarkt und Wettbewerb. Der Schutz von Vertrags- und Wettbewerbsfreiheit im Arbeitsrecht, Berlin, Heidelberg 1996, zugl. Habil. Freiburg.

Rieble, Volker (Hrsg.): Festschrift für Manfred Löwisch zum 70. Geburtstag, München 2007.

Rieble, Volker: Unbestimmte Tarifzuständigkeit, in: Festschrift für Herbert Buchner zum 70. Geburtstag, München 2009, S. 756–775.

Rieble, Volker: Tariffreiheit, EuZA 2017, 228–240.

Röder, Gerhard: Die Fortgeltung von Kollektivnormen bei Betriebsübergang gem. § 613a BGB i.d.F. vom 13.8.1980, DB 1981, 1980–1983.

Rolfs, Christian: Das Verbot geltungserhaltender Reduktion im Arbeitsvertragsrecht, in: Festschrift für Peter Schwerdtner zum 65. Geburtstag, München 2003, S. 151–167 (zitiert: *Rolfs,* in: Bauer/Boewer, Festschrift für Peter Schwerdtner zum 65. Geburtstag).

Rolf, Christian: Unternehmensübergreifende Betriebsratsstruktur nach § 3 BetrVG, Band 4 – Reihe Rechtswissenschaft, Lohmar 2004, zugl. Diss. Mannheim.

Rolfs, Christian/*Giesen,* Richard/*Kreikebohm,* Ralf/*Udsching,* Peter: BeckOK Arbeitsrecht, 59. Edition, Stand 01.03.2021 (zitiert: *Bearbeiter,* in: Rolfs/Giesen/Kreikebohm/Udsching, BeckOK Arbeitsrecht).

Röller, Jürgen (Hrsg.): Küttner, Personalbuch 2021: Arbeitsrecht, Lohnsteuerrecht, Sozialversicherungsrecht (zitiert: *Bearbeiter,* in: Küttner, Personalbuch).

Roßmann, Hans-Gerhard: Grenzen der Nachwirkung betriebsverfassungsrechtlicher Normen, NZA 1999, 1252–1254.

Rotter, Stephan: Nachwirkung der Normen eines Tarifvertrags: Eine dogmatische Untersuchung, Band 52 – Schriften zum Wirtschafts-, Arbeits- und Sozialrecht, Heidelberg 1992, zugl. Diss. Augsburg.

Rudkowski, Lena: Der Streik in der Daseinsvorsorge, Band 113 – Schriften des Instituts für Arbeits- und Wirtschaftsrecht der Universität zu Köln, München 2010, zugl. Diss. Freie Universität Berlin.

Rügemer, Werner/*Wigand*, Elmar: Union-Busting in Deutschland – Eine Studie der Otto Brenner Stiftung, Frankfurt/Main 2014.

Rüthers, Bernd: Sonderprobleme der Rechtmäßigkeit von Arbeitskämpfen im Luftverkehr, ZfA 1987, 1–59.

Säcker, Franz Jürgen/*Oetker*, Hartmut: Alleinentscheidungsbefugnisse des Arbeitgebers in mitbestimmungspflichtigen Angelegenheiten aufgrund kollektiver Dauerregelungen, RdA 1992, 16–28.

Säcker, Franz Jürgen/*Rixecker*, Roland/*Oetker*, Hartmut/*Limperg*, Bettina (Hrsg.): Münchener Kommentar zum Bürgerlichen Gesetzbuch, Internationales Privatrecht II, Internationales Wirtschaftsrecht, Einführungsgesetz zum Bürgerlichen Gesetzbuch (Art. 50–253), Band 13, 8. Aufl., München 2021 (zitiert: *Bearbeiter*, in: MüKoBGB, Band 13, Internationales Privatrecht II, Internationales Wirtschaftsrecht, Einführungsgesetz zum Bürgerlichen Gesetzbuch (Art. 50–253)).

Scharff, Bettina: BAG: Verschmelzung – vollständiger Eintritt des aufnehmenden Unternehmens in den Haustarifvertrag des übertragenden Unternehmens, BB 2017, 890–896.

Schaub, Günter (Hrsg.): Arbeitsrecht von A-Z: Verständlich, übersichtlich, klar, 25. Aufl., München 2021 (zitiert: *Bearbeiter*, in: Schaub, Arbeitsrecht von A-Z).

Schlachter, Monika/*Ascheid*, Reiner/*Friedrich*, Hans-Wolf (Hrsg.): Tarifautonomie für ein neues Jahrhundert: Festschrift für Günter Schaub zum 65. Geburtstag, München 1998.

Schlüter, Wilfried: Tarifmacht gegenüber Außenseitern – Zur Verfassungsmäßigkeit der tariflichen Schlichtungsstellen (§ 76 Abs. 8 BetrVG), in: Leßmann (Hrsg.), Festschrift für Rudolf Lukes zum 65. Geburtstag, Köln 1989, S. 561–576 (zitiert: *Schlüter*, in: Leßmann, Festschrift für Rudolf Lukes zum 65. Geburtstag).

Schmid, Manfred/*Hofmann*, Joël: Die verflixte Auswahlrichtlinie, SPA 2019, 165–167.

Schmid, Ronald: BeckOK Fluggastrechte-Verordnung, 18. Edition, Stand 01.04.2021 (zitiert: *Bearbeiter,* in: Schmid, BeckOK Fluggastrechte-VO).

Schmid, Ronald/*Roßmann,* Hans-Gerhard: Das Arbeitsverhältnis der Besatzungsmitglieder in Luftfahrtunternehmen, Neuwied 1997.

Schmid, Ronald/*Sarbinowski,* Martina: Das Luftverkehrsrecht in der neueren Rechtsprechung der Arbeitsgerichte in den Jahren 2001 und 2002, NZA-RR 2003, 113–121.

Schubert, Claudia: Betriebliche Mitbestimmung in Unternehmen und Konzernen mit Matrixorganisation, Band 23 – HSI-Schriftenreihe, Frankfurt am Main 2017.

Schubert, Jens M. (Hrsg.): Anforderungen an ein modernes kollektives Arbeitsrecht: Festschrift für Otto Ernst Kempen, Baden-Baden 2013.

Schüren, Peter (Hrsg.): Arbeitnehmerüberlassungsgesetz: Kommentar, Band 23 – Beck'sche Kommentare zum Arbeitsrecht, 5. Aufl., München 2018 (zitiert: *Bearbeiter,* in: Schüren, Arbeitnehmerüberlassungsgesetz).

Schwarze, Roland: Die Zukunft der Betriebsverfassung, RdA 2019, 115–120.

Seiwerth, Stephan: Grenzen der tarifvertraglichen Ausweitung sachgrundloser Befristung, RdA 2016, 214–223.

Semler, Johannes (Begr.)/*Stengel,* Arndt/*Leonard,* Nina (Hrsg.): Umwandlungsgesetz: UmwG: Mit internationalem Umwandlungsrecht und Umwandlungssteuerrecht, 5. Aufl., München 2021 (zitiert: *Bearbeiter,* in: Semler/Stengel/Leonard).

Siegfanz-Strauß, Sandy: Tarifrecht im Betriebsübergang, Baden-Baden 2017, zugl. Diss. Köln.

Söllner, Alfred: Grenzen des Tarifvertrages, NZA 1996, 897–906.

Söllner, Alfred: Tarifmacht – Grenzen und Grenzverschiebungen, NZA-Beil. 2000, 33–41.

Spinner, Günter: Die vereinbarte Betriebsverfassung: Ein Vergleich verschiedener Vereinbarungen zur Organisation der Betriebsverfassung, Band 353 – Nomos-Universitätsschriften Recht, Baden-Baden 2000, zugl. Diss. Freiburg.

Spinner, Günter/*Wiesenecker,* Philipp: Unwirksame Vereinbarungen über die Organisation der Betriebsverfassung, in: Rieble (Hrsg.), Festschrift für Manfred Löwisch zum 70. Geburtstag, München 2007, S. 375–391 (zitiert: *Spinner/Wiesenecker,* in: Rieble, Festschrift für Manfred Löwisch zum 70. Geburtstag).

Ständige Deputation des Deutschen Juristentages (Hrsg.): Verhandlungen des 70. Deutschen Juristentages, Hannover 2014.

Teusch, Jan L.: Organisationstarifverträge nach § 3 BetrVG, NZA 2007, 124–130.

Teusch, Jan L.: Die Organisation der Betriebsverfassung durch Tarifvertrag, Berlin 2007, zugl. Diss. Potsdam.

Thüsing, Gregor (Hrsg.): Tarifautonomie im Wandel: Beiträge zum Tarif-, Arbeitskampf- und Koalitionsrecht, Band 1 – Schriftenreihe der Bucerius Law School Band 1, Köln 2003.

Thüsing, Gregor: Neue Aufgaben der Tarifvertragspartner: Vereinbarte Betriebsstrukturen nach § 3 Abs. 1 BetrVG, in: Thüsing (Hrsg.), Tarifautonomie im Wandel: Beiträge zum Tarif-, Arbeitskampf- und Koalitionsrecht, Köln 2003, S. 285–314 (zitiert: *Thüsing,* in: Thüsing, Tarifautonomie im Wandel).

Thüsing, Gregor: Equal pay bei Leiharbeit, DB 2003, 446–451.

Thüsing, Gregor: Rechtsfragen grenzüberschreitender Arbeitsverhältnisse, NZA 2003, 1303–1312.

Thüsing, Gregor: Vereinbarte Betriebsratsstrukturen, ZIP 2003, 693–706.

Thüsing, Gregor/*Braun,* Axel: Tarifrecht: Handbuch, 2. Aufl., München 2016 (zitiert: *Bearbeiter,* in: Thüsing/Braun, Tarifrecht).

Tiedemann, Jens: Die Neuregelung des § 117 BetrVG, ArbRB 2019, 157–159.

Tschöpe, Ulrich: Arbeitsrecht Handbuch, 12. Aufl, Köln 2021 (zitiert: *Bearbeiter,* in: Tschöpe, Arbeitsrecht Handbuch).

Ulber, Daniel: Zur Nachwirkung von Tarifverträgen für die Leiharbeit, ZTR 2010, 287–293.

Ulber, Daniel: Tarifdispositives Gesetzesrecht im Spannungsfeld von Tarifautonomie und grundrechtlichen Schutzpflichten, Band 291 – Schriften zum Sozial- und Arbeitsrecht, Berlin 2010, zugl. Diss. Köln.

Ulber, Jürgen: Wirksamkeit tariflicher Regelungen zur Ungleichbehandlung von Leiharbeitnehmern, NZA 2009, 232–239.

Ule, Carl Hermann/*Schwab,* Karl Heinz/*Nipperdey,* Hans Carl/*Ulmer,* Eugen/*Seidl-Hohenveldern,* Ignaz (Hrsg.): Recht im Wandel: Beiträge zu Strömungen und Fragen im heutigen Recht: Festschrift 150 Jahre Heymanns Verlag KG, Köln 1965.

Utermark, Silke: Die Organisation der Betriebsverfassung als Verhandlungsgegenstand: Vereinbarungslösungen nach § 3 BetrVG, Band 99 – Abhandlungen zum Arbeits- und Wirtschaftsrecht, Frankfurt a. M. 2005, zugl. Diss. Hamburg.

Vielmeier, Stephan: § 117 II BetrVG als (bedrohtes) Privileg des Fliegenden Personals, NZA 2018, 1530–1533.

Wallscheid, Oliver: Über den Wolken – über dem Gesetz? Das Arbeitsverhältnis des fliegenden Luftfahrtpersonals in der deutschen Zivilluftfahrt, Berlin 2012, zugl. Diss. Bielefeld.

Walser, Manfred: Gesetzliche Regelung der Tarifeinheit – ein Beitrag zur Stabilisierung des Tarifsystems?, Soziales Recht (SR) 2016, 109–129.

Walser, Manfred: Grundrechtskonformität der Sozialkassenverfahren, NZA 2016, 1510–1514.

Waltermann, Raimund: Zu den Grundlagen der Rechtsetzung durch Tarifvertrag, in: Köbler (Hrsg.), Europas universale rechtsordnungspolitische Aufgabe im Recht des dritten Jahrtausends: Festschrift für Alfred Söllner zum 70. Geburtstag, München 2000, S. 1251–1277 (zitiert: *Waltermann*, in: Köbler, Festschrift für Alfred Söllner zum 70. Geburtstag).

Waltermann, Raimund: Fehlentwicklungen in der Leiharbeit, NZA 2010, 482–487.

Waltermann, Raimund: Entwicklungslinien der Tarifautonomie, RdA 2014, 86–93.

Waltermann, Raimund: Arbeitsrecht, Lehrbuch, 19. Aufl., München 2018.

Waltermann, Raimund: Ist die Allgemeinverbindlicherklärung erfolgversprechend reformiert?, RdA 2018, 137.

Wank, Rolf: Anmerkung zu BAG, Urt. v. 27.6.2017 - 9 AZR 851/16, AP BGB § 611 Lehrer, Dozenten Nr. 193.

Weber, Christoph/*Gräf,* Stephan: Flugpersonal ohne Betriebsverfassung?, ZESAR 2011, 355–361.

Weber, Christopher/*Gräf,* Stephan: Nachwirkung betriebsverfassungsrechtlicher Tarifnormen nach § 117 Abs. 2 Satz 1 BetrVG, RdA 2012, 95–101.

Weber, Hartmut: Betriebsverfassungsrechtliche Sonderregelungen für die Luftfahrt mit Tarifvertrag Personalvertretung für das Bordpersonal der Deutschen Lufthansa vom 15.11.1972, Sonderdruck aus: Glaubrecht/Halberstadt/Zander (Hrsg.), Betriebsverfassung in Recht und Praxis: Handbuch für Unternehmensleitung, Betriebsrat und Führungskräfte, Freiburg i. Br. 1984 (zitiert: *Weber,* Hartmut, Sonderdruck aus: Glaubrecht/Halberstadt/Zander, Betriebsverfassung in Recht und Praxis).

Wiebauer, Bernd: Betriebsübergang und öffentlich-rechtliche Genehmigungen, NZA 2010, 733–738.

Wiedemann, Herbert: Anmerkung zu BAG, Urt. v. 14.2.1973 – 4 AZR 176/72, AP TVG § 4 Nachwirkung Nr. 6.

Wiedemann, Herbert: Anmerkung zu BAG, Urt. v. 29.1.1975 – 4 AZR 218/74, AP TVG § 4 Nachwirkung Nr. 8.

Wiedemann, Herbert (Hrsg.): Tarifvertragsgesetz: TVG: Mit Durchführungs- und Nebenvorschriften, 7. Aufl., München 2007 (zitiert: *Bearbeiter*, in: Wiedemann, Tarifvertragsgesetz, Auflage 7).

Wiedemann, Herbert: Zur Architektur der Tarifautonomie, NZA 2018, 1587–1593.

Wiedemann, Herbert (Hrsg.): Tarifvertragsgesetz: TVG: Mit Durchführungs- und Nebenvorschriften, 8. Aufl., München 2019 (zitiert: *Bearbeiter*, in: Wiedemann, Tarifvertragsgesetz).

Wiese, Günther/*Kreutz,* Peter/*Raab,* Thomas: GK-BetrVG. Gemeinschaftskommentar, 11. Aufl., Köln 2018 (zitiert: *Bearbeiter*, in: Oetker, GK-BetrVG).

Willemsen, Heinz J./*Hohenstatt,* Klaus-Stefan/*Schnitker,* Elmar/*Schweibert,* Ulrike/*Seibt,* Christoph H. (Hrsg.): Umstrukturierung und Übertragung von Unternehmen: Arbeitsrechtliches Handbuch, 5. Aufl., München 2016 (zitiert: *Bearbeiter*, in: Willemsen/Hohenstatt/Schnitker u. a., Umstrukturierung und Übertragung von Unternehmen).

Wirtz, Andreas: Gestaltungsmöglichkeiten bei der Verlängerung der täglichen Arbeitszeit nach dem ArbZG, BB 2014, 1397–1401.

Wißmann, Tim: Tarifvertragliche Gestaltung der betriebsverfassungsrechtlichen Organisation: Grundlagen und Grenzen der Anpassung gesetzlicher Organisation an veränderte betriebsverfassungsrechtliche Rahmenbedingungen durch Tarifvertrag, Band 174 – Schriften zum Sozial- und Arbeitsrecht, Berlin 2000, zugl. Diss. Bonn.

Witschen, Stefan: Matrixorganisation und Betriebsverfassung, RdA 2016, 38–49.

Wöhrl, Hans R./*Reichenberger,* Stephan: Wie meine Träume fliegen lernten, München 2017.

Wolf, Manfred/*Lindacher,* Walter F./*Pfeiffer,* Thomas: AGB-Recht, 7. Aufl., München 2020 (zitiert: *Bearbeiter*, in: Wolf/Lindacher/Pfeiffer).

Zöllner, Wolfgang: Tarifmacht und Außenseiter, RdA 1962, 453–459.

Zöllner, Wolfgang/*Loritz,* Karl-Georg/*Hergenröder,* Curt W.: Arbeitsrecht, Studium und Praxis, 7. Aufl., München 2015 (zitiert: *Zöllner/Loritz/Hergenröder,* Arbeitsrecht).

www.ingramcontent.com/pod-product-compliance
Ingram Content Group UK Ltd.
Pitfield, Milton Keynes, MK11 3LW, UK
UKHW021130041026
8980IPUK00034B/1533

9 783631 864333